KB069498

통합교육의 이해와 실제

통합학급에서의 효과적인 교육방법

이대식 · 김수연 · 이은주 · 허승준 공저

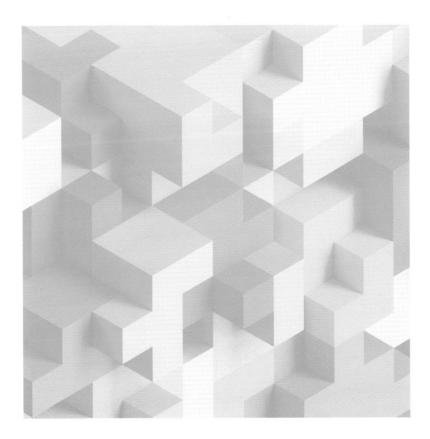

학지사

3판 머리말

『통합교육의 이해와 실제』가 처음 나온 것은 2006년 1월이다. 그 이후 우리나라 특수교육과 통합교육 분야에는 많은 변화가 있었다. 2007년에「특수교육진흥법」이 전면 개정되어「장애인 등에 대한 특수교육법」으로 바뀌었을 뿐만 아니라, 특수교육 관련 통계나 정책 등도 매년 바뀌어 왔다. 이에 따라 이 책의 내용도 많은 부분에서 수정과 보완이 필요하여 이번에 3판 작업을 하게 되었다.

3판은 다음의 내용에 중점을 두고 작업을 진행하였다.

첫째, 각 장의 주요 통계 관련 자료를 가급적 최신의 것으로 모두 교체하였다.

둘째, 이전 개정판에서 상대적으로 분량이 적었던 각 장애 영역별 핵심 내용을 보완하여 확대, 재구조화하였다.

셋째, 서로 관련되는 내용은 묶어서 재구성하였다.

넷째, 최근 강조되고 있는 기초학력지도 강조 흐름에 맞추어 통합학급의 또 다른 구성원인 기초학력부진학생 진단과 지도 관련 내용을 보완하였다.

다섯째, 어휘나 문장을 최대한 자연스럽게 수정하고, 오탈자 등의 오류를 최대한 줄이려 노력하였다.

이러한 방향에 따라 기존의 2장(특수교육의 특수성과 현황)과 6장(특수교육대상자의 선별, 진단 및 배치)을 합쳐 2장(특수교육의 이해)으로, 기존의 7장(개별화교육 프로그램(IEP)의 이해와 작성)과 14장(통합교육을 위한 공동협력)을 합쳐 13장(통합교육을 위한 공동협력)으로 구성하였고, 기존의 13장(사회적 · 심리적 공동체 형성을 위한 통합학급 운영)을 7장(학급공동체 형성을 위한 통합학급 운영)으로 이동하였다. 또한 기존의 3

장(인지 및 정서 관련 특수교육대상자)과 4장(감각 및 지체 관련 특수교육대상자) 내용을 세 개의 장으로 확대 · 재구성하여 3장에서는 지적장애, 학습장애 및 의사소통장애를, 4장에서는 정서 · 행동장애, 자폐성장애 및 주의력결핍과잉행동장애를, 5장에서는 감각장애, 지체장애, 건강장애 및 발달지체를 다루었다.

앞으로도 특수교육과 통합교육 여건 변화에 능동적으로 대응하여 개정 작업을 지속적으로 추진해 나갈 예정이다. 독자 여러분의 많은 격려와 질책을 기대한다. 아울러 개정 작업이 많이 지체되었음에도 저자들을 격려하며 좀 더 책의 완성도를 높이도록 인내심을 갖고 기다려 주신 학지사 김진환 사장님과 편집부 관계자 여러분께 감사의 마음을 전한다.

2018년 8월
저자 일동

차례

제**1**장

학급 구성원의 다양성 이해 및 통합교육의 개념화

🎓 학습목표

1. 학급 구성원의 다양성 범위를 이해한다.

2. 특수교육대상학생을 포함하는 모든 학생의 교육성과를 포함하여 통합교육을 새롭게 정의한다.

3. 최근 문헌에 나타나는 통합교육의 정의를 통하여 통합교육이 모든 학생을 위한 교육과정 및 학교의 재구조화를 추구하는 실행과정이라는 것을 이해한다.

주요 용어

- 통합교육(inclusion)

N의 친구들

김연주(서울 은행초등학교 5학년)

저는 초등학교 5학년이고 약간의 뇌성마비가 있는 장애인입니다. 저는 태어나서 황달 수치가 30이 넘는 핵 황달로 뇌성마비 장애인이 되었습니다. 제가 초등학교 1학년 때는 걸음도 많이 비틀거렸고 넘어지기 일쑤였습니다. 그리고 말도 어눌하기 짝이 없었고 행동도 부자연스러웠습니다. 얼굴 경련도 많았습니다.

그런 저의 모습을 친구들은 그냥 지나쳐 주지 않았습니다. 제가 달리기를 하거나 발표를 할 때나 또는 친구들 눈에 익숙하지 않은 행동을 보일 때 여지없이 놀려 대던 나의 친구들. 놀리는 사람도 힘들고, 놀림을 받는 저는 학교에 가기 싫을 때도 많이 있었습니다. 어떤 친구는 짝지을 때 장애인과 짝하는 것이 싫다며 저에게 주먹을 날려 코피가 터졌고, 저는 양호실에 가서 양쪽 코를 다 막고 와서 그 아이의 머리를 쇠 필통으로 때린 적도 있습니다. 제가 방과후 활동으로 가야금을 배우고 있었는데 어떤 친구는 "저까짓 게 무슨 가야금을 한다고 난리야?"라며 저를 비웃었습니다. 그 외에 많은 놀림이 있었지만 제가 이 글을 통해서 하고 싶은 말은 친구들의 놀림을 밝히거나 저의 아팠던 마음을 드러내려고 하는 것이 아니고 아름답게 변한 나의 친구들을 자랑하고 싶어서입니다.

우리 학교에서 얼마 전에 2박 3일로 극기훈련을 다녀왔습니다. 저는 아름다운 마음씨를 가진 친구들 덕분에 잘 다녀왔습니다. 힘든 산행 길에도 친구들이 옆에 있었기 때문에 다 견딜 수 있었고, 아주 행복한 수련회였습니다. 제가 5학년이 되면서부터 친구들은 많이 달라져 있었습니다. 1학년 때부터 같이 지낸 아이들이지만 그동안 우리는 다 성숙해져 있었습니다. 나에 대하여 자연스럽게 대해 주고, 나도 친구들 말 한마디 한마디에 예민하지 않은 친구가 되어 있었습니다. 우리는 서로에게 아픔을 주고 상처를 주고 눈물을 흘렸지만 시간은 우리를 상대방을 이해하고 배려하는 착한 사람이 되게 해 주었습니다. 물론 아직도 '애자'라고 놀리거나 무시하고 비웃는 친구도 있습니다. 그렇지만 그 친구도 시간이 좀 더 지나면 그러지 않을 것이라 생각합니다. 그래서 나는 나의 친구들이 소중하고, 그 친구들은 이다음에 훌륭한 사람이 될 것이라고 생각합니다. …(중략)… 저를 비웃는 사람도 있지만 태권도 1품을 땄답니다. 그리고 연필 잡기도 힘들지만 가야금을 멋들어지게 탈 줄 안답니다. 제 모습이 점점 더 예뻐지는 것은 저를 이해해 주고 도와주는 나의 친구들이 하나둘씩 늘어나기 때문입니다. 그래서 저는 오래도록 기억하고 싶은 나의 친구들의 이름을 자랑하려고 합니다. 이새싹, 정한올, 김지연, 차범기, 김세리, 김정은, 이진선 등등 여러 친구들의 이름을 다시 한 번 불러 보며 저의 바람 한 가지만 더 쓰고 마칠까 합니다.

장애인이 지나가면 가던 길을 멈추고 뒤돌아서면서까지 바라보면서 쑤군대시는 아주머니들! 그분들의 아들, 딸들은 장애인을 놀리고 있답니다. 장애인들도 거리낌 없이 같이 행동하고 같이 활동하며 같이 사는 아름다운 세상을 우리함께 만들어요. 모든 장애인 여러분, 그리고 비장애인 여러분, 우리 같이 힘을 합쳐서 아름다운 세상을 만들어요.

출처: 국립특수교육원(2002), p. 43.

사례 2

통합교육이 편견 해소의 지름길

이영신(안산 성안중학교 학부모)

장애아를 둔 많은 부모들이 외국에 나가서 살기를 원한다. 편견과 따가운 시선에서 벗어나 좀 더 행복하게 되기를 바라기 때문이다. 우리나라에서의 이러한 장애인에 대한 편견이나 이해 부족은 어릴 때부터 장애친구들과 가까이 접촉할 기회가 많지 않아서가 아닐까 하고 개인적으로 생각해 본다.

내 고집으로 우리 아들은 특수학급이 없는 일반초등학교, 일반학급에서 6년을 보냈다. 하지만 지금도 그 결정이 정말 잘한 것이라는 생각에는 변함이 없다. 처음에는 담임선생님께서 우리 아이를 이해하고, 받아들여 주고, 조금만 신경 써 주면 되지 않을까 생각했지만, 오히려 반 아이들 모두의 도움과 사랑 때문에 학교생활이 잘 된다는 사실을 알게 되었다.

물론 우리 아이에게 관심이 없거나 괴롭히는 아이도 있지만 장애아에 대한 거부감이나 우리와 다른 사람이라는 생각은 많이 바뀐 것 같았다. 우리 아들 생일에 곱게 포장된 선물과 카드를 받고, 그 카드에 '정호야, 너와 같은 반이 되어서 정말 기뻐. 우리 1년 동안 정말 잘 지내자.'라는 내용을 보고 정말 기뻤다.

우리 아들이 학교생활을 하는 데 정말 도움을 많이 준 한 아이가 있었다. 2학년 때부터 선생님께 정호와 같은 반에 다닐 수 있게 해 주길 원해서 5년 동안을 우리 아들 옆에서 그림자처럼 도와주며, 우리 아들이 쉬는시간에 없어졌을 때 제일 먼저 찾아오고, 처음 학년이 바뀌어서 서먹서먹해하며 정호 옆에 오기를 주저하는 아이들 곁에서 정호의 짝으로서 정호의 옆을 지켜 주며 정말 많은 도움을 주었다. 학년 초 학부모 모임이 있던 날 그 아이 엄마에게 정말 고맙다는 말을 하기 위해 다가갔을 때 오히려 정호가 있어서 얼마나 고맙고 좋은지 모르겠다는 말을 듣고 처음엔 어리둥절했다.

사실은 그 아이가 친구를 사귀지 못하고 따돌림을 당해서 학교생활에 적응을 잘하지 못하고 학교에 가기를 정말 싫어했는데, 정호를 만나고 도움을 주면서 정호의 환한 미소에 마음을 열고 자신감을 되찾아 갔다고 했다. 그 아이처럼 친구가 없고 적응을 잘하지 못하거나 마음의 상처가 있는 아이들이 정호 옆에 모이면서 그 아이들끼리 친구가 되고 서로 적응해 가는 모습을 보고, 담임선생님께서도 우리 아들 때문에 반 분위기가 따뜻해지고, 일반 아이들과 다른 완충 역할을 우리 아들이 해 줘서 많은 도움이 됐다고 하셨다. 물론 수업시간에 나가거나 소리를 지르기도 하지만, 오히려 아이들은 더 많은 이해와 관심을 보내 주고 배척하거나 이상하게 보기보다는 친구로 받아들여 주었다. 우리 아들과 같은 반에서 공부를 하고 친하게 지냈던 아이들이 또 다른 장애아를 보았을 때 그들의 시선이 조금은 따뜻해지고 정호를 떠올리지 않을까 하는 생각이 든다. 장애학생들이 좀 더 많은 통합교육을 받게 되면 어른들의 편견 때문에 먼저 소외되는 일이 없고, 따가운 시선도 많이 없어지지 않을까 생각한다.

출처: 국립특수교육원(2002), p. 45.

사례 3

인천광역시 Y 초등학교 6학년 한 학급 구성원의 다양성

　이 학급에는 전체 35명의 아동 중에서 특별한 도움이 필요한 아동이 7명 정도 있다. 지적장애학생 1명, 천식 증상이 있는 학생 1명, 시력이 매우 낮은 저시력 학생 1명, 그리고 성격이 매우 내성적인 학생 1명, 배변장애가 있는 학생 1명, 지방에서 전학을 와서 사투리를 쓰는 학생 1명, 그리고 외국에서 유학을 마치고 돌아와 6학년 과정을 다시 공부하는 학생 1명이 있다. 이 학생들은 모두 일반학급에서 공부하고 있다. 유학을 하고 와서 6학년 과정을 다시 한 번 더 배우는 학생은 다른 학생보다 나이가 한 살 더 많고 유학에서의 생활과 현재 생활 간의 문화적 차이가 있어, 친구들과 원만히 어울리기 위해서는 교사의 특별한 관심과 지원이 필요하다. 지나치게 내성적이어서 자신의 생각을 잘 표현하지 못하고 다른 친구들과 어울리지 못하는 학생 역시 특별한 도움이 필요하다. 천식 증상이 있는 학생을 위해서 환기와 청소에 특별한 신경을 써야 한다. 배변장애가 있는 학생에게는 시간에 맞춰 화장실에 가게 해야 하고, 화장실 휴지통에 기저귀가 있더라도 이상하게 생각하거나 놀리는 일이 없도록 해야 한다. 저시력 학생에게는 자리 배치와 부분 조명을 신경 써야 한다.

1. 이 장의 취지

　사람들은 특수교육대상학생은 서로 간에 매우 이질적이라고 생각하는 반면, 일반학생은 상대적으로 동질적이라고 생각하기 쉽다. 그러나 실제로는 특수교육대상학생을 제외한 다른 학생들도 매우 다양하다. 일반교사가 갖추어야 할 전문성 중의 하나는 다양한 학생을 이해하고 다루는 것이다. 2007년 5월 25일 개정되어 2008년부터 시행 중인 「장애인 등에 대한 특수교육법」의 통합교육에 대한 개념정의—특수교육대상자가 일반학교에서 장애 유형·장애 정도에 따라 차별을 받지 아니하고 또래와 함께 개개인의 교육적 요구에 적합한 교육을 받는 것—에서도 통합교육의 핵심은 개개인의 교육적 요구에 적합한 교육임을 명시하고 있다. 이 장에서는 학급

구성원의 다양성을 살펴본 후 통합교육의 개념과 관련 쟁점을 제시한다.

2. 학급 구성원의 다양성 이해

인간은 처음부터 서로 다르게 태어나 서로 다른 환경에서 자라난다. 학생들은 이렇게 다른 만큼의 다양성을 가지고 학교에 들어온다. 그러나 우리 사회는 이런 다양성을 이해하고 수용하는 정도가 매우 미약하며, 학교 역시 예외는 아니다. 학교는 점차 확대되는 추세에 있는 학생의 다양성을 어떻게 이해하고 이를 교육에 수용할 것인지를 심각하게 논의해야 할 필요가 있다. 학교교육의 체제가 학생의 차이와 다양성을 어떤 방식으로 다루는지는 [글상자 1-1]의 '음식 제공 시설 비유'(허승준, 2017)에 잘 나타나 있다.

[글상자 1-1]

학교교육체제가 학생의 차이와 다양성을 다루는 방식

아이들에게 음식을 제공하는 시설이 있다. 이 시설에서는 매일 의도적, 계획적, 체계적으로 음식을 제공한다. 어떤 음식을 제공할지는 각 음식의 전문가들이 모여서 결정한 식단에 의한다. 이 음식 전문가들은 자기 영역의 음식을 얼마나 효과적으로 먹일 것인지에 대해 지속적으로 연구하는 한편, 자기 영역의 음식을 어떻게 하면 다른 영역보다 더 많이 제공할 것인지에도 관심이 많다. 이 시설의 어른들은 모든 아이들에게 똑같은 양의 음식을 똑같은 방식으로 제공한다. 이미 배가 부른 아이도, 소화기관이 약한 아이도, 음식이 입에 맞지 않는 아이도, 음식을 씹을 수 없는 아이도 예외가 없다. 이 시설에서는 자신이 담당하는 아이들에게 정해진 음식을 얼마나 효과적으로 많이 먹이느냐가 유능함의 기준이 된다. 배가 이미 불러도, 소화를 못 시켜도, 먹기 싫어도, 씹지 못해도, 아무튼 많이 먹게 만들면 유능한 어른으로 평가받는다.

주어진 음식을 잘 받아먹는 아이로 평가받으면, 더 잘 먹게 만들기 위해 그에 합당한 칭찬과 보상이 지속적으로 주어진다. 또한 더 좋은 음식과 더 많은 음식을 먹을 수 있는 상급 시설로 가는 혜택이 주어진다. 이러한 혜택을 받기 위해 기본적으로 아이들은 잘 먹는 '재능'을 가지고 태어나야 하고, 그 재능 계발을 적극적으로 후원하는 부모를 만나야 하며, 자신의 재능을 계발하기 위해 열심히 '노력'해야 한다. 배가 불러도, 소화가 되지 않아도, 먹기 싫어도, 씹지 못해도, 아무튼 많이 먹었다는 것을 증명하면 '능력'이 있는 것으로 인정받는다. 이 능력을 인정받기 위해 대부분의 부모는 다른 시설이나 전문가의 도움을 받아 자녀에게 해당 시설에서 제공하는 음식을 미리 먹는 훈련을 시킨다. 모든 시설을 거치고 나면, 인정받은 능력의 정도에 따라 사회에서의 삶이 결정된다. 사회는 이 시설에서 부여한 능력을 지위와 재화를 분배하는 기준으로 인정하기 때문이다.

출처: 허승준(2017), pp. 71-72.

이 사례는 학생의 차이와 다양성을 전혀 고려하지 않는 학교교육체제를 음식을 제공하는 시설에 비유하여 제시하고 있다. 물론 음식을 먹는 것과 지식이나 기능을 습득하는 것은 차원이 다를 수 있지만, 그 원리는 매우 유사하다는 것을 알 수 있다. 이 시설과 마찬가지로 우리의 학교는 정해진 교육과정을 정해진 기간 내에 효과적으로 전수하는 것이 목표다. 이러한 체제적 한계로 인해 우리의 학교는 학생들의 차이와 다양성을 고려할 여유가 없는 것이다.

학생들의 다양성 중 학교에서 가장 비교육적으로 다루어지고 있는 것이 능력의 차이다. 학생들의 능력의 차이는 자신의 의지나 노력과는 관계없이 태어날 때부터 발생하며, 이후 어떤 환경에서 성장하는지에 따라 그 계발의 정도가 달라진다(허승준, 2017). 따라서 능력의 차이는 인생의 출발점부터 발생하는 지극히 자연스러운 현상이기 때문에 학교에서 이러한 능력의 차이를 근거로 차별하는 것은 근본적으로 부정의(unjustice)하다. 중요한 것은 능력의 차이가 아니라 능력의 차이로 인해 발생하는 교육적 요구(필요)이기 때문에, 학교는 능력에 따라 차별하지 않고 이들의 서로 다른 교육적 요구를 어떻게 충족시켜 줄지를 고민해야 한다(허승준, 2017).

학교에서 학생들의 다양성은 능력의 차이 외에 인종, 민족, 가족 구성원, 사회경제적 계층, 외모 등의 차이로 인해 나타난다. 가족 구성원의 다양화 원인은 부모와의 사별 또는 이혼으로 인한 한부모가정, 재혼가정, 조부모와 사는 조손가정의 증가 그리고 국제결혼의 증가에 있다. 경제문제로 인해 가족이 해체되는 경우가 증가하고 있어 이로 인한 교육문제도 심각하게 대두되고 있다. 이제 부모와 자녀로 구성된 가정을 '정상'가정으로 보고, 한부모가정이나 부모 없이 조부모 또는 친지와 생활하는 가정을 '결손'가정으로 지칭하며 '비정상'으로 취급하는 행태는 시급하게 변화되

어야 할 것이다. 또한 경제발전을 포함한 우리나라의 국제적 지위 향상, 외국과의
빈번한 교류와 왕래 등으로 인하여 한국인과 외국인 사이의 국제결혼은 더 이상 낯
선 풍경이 아니다. 앞으로 우리나라의 경제발전 추이에 따라 국제결혼과 그에 따른
2세의 출산 역시 증가할 전망이므로 다문화가정의 학생에 대한 교육이 중요하게 고
려되어야 할 것이다. 저출산 · 고령화문제가 심각해질수록 우리 사회는 다인종 · 다
문화 시대가 될 수밖에 없다.

요보호아동을 포함한 특수교육대상학생의 통합교육 확산도 학급 구성원의 다양
성을 높이는 요인이다. 요보호아동이란 기아, 미혼모아동, 미아, 비행 가출, 빈곤,
실직, 학대 등으로 인해 특별한 도움이 필요한 청소년(만 18세 미만)과 아동을 의미
한다. 수도권 지역은 미혼모아동이 높은 비율로 나타날 수 있고, 수도권 이외의 지
역은 빈곤, 실직, 학대 또는 비행 가출로 인한 요보호아동이 많이 발생한다. 요보호
아동 중에는 특수교육대상자로 진단 받은 학생도 있을 것이다. 이러한 학생에게는
학교가 안전하고 지원적인 공동체가 되어 그 속에서 소속감을 느끼면서 학습하고
성장할 수 있도록 해야 한다.

학교생활 적응에 어려움이 있을 수 있는 학생 중에는 우수아, 영재아 등 능력이
뛰어난 학생들도 포함된다. 이들 역시 일반학급 구성원의 이질성을 높이는 한 요인
일 것이다. 이러한 개인의 차이 및 다양성은 존중되고 환영받아야 하며, 궁극적으로
집단 구성원의 상호 의존성과 협력, 배려를 증진시키는 데 기여할 수 있는 교육을
지향해야 할 것이다. 통합교육의 철학은 개개인의 다양성을 존중하고 수용하며, 개
별적인 교육적 욕구에 민감하게 반응하는 것이다. 따라서 통합교육의 발전은 장애
학생 교육에만 국한되는 것이 아니라 교육 전반의 질적인 수준을 높이는 데 기여할

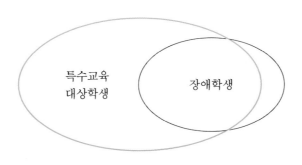

그림 1-1 특수교육대상학생과 장애학생 간의 관계

수 있을 것이다.

[그림 1-1]처럼 장애를 진단받은 학생은 특수교육대상학생일 수도 있고 아닐 수도 있다. 또한 특수교육대상학생 중에는 장애 진단을 받지 않은 학생도 포함될 수 있다. 즉, 장애 진단 여부와 상관없이 지금 현재 특수교육이 요구되는 학생은 모두 특수교육대상학생이라고 볼 수 있다.

[학습활동 1-1]

특수교육 연차보고서는 「장애인 등에 대한 특수교육법」 제12조에 의거, 정부가 특수교육의 주요 현황과 정책에 관한 보고서를 매년 정기국회 개회 전까지 국회에 제출하여야 하는 법적인 문서이다. 국립특수교육원(www.nise.go.kr)에서 특수교육 연차보고서를 찾아본 후 다음에 대해 알아보시오.

1. 연도별 특수학급 수의 변화에 대해 토의하시오.
2. 연도별 특수학교 수의 변화에 대해 토의하시오.
3. 특수교육대상학생이지만, 특수학급에 배치되지 않고 통합학급에서 전일제로 '완전통합'되어 있는 학생 수의 변화에 대해 토의하시오.
4. 전체 특수교육대상학생 중 통합교육을 받는 학생의 비율이 어떻게 변화되고 있는지 토의해 보시오.

---

3. 통합교육의 개념화

통합교육의 개념은 시대와 장소에 따라 변화해 왔고, 통합교육 실행 주체들의 끊임없는 노력에 따라 그 개념이 정교화되고 있다. 다음의 〈표 1-1〉은 다양한 문헌에 나타난 통합교육의 정의다.

통합교육의 개념을 1990년대 이후 문헌 정의에서 살펴보면 몇 가지 공통된 용어를 찾아볼 수 있다. 장애학생 대신 모든 학생, 일반교육 또는 학교 재구조화(Hopkins, West, & Ainscow, 1996; Lipsky & Gartner, 1997; Rueda, Gallego, & Moll, 2000), 모든 학생의 최대의 교육성과(Salend, 1994), 반응적인 학교 또는 교육과정(Sebba, 1996), 학교 및 학교공동체(Uditsky, 1993) 등이 그것이다. 즉, 장애학생의 일반교육에의 통합

〈표 1-1〉 최근 영국 · 미국 문헌에 나타난 통합교육의 정의

저자	정의
Stainback & Stainback (1990)	누구나가 소속되고 수용되고, 지원은 학생들의 교육적 욕구가 충족되도록 학교공동체의 또래와 다른 구성원에 의해 제공되는 것
Forest & Pearpoint (1992)	서로 함께 있는 것. 우리가 다양성과 차이를 대하는 방법
Uditsky(1993)	장애를 가진 학생들이 모든 면에서 학교공동체 안에서 가치 있고 필요한 구성원이라는 관점을 확실히 하는 원칙의 집합
Salend(1994)	통합교육은 모든 학습자를 그들의 지역사회에 있는 양질의 연령에 적합한 일반학급 교실에서 함께 교육함으로써 모든 학습자를 환영하고 인정하고 긍정함
Clark et al.(1995)	통합은 '일반(ordinary)' 학교의 범위를 확장시키는 변화로 이해될 수 있고, 그래서 더욱 다양한 학생을 통합할 수 있게 되는 것
Ballard(1995)	통합학교는 일반학교의 학급에서 학생을 배제하는 것과는 다른 조직적인 형태로 학생에게 교육과정을 전달하는 것
Hall(1996)	거주지 안에 있는 학교에서 나이에 적절한 학급의 완전한 구성원이 되어 다른 학생과 같은 수업을 받고, 그 학급에 당신이 없다면 문제가 되고, 학교 밖에서 함께할 친구가 있는 것
Rouse & Florian (1996)	통합학교는 모든 학생을 위한 학습을 강조하는 하나의 공통적인 임무를 가진 다양한 문제해결 조직체
Sebba(1996)	통합은 한 학교의 교육과정을 조직하고 제공하는 것을 재고함으로써 개별 학생으로서의 모든 학생에게 반응하려는 과정을 묘사함
Potts(1997)	통합된 사회적 환경에의 참여를 증가시키고 배제를 감소시키는 것
Rueda, Gallego, & Moll (2000)	일반교육의 재구조화를 촉진하여 모든 학생이 그들의 학교교육 초기부터 그 환경에서 교육되는 것
Halvorsen & Neary (2001)	통합교육은 장애학생이 자기 동네 일반학교의 생활연령에 적합한 일반학급에서 지원받는 것으로, 핵심교육과정과 일반학급 활동의 맥락 안에서 개별화교육 프로그램(IEP)이 기술한 특별한 교수를 받는 것
Friend & Bursuk (2002)	통합교육은 장애학생이 일반학급 및 학교에 완전히 통합되어야 하고, 그들의 교수는 그들의 장애가 아닌 능력에 기초한다는 신념과 철학을 의미함

출처: 박승희(2003), pp. 25-26.

과 같이 장애학생에만 초점을 두기보다는 개별성과 다양성을 가진 모든 학생의 요구를 가장 적합하게 충족시키기 위한 교육이 통합교육이고, 이를 위해서는 특수교육 분야만의 노력으로는 불가능하며 교육 전반의 재구조화가 요구된다는 것이다.

통합교육의 여건 형성은 다음의 원칙을 통해서 이루어질 수 있다. 첫째, 가장 핵심적인 원칙은 모든 학생이 함께 배워야 한다는 신념이다. 즉, 일반학생과 장애학생이 한 학교의 동등한 구성원 자격을 갖는 것이 통합교육의 출발점이다. 둘째, 일반학급에 배치된 학생과 교사를 위해 적합한 지원을 해야 한다. 셋째, 능력이 다른 학생들이 함께 공부할 때 의미 있는 활동에 참여할 수 있도록 특별히 고안된 실질적인 참 교수(authentic instruction), 다수준 포함 교수(multi-level instruction)를 제공해야 한다. 이를 위해서는 교수방법에서 다양한 수정 및 적용이 포함될 수 있다. 넷째, 학생, 교직원, 부모 간에 공동체 의식이 형성되어야 한다. 공동체에서는 모두가 환영받고 소속되며, 정서적 지능과 사회성 기술이 교수되고, 사회적 관계가 육성된다. 이러한 공동체에서는 학생들의 정서적·행동적 어려움을 효율적으로 대처할 수 있다. 통합교사라면 학생의 정서적·행동적 어려움을 '문제'로 여기기 이전에 학생의 중대한 의사표현으로 이해해야 한다. 다섯째, 학교와 학급의 물리적인 환경은 다양

[학습활동 1-2]

1. 이 장 앞부분에서 제시된 사례 1과 2를 읽고 모둠별로 통합교육의 성과를 특수교육대상학생 측면과 일반학생 측면으로 나누어 활동지에 정리하시오.
2. 모둠에서 새롭게 통합교육을 정의하시오.
3. 〈표 1-1〉에 제시된 통합교육의 정의를 읽고 공통 요소를 쓰시오.
4. 모둠에서 새롭게 결정한 통합교육의 정의와 3번에서 정리한 통합교육의 공통 요소를 비교하시오.

활동지

통합교육의 성과	장애아동	
	일반아동	
우리 모둠의 통합교육 정의	문헌에 나타난 통합교육 정의의 공통 요소	비교

한 감각·신체적 특성을 지닌 학생의 학습과 성장을 위해 계획해야 한다. 환경의 수정과 보조공학의 사용은 학생이 좀 더 효과적으로 학습하는 데 도움이 된다.

4. 통합교육 관련 쟁점

1) 통합교육의 당위성

(1) 교육 기회의 확대 및 보장

일반학교에서 특수교육대상학생의 교육을 담당하지 않는다면 특수교육대상학생의 교육 기회는 낮아질 가능성이 매우 크다. 이것은 여러 가지 이유 때문인데, 우선 현재 교육받고 있는 특수교육대상학생의 30% 정도를 특수학교에서 담당하고 있으므로 특수학교만으로는 모든 특수아동의 교육을 담당할 수가 없다. 또한 특수학교는 일반학교처럼 모든 지역에 골고루 분포하지 않는다. 특수교육대상학생의 특수학교로의 평균 통학거리는 일반학생의 일반학교로의 평균 통학거리보다 훨씬 길다. 자신이 사는 지역에 특수학교가 없어서 이사를 가거나 기숙사에 기거하는 경우도 있다. 통학거리와 이동의 불편함 때문에 특수학교에 다니는 학생이나 학생의 부모가 가정생활을 포기하거나 학교에 다닐 수 없는 특수교육대상학생의 경우 집에 방치되기도 한다.

모든 특수교육대상학생이 일반학생처럼 도보 통학이 가능한 특수학교에 다니려면 특수학교를 일반학교만큼 많이 신설해야 한다. 그러나 이것은 현실적으로 불가능하며 또 그럴 필요도 없다. 일반학교에서 특수교육대상학생을 교육하는 것이 훨씬 더 합리적이기 때문이다. 근거리에서 통학할 수 있다는 것은 통학시간의 단축뿐 아니라 일반적인 가정생활의 보장, 또래집단의 문화 전수 등 여러 측면에서 매우 중요하다.

(2) 교육적 당위성

통합교육의 중요성은 사실상 특수아동의 교육 기회 확대 이상의 교육적 당위성을 가지고 있다. 통합교육은 실제적으로 분리교육환경인 특수학교 중심의 교육이

지닐 수밖에 없는 한계를 극복하기 위해 제시된 것이다. 아무리 특수학교가 좋은 시설과 전문성 있는 교사를 갖추었더라도 분리교육을 통해서는 가르치기 힘든 부분이 있기 때문이다. 먼저 특수교육대상학생의 입장에서 통합된 지역사회의 한 시민으로서 가치 있는 역할을 하며 살아가기 위해서는 학령기 때의 통합교육이 필수적이다. 사회의 다양한 구성원과 요구에 대하여 배우려면 다양한 구성원과 요구가 있는 곳에서 배워야 한다. 교실은 사회의 축소판으로, 특수학교보다는 일반학교가 사회의 모습을 많이 닮았으며 요구도 더욱 다양하다. 예를 들어, 친구에게 인사하는 법을 배우기에 가장 적합한 환경은 인사를 나눌 수 있는 친구가 많이 있는 곳이다. 사회성 기술 중 놀이 기술을 익힐 수 있는 가장 적합한 환경은 특수교육대상학생만 따로 집중적이고 반복된 연습을 할 수 있는 분리된 환경이 아니라 함께 놀이를 할 수 있는 또래가 많이 있는 환경이다. 사회성 기술뿐만 아니라 학업 기술 역시 특수교육대상학생에게 개별적인 집중적 교육만이 필요한 것은 아니다.

일반학생의 측면에서도 우리 사회에서 장애인이 어느 정도 존재하는지, 그리고 장애인도 똑같은 사회의 구성원이라는 사실을 책에 쓰인 내용과 교사의 설명만으로 알기에는 한계가 있다. 이는 실제로 같은 공간에서 서로 보고 자라며 상호작용을 해야만 배울 수 있는 부분이다. 장애인이 스스로 교육을 통해 기능을 향상시켜도 우리 사회가 장애인을 사회의 구성원으로 인정하지 않는다면 장애인의 통합은 매우 어려운 일이 될 것이다. 다시 말하면, 사회 전체의 장애에 대한 의식이 변화해야 장애인의 사회통합이나 독립이 이루어질 수 있다. 또한 장애인이나 장애에 관한 의식은 장애인과 삶을 공유해 보지 않은 상태에서는 변하기가 매우 어렵다.

(3) 도덕적 당위성

「초등교육법」에 따르면 일반초등학교 입학 규정은 만 6세 이상의 학생이다. 초등학교 입학자격은 나이만으로 충분한 것이다. 이 법에서는 장애의 유무가 초등학교 입학자격이 되지 않음을 명시하고 있다. 따라서 특수아동도 일반학교를 선택할 수 있는 것은 당연한 권리다. 즉, 장애가 없었다면 다닐 수 있는, 자신이 거주하는 지역사회 내의 학교에 다니는 것은 당연한 권리다. 장애가 있다는 이유로 자신의 학구에 있는 학교에 다닐 권리를 박탈당해서는 안 된다는 것이 도덕적 측면에서의 통합교육의 당위성이다.

2) 통합교육 논의의 발전과정

통합교육이 시작된지는 그리 오래되지 않았다. 미국의 경우에는 1975년 「전장애아교육법(All Handicapped Children Education Act, P.L. 94-142)」의 제정을 통합교육의 시작이라고 볼 수 있다. 이 법에서는 장애 정도와 범주에 상관없이 모든 학생에게 무상의 적절한 공교육을 제공할 것을 의무화하였다. 「전장애아교육법」의 제정을 비롯하여 통합교육의 철학이 태동하는 데 영향을 미친 역사적 사건을 소개하면 다음과 같다.

(1) 탈수용시설화 운동

미국 역사상 초창기에는 장애아동 또는 성인이 모두 지역사회에 속하여 살고 있었다. 그러나 산업사회가 발달하면서 더 이상 가족이 정신병이 있는 사람, 지적장애인, 노인을 돌보기가 힘들게 되었다. 19세기 중반쯤 이러한 문제를 극복하기 위한 방안이 두 가지 제안되었다(Katz, 1985). 첫째, 특정 집단의 사람을 위한 특별한 시설을 설립한다. 둘째, 그들을 돌볼 전문가훈련을 촉진한다. 이로써 점차 많은 시설이 세워졌으며, 20세기 초반에는 수용시설이 소규모, 가족 중심의 프로그램에서 수천 명씩 수용하는 거대한 시설로 바뀌는 엄청난 변화를 보였다. 따라서 이러한 시설의 주요 목적은 훈련에서 의료적인 보호로 옮겨 갔으며, 위협적인 사람들에게서 지역사회를 보호하는 것이 되었다. 이러한 경향은 20세기 초반 순수한 유전적 혈통 강화를 추구하는 우생학 운동으로 번졌다. 1907년 인디애나주를 시작으로 17개 주에서 시설에 수용된 장애인을 대상으로 강제 불임수술을 입법화하였다.

1960년대에는 수용시설의 여건에 대한 충격적인 폭로가 있었다. 1966년 Burton Blatt은 사진작가와 함께 수용시설에 들어가 비밀리에 촬영하여 『연옥에서의 크리스마스(Christmas in Purgatory)』라는 책을 발간하였다. 이 책에는 장애인이 성인인데도 남녀 구분 없이 벌거벗은 채 잔디밭에 서 있고, 그들을 샤워시키기 위해 커다란 고무호스로 물을 뿌리는 장면, 자신들의 배설물 위에 떼 지어 서 있는 사람들의 사진이 실려 있다. 이 책은 미국 사회에 엄청난 반향을 불러일으켰고, 수용시설에서의 인권유린이 폭로되자 탈시설수용화 운동이 거세게 일어났다. 장애인의 거주시설로서 지역사회와 동떨어진 곳에 있는 대규모 수용시설이 아니라, 지역사회 내에 소규모의 주거시설이 다시 세워졌다. 대규모 수용시설에 수용되었던 장애인은 지역사회에서 거주하게 되었고, 장애인 수용시설은 소규모의 시설, 그룹홈(공동생활가정, group home), 양육가정, 지원주거(supported living)의 형태로 바뀌게 되었다.

(2) 특수교육의 성장과 「전장애아교육법」의 제정

1960년대에 미국의 케네디 대통령은 누이가 지적장애인이었던 관계로 지적장애에 대한 국가적 관심을 불러일으켰다. 여러 옹호집단이 장애인의 시민권 운동을 추진하였으며 많은 소송이 제기되었다. 이러한 움직임에 힘입어 1975년에 「미 공법 94-142」, 「전장애아교육법」이 통과되었으며, 이후에 몇 차례 개정되었다. 이 법이 통과됨에 따라 장애학생의 교육에는 두 가지 접근방법이 사용되었다. 경도 장애학생은 자료실(resource room)에 가서 특별한 도움을 받거나, 일반학급에서 다른 전문가의 도움을 받으면서 학습하였다. 중등도에서 중도장애학생은 대부분 분리된 학교 또는 학급에 배치되었다. 이는 장애 정도가 심한 학생의 특별한 교육적 욕구는 일반학급에서는 충족될 수 없다는 가정에서 이루어진 것이다.

1980년대에 이르러 특수교육은 양적·질적으로 급격하게 성장하였다. 많은 연구자는 특수학급이나 자료실에 배치된 학생에게도 역시 부정적인 낙인 효과가 있으며, 일반학급에서 이루어지는 가치 있는 교수시간에서 배제되고, 특수학급에서 이루어지는 교수 활동이 일반학급의 일반교육과정과는 상관없이 별개로 진행된다는 점을 지적하였다. 실제로 미국의 경우 소수집단의 학생이 과도하게 특수학급에 배치되는 경우가 많이 있었다.

(3) 지역사회 구성원 시대로의 진입

1980년대에 장애인은 이전까지의 운동과는 다른 유형의 장애인권 운동을 시작하였다. 그룹홈, 시설, 보호작업장(sheltered workshops)에 있던 장애인은 '자기옹호운동(self-advocacy movement)'을 시작하여, 이전까지 자신의 권리를 스스로 주장하고 자신의 삶을 주도하지 못할 것으로 여겨졌던 장애인을 고무시켰다. 'people first' 운동도 이들 장애인 스스로의 자기옹호 활동의 일환이다. 장애인을 지칭하는 용어가 'handicapped person'이 있다면, 이제는 'person with disability'로 바뀌었다. 즉, 'people first'는 사람보다 장애를 우선으로 고려하여 두드러지게 하는 것을 반대하는 것이다. 1997년에 「전장애아교육법」은 'All Handicapped Children Education Act'에서 'Individuals with Disabilities Education Act(IDEA)'로 이름까지 바뀌었다.

우리나라의 경우 '장애자'에서 '장애인'으로 용어가 바뀐 것도 같은 맥락에서 이해할 수 있다. 적극적으로 정치 활동을 하는 장애인도 등장했고 '장애'를 새로운 방식으로 보기 시작하였으며, 같은 장애 범주에 속하는 사람끼리의 유대와 공통적인 경험을 제공하기 위해 장애 경험을 개념화하였다. 이와 같은 현상은 'disability culture'로 설명할 수 있다.

(4) 통합학교(Inclusive school) 운동의 성장

장애학생 또는 다른 특별한 욕구가 있는 학생의 학교교육 역시 시민권 또는 인권운동과 관련되어 변화가 일어났다. 분리 모델에서 모든 학생을 함께 교육하기 위해 고안된 학교를 지향하는 것으로 바뀌었다. 통합학교는 모든 학생이 환영받는 학교이며, 모든 학생이 함께 배울 수 있는 학교다. 통합교육은 경도장애보다는 중도·최중도장애학생의 부모, 교육자, 옹호단체의 운동에 힘입어 확산되었다. 미국의 경우 'TASH(The Association for Persons with Severe Handicap)'라는 옹호단체는 중도장애학생을 분리된 학교가 아닌, 장애가 없었다면 다닐 수 있는 지역사회 내의 학교에 배치할 것을 주장하였다. 또한 10여 년간 분리교육을 받은 장애인의 교육성과가 실제로 매우 빈약하게 나타나자 문제가 심각하게 제기되었다. 즉, 통합교육은 인권문제 또는 당위성만으로 시작된 것이 아니라 실질적인 교육성과에 대한 문제 제기에서 비롯된 것이다.

통합학교에서는 장애 정도와 상관없이 모든 학생이 일반학급에서 교육을 받으며, 일반학급의 교사와 학생에게 필요한 지원과 서비스를 제공해야 한다. 통합교육의 발전은 자연히 학교의 재구조화, 학교개혁의 문제로 이어졌다. 최근 통합교육의 개념은 단순히 장애학생이 일반학교에서 일반학생과 함께 공부하는 것에서 그치는 것이 아니라 그 이상의 의미로서 모든 학생을 위한 질 높은 교육으로 바뀌었다. 통합학교는 모든 학생이 환영받고 적합한 지원을 제공받아 적절한 교육을 받을 수 있는 학교다. 따라서 통합학교는 특수교육 분야의 독자적인 노력만으로 이루어질 수 없으며, 일반교육과 특수교육 양 분야의 공동협력을 통해 추구해야 할 과제다.

3) 통합교육의 성과 및 혜택

통합교육의 성과 및 혜택과 관련된 연구는 매우 다양하다. 〈표 1-2〉는 통합교육의 성과에 대한 연구결과를 학업적 · 사회적 영역으로 나누어 경도장애, 중도장애 및 일반학생의 측면에서 제시한 것이다. 〈표 1-2〉에서 제시된 연구결과는 대부분 통합교육의 긍정적 성과를 결과로 보고한 것이다. 하지만 통합교육이 분리된 교육에 비해 항상 우월하지는 않다는 연구결과도 있다.

〈표 1-2〉 통합교육의 성과

구분	학업적 성과	사회적 성과
경도 장애 학생	• 경도 장애학생은 분리된 프로그램에서보다 통합 프로그램에서 더 많은 학업성취를 보인다(Banerji & Dailey, 1995; Deno, Maruyama, Spin, & Cohen, 1990; Fishbaugh & Gum, 1994).	• 통합 프로그램에서 더 적극적으로 참여한다(Saint-Laurent & Lessard, 1991). • 분리되었을 때보다 사회적 능력이 강화되고 행동이 개선된다(Baker, Wang, & Walbeg, 1994; Cole & Meyer, 1991; McLeskey, Waldon, & Pacchiano, 1993). • 경도장애학생은 그들의 행동 때문에 비장애학생에 비해 덜 수용되고 더 거부되는 경향이 있다(Roberts & Zubrick, 1992).
중도 장애 학생	• 개별화교육계획의 질이 더 향상되었다(Hunt & Farron-Davis, 1992; Hunt, Farron-Davis, Beckstead, Curtis, & Goetz, 1994; Kaskinen-Chapman, 1992). • 중등도 · 중도장애학생은 분리된 환경과 통합환경을 비교하였을 때 학업성취가 더 향상되거나 최소한 동등한 수준이었다(Giangreco, Dennis, Cloninger, Edelman, & Schattman, 1993; Ryndak, Downing, Jacqueline, & Morrison, 1995).	• 우정과 사회적 상호작용이 학교 안에서 확대되고 방과후환경까지 이어진다(Fryxell & Kennedy, 1995; Hall, 1994; Hunt et al., 1994; Ryndak et al., 1995; Salisbury, Palombaro, & Hollowood, 1993; Staub, Schwartz, Gallucci, & Peck, 1994). • 중도장애학생은 종종 지원적인 관계이기는 하나 사회적 상호작용을 많이 한다. 학기가 지날수록 상호작용의 수는 줄어드나 좀 더 자연적인 관계가 된다. • 교사는 장애학생과 비장애학생의 상호 지원적인 상호작용을 촉진할 수 있다(Hunt, Alwell, Farron-Davis, & Goetz, 1996).

| 일반 학생 | • 학업적 진보가 장애아동과 통합된 환경에서 방해받지 않으며, 몇몇 경우는 일관되게 증가되었다(Fishbaugh & Gum, 1994; Hunt, Staub, Alwell, & Goetz, 1994; Saint-Laurent, Glasson, Royer, Simard, & Pierard, 1998).
• 실제 수업시간이 줄어들지 않는다(Hollowood, Salisbury, Rainforth, & Palombaro, 1995; Pugach & Wesson, 1995).
• 문제해결 기술이 습득된다(Biklen, Corrigan, & Quick, 1989; Salisbury, Palombaro, & Hollowood, 1993).
• 정서적 능력이 향상된다(김수연, 2002). | • 비장애학생은 장애학생과 함께 공부하는 것을 긍정적으로 본다(Altman & Lewis, 1990; Helmstetter, Peck, & Giangreco, 1994; McLeskey, 1993; Pugach & Wesson, 1995; Stainback, Stainback, Moravec, & Jackson, 1992).
• 다양성에 대한 이해가 높아진다(Fisher, Pumpian, & Sax, 1998; Helmstetter et al., 1994; Peck et al., 1992; Scruggs & Mastropieri, 1994).
• 자존감이 높아지고 행동이 개선된다(Staub, Spaulding, Peck, Gallucci, & Schwartz, 1996).
• 개인적인 원칙(personal principles)의 발달이 이루어진다(박승희, 1994). |

출처: Peterson & Hittie(2003), p. 38에서 발췌 수정.

그러나 통합교육은 그 결과의 좋고 나쁨에 의해서 실행 여부를 결정하는 것이 아니다. 통합교육의 결과가 좋지 않은 것은 그 실행과정에서의 문제이지 통합교육의 철학과 원칙 자체의 문제라고 할 수 없기 때문이다. 우리나라의 경우 장애학생 통합교육의 역사가 매우 짧으므로 연구결과가 많이 축적되지 않았다. 또한 통합교육이 성공적으로 실행되었을 때 장애학생과 일반학생에게 미치는 교육적 혜택은 이미 외국 문헌에서 충분히 입증되었으므로 통합교육의 효과에 대한 연구보다는 실제 실행방법에 대한 연구가 더 많이 이루어져야 할 것이다.

4) 우리나라 통합교육의 실행

지금까지 주로 미국에서의 통합교육의 시작과 발전과정을 살펴보았다. 우리나라의 통합교육 역사는 매우 짧고, 통합교육의 논의과정 자체도 크게 다르다. 다음의 〈표 1-3〉은 우리나라에서 통합교육이 어떻게 해석되고 실행되는지를 설명한 것이다. 〈표〉에서 통합교육의 '빛'이라고 표현한 것은 통합교육의 시작으로 인하여 특수교육의 발전과 교육성과가 확대된 것을 나타낸 것이며, 통합교육의 '그림자'란 통합교육이 제대로 실행되지 못했을 때 나타날 수 있는 역기능에 대한 설명이다(박승희, 1999b).

우리나라 통합교육의 시작은 장애인의 궁극적인 사회통합을 위해 분리교육의 한계를 극복하기 위한 것이 아니었다. 또한 누구나 자신이 거주하는 지역사회 학구에

〈표 1-3〉 우리나라 통합교육의 빛과 그림자

구분	20세기까지 통합교육 관련 문헌	우리나라에서 통합교육의 해석과 실행	
		빛	그림자
1. 통합교육은 어떻게 시작 되었나?	• 분리교육 질의 한계 극복 • 중도장애학생의 공교육 책임 확대 • 정상화 원칙 • 법적 권리(최소제한환경의 원칙) • 탈시설수용화 정책과 통합교육의 상호 영향	• 장애학생의 공교육 기회 증가 • 특수학급 수 증가	• 통합교육이 아닌 특수교육 기회의 양적 확충에 일차적 관심 • 일석이조: 특수교육 기회 제공과 통합교육 '표방'
2. 통합교육이란 무엇인가?	• 장애학생 교육의 기본적인 철학과 원칙 • 장애인의 지역사회 통합 지향 • 근본 사고의 전환: 동질성 원리에서 이질성 원리 수용 • 분리교육 반대 • 특수교육 질의 개혁 • 일반학교 구성원 자격권: 물리적 실재와 실질적 참여 • 장애의 심각성으로 아무도 배제되지 않음 • 통합교육은 특혜가 아닌 권리	• 일반학교 및 특수학급에 대한 관심 증대 • 특수학교 대 특수학급의 대비 효과(특수학교 독주 탈피) • 일반학생 및 일반교사의 장애학생 접촉 기회 증가	• 외국 문헌 내용의 탈역사적, 탈맥락적, 선별적, 부정확한 도용(예: 일반교육 주도 완전 통합교육 등) • 통합교육을 지지하는 가운데 분리교육에 대한 모호한 입장 • 교육 장소(물리적 배치문제)에 관심 집중 • 기존 특수교육의 고질적 문제에 대한 적극적 해결 없이 통합교육 표방 • 「특수교육진흥법」상 통합교육 관련 조항(정의, 목적 등) 미비
3. 통합교육의 목적은?	• 최적합한 특수교육의 질 보장 • 장애학생의 지역사회 통합에 필수 • 생산적이고 상호 의존적인 한 시민으로 교육(일반교육 및 특수교육 목적과 동일) • 학교교육이 '모든' 학생의 개별적인 다양한 욕구를 충족시킬 수 있는 체제로 변화	• 특수교육 성과에 관심 • 비장애학생에게도 유익함을 주장 • 일반 학부모 및 일반교육 전문가들의 특수교육에 대한 관심 증대에 기여 • 장애학생 학부모의 자녀교육 성과에 대한 긍정적 기대 증진에 기여	• 일반학교 일반학급에 물리적으로 배치되는 것으로 오인 • 통합교육을 특수교육 내의 교육방법론으로 해석 • 통합교육을 제공할 '만한' 대상자를 장애학생의 능력과 특성에 의해 선정

4. 통합교육은 무엇을 하자는 것인가?	• 한 장애학생의 일반학교 '구성원 자격권' 및 소속감 보장 • '최상의 교육 질'을 실현(물리적 통합, 사회적 통합, 교육과정적 통합으로 진전)	• 일반학교 내의 특수학급 실재에 대한 인지도 증가 • 일반학급 수업에 장애학생 시간제 참여의 양적 증가 • 일반학교 전체 환경 및 행사에 장애학생 참여 증가 • 학교 행정가 및 일반교사의 특수교육 연수 기회 • 특수교육 교사의 통합교육 연수 기회 • 교사양성 교육과정에 특수교육 과목 포함	• '특수학급'에서 이루어지는 수업의 질 향상 도외시 • 장애학생이 참여하는 일반학급 수업의 질 방치 상태 • 통합교육과 관련하여 분리교육환경인 '특수학교'에 대한 장기적 교육정책 대안 수립과 문제 인식 및 해결방안 탐구 저조 • 특수학급 교사 및 일반교사의 공유된 책무성 및 교수능력 부족으로 통합교육시간은 교수의 사각지대 • 기존의 특수교육 관련 고질적 문제를 장식하거나 유보시키는 데 오용 및 남용 • '탈특수학교화'에 비해 '탈특수학급화'를 불균형적으로 강조 • 장애학생 교육에서의 기여에 대한 과대하고 성급한 관심
5. 통합교육은 특수교육, 일반교육 및 다른 장애인 서비스 분야의 주요 개혁과제와 어떠한 관계인가?	• 통합교육은 특수교육, 일반교육 및 다른 장애인 서비스 분야의 주요 과제(예: 교육과정 및 교수방법, 교원양성체제, 재정적 자원의 행방, 일반학교의 개혁, 직업 및 주거 서비스 방향, 관련 법규 등)와 긴밀히 연관되어 진전	• 「특수교육진흥법」과 동법 시행령 및 시행규칙에서 통합교육 관련 조항 제정	• 통합교육이 통합된 고용, 여가/오락 및 주거 서비스와 별개로 진행(예: 분리고용 및 시설수용화 지속) • 특수교육 및 일반교사의 질적 향상을 위한 다른 교육개혁 과제들과 상호 연관성 없이 독립적으로 주창됨(예: 특수학교 증설, 제7차 교육과정 개정 등)

출처: 박승희(1999b), pp. 108-110.

있는 학교에 다닐 수 있는 권리를 보장받기 위한 통합교육이 아니었다. 사실은 특수교육 요구학생의 교육 수혜율을 단시일 내에 높이기 위한 응급처방적인 성격이 강하였다(박승희, 1999a; 2003).

특수학급은 특수학교에 비해 통합교육을 더 많이 받을 수 있는 환경이므로 특수학급의 교육의 질은 분리교육인 특수학교의 그것보다 당연히 높아야 한다. 그런데 특수학급은 특수학교에 비해 설치 시간과 비용이 훨씬 적게 소요되어 1980년대 후반부터 1990년대 초반까지 질적인 성장보다는 상대적으로 양적인 급성장이 이루어졌다. 특수학급 교육의 질에 대한 논의는 비교적 최근에서야 시작되었다. 따라서 〈표 1-3〉에 제시된 통합교육의 '그림자'는 통합교육이 제대로 해석되고 실행되지 못할 경우 발생할 수 있는 어려움인 동시에 이후의 성공적인 통합교육을 위해 해결해야 할 과제다.

통합교육이 성공적으로 실행된다는 것은 장애학생 교육의 질이 보장됨을 의미하며, 이는 곧 특수교육을 포함한 교육 전반의 질적 향상 속에서 이루어질 수 있다. 통합교육의 성취는 적합한 지원이 뒷받침되어야 하나, 이를 선결과제로 이해하여 모든 여건이 조성되어야만 통합교육이 이루어질 수 있는 것으로 인식해서는 안 될 것이다. 통합교육의 철학과 목적 그리고 적용방법은 계속 심화되고 정교화되는 것이며, 그 과정은 통합교육을 통해 얻을 수 있는 최상의 교육을 이루기 위한 부단한 실천이어야 할 것이다.

적용문제

1. 우리나라 통합교육의 발전과정을 조사하여 정리해 보시오.
2. 통합교육의 성공적인 실행 정도를 평가할 수 있는 평가 항목을 개발해 보시오.
3. 인근 초등학교나 실습학교에 가서 학생들의 다양성 실태를 조사해 보시오.
4. 학생들의 다양성에 대처하기 위한 국내외 교육계의 최근 움직임을 조사해 보시오.

참고문헌

국립특수교육원(2002). 현장특수교육, 7·8월호.

박승희(1999a). 2000년대 한국 특수학급의 정체성과 발전 방향: 특수학교, 특수학급 및 일반학급의 관계 구도의 진전. 특수교육학연구, 33(2), 35-66.

박승희(1999b). 통합교육의 빛과 통합교육의 그림자. 국립특수교육원 개원 5주년 기념 세미나 자료집, 더불어 사는 복지사회를 향한 특수교육의 방향. 경기: 국립특수교육원.

박승희(2003). 한국 장애학생 통합교육: 특수교육과 일반교육의 관계 재정립. 서울: 교육과학사.

허승준(2017). 인간의 차이를 이해하는 교육: 공평한 교육 지원을 위한 능력과 필요의 적용 원리. 열린교육연구, 25(4), 69-84.

Hopkins, D., West, M., & Ainscow, M. (1996). *Improving the Quality of Education for All: Progress and Challenge.* London: David Fulton.

Katz, M. (1985). *In the Shadow of the Poorhouse: A Social History of Welfare in America.* New York: Basic Books.

Lipsky, D. K., & Gartner, A. (1997). *Inclusion and School Reform: Transforming America's Classroom.* Baltimore, MD: Paul H. Brookes.

Peterson, J. M., & Hittie, M. M. (2003). *Inclusive Teaching: Creating Effective Schools for All Learners.* Boston, MA: Allyn & Bacon.

Rueda, R., Gallego, M. A., & Moll, L. C. (2000). The least restrictive environment: A place or a concept? *Remedial and Special Education, 21*(2), 70-78.

Salend, S. J. (1994). *Effective Mainstreaming: Creating Inclusive Classroom* (2nd ed.). Old Tappan, NJ: Prentice Hall.

Salend, S. J. (2001). *Creating Inclusive Classrooms: Effective and Reflective Practices.* Upper Saddle River, NJ: Merrill Prentice Hall.

Sebba, J., & Ainscow, M. (1996, Spring/Summer). International developments in inclusive schooling: Mapping the issues. *Cambridge Journal of Education, 26*(1), 5-8.

Uditsky, B. (1993). From integration to inclusion: The Canadian experience. In R. Slee (Ed.), *Is there a Desk with My Name on It?: The Politics of Integration* (pp. 79-92). London: Falmer Press.

참고 사이트

국립특수교육원 장애이해교육(www.nise.go.kr).

서울·경인 특수학급 교사연구회(https://cafe.naver.com/tesis1992).

특수교육의 이해

제2장

 학습목표

1. 특수교육의 개념을 이해하고 특수교육 대상자 평가과정을 안다.

2. 특수교육 대상자의 선별, 진단 및 배치과정을 이해한다.

주요 용어
▲

- 특수교육
- 특수교육대상자
- 최소제한환경 원칙
- 의뢰
- 진단

- 특별하게 고안한 교수방법
- 적절한 무상 공교육
- 개별화교육 프로그램
- 선별
- 배치

사례 1

특수교육 관련 용어 전환

"특수교육 대상 진단을 '능력'이 있고 없음에 기준을 두면, 무능(disability)과 유능(capability)을 구별함으로써 무능은 장애라는, 유능은 비장애라는 용어를 사용하여 두 집단으로 양분된다. 이때 장애에는 부정적인 가치가, 비장애에는 긍정적인 가치가 부여된다. 그러나 '요구'에 초점을 두면, 무능과 유능을 구분할 이유가 없으며, 단지 특별한 '지원'이 필요한 요구인지 지원이 필요하지 않은 요구인지만 판단하면 된다." (p. 110)

"장애를 진단하는 이유는 개별적 요구를 파악한 후, 그 요구에 적합한 지원을 제공하기 위해서이다. 이런 이유로 특수교육의 핵심은 개별화교육 프로그램(individualized education program)에 있다. 따라서 중요한 것은 개별적 요구에 따른 개별화된 지원(individualized supports)을 하는 것이다. 예를 들어, 목이 마르면 물이 필요하고, 배가 고프면 밥이 필요하다. 따라서 물이 필요하니 물을 주고, 밥이 필요하니 밥을 주면 된다. 여기에서 목이 마르다는 것과 배가 고프다는 것이 중요한 것이 아니라, 물이 필요하고 밥이 필요하다는 사실이 중요하다. 굳이 목이 마르다는 사실과 배가 고프다는 사실을 중요시하여, 목마름장애나 배고픔장애로 명명할 이유가 없다." (p. 110)

"차별을 없애기 위해서는 '교육'이라는 용어 수준에서 특수교육과 일반교육의 구분을 두지 않아야 한다. 즉, '교육'은 모든 학생을 대상으로 하는 개념이기 때문에 다른 교육이 존재할 수 없으며, 단지 '교육'을 위한 다양한 '지원'은 존재할 수 있다. …(중략)… '개별 요구'에는 학생 개개인의 '독특한(unique)' 의미가 이미 내포되어 있다. 즉, 모든 학생의 개별 요구는 독특하기 때문에 특수하다. 따라서 이 '독특한' 요구에 또 다른 '특수한' 요구가 필요하지 않다. …(중략)… 이와 같은 맥락에서 교육의 본래 모습에 비추어 보면, 특수와 일반 그리고 특수와 개별의 구분은 큰 의미가 없다. 따라서 '특수교육'이라는 용어는 '교육'의 범주 내에서 제공되는 '개별화 지원'으로 전환되어야 한다." (p. 112)

출처: 허승준(2016), pp. 110, 112.

인혁이를 위한 특수교육과정

김 교사는 인혁이의 불안정한 성취도를 걱정하고 있다. 인혁이는 어떤 내용을 말로 들려주거나 행동으로 시연해 주면 곧잘 이해하고 받아들인다. 그래서 과학 활동과 실험을 매우 좋아한다. 그러나 인혁이의 읽기와 수학 성취도는 매우 낮다. 또한 말하는 능력은 발달되어 있지만 글쓰기는 매우 어려워한다.

인혁이는 과제를 시작하고 완성하는 일에 어려움을 겪는다. 가끔 모든 지시를 다 듣지도 않고 과제를 시작하거나, 지시를 무시하고 다른 일을 하기도 한다. 그러나 일단 과제를 마치면, 인혁이의 과제는 완성도가 높은 편이다. 인혁이의 부모는 그가 똑똑하기는 하지만 주의가 산만하고 게을러서 더 잘하지 못한다고 생각한다. 그들은 인혁이의 주의집중능력을 향상시켜 주기 위해 약물치료를 고려하고 있다.

인혁이도 자신이 학교에서 보이는 문제를 걱정하고 있다. 그는 자신이 똑똑하지 못하며 읽기, 쓰기, 수학은 자신에게 항상 어려운 과목이라고 생각한다. 인혁이는 친구들과 대화하기를 좋아하고 농담도 잘한다. 뭔가를 고치는 일에서는 학급에서 최고다. 친구들은 뭐가 고장 나면 모두 인혁이에게 가지고 간다. 인혁이는 분해하고 조립하는 일을 매우 좋아한다.

김 교사는 인혁이를 제대로 지도할 수 없는 자신의 무능함에 스스로 책망하고 있다. 김 교사는 인혁이의 교육적 요구를 지원하기 위해 '학생연구팀'에 도움을 요청하기로 결심하였다. 학생연구팀은 김 교사와 인혁이의 가족을 만나서 인혁이의 강점, 약점, 흥미, 취미는 물론 인혁이를 위한 효과적인 수업전략 등에 대해 논의하였다. 학생연구팀은 또한 학교의 다양한 환경이나 장면에서 관찰과 면담을 통해 인혁이에 대한 정보를 수집하였다. 그런 다음 김 교사와 인혁이의 부모가 참여하는 회의를 열어 인혁이의 교육적 요구를 충족시킬 수 있는 중재방안을 계획하였다. 그들은 논의를 통해 교육환경과 교육과정을 조정하기로 결정하였다. 인혁이의 과제 수행을 돕기 위해 김 교사와 인혁이의 부모 간에 '일일통신문'을 주고받기로 하였다. 학급에서 인혁이의 주의집중을 통제하고 지시에 대한 이해를 높이기 위해 그의 자리를 교사와 가까운 앞자리에 배치하였다. 수학시간에는 소집단 협력학습을 자주 시도하였다.

학생연구팀은 중재반응절차(response-to-intervention process)를 수행하여 인혁이의 읽기와 수학에서의 진전을 점검하였다. 첫째, 김 교사는 학생지도를 하면서 매우 효과적인 전략으로 활용하였던 그래픽 조직자(graphic organizer)와 또래지도를 시도하였다. 그러나 이 전략들은 인혁이의 읽기와 쓰기능력을 향상시키는 데 별 도움이 되지 못했다. 이에 김 교사는 특수교사와 협력하여 보다 집중적이고 개별화된 보충수업을 제공하기로 했다.

학생연구팀은 김 교사와 협력하여 인혁이를 위한 중재를 제공하고 그 효과를 평가하였다. 학생연구팀은 정기적으로 모임을 갖고 관찰, 면담, 읽기와 쓰기 과제분석 등을 통해 인혁이의 진보 정도를 검토하였다. 이러한 중재 노력이 인혁이의 과제완수능력은 향상시켰지만 읽기, 쓰기 및 수학능력에는 별다른 진전을 가져오지 못했다.

그 결과, 학생연구팀은 교육지원청에 인혁이가 특수교육대상자가 될 수 있는지에 대한 결정을 요청하였다. 교육지원청 소속 특수교육지원센터는 진단팀을 구성하고 인혁이 부모의 동의를 얻어 다양한 영역에 대한 인혁이의 수행을 평가하였다. 진단 전문가가 인혁이의 지능을 측정하였다. 지능검사결과 인혁이의 지능은 평균 이상이었고, 구어기능(verbal skills)이 탁월했다. 신체검사 일환으로 실시된 검사에서는 대근육과 소근육 운동능력이 우수했다. 인혁이에 대한 상담 및 가족의 관찰결과로 볼 때, 인혁이의 학습문제는 낮은 자아존중감을 유발하고 있었다.

특수교사는 다양한 성취도검사 및 준거참조검사를 통해 인혁이의 읽기와 수학능력을 평가하였다. 인혁이는 단어 인지, 구두 읽기, 읽기 이해에 약점이 있었다. 해독에 있어서는 문자를 음성화하는 데 어려움이 있었고 맥락적 단서에 의존하였다. 그리고 읽기 이해에서는 많은 정보와 추상적 개념에 대한 질문에 대답을 잘하지 못했다.

수학의 경우 강점과 약점을 모두 가지고 있었다. 인혁이는 기하학, 측정, 시간, 금전 영역에서는 높은 성취도를 보였다. 그러나 문장제문제와 다단계계산 문제풀이는 매우 어려워했다.

모든 자료가 수집된 후, 인혁이의 특수교육대상자 여부를 결정하기 위해 진단팀이 전체 회의를 개최하였다. 다양한 전문가가 자신의 시각에서 의견을 제시하였다. 어떤 팀원은 인혁이가 학습장애를 가지고 있다고 판단했다. 또 어떤 팀원은 인혁이가 주의력결핍장애를 가지고 있다고 했다. 또 다른 팀원은 인혁이에게 영재교육 프로그램이 필요하다고 했다. 다양한 토론과 논쟁을 통해 진단팀은 인혁이에게 그의 잠재능력에 비해 성취도가 낮은 학습장애를 가지고 있다는 결론을 내렸다. 진단팀은 또한 인혁이를 김 교사의 학급에 그대로 배치하고 인혁이의 요구를 충족시킬 수 있는 개별화교육 프로그램(IEP)이 개발되어야 한다는 결정을 하였다. 그리고 인혁이를 지역의 영재교육 프로그램에 참여시키기로 합의하였다.

1. 이 장의 취지

교육 현장에서는 특수교육을 단순히 장애학생 교육으로 인식하는 경향이 있다. 이런 인식으로 인해 일반교사는 특수교육은 특수교사가 담당해야 할 영역이라고 생각한다. 그러나 약 70%의 장애학생들이 일반학교에서 교육을 받고 있는 상황을 감안하면, 장애학생을 특수교사만 교육해야 한다는 것은 편협한 사고이다. 일반교육에서는 비장애학생이, 특수교육에서는 장애학생이 주요 교육 대상자인 것은 틀림없다. 그러나 일반교육이 감당하지 못하는 비장애학생도 있고, 특수교육을 거부하는 장애학생도 있다. 비장애학생보다 더 일반적인 장애학생도 있고, 장애학생보다 더 특수한 비장애학생도 있다. 따라서 일반교육과 특수교육이라는 이분법적 구분은 동일하지 않은 것을 동일한 것으로 만들려는 폭력적 사고인 '동일성 사유'(Adorno, 1971)에 해당한다. 장애학생과 비장애학생이 엄격하게 다르다는 사고, 특수교육과 일반교육은 구분되어야 한다는 사고, 장애인은 무능하고 비장애인은 유능하다는 사고, 이 모든 것들이 동일성 사유의 예다. 이런 사유는 동일성을 유지하기 위해 동일성을 위협하는 개별 학생을 소외시키거나 장애학생을 비장애학생처럼 변화시키려고 하는 위험한 사고로 연결된다(허승준, 2017b).

이 장에서는 특수교육이란 무엇인가, 특수교육의 대상은 누구인가, 특수교육은 일반교육과 달리 어떤 목적과 어떤 방법을 가지고 있는가 등에 대해 다루고자 한다. 아울러 특수교육 관련법은 무엇이 있고, 최근 특수교육은 어디에 초점을 두고 이루어지는지, 그리고 특수교육대상자의 선별, 진단 및 배치는 어떤 단계와 과정을 통해 이루어지는지 살펴보고자 한다.

2. 특수교육의 이해

1) 특수교육의 정의

특수교육에 대한 정의는 다음의 [글상자 2-1]과 같이 다양하게 제시되고 있지만, 특수교육의 핵심은 '특수한 요구를 가진 학생을 대상으로 특수한 프로그램을 고안하여 제공하는 무상의 공교육 서비스'에 있다. 여기에서 특수한 요구는 일반적 방식으로는 충족시킬 수 없는 독특한 개별적 요구를 의미한다. 따라서 장애학생은 특수한 요구를 가진 학생집단의 일부에 해당한다. 이와 같은 특수교육의 정의는 다음과 같은 의미를 내포하고 있다.

첫째, 모든 학생은 각각 독특한 존재이고 개별적인 교육을 받아야 할 대상이다. 따라서 교사는 개별 학생의 독특한 교육적 요구에 민감해야 한다. 둘째, 개별 학생의 독특한 교육적 요구는 특수하게 고안한 프로그램을 통해서만 실질적으로 충족될 수 있다. 특수교육은 교육대상이 특수해서가 아니라 교육 프로그램이 특수해서 특수교육으로 불린다. 이런 이유로 점차 특수교육대상을 장애학생에 국한하지 않고 일반교육에 적응하지 못하는 모든 학생으로 확대하는 추세에 있다.

이와 같은 추세에 따라 특수교육과 일반교육의 구분을 반대하는 주장까지 제기되고 있다. 즉, 특수교육은 역사적으로 편견과 낙인의 부정적 의미와 차별의 역사를 내포하고 있기 때문에, 특수교육 대신 '개별화 지원(individualized supports)'이라는 용어 사용을 제안하고 있다(허승준, 2016). 개별화 지원은 학생의 차이로 인해 발생하는 독특한 요구에 근거하여 차별적으로 교육지원을 제공하는 교육 원리다(허승준, 2017a).

[글상자 2-1]

특수교육 관련 다양한 정의

- 특수교육이란 특수교육대상자의 교육적 요구를 충족시키기 위하여 특성에 적합한 교육과정 및 제2호에 따른 특수교육 관련서비스 제공을 통하여 이루어지는 교육을 말한다. '특수교육 관련서비스'란 특수교육대상자의 교육을 효율적으로 실시하기 위하여 필요한 인적 · 물적 자원을 제공하는 서비스로서 상담지원 · 가족지원 · 치료지원 · 보조인력지원 · 보조공학기기지원 · 학습보조기기지원 · 통학지원 및 정보접근지원 등을 말한다(「장애인 등에 대한 특수교육법」, 2007. 5. 27. 개정).

- 특수교육은 특수아동의 개별적인 필요를 충족시키기 위해서 특별히 고안된 교수다(이소현, 박은혜, 1998: 23).

- 특수교육은 일반 혹은 정상으로 일컬어지는 것으로부터 지적으로나 감각기능, 신체운동, 건강, 정서, 의사소통의 기능 면에서 일정한 편차 내지 이상성(異常性)을 지니는 아동을 위하여 특별한 교육 프로그램과 교육 자료, 특별히 훈련된 전문교사에 의해 특수한 방법으로 실시되는 교육이다(구본권 외, 2000: 7).

- '특수교육'은 장애아동의 독특한 요구에 부응하기 위하여 부모에게 비용을 부과하지 않고 특별하게 고안하여 제공하는 교수를 의미한다. 여기에는 (A) 교실, 가정, 병원, 시설 및 기타 장소에서 제공되는 수업과 (B) 체육 수업을 포함한다(United States, 2011).

  The term "special education" means specially designed instruction, at no cost to parents, to meet the unique needs of a child with a disability, including–
  (A) instruction conducted in the classroom, in the home, in hospitals and institutions, and in other settings; and
  (B) instruction in physical education.

- 특수교육은 개인에 맞추어 계획된, 특화된, 집중적이고 목표 지향적인 교수 활동이다. 효과적이고 윤리적으로 잘 시행되었을 때, 특수교육은 증거기반 교수방법과 직접적이고 빈번한 학생 수행 측정결과를 활용한다는 특징을 보인다(Heward, 2013: 33).

2) 특수교육대상자

특수교육의 정의에 대한 추세와는 달리 특수교육 서비스를 제공받는 대상은 매우 제한적이다. 특수교육대상은 법적 제한을 받기 때문이다. 「장애인 등에 대한 특수교육법」에 명시된 특수교육대상은 시각장애, 청각장애, 지적장애, 지체장애, 정서·행동장애, 자폐성장애(관련 장애 포함), 의사소통장애, 학습장애, 건강장애, 발달지체 등을 포함하고 있다(〈표 2-1〉 참조). 이전의 「특수교육진흥법」과 비교하면, '지체부자유'는 '지체장애'로, '언어장애'는 '의사소통장애'로, '정서장애(자폐성 포함)'는 '정서·행동장애'와 '자폐성장애(관련 장애 포함)'로 그 명칭이 바뀌었다. 여기에서 눈여겨 볼 용어는 '발달지체'다. '발달지체'는 하나의 독립된 장애 유형이 아니라

〈표 2-1〉 우리나라의 과거와 현재, 미국과의 특수교육대상자 범주 비교

구분	「장애인복지법」	「특수교육진흥법」 특수교육대상자	「장애인 등에 대한 특수교육법」 특수교육대상자	미국 「장애인교육법(IDEA)」 특수교육대상자
범주	① "장애인"이란 신체적·정신적 장애로 오랫동안 일상생활이나 사회생활에서 상당한 제약을 받는 자를 말한다. 1. "신체적 장애"란 주요 외부 신체 기능의 장애, 내부기관의 장애 등을 말한다. 2. "정신적 장애"란 발달장애 또는 정신 질환으로 발생하는 장애를 말한다.	1. 시각장애 2. 청각장애 3. 정신지체 4. 지체부자유 5. 정서장애(자폐성 포함) 6. 언어장애 7. 학습장애 8. 기타 교육부령이 정하는 장애	1. 시각장애 2. 청각장애 3. 지적장애 4. 지체장애 5. 정서·행동장애 6. 자폐성장애 7. 의사소통장애 8. 학습장애 9. 건강장애 10. 발달지체 11. 기타 교육부령이 정하는 장애	1. autism 2. deaf-blindness deafness 3. emotional disturbance 4. hearing impairment 5. intellectual disability 6. multiple disabilities 7. orthopedic impairment 8. other health impairment 9. specific learning disability 10. speech or language impairment 11. traumatic brain injury 12. visual impairment (including blindness) 13. visual impairment (including blindness)
의무교육 대상 연령	(언급 없음)	6~12세 (유치원, 고등학교는 무상)	3~17세 (3세 미만은 무상)	3~21세

장애 위험이 있는 영유아를 특수교육 대상으로 선정하기 위해 새롭게 추가된 용어다. 영유아기 아동의 경우 장애의 여부를 정확하게 진단하기 어렵기 때문에, 장애 위험이 있다고 판단되면 특정 장애로 진단이 되지 않더라도 특수교육 대상으로 선정하여 무상의 서비스를 제공할 수 있게 되었다. 이는 특수교육대상이 장애아동에 국한되지 않고 확대되는 추세와 관계가 있다고 볼 수 있다.

특수교육대상에 포함되는 장애 유형은 특수교육의 의미나 필요성의 변화에 따라 지속적으로 변화되고 있다. 특수교육대상에 대한 규정은 나라에 따라서도 다르다. 미국의 경우는 시각장애, 청각장애, 지적장애, 지체장애, 정서장애, 언어장애, 학습장애, 자폐, 농·맹 복합장애, 기타 건강손상장애, 영재아, 외상성 뇌장애 등을 특수교육대상으로 규정하고 있다. 스웨덴, 이탈리아, 독일 등과 같은 나라는 특수교육대상을 특정한 장애 영역으로 한정하지 않고 특별한 교육적 지원이 필요한 아동으로 확대해 가는 추세다. 이는 모든 학생이 독특한 개별적 요구를 가지고 있다는 것을 전제로 하고 있고, 이들 중 특별한 지원이 필요할 경우 장애의 여부와 관계없이 개별 요구에 적합한 지원을 제공해야 한다는 인식에 기반을 두고 있다.

물론 장애학생도 특별한 지원이 필요할 수도 있고 필요하지 않을 수도 있다. '장애학생은 곧 특별한 요구를 가진 학생이다.'라는 인식은 잘못된 것이다. 한 손의 손가락이 없는 학생이 피아노를 칠 때는 특별한 지원이 필요하지만, 책을 읽을 때는 특별한 지원이 필요 없다. 장애가 특별한 지원의 절대적 기준이 될 수 없다는 의미다. 그런 의미에서 특수교육대상을 장애학생에 제한하기보다는 특별한 요구가 있는 아동으로 확대하는 것이 더 바람직하다. 「장애인 등에 대한 특수교육법」에서 '발달지체'를 추가한 것은 이러한 의미를 반영한 결과로 해석할 수 있다. 그러나 장애 위험이 영유아기에 한정되는 현상이 아니기 때문에, 장애 위험의 대상을 전체 학령기로 확대하는 노력이 필요하다.

특수교육대상이 누구인지에 대한 규정은 특수교육에서 매우 중요한 의미를 갖는다. 법에서 규정한 특수교육대상이 된다는 것은 곧 국가에서 무상으로 제공하게 될 모든 형태의 특수교육 서비스를 받을 권리가 있다는 것을 뜻한다. 물론 법적 권리가 실제로 교육 현장에서 충분히 보장되지 않는다면 특수교육대상의 여부가 별 의미를 가지지 못하지만, 그 권리가 교육 서비스로 충분하게 실현되는 경우에는 의미가 다르다. 미국의 경우 법적 권리가 대부분 교육 서비스로 연결되기 때문에 적극적으로 특수교육대상이 되고자 노력한다. 예를 들어, 주의력결핍과잉행동장애를 공식적인 특수교육대상에 포함시키기 위해 미국 내 학부모집단이나 이익단체가 정부를 상대로 로비 활동을 벌인 경우가 있다. 이는 미국에서는 법적 특수교육대상인지의 여부에 따라 제공되는 실제적 교육 서비스가 다르기 때문에 나타나는 현상이다.

3) 특수교육의 목적

「장애인 등에 대한 특수교육법」에는 특수교육의 목적이 다음과 같이 명시되어 있다.

> 이 법은 「교육기본법」 제18조에 따라 국가 및 지방자치단체가 장애인 및 특별한 교육적 요구가 있는 사람에게 통합된 교육환경을 제공하고 생애주기에 따라 장애 유형·장애 정도의 특성을 고려한 교육을 실시하여 이들이 자아실현과 사회통합을 하는 데 기여함을 목적으로 한다.

이러한 특수교육의 목적은 큰 의미에서 일반교육의 목적과 다르지 않다. 예컨대, 「교육기본법」 제2조는 교육이념을 다음과 같이 정의하고 있다. "교육은 홍익인간(弘益人間)의 이념 아래 모든 국민으로 하여금 인격을 도야(陶冶)하고 자주적 생활능력과 민주시민으로서 필요한 자질을 갖추게 함으로써 인간다운 삶을 영위하게 하고 민주국가의 발전과 인류공영(人類共榮)의 이상을 실현하는 데에 이바지하게 함을 목적으로 한다." 특수교육은 특별한 교육적 요구가 있는 학생이 이러한 교육이념을 실현할 수 있도록 필요한 지원을 제공하는 것을 의미한다. 즉, 특수교육과 일반교육은 교육 목적에서 차이가 있는 것이 아니라 그 목적을 실현하기 위해 제공하는 지원의 범위에서 차이가 있다고 할 수 있다.

그러나 '사회통합'을 특수교육의 목적으로 규정하는 것이 적절한가에 대한 논란이 제기될 수 있다. 사회통합을 특수교육의 목적으로 규정하는 것은 '장애인은 능력의 부족으로 인해 사회에 통합되지 못하고 분리된다.'라는 인식을 전제하고 있다. 그러나 사회통합은 장애인의 능력 문제가 아니라 비장애인의 인식 문제다. 따라서 사회통합은 특수교육이 아닌 일반교육의 목적으로 명시되는 것이 더 적절하다.

4) 특수교육방법

특수교육과 일반교육 간에 궁극적인 교육 목적은 차이가 없지만 교육방법에는 차이가 있다. 우선 특수교육에서는 교수-학습 대상으로서의 학생을 학급이나 학년과 같은 집단으로 대하지 않고 개인으로 대한다. 예컨대, 일반교사는 수업지도안을 작성할 때 3학년 1반 전체(대개 중간 수준 집단)를 염두에 두지 김 아무개 학생 개인을 염두에 두지는 않는다. 그러나 특수교사는 언제나 수업의 단위가 개별 학생이다. 그렇기 때문에 특수교육은 모든 특수교육 대상을 위해 각자에게 고유한 개별화교육 프로그램을 작성한다. 그렇다고 해서 교육방법이 개별지도에 한정된다는 의미는 아니다. 개별지도든 집단지도든 간에 개별 아동의 요구를 반영하여 이루어진다는 의미다.

특수교육은 또한 시설, 교육매체, 전문훈련을 받은 교사, 행정지원체제 등에서 특수성을 가진다. 특수교육의 교육방법을 한마디로 정의하기는 매우 어렵다. 왜냐하면 말 그대로 특별한 교육적 요구에 맞게 특별히 고안된 교수방법이 특수교육의 핵심인데, 특별한 교육적 요구는 아동에 따라서 매우 다르기 때문이다. 특수교육은 아동의 요구에 따라 교육방법을 끊임없이 창조적으로 개발할 것을 요구한다. 이러한 특징을 종합하여 일반교육과 구분되는 특수교육방법은 ① 통합교육, ② 개별화교육, ③ 순회교육, ④ 진로 및 직업 교육, ⑤ 특수교육 관련서비스, ⑥ 치료지원을 포함한다.

통합교육은 특수교육대상자가 일반학교에서 장애 유형 및 장애 정도에 따라 차별을 받지 아니하고 또래와 함께 개개인의 교육적 요구에 적합한 교육을 받는 것을 말한다(「장애인 등에 대한 특수교육법」 제2조 제6항). 통합교육의 다양한 차원의 의미와 장애아동교육에서의 중요성은 이 책의 1장을 참조하기 바란다.

개별화교육은 특수교육의 핵심 요소라 할 수 있는데, 학생의 개별적인 교육적 요구에 적합한 지원을 제공하는 교육을 의미한다. 「장애인 등에 대한 특수교육법」에서는 개별화교육을 "각급학교의 장이 특수교육대상자 개인의 능력을 계발하기 위하여 장애 유형 및 장애 특성에 적합한 교육목표, 교육방법, 교육내용, 특수교육 관련서비스 등이 포함된 계획을 수립하여 실시하는 교육"이라고 정의하고 있다. 교육적 지원의 범위는 보조원의 지원부터 수업의 목표나 자료 수정 등을 포함한 광범위한 영역에 걸쳐 있다.

순회교육은 특수교육 교원 및 특수교육 관련서비스 담당인력이 각급학교나 의료기관, 가정 또는 복지시설(장애인복지시설, 아동복지시설 등을 말한다. 이하 같다) 등에 있는 특수교육대상자를 직접 방문하여 실시하는 교육을 말한다. 진로 및 직업교육이란 특수교육대상자의 학교에서 사회 등으로의 원활한 이동을 위하여 관련기관의 협력을 통하여 직업재활훈련, 자립생활훈련 등을 실시하는 것을 말한다.

특수교육 관련 서비스는 특수교육대상자의 교육을 효율적으로 실시하기 위하여 필요한 인적·물적 자원을 제공하는 서비스로서 상담지원, 가족지원, 치료지원, 보조인력 지원, 보조공학기기 지원, 학습보조기기 지원, 통학지원 및 정보접근 지원 등을 말한다. 「장애인 등에 대한 특수교육법」 제23조에서 제29조까지는 특수교육 관련서비스에 관한 항목이다. 이 항목에 따르면 가족지원은 가족상담, 양육상담, 보호자 교육, 가족지원 프로그램 운영 등을 의미하며, 건강지원센터나 장애인복지시설 등과 연계하여 실시할 수 있다. 보조인력은 학교의 장이 계획을 수립하여 채용할 수 있다. 특수교육지원센터에 특수교육대상자의 학습에 필요한 각종 교구나 학습보조기기, 보조공학기기 등을 구비해 두고 필요한 학생들을 지원해 주어야 하며, 통학이 필요한 학생에게는 통학에 필요한 차량을 제공하거나 비용을 지원해 주어야 한다. 현장체험학습 등 다양한 활동에 참여할 수 있도록 교통편도 제공해 주어야 한다. 또한 특수교육 관련서비스 외에 보행훈련, 심리·행동 적응훈련 등 특정한 장애 유형의 특수교육대상자에게 필요한 특수교육 관련서비스를 제공하여야 한다.

치료지원은 물리치료, 작업치료 등을 제공해 주는 것을 의미한다. 치료지원에 필요한 인력은 주무장관이 승인한 민간자격을 소지한 사람으로 한다. 교육감 또는 특수학교의 장은 특수교육지원센터나 특수학교에 치료실을 설치·운영할 수 있으며, 가족지원과 마찬가지로 공공보건 의료기관이나 장애인 복지시설 등과 연계하여 치료지원을 할 수 있다.

5) 특수교육의 최근 동향

특수교육이 발전한 여러 나라를 비롯하여 우리나라에서도 최근 특수교육은 적절한 무상 공교육, 통합교육, 개별화교육 프로그램의 제공, 평생교육, 일반교육과정 접근, 관련서비스 제공, 교육과정과 절차상의 수요자 중심 교육을 강조하고 있다. 이를 구체적으로 살펴보면 다음과 같다.

(1) 적절한 무상 공교육

특수교육대상자에게는 국가에서 무상으로 공교육을 제공해야 할 뿐더러, 그 제공되는 교육은 대상자에게 유의미한 것이어야 한다. 예컨대, 휠체어를 이용해야만 이동할 수 있는 학생이 어느 학교에 입학했을 경우, 그 학생에게 '적절한' 교육이란 통학, 각 교실에서의 자유로운 이동, 도서관이나 학교식당으로의 자유로운 이동, 화장실 이용 등을 모두 포함한다. 따라서 그러한 활동과 관련된 서비스를 충분히 받지 못할 경우, 비록 등록금이나 교재를 무상으로 지원받더라도 여전히 그 학생은 적절한 무상 공교육을 받는다고 볼 수 없을 것이다. 최근 특수교육대상자를 위한 교육은 바로 이러한 적극적인 의미의 무상 공교육을 추구하고 있다.

(2) 최소제한환경 원칙에 근거한 통합교육

특수교육대상자를 각급학교에 지정·배치할 때는 최소제한환경 원칙에 따라 통합교육환경에 우선 배치해야 한다는 것이다. 최소제한환경(Least Restrictive Environment: LRE)은 일반적인 환경으로부터 분리가 최소화되는 환경을 의미한다. 최소제한환경 원칙에 따라 특수교육대상자의 교육환경을 선정할 때에는 최소한 다음의 두 가지를 고려해야 한다. 첫째, 가급적 특수교육대상자를 장애가 없는 또래가 다니는 학교에 배치해야 한다. 둘째, 가급적 특수교육대상자와 그 가족이 거주하는 곳에서 가까운 곳에 배치해야 한다. 그런데 실제로는 분리환경과 통합환경 중 어느 곳이 더 특수교육대상자에게 유리할 것인가, 통합환경에서 특수교육대상자가 일반 학생이나 교사에게 얼마나 큰 노력을 요구하는가 등의 문제가 발생할 수 있다. 이 경우 최소제한환경 원칙은 분명하게 가급적 특수교육대상자를 통합환경에서 교육해야 한다는 입장을 취한다. 통합환경이 분리환경보다 특수교육대상자에게 교육적으로 유리하다면 반드시 통합환경에 특수교육대상자를 배치해야 한다. 또한 당장은 분리환경이 더 적절하지만 일반학급에서 크게 무리가 가지 않는 노력을 통해 분리환경과 유사하거나 더 나은 교육 효과를 제공할 수 있을 경우에도 통합환경에 특수교육대상자를 배치해야 한다는 것이 바로 최소제한환경 원칙이다. 다만, 통합환경 구축에 너무 많은 시설이나 비용이 필요하거나, 특수교육대상자가 통합환경에서 교육적 혜택을 받을 가능성이 없다는 확실한 근거가 있을 경우에는 분리환경에 배치하는 것이 가능하다.

(3) 개별화교육 프로그램(IEP) 제공

특수교육이 일반교육과 다른 가장 근본적인 차이점 중의 하나는 그 기본 단위가 학급이나 학년이 아닌 개인이라는 점이다. 따라서「장애인 등에 대한 특수교육법」에서도 모든 특수교육대상자에게는 개별화교육 프로그램을 작성하여 시행하도록 규정하고 있다. 개별화교육 프로그램은 단순히 한 차시의 교육을 어떻게 각 학생에게 적절하게 제공할 것인가 하는 차원이 아니라, 한 명의 특수교육대상자에게 1년 동안 제공할 교육 프로그램을 교육목표는 물론 교육내용, 교육방법과 평가 계획, 그리고 필요한 경우 특수교육 관련 서비스까지 포함하여 한 학기에 한 번 이상 총체적으로 규정하고 계획한 것을 의미한다.

(4) 장애인 평생교육권 강조

「장애인 등에 대한 특수교육법」제5장에서는 장애인의 평생교육을 위해 장애인 평생교육과정을 설치 · 운영하고, 평생교육 관련 시설을 설치하도록 규정하고 있다. 비장애인을 위한 평생교육은 상당한 수준으로 발달되어 있다. 그러나 장애인이 이러한 평생교육 시설에 접근하여 교육 프로그램 서비스를 제공받는 데에는 많은 제한이 따른다. 따라서 기존의 평생교육 시설과 교육과정을 장애인을 포함할 수 있는 방식으로 개선하는 노력과 더불어 장애인을 위한 특별한 평생교육 시설과 교육과정을 설치 · 운영하는 노력도 이루어져야 한다.

(5) 일반교육과정에의 실질적인 접근 강조

특수교육대상학생을 일반학급에 물리적으로 통합하는 것만으로 이들에게 유의미한 교육을 제공하기는 어렵다. 이를 위해서는 장애학생이 일반학교의 교육과정 체제하에서도 실질적으로 자신에게 유의미한 교육 활동을 할 수 있도록 하는 다양한 지원 서비스가 제공되어야 한다. 이를 반영하여「장애인 등에 대한 특수교육법」

제20조 제2항에서는 일반학교의 장이 특수교육대상자 개인의 장애 종별과 정도, 연령, 현재 및 미래의 교육 요구 등을 고려하여 교육과정의 내용을 조정·운영할 수 있도록 규정하고 있다. 아울러 각 학교에서는 그들이 교육 활동에 제대로 참여할 수 있도록 정보 접근을 위한 기기, 의사소통을 위한 보완·대체기구 등의 교재·교구를 갖추어야 할 뿐만 아니라(동법 시행령 제16조 제2항), 자신의 교육적 요구에 맞는 개별화교육을 받을 수 있도록 하는 다양한 조치를 취해야 한다고 규정하고 있다(동법 시행규칙 제4조).

통합학급에서 교사가 적용할 수 있는 교육과정은 다음의 세 가지로 요약할 수 있다(이소현, 박은혜, 2011; Giangreco, Cloninger, & Iverson, 1998). 첫째는, 장애의 정도가 매우 미약할 경우 일반교육과정을 동일하게 적용할 수 있다. 또는 장애가 심하지만 내용과 수준을 달리하지 않아도 충분히 참여가 가능한 교과(활동)의 경우도 이에 해당된다. 둘째는, 동일한 교과(활동)를 적용하면서 수준(목표)을 조정하는 중다수준 교육과정이 있다. 셋째는, 동일한 활동을 하지만 다른 교과의 교수목표를 적용하는 중복교육과정이 있다.

(6) 관련서비스 제공

특수교육대상자는 일반학생과 달리 장애의 유형이나 정도에 따라 여러 가지 형태의 관련서비스가 필요한 경우가 많다. 예를 들어, 청각장애학생의 경우 교육과정을 따라가는 것 이외에도 입술 모양을 보면서 사람들이 말하는 것을 이해해야 하는 특별한 훈련이 필요하다. 이러한 훈련은 통합학급 안에서 이루어지기가 매우 힘들기 때문에 체계적인 프로그램을 통하여 전문가가 훈련하는 것이 중요하다.

특수교육 관련서비스는 앞에서 간략하게 소개한 바와 같이 다양한 서비스를 포함하고 있다. 특수교육대상자에게 필요한 서비스에 대한 판단과 서비스의 제공 여부는 교육감 또는 교육장이 특수교육운영위원회의 의견을 참조하여 결정할 수 있다. 특수교육대상자가 능력 및 특성에 적합한 개별화교육을 받기 위해서는 다양한 지원이 필요하며, 때로는 일대일 수업 등 집중적인 개별화 지원이 필요하다. 이에 따라 2003년부터 유급 특수교육 보조원제가 운영되고 있다. 특수교육 보조원은 특수학교, 일반학교, 특수교육지원센터 등 다양한 곳에 배치되어 특수교육대상자의 교육을 지원하고 있다. 특수교육 보조원은 특수학급이 설치되어 있는 학교의 경우 통합학급에 배치하고, 학교장이 관리하며 특수학급 교사가 담당하도록 하고 있다. 특수학급이 설치되지 않은 학교에서는 특수교육 보조원을 통합학급에 배치하고, 학교장이 관리하며 일반학급 교사가 담당하도록 하고 있다.

(7) 교육과정과 절차상의 공정성 및 수요자 중심

특수교육대상자를 위한 교육의 각 과정에는 장애학생은 물론 그 가족에게까지 중대한 영향을 미치는 의사결정 시점이 여러 번 있다. 첫째는, 과연 해당 학생이 장애를 갖고 있는가의 여부에 관한 판별 단계다. 둘째는, 어디에서 어떤 교육을 받을 것인가에 관한 교육환경의 배치에 관한 결정이다. 셋째는, 각 교육기관에서 어떤 형태의 개별화교육 프로그램을 이수할 것인가에 관한 것이다. 이 외에도 여러 번의 의사결정 사안이 있지만, 공통적으로 의사결정과정이 공정하고 적절하게 이루어져야 장애학생은 물론 그 가족 구성원에게 미치는 부정적 영향을 최소화할 수 있다. 이에 따라 중요한 결정은 가급적 다수의 전문가가 참여하여 여러 번의 논의와 다양한 자료를 고려하여 내리는 것이 적절할 것이다. 또한 각 의사결정과정에 장애학생 자신은 물론 장애학생 학부모가 참여하여 자신들의 의견을 표현할 기회를 가져야 할 것이다. 이를 위하여 「장애인 등에 대한 특수교육법」에서는 각 절차마다 장애학생의 보호자가 참여하도록 규정하고 있다.

(8) 증거기반 실제 강조

증거기반 실제(evidence-based practices)는 과학적인 연구결과, 그 효과가 입증된 교육방법을 말한다. 특수교육대상자에 대한 교육의 책무성이 강조됨에 따라 실제로 효과적인 교육방법을 적용하는 것은 매우 중요하다. 개인적인 경험, 감성적인 기대, 또는 객관적 증거가 불충분한 개인적 교육철학 등에 근거한 교육방법을 지양하고, 어느 정도 축적된 연구결과에 기반한 효과적인 교육방법을 지속적으로 충실하게 투입하는 것이 바람직하다.

6) 특수교육 관련법

(1)「장애인 등에 대한 특수교육법」의 역사

특수교육은「헌법」,「교육기본법」,「유아교육법」및「시행령」,「초·중등교육법」및「시행령」,「장애인 등에 대한 특수교육법」및「시행령」과「시행규칙」,「특수학교시설·설비기준령」,「특수교육담당교원 및 교육전문직 인사관리기준」,「장애인 차별금지 및 권리구제 등에 관한 법률」등이 정한 규정에 의해 이루어지고 있다. 특수교육 관련 법령은 〈표 2-2〉와 같다.

〈표 2-2〉 특수교육 관련 법령

법령	관련조항
헌법	제31조
교육기본법	제3조(학습권), 제4조(교육의 기회균등), 제8조(의무교육), 제18조(특수교육)
유아교육법	제15조(특수학교 등)
유아교육법 시행령	제25조(특수학교의 교직원)
초·중등교육법	제2조(학교의 종류), 제12조(의무교육), 제19조(교직원의 구분), 제21조(교원의 자격), 제55조(특수학교), 제56조(특수학급), 제58조(학력의 인정), 제59조(통합교육)
초·중등교육법 시행령	제11조(평가의 대상 구분), 제14조(위탁시의 협의), 제40조(특수학교 등의 교원), 제43조(교과), 제46조(수업일수), 제57조(분교장), 제58조(국·공립 학교운영위원회의 구성), 제63조(사립학교의 운영위원회)
장애인 등에 대한 특수교육법/시행령/시행규칙	전체
특수학교시설·설비기준령	전체
장애인복지법	제2장 제20조(교육)
장애인차별금지 및 권리구제 등에 관한 법률	제2장 제2절 교육
장애인·노인·임산부 등의 편의증진 보장에 관한 법률	제8조(편의시설의 설치기준)
장애인고용촉진 및 직업재활법	제8조(교육부 및 보건복지부의 연계)

출처: 교육부(2017), p. 14.

현재의「장애인 등에 대한 특수교육법」은 2007년 제정되어 2008년 5월부터 시행되고 있고, 이 법 이전에는「특수교육진흥법」이 있었다.「특수교육진흥법」은 특수교육대상학생의 교육권을 보장하기 위하여 1977년에 제정되었다. 1987년과 1990년에 의무교육 대상자의 확대와 용어의 변경(예: 문교부 → 교육부)을 위해 두 차례 개정되었다. 1994년에 3차 개정된「특수교육진흥법」은 전면 개정으로 제정 당시와 달리 상세하게 그 내용을 기술하고 있고, 세부적인 사항을 법률로 정하고 있다. 그 내용을 보면 특수교육에 관련된 정의를 명확히 했으며, 분리 위주의 교육이 아닌 일반 환경에서 교육받도록 명시하고 있다. 그리고 특수교육의 기구와 단계를 제시하여 특수교육대상자의 정도에 따른 교육기관과 교육방식을 명시하여 개인차에 알맞은 학습지도가 가능토록 교육방법을 구체적으로 제시하도록 하였다. 통합교육을 실시하여 장애학생이 장애를 이유로 차별받지 않도록 법률로 제정하는 등 평등한 특수교육 기회 제공과 특수교육의 질 향상에 중점을 두었다. 교육과정에서도 혁신적인 변화를 꾀하여 교육교정, 직업보도교육에서 교과교육, 치료교육, 직업교육으로 세분화되고 진로교육 조항도 신설되었다. 그 외에도 교육방법과 관련하여 순회교육, 조기 특수교육 등 다양한 특수교육 방법을 법 조항에 포함시켰다.

3차 개정은 특수교육의 목적, 유형, 교육내용 및 방법에서 이전의「특수교육진흥법」과는 완전히 다른 틀을 제시하였다. 현재의 통합교육에 관한 법적 근거도 3차 개정 법에서 처음 마련했다고 볼 수 있다. 1994년 개정된「특수교육진흥법」제2조 제6항에서는 통합교육을 "특수교육대상자의 정상적인 사회적응능력의 발달을 위해 일반학교에서 특수교육대상자를 교육하거나 특수교육기관의 재학생을 일반학교의 교육과정에 일시적으로 참여시켜 교육하는 것을 말한다."라고 정의하였다. 그리고 제2조 제4항에서는 통합교육의 일환으로 특수학급을 '전일제, 시간제, 특별지도, 순회교육' 등으로 정의하여 특수학급에 대한 세부적인 방법까지 제시하였다.

4차 개정에서는「교육법」에서 국민학교의 명칭을 초등학교로 개정함에 따라 관계 조문을 정비한 정도였고, 5차 개정에서는 특수교육이 필요한 특수교육대상자의 학습 활동 및 재활을 효율적으로 지원하기 위해 특수교육대상자의 선정절차를 현실에 맞게 조정하였다. 2001년의 6차 개정에서는 장애를 이유로 입학을 거부할 경우에 대한 벌칙규정을 바꾸었다.

2005년 3월 24일의 7차 개정은 다음의 세 가지 측면에서 이루어졌다. 첫째, 특수교육에 관한 주기적인 실태조사를 할 수 있는 법적 근거를 마련했다. 둘째, 심장장애, 신장장애, 간장애 등 만성질환으로 인한 건강장애학생의 특수교육대상자 선정 근거를 마련했다. 셋째, 특수학교(급)의 치료교육 담당교원 배치 근거를 마련했다.

(2) 「장애인 등에 대한 특수교육법」의 내용

「특수교육진흥법」은 2006년부터 전면 개정이 추진되어 2007년 5월 「장애인 등에 대한 특수교육법」으로 새롭게 제정되었다(〈표 2-3〉 참조).

〈표 2-3〉「장애인 등에 대한 특수교육법」(2007년 5월 25일 제정, 2008년 5월 26일 시행)

구분	내용
목적	국가 및 지방자치단체가 장애인 및 특별한 교육적 요구가 있는 사람에게 통합된 교육환경을 제공하고 생애주기에 따라 장애 유형·장애 정도의 특성을 고려한 교육을 실시하여 이들의 자아실현과 사회통합을 하는 데 기여함을 목적으로 한다.
특수교육 대상자	① 시각장애, ② 청각장애, ③ 정신지체, ④ 지적장애, ⑤ 정서·행동장애, ⑥ 자폐성장애(이와 관련된 장애를 포함한다), ⑦ 의사소통장애, ⑧ 학습장애, ⑨ 건강장애, ⑩ 발달지체, ⑪ 그 밖에 대통령령으로 정하는 장애
차별의 금지	① 각급학교의 장 또는 대학(「고등교육법」 제2조에 따른 학교를 말한다. 이하 같다)의 장은 특수교육대상자가 그 학교에 입학하고자 하는 경우에는 그가 지닌 장애를 이유로 입학의 지원을 거부하거나 입학전형 합격자의 입학을 거부하는 등 교육기회에 있어서 차별을 하여서는 아니 된다. ② 국가, 지방자치단체, 각급학교의 장 또는 대학의 장은 다음 각호의 사항에 관하여 장애인의 특성을 고려한 교육시행을 목적으로 함이 명백한 경우 이외에는 특수교육대상자 및 보호자를 차별하여서는 아니 된다.
특수교육 방법	① 통합교육: 특수교육대상자가 일반학교에서 장애 유형·장애 정도에 따라 차별을 받지 아니하고 또래와 함께 개개인의 교육적 요구에 적합한 교육을 받는 것을 말한다. ② 순회교육: 특수교육교원 및 특수교육 관련서비스 담당인력이 각급학교나 의료기관, 가정 또는 복지시설(장애인복지시설, 아동복지시설 등을 말한다. 이하 같다) 등에 있는 특수교육대상자를 직접 방문하여 실시하는 교육을 말한다. ③ 진로 및 직업교육: 특수교육대상자의 학교에서 사회 등으로의 원만한 이동을 위하여 관련기관의 협력을 통하여 직업재활훈련·자립생활훈련 등을 실시하는 것을 말한다. ④ 특수교육 관련서비스: 특수교육대상자의 교육을 효율적으로 실시하기 위하여 필요한 인적·물적 자원을 제공하는 서비스로서 상담지원·가족지원·치료지원·보조인력지원·보조공학기기지원·학습보조기기지원·통학지원 및 정보접근지원 등을 말한다.

「장애인 등에 대한 특수교육법」의 내용을 요약하면 다음과 같다. 첫째, 특수교육 대상자의 범위와 의무교육 연한을 확대한 것이다. 특수교육대상자는 자폐성장애를 독립된 장애 영역으로 분리시키고 발달지체를 포함하여 총 열 개의 유형으로 확대하였다. 또한 특수교육대상자의 의무교육 연한을 초·중등학교에서 유치원부터 고등학교까지로 확대하였으며, 만 3세 미만의 장애영아교육과 고등학교 이후의 전공과 과정은 무상교육의 적용을 받게 되었다. 이는 특수교육대상자에 대한 국가의 책무성을 강화하는 조치로 해석할 수 있다.

둘째, 「장애인 등에 대한 특수교육법」은 유·초·중·고등학교의 학령기 특수교육대상학생에 대한 교육뿐 아니라 영아를 대상으로 하는 조기교육, 고등학교 졸업 이후의 성인교육에 대한 규정을 포함하고 있다. 이는 특수교육대상자의 교육이 학령기 학교교육만으로 충분하지 않다는 인식을 반영한 결과이며, 영아에 대한 가정의 부담을 적극적으로 해소하여 특수교육대상자뿐 아니라 특수교육대상자 가족의 사회통합도 도모한다는 측면이 있다.

셋째, 특수교육대상자의 개별화교육계획의 수립절차와 주요 구성 요소를 법적으로 명시하고 있다. 이는 특수교육대상자의 교육에 대한 책무성을 강화하고 이들의 교육적 요구를 현장에서 좀 더 충실하게 반영하려는 것이다. 또한 특수교육지원센터의 설치·운영에 대한 법적 근거와 진로 및 직업교육에 대한 항목도 세부적으로 규정하고 있다.

넷째, 「장애인 등에 대한 특수교육법」은 학급설치기준을 유·초·중·고등학교별로 각각 4명·6명·6명·7명으로 하향 조정하였는데, 이는 특수교육대상 개개인의 특성과 능력에 따른 개별화교육을 제대로 실행할 수 있는 적정 인원을 고려한 결과다. 이전에는 특수교육 담당교사의 배치기준은 특수학교에 대해서만 규정되어 있어서 특수학급 또는 일반학급에 배치된 특수교육대상자에 대한 특수교육 교원 수급계획을 수립하는 데 어려움이 있었다. 그러나 「장애인 등에 대한 특수교육법」에서는 특수교육 교원의 총 정원을 학생 4명당 1인 기준으로 정하고 상황에 따라 조정할 수 있도록 규정하고 있다.

다섯째, 앞에서도 언급했듯이 특수교육 관련서비스에 대하여 세부적으로 규정하고 있다. 「장애인 등에 대한 특수교육법」 시행 이전에는 치료지원을 치료교과에 포함시켜 언어치료, 청능훈련, 물리치료, 작업치료, 감각·운동·지각훈련, 심리·행동 적응훈련, 보행훈련, 일상생활훈련의 여덟 개 영역의 활동으로 나누고, 모든 학생을 대상으로 정해진 수업시간에 제공해 왔다. 그러나 「장애인 등에 대한 특수교육법」의 시행과 함께 치료교육 활동 대신 치료지원을 제공하도록 규정하였다. 그리하여 교육감 또는 교육장은 진단·평가결과에 기초해 학생 개개인의 치료지원 내용이나 방법 등을 결정하게 된다. 물리치료와 작업치료를 비롯한 특수교육대상자에게 필요한 치료지원은 국가면허 혹은 국가공인 민간자격증 소지 전문치료사가 제공하게 된다. 치료지원 제공에 필요한 보다 구체적인 사항은 시·도별로 인적 자원, 예산, 유관기관의 분포 등 지역별 특성을 고려하여 결정해야 할 것이다. 다만 이제까지 제공해 오던 치료교육 활동 영역 중 전문치료사가 제공해야 하는 의료적 지원으로 볼 수는 없으나 특정한 장애 유형의 특수교육대상자에게 필요한 영역으로 인정되는 보행훈련, 심리·행동 적응훈련 등도 기타 특수교육 관련서비스로 규정하여 제공할 수 있게 되었다.

여섯째, 장애인에 대한 고등교육을 강화하고 장애인에 대한 평생교육 지원체계를 명문화하였다. 1995학년도부터 도입된 특수교육대상자 대학 특별전형제도 시행으로 대학에 입학하는 학생이 증가하는 추세다. 특수교육대상 대학생의 실질적 학습권을 보장하고 교육복지를 향상시키기 위한 조치로서 이들의 교육 및 생활지원을 총괄하는 전담기구를 두도록 법에 규정하고 있다. 또한 지식기반사회의 도래로 평생학습의 욕구가 증대하는 시대적 요구와 학령기 때의 장애로 인한 교육 결손 회복의 필요성을 고려할 때, 성인 장애인의 평생교육에 대한 지원 근거는 매우 중요하다. 따라서 일반 평생교육시설에서도 장애인 평생교육과정을 운영할 수 있도록 하고, 장애인만을 위한 학교 형태의 장애인 평생교육시설을 설치할 수 있게 하면서 일반 평생교육시설이 기본으로 갖추어야 하는 시설·설비 외에 장애인 편의시설을 갖추도록 하였다. 또한 장애인 평생교육시설을 설치·운영하는 사람이 공공시설을 이용하려는 경우 그 공공시설의 본래 이용목적을 해치지 않는 범위에서 이용할 수 있는 근거를 마련하였다.

(3) 「장애인차별금지법」

「장애인차별금지법」은 2007년 4월 제정·공포되어 2008년 4월부터 시행되었다. 이 법이 시행되면서 예전에 비해 장애인에 대한 인식이 많이 개선되고, 장애인의 취학률이나 고용률 등이 향상되고 있다. 그러나 여전히 장애인의 노동시장 진입이나 학교 수업, 공공시설 이용, 대중교통수단 이용 등은 용이하지 않으며, 복지시설에서의 가혹행위 등도 지속적으로 발생하고 있는 것이 현실이다.

장애인 차별은 사람이 살아가는 모든 일상 및 사회생활(생존, 고용, 교육, 이동, 정보통신, 의사소통, 문화, 예술, 체육, 사법절차, 행정절차, 참정권, 모·부성권, 가정, 복지시설, 건강 등)에서 광범위하게 일어난다는 점에서 다른 차별금지와 같은 선상에서 논의하기 어려운 측면이 있다. 이런 이유로「장애인차별금지법」이 제정되었고, 이미 대부분의 OECD 국가는「장애인차별금지법」이나 유사 법률을 가지고 있다. 이 법은 장애인 차별문제를 실질적으로 개선하기 위한 목적에서 제정되었다.

「장애인차별금지법」은 총칙, 차별금지, 장애여성 및 장애아동 등, 장애인차별시정기구 및 권리구제 등, 손해배상·입증책임 등, 벌칙의 총 여섯 개 장과 50개 조문으로 구성되어 있다.「장애인차별금지법」제2장에는 차별의 영역을 여섯 개 영역 즉, ① 고용, ② 교육, ③ 재화와 용역의 제공 및 이용(시설물, 이동·교통수단, 정보·의사소통, 문화·예술, 체육), ④ 사법·행정절차 및 서비스와 참정권, ⑤ 모·부성권, 성 등, ⑥ 가족·가정·복지시설·건강권, 괴롭힘 등으로 나누어 영역별로 발생 가능한 차별의 행태와 이를 금지하는 내용을 포함하고 있다.

교육과 관련된 항목은 장애인의 입학지원 및 입학 거부 금지, 전학 강요 및 거절 금지,「장애인 등에 대한 특수교육법」의 준수 의무, 정당한 편의제공 요청 거절 금지, 모든 교내외 활동에서 장애인의 참여 제한·배제·거부·금지 등, 교육 책임자에게 정당한 편의제공 의무를 부과하는 내용을 포함하고 있다.「장애인차별금지법」에서는 차별 금지에 해당하는 항목을 위반했을 경우 3년 이하의 징역 또는 3,000만

[학습활동 2-1]

특수교육의 최근 동향이 통합학급 담당교사에게 주는 시사점을 다음 측면에서 정리해 보시오.

1. 교사의 역할과 자질:

2. 교수–학습 방법:

3. 장애학생의 배치:

4. 학부모와의 관계:

원 이하의 벌금을 부과할 수 있도록 규정하고 있다.

3. 특수교육과정

특수교육과정은 다음의 몇 가지 단계로 진행된다. 각 단계는 서로 다른 목적이 있고, 서로 다른 평가 자료나 정보가 산출된다.

특수교육과정의 첫 번째 단계는 학생 선별(screening)로, 혹시 학생에게 잠재적인 문제가 있어 추후 진단이 필요한지의 여부를 결정하는 단계다. 선별은 선별팀 구성, 의뢰 전 중재, 중재에 대한 평가, 진단 의뢰의 과정으로 이루어진다. 선별과정에서 학생의 잠재적인 문제가 발견되면 추가적인 검사가 필요하다.

두 번째 단계는 선별결과로 장애가 의심될 때 이루어지는 진단(diagnosis)이다. 진단의 목적은 선별을 거친 학생에 대한 특수교육대상자 적격성 여부를 결정하는 것이다. 더불어 「장애인복지법」에 의한 장애인복지 서비스 대상자 적격성 여부도 결정될 수 있도록 해당 행정기관에 의뢰 조치해야 한다.

세 번째 단계로 학생이 특수교육대상자로 분류(classification)되면 진단의 결과에 기초해 최적의 교육환경에 배치(placement)하고, IEP를 개발하여 실행하게 된다. 배치는 최소제한환경(least restrictive environment) 원리에 근거하여 이루어져야 하며, IEP는 선별과 진단의 결과로 수집된 학생에 대한 정보와 자료를 바탕으로 배치환경을 고려하여 개발되어야 한다.

그리고 마지막으로 학생의 수행을 평가하여 IEP 목적 달성 여부를 검토하고, IEP의 효과와 적절성을 평가하게 된다. 이와 같은 과정을 도식화하면 다음의 [그림 2-1]과 같다.

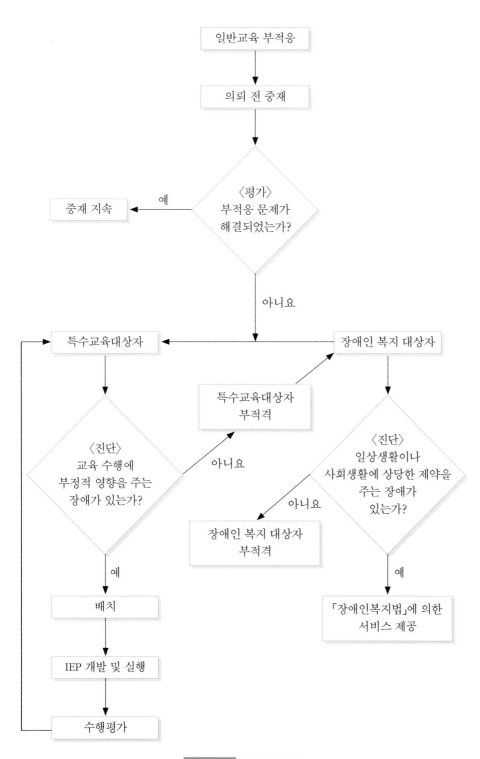

그림 2-1 특수교육과정

다음에서는 특수교육대상자의 선별, 진단 및 배치과정을 구체적으로 살펴본다.

1) 선별과정

선별은 학생이 특수교육대상자가 될 수 있는 잠재적인 장애가 있는지 평가하는 과정이다. 따라서 선별의 목적은 학생의 수행이나 행동의 일반적인 수준이 평균이나 정상의 범위를 벗어나는지를 결정하는 것이다.

선별은 교사나 학부모의 요청으로부터 시작된다. 학생이 일반학교교육에 적응하지 못하고 어려움을 보일 때, 교사나 학부모는 학교에 도움을 요청하게 된다. 도움 요청이 접수되면 선별팀이 구성되어 학생의 문제를 파악하고, 의뢰 전 중재를 제공하며, 중재에 대한 평가를 통해 진단 의뢰 여부를 결정해야 한다. 선별 요청과 진단 의뢰 시에는 반드시 부모의 동의를 구해야 한다.

선별은 과잉진단이나 오진단의 오류를 줄이기 위해 매우 중요한 과정이다. 그러나 우리나라에서는 구체적인 선별과정 없이 곧바로 진단을 의뢰하고 있는 것이 현실이다. 따라서 선별과정이 교육 현장에서 체계적으로 수행될 수 있도록 법적 · 제도적 보완이 필요하다.

(1) 도움 요청

학생이 일반학급에 적응하지 못하고 부적응 행동을 보이거나 학업성취가 매우 낮을 때, 교사나 학부모는 학교에 도움을 요청할 수 있다. 교사가 도움을 요청할 때는 부모의 동의가 필요하다.

(2) 선별팀 구성

교사나 학부모의 도움 요청이 있으면 선별팀이 구성된다. 선별팀은 교사지원팀(teacher assistance team), 수업지원팀(instructional support team), 또는 학생연구팀(child study team)으로 불린다(Pierangelo & Giuliani, 2002; Truscott, Cohen, Sams, Sanborn, & Frank, 2005). 선별팀에는 대개 학생의 담임교사, 교장, 검사 전문가, 특수교사, 양호교사, 사회복지사, 언어임상의 등이 포함된다. 학생이 보이는 문제에 따라 선별팀 구성은 달라진다.

(3) 문제 파악

선별팀은 학생이 경험하고 있는 문제가 무엇인지 파악하기 위해 다양한 정보를 수집한다. 교실 수업과 학습행동에 대한 관찰과 학생·학부모 면담을 실시하며, 학생에 대한 다양한 기록을 검토한다. 필요한 경우 추가 검사를 실시한다.

(4) 의뢰 전 중재

학생에 대한 문제가 파악되면 학생의 문제 해결을 위한 목표를 설정하고, 목표 달성을 위해 일반학급에서의 중재 계획을 수립하고 실행한다. 중재는 개별 학생의 강점과 약점, 교육·사회·의료 기록, 언어·문화 배경, 교사의 관심사, 학습환경 등을 고려하여 결정한다. 중재는 일반학급에서 투입되며, 중재의 실행과 효과에 대한 평가가 장기간에 걸쳐 이루어진다.

의뢰 전 중재를 위해서는 미리 체계적인 계획을 수립해야 한다. 첫째, 이 계획은 먼저 학생에게 나타나기를 바라는 변화를 관찰과 측정 가능한 목표로써 진술해야 한다. 둘째, 구체적인 중재 계획을 수립해야 하는데, 중재 계획에는 학업문제에 대한 지원, 행동문제에 대한 지원, 가족·가정 활동지원, 동기 유발 또는 강화전략 등이 제시되어야 한다. 셋째, 중재의 효과에 대한 평가방법, 자료수집방법, 자료수집 횟수 등에 대한 정보가 제시되어야 한다. 넷째, 중재에 대한 모니터 계획과 교사 지원 계획이 제시되어야 한다. 의뢰 전 중재를 계획하기 위한 양식은 다음의 [그림 2-2]에 제시되어 있다.

학생이 가진 문제가 너무 명확하거나 문제에 대한 중재방안이 없는 경우가 있을 수 있다. 이 경우에는 의뢰 전 중재를 생략하고 곧바로 진단을 의뢰할 수 있다.

의뢰 전 중재 계획

학생: _____   학년: _____

교사: _____

• **중재 목표**(학생에게 나타나기를 바라는 관찰과 측정이 가능한 변화): _____

_____

_____

• **구체적 중재 계획**

　학업지원(중재전략/중재방법: 무엇을, 언제, 어디서, 누가, 어떻게): _____

　_____

　_____

　행동지원전략: _____

　_____

　_____

　가족/가정 활동지원: _____

　_____

　_____

　동기 유발/강화전략: _____

　_____

　_____

• **자료수집**

　효과평가방법: _____

　자료수집방법: _____

　_____

　자료수집 횟수: _____

　_____

• **추후 계획**

　모니터 계획: _____

　_____

　교사지원 계획: _____

　_____

그림 2-2　의뢰 전 중재 계획 양식

출처: Ormsbee(2001), p. 151.

(5) 의뢰 결정

학생이 의뢰 전 중재에 효과적으로 반응하면 진단팀은 학생이 일반학급에 성공적으로 적응할 수 있도록 중재를 지속적으로 제공하면서 일반학급 적응 정도에 따라 차츰 중재를 줄여 나간다. 그러나 의뢰 전 중재가 효과적이지 못하면 특수교육대상자 진단 의뢰 여부를 결정하게 된다. 진단 의뢰가 결정되면 선별팀은 선별과정에서 수집된 자료를 첨부하여 진단팀에 의뢰한다.

선별은 학생의 다양한 측면을 이해하는 데 목적이 있는 만큼 다양한 도구를 활용해야 한다. 의뢰된 학생이 잠재적 장애를 가졌는지를 평가하는 데 사용하는 검사도구나 자료에는 다음과 같이 여러 가지가 있다(Venn, 2000).

- 표준화된 선별검사도구: 학습준비도검사, 교육진단검사, 기초학습기능검사, 학습잠재력 진단검사 등
- 선별점검 목록(checklists), 선별평정척도(rating scales), 직접 관찰
- 시각 및 청각 검사
- 의학적 보고
- 성적표
- 중재 기록
- 교육력(educational history)
- 출석 기록
- 부모면담 기록

선별은 학생의 장애를 진단하는 것이 아니라 학생이 가지고 있는 문제를 파악하고 문제 해결을 위한 중재를 제공함으로써 학생의 문제가 일반교육을 통해 해결될 수 있는지의 여부를 판단하는 과정이다. 따라서 선별팀은 선별결과에 기초해 학생의 특수교육대상자 적격성 여부를 판단할 수는 없으며, 단지 학생이 구체적이고 심층적인 진단평가가 필요한지의 여부를 결정하게 된다.

2) 진단과정

진단(diagnosis)은 선별된 결과를 바탕으로 학생에게 의심되는 장애와 관련된 모든 영역에 대한 세밀한 평가를 다각적으로 실시하여 해당 학생의 장애를 판단하는 데 그 목적이 있다. 또한 진단의 결과는 학생을 어디에 배치할 것인지와 학생에게 적절한 교육 프로그램이 무엇인지를 결정하는 자료로 사용된다.

진단의 결과에는 학부모의 동의가 필수적이다. 만약 학부모가 진단팀의 결정에 동의하지 않을 경우 자녀에 대한 독립적 교육평가(independent educational evaluation)를 요구할 수 있다. 독립적 교육평가는 학부모가 진단팀의 개입 없이 개인적으로 자녀에 대한 진단결과를 재평가하는 것을 의미한다. 이 과정에서 소요되는 경비는 학교에 요구할 수 있다.

(1) 의뢰 접수

선별팀은 선별의 결과 학생의 학업에 심각하게 부정적 영향을 주는 장애가 의심될 때 해당 교육지원청에 학생의 특수교육대상자 적격성 여부를 결정하는 진단을 의뢰하여야 한다.

(2) 진단팀의 구성

선별팀의 의뢰가 접수되면 진단팀이 구성되어 선별팀이 제기한 학생에게 의심되는 장애를 명확히 진단하여 특수교육대상자 여부를 결정하는 역할을 수행한다. 진단팀은 다양한 학문적 배경을 가진 전문가들이 모여 장애를 진단한다는 의미에서 다학문팀(multidisciplinary team)이라고 부른다(Pierangelo & Giuliani, 2002). 진단과정에 다양한 전문가가 참여하는 이유는 학생에게 영향을 주는 요소를 다양한 시각에서 파악하여 학생을 올바르게 이해하고 장애를 제대로 진단하기 위해서다. 따라서 진단팀은 학생에 대한 모든 정보를 수집하여 학생이 어떤 장애를 가지고 있으며, 학생에게 가장 효과적이고 실행 가능한 교육의 방향은 무엇인지를 제시해야 할 책임이 있다. 진단팀에는 담임교사, 특수교사, 양호교사, 사회복지사, 교육진단사, 물리치료사, 언어임상의, 언어병리사, 작업치료사, 상담 전문가, 특수교육 전문가, 학부모 등이 포함된다.

(3) 진단평가

진단팀은 진단평가를 시작하기 전에 학부모의 동의를 구해야 한다. 학부모가 자신의 권리를 인지하고 동의하여 평가 계획에 서명하면 진단평가를 시작한다. 진단에는 여러 가지 검사 영역이 있는데, 어떤 검사를 할 것인지는 학생이 가지고 있는 것으로 의심되는 장애를 고려하여 결정한다. 「장애인 등에 대한 특수교육법」에서는 구체적으로 특수교육대상자 진단기준을 규정하고 있다.

(4) 장애 진단

진단팀은 검사결과와 관찰결과 등 모든 자료를 검토하여 학생의 장애를 진단하게 된다. 이 과정은 매우 다양한 변인을 검토하여 학생의 장애를 진단해야 하기 때문에 매우 어려운 과정이다. 따라서 다양한 영역의 전문가들이 참여하여 신중하게 검토해야 한다. 우리나라 교육 현장에서 장애의 진단은 특수교육지원센터에서 수행한 몇 가지 검사나 의사의 진단결과를 바탕으로 하여 교육지원청 특수교육운영위원회에 의해 이루어진다.

학교에 입학하기 전에 학부모나 의사에 의해 진단되지 않고 학교에서 처음 진단될 확률이 가장 높은 장애 범주에는 학습장애, 정서 · 행동장애, 지적장애(고수준 기능), 언어장애, 주의력결핍과잉행동장애(ADHD) 등이 있다.

학교에 입학하기 전에 의료 전문가에게 진단될 확률이 높은 장애로는 자폐증, 시각장애, 청각장애, 기타건강장애, 외상성 뇌손상, 지적장애(저수준 기능) 등이 있다. 이러한 영역의 경우 대부분 학교에 오기 전에 이미 진단되기 때문에 따로 진단팀에 의한 진단과정이 이루어지지는 않는다. 그러나 가끔 뇌손상이나 시각 · 청각장애는 학교에 입학한 이후에 발생하기도 한다. 이러한 경우에 진단은 진단팀이 아닌 의료 전문가에 의해 이루어진다.

시각손상, 청각손상, ADHD와 같은 장애는 의료 전문가와 진단팀의 공동협력을 통해 진단되는 영역이다. 이러한 경우는 학교가 처음 문제를 발견하여 의료 전문가에게 진단을 의뢰하는 과정을 거친다.

장애 진단 시 장애명을 부여해야 법적으로 특수교육대상자가 되어 특수교육 서비스를 제공받을 수 있다. 이때 장애명 부여에 대한 부정적인 영향에 유의해야 한다. 즉, 명칭 부여는 문제의 원인을 교육체제보다는 학생 개인에게 돌리는 경향이 있다. 또한 장애명을 부여받은 학생에게는 또래 친구나 교사와의 상호작용을 제한하는 결과를 초래할 수 있다. 결국 명칭을 부여하는 자체가 학습과 사회적 관계는 물론 자아존중감 발달에도 부정적인 영향을 줄 수 있다.

명칭 부여에 따른 부정적인 영향을 방지하기 위해서는 모든 학생이 서로 다르기 때문에 교육 프로그램은 학생의 장애명이 아닌 개별 강점과 약점에 근거해야 한다는 사실에 유념해야 한다(Salend, 2008). 병원에서 적절한 의료 서비스를 제공하기 위해 정확한 병명을 진단하는 것처럼, 장애를 진단하는 이유는 그에 적절한 교육적 서비스를 제공하기 위해서다(김일명 외, 2009). 따라서 장애명이 교육적 의사결정 과정 이외의 상황에서 공개되고 사용되는 것은 엄격히 통제되어야 한다.

장애 진단 시 진단도구를 선택하는 것은 신중해야 한다. 진단도구를 선택할 때는 단지 어떤 도구가 사용 가능한지 또는 주로 어떤 도구를 사용했는지가 선택의 기준이 되어서는 안 된다. 학생의 진단결과는 특수교육대상자 여부, 효과적인 서비스 결정, 배치 결정 등에 결정적인 영향을 준다는 사실을 명심해야 한다. 만약 학생이 적절하지 못한 도구에 의해 진단되면 수집된 자료가 정확하지 못해서 그릇된 판단을 할 가능성이 높다. 또한 학생에게 적합한 교육 프로그램의 결정에서도 오류를 범하게 된다. 따라서 신중한 진단도구의 선택은 매우 중요하다. 진단도구를 선택할 때의 고려사항으로는 평가할 학생의 기능(skill) 영역을 고려하고, 그 영역을 측정하는 도구의 범위를 확인하며, 선택한 각각의 도구가 학생에게 가장 적절한 것인지를 검토한다.

진단도구를 검토할 때는 다음과 같이 몇 가지 고려해야 할 질문이 있다. 첫째, 검사도구가 무엇을 측정하려고 하는가? 둘째, 검사도구는 신뢰할 만하고 타당한가? 셋째, 평가하는 내용·기술 영역은 학생의 나이와 학년을 고려했을 때 적절한가? 넷째, 도구가 규준지향평가일 때 그 규준집단은 학생과 유사한가? 다섯째, 검사도구는 집단용인가, 개인용인가? 여섯째, 검사를 실시하기 위해서 검사자를 위해 특별한 훈련이 필요하지는 않은가? 일곱째, 검사를 할 때 학생에게 의심되는 장애가 영향을 주지 않는가? 등이다.

학생의 장애를 진단하고 효과적인 교육방안을 모색할 때 전통적인 검사도구의 유용성에 의심이 가는 경우가 많다. 전통적인 검사도구는 장애의 진단에는 효과적이지만 개별 학생의 구체적 능력과 특수한 요구를 이해하는 데는 유용한 정보를 제공하지 못하는 경우가 많다. 또한 전통적인 검사도구는 학교에서 가르치는 교육과정과 일치하는 부분이 적다는 비판도 많다. 즉, 검사결과가 실제 학교에서 무엇을 가르치는가와 관련하여 학생이 무엇을 알고 있는지에 대한 정보를 제공하지 못하는 한계가 있다.

그러나 어떻게 보면 검사도구 자체가 관련 정보를 제공하지 못하는 것이 아니라 평가자가 그 결과를 유용한 방식으로 해석하지 못한 것인지도 모른다. 만약 학생의 특수교육대상자 적격성 여부나 지적 잠재력과 같은 전반적인 능력에 관심이 있다면 이 문제는 쉽게 해결할 수 있다. 그러나 학생을 위해 효과적이고 적절한 교육 프로그램을 개발하는 것이 목적이라면 그러한 정보는 충분하지 못하다. 따라서 학생을 위한 효과적인 중재 프로그램을 개발하기 위해서는 선별과정에서 수집된 자료와 진단과정에서의 면담, 관찰 등을 통해 수집된 자료를 추가로 분석하는 과정이 필요하다.

3) 배치과정

배치(placement)는 학생에게 가장 적절한 교육 장소를 결정하는 것을 의미한다. 가장 적절한 장소는 최소제한환경이다. 과거 배치에 있어 교육 장소는 분리된 학교, 분리된 학급, 일반학급 등 일련의 장소를 의미했지만, 최근에는 통합교육 배치 장소가 다양화되고 있다. 또한 장애 정도와 관계없이 모든 학생을 일반학교에 배치하는 통합교육의 추세에 따라 일반학교가 아닌 장소에 배치할 경우에는 그 이유를 밝혀야 한다.

이러한 상황에서 진단평가의 정보는 대개 일반학교에 배치할 수 없는 이유를 설명하는 서류를 작성하는 데 사용된다. 또한 교육환경, 교육내용, 교육방법 등을 어떻게 수정하여 통합환경에서 학생의 요구를 충족시킬 것인지를 결정하는 데도 사용된다. 특정 장애가 있는 학생을 어떤 통합교육 환경에 배치했을 때 어떤 혜택을 줄 수 있는지를 예상하는 데 도움이 되는 도구로는 성공적인 통합교육 예견척도(Scales for Predicting Successful Inclusion; Gilliam & McConnell, 1997)를 들 수 있다. 국내에는 한국 통합교육 성공예언검사(Korea Scales for Predicting Successful Inclusion; 조용태, 2001)가 있다.

배치는 진단팀에 의해 결정된다. 진단팀은 선별과 진단의 과정에서 수집된 정보와 자료에 기초해 학생에게 가장 적절한 교육 장소를 선택하게 된다. 배치 시 학생의 교육적 요구에 가장 적합한 장소는 최소제한환경이다. 여기서 '제한'이란 살고 있는 집이나 또래로부터 분리되는 것을 뜻한다. 〈표 2-3〉에 제시된 것과 같은 다양한 배치환경 중에서 가급적 위쪽의 최소제한환경을 선택해야 한다.

배치 결정을 할 때의 유의사항은 다음과 같다.

- 최소제한환경을 결정할 때 학생에게 제공하는 서비스의 질에 부정적인 영향이 나타날 가능성이 있는지를 고려해야 한다.
- 단지 일반교육과정에 수정이 필요하다는 이유만으로 학생을 연령에 적절한 일반학급에서 제외해서는 안 된다.
- 최소제한환경은 비학업 활동과 교육과정 외 활동에도 적용된다. 여기에는 식사와 휴식시간, 운동, 교통 이동, 건강 서비스, 여가 활동, 동아리 활동, 고용 등이 해당된다.

배치 결정은 최종적으로 부모의 동의와 서명이 있어야 한다. 진단팀은 모든 가능

〈표 2-4〉 제한 정도에 따른 교육 장소

제한 정도	교육 장소
최소제한 ↑ ↓ 최대제한	• 일반학급(통합학급) • 일반학급(보조교사 배치) • 일반학급(보조서비스 제공: 언어치료, 개인 또는 집단상담, 물리치료, 작업치료 등) • 일반학급(순회특수교사 지원) • 일반학급(학습도움실 지원) • 특수학급(시간제) • 특수학급(전일제) • 특수학교 • 기숙학교 • 자택 수업 • 병원 또는 시설

출처: Zirpoli & Melloy(2001), p. 305.

한 자료를 검토하여 학생이 가진 특정 장애와 장점 및 단점을 고려했을 때 최고 수준의 자극과 경험을 제공할 수 있는 장소를 선택해야 한다. 〈표 2-3〉에는 최소제한에서 최대제한까지의 교육 장소가 제시되어 있다.

최소제한환경은 일반학급이다. 즉, 장애를 가지고 있다 하더라도 일반아동과 함께 일반학급에서 교육을 받는 경우다. 일반학급에서 교육을 받더라도 일반학급 교사 이외의 도움이 필요한 경우가 있다. 보조교사의 도움을 받는다든지, 보조 서비스를 제공받는다든지, 순회특수교사의 지원을 받는 경우다. 현재 가장 보편화되어 있는 통합교육의 형태는 학습도움실의 지원을 받으면서 일반학급에서 교육을 받는 배치다. 이때 일반학급 교사가 담임교사가 되며, 학습도움실의 특수교사는 하루 한두 시간 정도 아동에게 특별한 교육 서비스를 제공한다.

다음으로 제한된 환경은 특수학급이다. 특수학급은 시간제와 전일제로 구분할 수 있다. 시간제 특수학급은 하루 중 일부 시간을 일반학급에서 교육을 받는 형태이고, 전일제 특수학급은 온종일 특수학급에서 교육을 받는 형태다.

조금 더 제한된 환경으로는 특수학교, 기숙학교, 자택 수업, 병원 또는 시설이 있다. 특수학교의 경우는 일반학교와 분리된 학교에서 교육을 받는 경우이고, 기숙학교는 숙식을 하면서 교육을 받는 경우다. 자택과 병원 또는 시설의 경우는 순회특수교사의 도움을 받아 교육을 받는 형태다.

[학습활동 2-2]

1. 장애가 의심되는 학생의 사례를 설정한 다음, 학생의 특성과 교육적 요구에 따른 의뢰 전 중재 계획을 수립하시오.
2. 중재의 효과가 나타나지 않는다는 가정하에, 해당 학생의 진단과정과 배치 결정을 진술하시오.

적용문제

1. 특수교육과 일반교육의 차이점을 교육목적, 교육대상, 교육방법 측면에서 각각 제시해 보시오.
2. 특수교육이나 통합교육의 발전에 필요한 관련법의 개정 방향을 제시해 보시오.
3. 특수교육대상자 평가를 위한 각종 위원회의 구성과 역할을 정리하고, 우리나라에서의 실현 가능성을 검토하시오.

📚 참고문헌

교육과학기술부(2010). 2010 특수교육 연차보고서.

교육부(2017). 2017 특수교육 연차보고서.

구본권 외(2000). 특수교육학(개정판). 서울: 교육과학사.

김일명, 김원경, 조홍중, 허승준, 추연구, 윤치연, 박중휘, 이필상, 문장원, 서은정, 유은정, 김
　　자경, 이근민, 김미숙, 김종인, 이신동(2009). **최신특수교육학(3판)**. 서울: 학지사.

이소현, 박은혜(1998). **특수아동교육: 일반학급 교사를 위한 통합교육 지침서**. 서울: 학지사.

이소현, 박은혜(2011). **특수아동교육(3판)**. 서울: 학지사.

조용태(2001). 통합교육 성공 예언검사(SPSI) 표준화를 위한 기초 연구. **미래유아교육학회지**,
　　8(1), 121-139.

허승준(2016). 장애 관련 용어와 개념의 재고. **특수아동교육연구**, 18(2), 99-120.

허승준(2017a). 인간의 차이를 이해하는 교육: 공평한 교육 지원을 위한 능력과 필요의 적용
　　원리. **열린교육연구**, 25(4), 69-84.

허승준(2017b). 인공지능 시대의 능력과 장애의 재해석: 센(Amartya Sen)의 역량접근을 중심
　　으로. **열린교육연구**, 26(1), 55-77.

Adorno, T. W. (1971). *Negative Dialektik*. (translated by Ashton, E. B., 1983, Negative
　　dialetics). 홍승용 역(1999). **부정변증법**. 서울: 한길사.

Giangreco, M. F., Cloninger, C. J., & Iverson, V. S. (1998). *Choosing Options and
　　Accommodations for Children: A Guide to Planning Inclusive Education* (2nd ed.).
　　Baltimore, MD: Paul H. Brookes.

Gilliam, J. E., & McConnell, K. S. (1997). *Scales for Predicting Successful Inclusion:
　　Examiner's Manual*. Austin, TX: Pro-Ed.

Heward, W. L. (2013). *Exceptional Children: An Introduction to Special Education* (10th
　　ed.). Upper Saddle River, NJ: Pearson Education, Inc.

Ormsbee, C. K. (2001). Effective preassessment team procedures: Making the process
　　work for teachers and students. *Intervention in School and Clinic*, 36(3), 146-153.

Peterson, N. (1987). *Early Intervention for Handicapped and at Risk Children: An
　　Introduction to Early Childhood Special Education*. Denver, CO: Love.

Pierangelo, R., & Giuliani, G. A. (2002). *Assessment in Special Education: A Practical
　　Approach*. Boston, MA: Allyn & Bacon.

Salend, S. J. (2008). *Creating Inclusive Classroom: Effective and Reflective Practices* (6th ed.). Upper Saddle River, NJ: Pearson Education.

Truscott, S. D., Cohen, C. E., Sams, D. P., Sanborn, K. J., & Frank, A. J. (2005). The current state(s) of pre-referral intervention teams: A report from two national surveys. *Remedial and Special Education, 26*(3), 130-140.

United States. (2011). *Individuals with Disabilities Education Improvement Act of 2004.*

Venn, J. J. (2000). *Assessing Students with Special Needs* (2nd ed.). Upper Saddle River, NJ: Merrill.

Zirpoli, T. J., & Melloy, K. J. (2001). *Behavior Management: Application for Teachers and Parents* (3rd ed.). Upper Saddle River, NJ: Merrill/Prentice Hall.

참고 사이트

교육부 교육복지국(www.mest.go.kr).
법제처 국가법령정보센터(www.law.go.kr).
보건복지가족부 장애인정책(www.mw.go.kr).
손오공의 특수교육(http://special.new21.org).
올바른 장애인 교육을 생각하는 교사모임(http://oljang.or.kr).
장애아동 부모의 연대와 희망(http://littlepower.org).
전국교직원 노동조합 특수교육위원회(http://moim.ktu.or.kr/hinh/).

제 **3** 장

지적장애, 학습장애 및 의사소통장애

주요 용어

- 장애(impairment/activity limitation/participation restriction)
- 출현율
- 장애분류
- 학습장애
- 장애정의
- 지적장애
- 의사소통장애

'문호리 마녀화가 정은혜'

2005년 국가인권위원회에서 제작한 다큐멘터리 〈다섯 개의 시선〉 중 한 편인 '언니가 이해하셔야 돼요'는 정은혜가 주인공인 영화다. 영화는 다운증후군을 가진 초등학교 5학년 정은혜의 이야기인데 자신의 역을 스스로 연기한 것이다. 은혜는 늦게 진학하여 제 또래보다 두 살 아래인 아이들과 같이 학교에 다니는데 다소 말이 어눌하여 같은 반 학생들에게 놀림을 당하고 친구가 없어 외로워하지만 자신만의 방법으로 사람들과 소통하며 지낸다. 그 영화 속의 주인공이 성장하여 2018년 양평의 문호리에 있는 카페에서 캐리커처 전시회를 개최하였다. 정은혜는 양평복지관에서 일을 하며 문호리 마켓에서 주말마다 캐리커처를 그려 주고 돈을 번다. 자신이 모은 돈으로 캐리커처 전시회를 개최한 것이다. 정은혜는 페이스북도 하는데 매일 좋은 글귀를 공유하고 자신의 일상을 사진과 함께 보여 주고 일상에 대한 코멘트도 하며 살아가고 있다.

1. 이 장의 취지

이 장은 네 개의 영역으로 구성되었다. 첫째, 장애의 개념 및 정의, 둘째, 지적장애, 셋째, 학습장애, 넷째, 의사소통장애다. 개별 장애를 이해하기 위해서 먼저 장애의 개념과 정의를 살펴볼 필요가 있다. 지적장애는 전반적인 발달과정(인지 발달, 사회성 발달, 신체 발달 등)에 광범위하게 영향을 미치기 때문에 발달장애로 분류하기도 한다. 발달의 모든 영역에 광범위하게 개입한다는 의미는 장애가 개인의 수행에 미치는 영향을 특정해서 규명하기가 그만큼 어렵다는 말이기도 하며, 교육적 지원도 광범위하게 이루어져야 한다는 의미다. 이 장은 지적장애, 학습장애, 의사소통장애의 정의와 통합교육을 위한 정보를 제공하는 데 집중하며, 필요한 경우 [글상자]를 첨부하여 의미 있는 정보를 제공하려고 하였다. 각 장애를 심도 있게 이해하기 위해서는 체계적으로 깊이 있게 다룬 책이나 연구를 참고하기 바란다.

2. 장애의 개념 및 정의

장애는 일상적으로 사용하는 용어지만 그 의미를 정확하게 개념화하는 것은 쉽지 않다. 장애는 한 개인에게 객관적 사실로서 존재하는 것 같지만 사회적인 가치판단이나 필요에 의해 규정되는 속성이 있다. 예를 들어, 지적장애를 판별하는 기준 중 하나는 지능지수인데, 최근에는 지능지수 70 이하를 지적장애로 판별하지만 1970년대에는 지능지수 80 이하를 지적장애로 판별하였다. 이는 객관적인 분명한 준거에 의해서 장애가 결정되기보다는 그 사회에서 적응하기 어려운 손상의 정도를 어떻게 규정하느냐에 따라 장애가 결정됨을 보여 준다. 그러므로 장애의 정의 및 범위는 사회적 규범 속에서 정해진다고 할 수 있다.

장애와 사회적 규범 간의 관계에 대한 명확한 이해가 없었던 시대에는 장애를 의학적 개념으로 이해하였으나, 현재는 사회적 개념으로 이해한다. 의학적 개념으로서의 장애는 질병, 외상 혹은 다른 건강상의 이유로 발생한 개인적인 문제이며, 장애의 병리학적 원인을 치료하고 제거하는 것이 중요한 과제가 된다. 또한 질병은 질병이 없는 상태를 전제하고 성립하는 개념이므로 장애를 정상성에서 벗어난 일탈로 규정하는 속성이 있다. 반면에 사회적 개념으로서의 장애는 손상은 그 자체가 문제가 아니라 사회적 환경이 손상을 불편한 속성으로 만들어서 문제라고 보는 시각이며, 장애를 불편하게 만드는 사회적 원인을 제거하는 것이 중요한 과제가 된다.

장애는 전 세계가 사용하고 있는 보편적 용어이고 장애인 또한 보편적 존재이며, 장애인에 대한 차별도 정도의 차이만 있을 뿐 보편적 문제다. 거창하게 말하면 인류가 함께 숙고해야 하는 주제인 것이다. 그럼에도 각 나라마다 장애의 정의와 개념은 조금씩 다르게 사용한다. 정의나 개념의 차이에서 오는 혼란을 줄이기 위해 1980년 세계보건기구에 의해 처음으로 체계적인 국제장애분류체계(International Classification of Impairment, Disability and Handicap: ICHDH)가 발표되면서 일부 개념정리가 이루어졌다. 그러나 사회환경의 변화와 함께 장애를 보는 시각도 변화하여 새로운 장애 개념의 필요성이 대두되었고, 세계보건기구는 국제적으로 일반화된 장애의 개념을 새롭게 정의하기 위하여 2001년 '기능, 장애, 건강에 대한 국제분류'(International Classification of Functioning, Disability and Health: ICF)를 제시하였다.

[글상자 3−1]에서 보여주는 바와 같이 ICF의 장애 개념은 크게 세 가지 개념을 포함한다. 첫째, 정신적, 신체적, 인지적, 정서적 기능의 손상, 둘째, 활동 제한(activity limitation), 셋째, 참여 제약(participation restriction)이다. 개념들 간의 관계는 [그림 3−1]에서 보여 주고, 각 개념의 의미는 다음의 〈표 3−1〉에서 자세한 예시를 보여 준다.

[글상자 3−1]

ICF의 장애 개념

　장애(disability)는 손상(impairment), 활동 제한(activity limitation), 참여 제약(participation restriction)에 대한 포괄적인 용어다. 손상은 신체기능, 구조의 문제를 의미하며, 활동 제한은 개인이 활동이나 과제를 수행하는 데 있어서 겪을 수 있는 어려움을 의미하며, 참여 제약은 개인이 사회생활에 참여(involvement)할 때 겪게 되는 문제를 의미한다. 장애는 단순히 의료적인 문제가 아니고 개인의 신체적 조건과 자신이 살고 있는 사회적 특징과의 상호작용을 반영하는 복잡한 현상이다. 따라서 장애인이 만나는 어려움을 해결하기 위해서 환경적, 사회적 장벽의 제거가 필요하다.

출처: http://www.who.int/topics/disabilities/en/

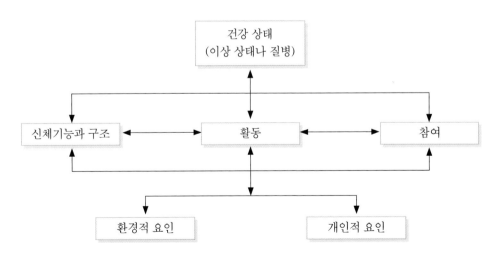

그림 3−1　ICF 장애 모델: ICF 장애 구성 요소 간의 상호작용

출처: WHO(2013), p. 7.

〈표 3-1〉 기능, 장애, 건강에 대한 국제분류(ICF)의 설명

| 장애
구성
요인 | 손상(impairment) | | 활동 수행의 장애
(activity limitation) | 참여의 한계
(participation
restriction) |
	구조 (structure)	기능 (function)		

설명	• 뇌, 중추기관과 관련기관
	• 목소리, 말 관련기관
	• 귀와 전정기관
	• 눈과 관련된 기관
	• 순환기와 호흡기 관련기관
	• 소화기, 신진대사 관련
	  기관
	• 면역기, 내분비 관련기관
	• 비뇨생식기, 금욕과 재생
	  관련기관
	• 운동, 피부 관련기관
		• 정신기능
		• 목소리, 말, 듣기와 전정
		  기능
		• 보기
		• 기타 감각기능
		• 소화기, 영양, 신진대사
		  기능
		• 심장기관과 호흡기기관
		• 면역과 내분비 기능
		• 신근골격과 운동 관련
		  기능
		• 피부와 관련기관의 기능
			• 보기, 듣기와 인지
			• 학습, 지식 응용, 과제
			  수행
			• 의사소통
			• 운동
			• 주변 움직이기
			• 일상생활
			• 가정생활
			• 대안행동
			• 특정 상황의 처리와 반응
			• 보조장치, 첨단기기 활용
				• 개인적 부양 참여
				• 이동 참여
				• 정보 전환 참여
				• 사회적 관계 참여
				• 직업, 교육, 여가
				  와 신앙생활 영역
				• 경제생활 참여
				• 시민적 생활과 지
				  역생활 참여

[학습활동 3-1]

　다음의 [그림 3-2]의 인포그래픽은 세계보건기구가 장애인의 건강관리 및 지원에 관한 통계를 정리한 것이다.

1. 내용을 요약하고 이런 현상이 일어나는 이유에 대하여 토론하시오.
2. 그림의 제일 아래칸은 장애인의 취약한 건강관리를 해결할 수 있는 방안을 보여 준다. 이외
   에도 어떤 방법이 있을 수 있는지 제안하시오.

　장애인을 지칭하는 말로 간혹 '장애우'라는 단어를 사용하는 사람들이 더러 있는데, 이는 올바른 표현이 아니다([글상자 3-2] 참조). 또한 영어로 장애인을 나타내는 단어로 흔히 'the handicapped person' 혹은 'the disabled person'을 먼저 떠올리기 쉬운데, 이 역시 올바른 표현이 아니다([글상자 3-3] 참조).

Better health for people with disabilities

World Health Organization

Over

1 BILLION
people globally experience disability

1 in 7 people

People with disabilities have the same general health care needs as others

But they are:

2x more likely to find health care providers' skills and facilities inadequate

3x more likely to be denied health care

4x more likely to be treated badly in the health care system

1/2 of people with disabilities cannot afford health care

They are:

50% more likely to suffer catastrophic health expenditure

These out-of-pocket health care payments can push a family into poverty

Rehabilitation and assistive devices can enable people with disabilities to be independent

200 MIL people need glasses or other low-vision devices and do not have access to them

70 MIL people need a wheelchair. Only **5-15%** have access to one

360 MIL people globally have moderate to profound hearing loss

Production of hearing aids only meets:

10% of global need   **3%** of developing countries' needs

Making all health care services accessible to people with disabilities is achievable and will reduce unacceptable health disparities

remove physical barriers to health facilities, information and equipment

make health care affordable

CR PD
A25 A26

train all health care workers in disability issues including rights

invest in specific services such as rehabilitation

Source: World report on disability: www.who.int/disabilities/world_report

그림 3-2　세계보건기구의 장애 관련 주요 현황

출처: WHO(2011).

📖 **[글상자 3-2]**

장애우 vs 장애인

　　간혹 장애인을 장애우라고 표현하는 경우가 있다. 호의를 가득 담아서 하는 말이지만 옳은 표현은 아니다. 장애우를 장애인 대신 사용할 수 없는 이유는 다음과 같다. 첫째, 모든 용어는 자신을 표현할 수 있어야 한다. "나는 장애우입니다."란 표현은 적절하지 않다. 둘째, 첫째와 연관된 의미로 장애우란 표현은 장애인 당사자보다는 타자의 입장에서 표현한 언어다. 장애우란 용어 자체가 장애인을 외부자로 규정하고 타자화시키는 경향이 있다. 셋째, 장애우(友)를 해석하면 장애를 가진 벗이라는 뜻인데 장애가 있다고 해서 모든 이의 벗이 될 필요는 없다. 장애인에게 필요한 것은 있는 그대로 받아들여지는 것, 적절한 지원, 정당한 권리이지 선의에 기반한 호의가 아니다.

📖 **[글상자 3-3]**

장애인의 영어 표현

　　장애인을 표현하는 영어는 people with disability이다. 보통 사람을 앞에 쓰고 장애를 뒤에 쓴다. 1980년대까지는 disabled people, The disabled 등으로 표현하였는데, 이 용어들은 사람보다는 장애에 초점을 맞추고 있다. 이런 비판 이후 person first라는 운동이 전개되면서 장애보다는 사람을 앞에 쓰기 시작하였다. 그러나 손상 그 자체의 문제보다는 손상을 장애로 만드는 사회적, 물리적 환경의 문제를 상기시키기 위하여 피동형으로 The disabled 라고 쓸 것을 주장하는 사람도 있다.

　　장애를 이해할 때 장애명에 과도하게 의존해서는 안 된다. 장애의 범위와 형태 등을 비교적 쉽게 이해할 수 있는 장애명도 있지만 그것이 애매모호하게 드러나는 장애명도 있다. 예를 들면, 청각장애, 시각장애 등은 장애의 형태와 어떤 부분에 제약이 있는지를 비교적 쉽게 짐작할 수 있다. 그러나 정서·행동장애, 학습장애 등은 장애의 형태와 범위를 쉽게 단정하기 어렵다. 이런 경우 진단을 정확하게 내리는 것도 어렵다. 특히 우리나라는 진단과정이 간단하고, 단 1회에 걸친 검사와 관찰에 의해 진단하는 경우도 있다. 그 과정에서 진단 오류가 발생하기도 한다. 그러므로 특정한 장애명을 가진 아동을 이해할 때는 그 아동이 가진 장애명이 아동의 장애에 대하여 충분히 설명할 수 없다는 것을 이해해야 한다. 또한 장애명은 장애만을 설명할 뿐이지 아동의 다른 특성에 대해서는 말하지 않는다는 것을 반드시 명심해야 한다. 즉, 장애명이 아동을 설명하는 유일한 단서가 아니라는 것을 기억해야 한다.

더욱 중요한 것은 '장애'란 '가능성이 없다'는 말은 아니다. 예컨대, '학습장애'라고 해서 '학습에 가능성이 없다'는 말은 아니다. 장애명을 사용하는 데 가장 경계해야 할 것은 어떤 장애가 있는 것에 대해 그 부분을 전혀 못 쓰거나 개선의 여지가 없는 완전히 손상된 상태로 이해해서 '교육'을 해야 할 행동이나 상태로 이해하지 못하는 것이다. 어떤 부분에 장애가 있으면 그 부분에 더 많은 교육적 지원을 해서 장애를 최소화하기 위한 노력이 필요한 경우도 있다.

3. 지적장애

'지적장애(intellectual disability)'는 「장애인복지법」이 개정되면서(2008. 12. 31. 「장애인복지법」 개정) 기존에 사용하던 정신지체를 대신하여 사용하게 된 용어다. 지적장애는 역사적으로 명칭이 계속 변화하여 왔다. 우리나라의 경우 정신박약에서 정신지체로 그리고 지적장애로 변화되어 왔다([글상자 3-4] 참조). Luckasson과 Reeve(2001)는 장애명을 정할 때 고려하여야 할 다섯 가지 기준을 제시하였다. 첫째, 각각의 장애명은 다른 장애명칭과 혼동되지 않도록 구체적인 장애를 표현하여 분명한 의사소통을 할 수 있도록 제시해야 하며, 둘째, 장애인 당사자나 보호자뿐 아니라 교사, 의사, 연구자, 정책입안자 등 관련자들이 일관성 있게 사용할 수 있는 용어여야 하며, 셋째, 현재의 장애에 대한 지식이 잘 표현될 뿐 아니라 미래에 과학적인 발전이 이루어져 새로운 지식이 생성되었을 때 그 지식을 포괄할 수 있는 용어여야 하며, 넷째, 장애에 대한 정의, 판별, 지원계획 등 다양한 목적을 수행할 수 있도록 해야 하며, 다섯째, 장애를 가진 사람들의 중요한 가치를 표현하는 데 필수적인 요소를 반영하도록 이름 붙여져야 한다고 논하였다. 이러한 준거에 비추어 기존의 '정신지체'라는 용어는 그 집단의 존엄성을 잘 표현하지 못할 뿐 아니라 무시될 수 있는 요소까지도 포함되어 있다는 비판이 꾸준히 제기되어 왔다(Finlay & Lyons, 2005; Hayden & Nelis, 2002; Rapley, 2004; Schalock et al., 2007).

이러한 비판을 바탕으로 지적장애라는 용어가 제시되었고, 이 용어는 몇 가지 이유에서 정신지체보다 발전된 용어로 인정받고 있다. '지적'이라는 용어는 '정신'이라는 용어보다 장애의 범위를 구체적으로 언급하고 지원의 범위를 보다 논리적으로 명확하게 지칭해 주는 특성이 있으며, 존엄성을 덜 훼손시키는 용어다(Schalock et al., 2007).

📖 [글상자 3-4]

지적장애의 영어 표현의 변화

1940년대 이전에 지적장애는 특별한 용어를 갖지 못하고 idot, febleminded 등으로 불리우다가 1960년대에는 mental deficiency(정신박약)를 사용했다. 1970년대에는 mental retardation으로 지칭하다가 2008년경부터는 intellectual disability를 사용했다. 최근에는 intellectually challenged라는 표현을 사용하기도 한다.

1) 개념 및 정의

지적장애를 정의하는 것은 매우 어렵다. 지적장애는 장애의 영역을 분명하게 규정하기도 어렵고 장애의 범위도 광범위한 영역에 걸쳐 있기 때문에 지적장애를 명확하게 표현하는 것은 쉽지 않다. 일반적인 개념으로서 지적능력은 매우 포괄적인 개념이다. 지능의 영어 표현인 intelligence는 라틴어 intelligentia, 즉 '이해하다'에서 유래한 것으로 옥스퍼드 영어사전에서는 '특정 지식이나 기술을 획득하여 적용할 수 있는 능력'으로 정의하고 있다. Howard Gardner는 지능을 '문제를 찾아서 해결하는 기술들의 집합(1993)'이라고 정의했고, Reuven Feurstein은 지능을 '생존 환경의 변화에 적응하기 위해 인지적 기능을 변화시키는 인간 고유의 능력(1990; 2002)'이라고 기술했다.

이런 정의들은 공통적으로 지능을 문제해결능력과 연관시키고 있다. 그러나 특정한 문제 한 가지를 잘 푸는 것만으로는 높은 수준의 지능을 갖추었다고 볼 수 없다. 예를 들어, 전자계산기는 복잡한 수학문제를 풀지만 수학 계산 이외의 다른 문제, 예컨대 저녁 식사를 준비하거나, 여행 동선을 짜는 것과 같은 문제는 전혀 풀지 못한다.

지능은 한 가지 문제를 빨리 처리하는 것보다는 상황에 맞게 날씨를 예측하여 옷을 입는다든지 주어진 과제의 중요도를 결정하여 처리할 순서를 정하는 것과 같이 여러 상황에서 주어진 문제를 해결하는 능력을 의미하는 등 인간 행위에 광범위하고 포괄적으로 개입하는 능력이므로 지적장애도 매우 포괄적인 개념일 수밖에 없다. 개념의 포괄성이 중요한 이유는 지적장애인의 어려움을 명확하게 규정하기가 쉽지 않아 지원 또한 쉽지 않기 때문이다. 지적장애인은 특정한 한두 가지 영역을 수행하지 못한다기보다는 대부분의 영역에서 미숙한 수행을 보이는 측면이 있다.

우리나라의 경우 지적장애에 대한 정의는 「장애인 등에 대한 특수교육법」 「장애인복지법」에서 장애를 판별하는 기준을 제시해 놓고 있으며, 국립특수교육원의 2002년 특수교육요구대상자 출현율 연구에서 지적장애를 정의하고 있다.

지적장애를 가장 적극적으로 정의하는 단체는 미국지적장애 및 발달장애협회(American Association on Intellectual and Develomental Disabilities; 이하 AAIDD)인데, 이 단체는 거의 10년 주기로 지적장애에 대한 새로운 정의를 보여 주고 있다. 또한 2013년 미국 정신의학회에서 발간한 『정신장애의 진단 및 통계 편람 5판(Diagnostic Statistical Manual of Mental Disorders 5th Edition: DSM-5; 이하 DSM-5)』에서도 지적장애를 정의하고 있다.

(1) 「장애인복지법」 및 「장애인 등에 대한 특수교육법」의 정의

「장애인복지법」에서는 2008년도 12월 개정을 통해 정신지체를 지적장애로 명칭을 바꾸고, 지적장애인을 「장애인복지법 시행령」 제2조 제2항에서 [글상자 3-5]와 같이 정의하였으며, 지적장애 등급은 「장애인복지법 시행규칙」에서 규정하고 있다.

[글상자 3-5]

「장애인복지법」상의 지적장애인 정의

- 지적장애인: 정신 발육이 항구적으로 지체되어 지적 능력의 발달이 불충분하거나 불완전하고 자신의 일을 처리하는 것과 사회생활에 적응하는 것이 상당히 곤란한 자

  〈제1급〉 지능지수가 35 미만인 사람으로서 일상생활과 사회생활에 적응하는 것이 현저하게 곤란하여 일생 동안 다른 사람의 보호가 필요한 사람

〈제2급〉지능지수가 35 이상 50 미만인 사람으로서 일상생활의 단순한 행동을 훈련시
킬 수 있고, 어느 정도의 감독과 도움을 받으면 복잡하지 아니하고 특수기술이 필요하지
아니한 직업을 가질 수 있는 사람
〈제3급〉지능지수가 50 이상 70 이하인 사람으로서 교육을 통한 사회적·직업적 재활
이 가능한 사람

「장애인복지법」의 지적장애 정의는 지나치게 정량화되어 있으며, 지적장애인의
발달 수준을 제한함으로써 지적장애인의 능력과 성장에 대한 부정적인 인식을 드
러내고 있다. 특히 장애등급상의 규준은 직업의 종류까지 규정하고 있어 지적장애
인의 기호, 적성 등에 대한 부정적인 이해의 단면을 보여 주고 있으며, 실제 이 정의
는 이런 의미로 비판받고 있다(민천식, 2003).

「장애인 등에 대한 특수교육법」(이하 「특수교육법」이라 칭함)에서는 지적장애란 용
어를 사용하지 않고 정신지체란 용어를 사용하고 있으며, 특수교육대상자를 선정
하기 위한 기준으로 장애에 대하여 매우 간략하게 정의하고 있다. 「특수교육법 시
행령」의 제10조와 관련하여 지적장애를 [글상자 3-6]과 같이 정의하고 있다.

[글상자 3-6]
「장애인 등에 대한 특수교육법」상의 지적장애 정의
  지적 기능과 적응행동상의 어려움이 함께 존재하여 교육적 성취에 어려움이 있는 사람

대체로 우리나라 지적장애에 대한 정의는 지능지수와 적응 기술을 포함하고 있
으나 적응 기술에 대하여 세부적으로 정의하지는 않고 있다.

(2) AAIDD의 정의

미국지적장애 및 발달장애협회(AAIDD, 2010)의 정의는 세계적으로 가장 광범하
게 사용되고 있다. AAIDD는 1959년 최초로 지적장애를 정의했는데, 그 당시에는
지적장애를 "발달기 동안 발생하고 적응행동의 손상과 관련되는 평균 이하의 일반

적인 지적기능으로 간주한다."(Herber, 1959)라고 정의하였다.

이 정의는 1961년에 개정되어(Herber, 1961) '평균 이하의 지적 기능'이라는 용어의 의미를 구체화하였다. 즉, 지능검사에서 평균 이하 1 표준편차의 지적기능을 평균 이하의 점수로 규정하였는데, 이는 지능지수 85에 해당하며 미국 전체 인구의 16% 정도를 차지하였다.

1973년 AAIDD는 지적장애 정의를 개정하여 평균 이하를 '2 표준편차'의 점수에 의해 결정하는 것으로 바꾸었으며, 이는 지적장애의 판별기준이 지능지수 70으로 내려가고 인구의 16%에서 2.25%로 낮아진 것을 의미한다. 1977년에는 지적장애에 관한 정의를 개정하지는 않았지만 판별준거에 적응행동의 비중을 강화하여 실제 지능지수가 80이더라도 적응행동지수가 낮은 경우 지적장애로 판별할 수 있도록 하였다(Grossman, 1983). 1983년에 지적장애의 정의를 다시 개정하여 지적장애로 판별할 수 있는 연령을 16세에서 18세로 상향 조정하였으며, 1992년에는 지적장애 정의와 분류에 관한 편람을 다시 개정하여 변화를 도모하였다. AAIDD는 이렇게 거의 10년 주기로 지적장애 정의를 변화시켰으며, 이는 보다 정교하고 세부적으로 정의하려는 경향이었다.

AAIDD는 1992년에 지적장애를 정의하면서 적응 기술을 열 가지 영역으로 세분화하여 제시하였다. 그것은 의사소통, 자기관리, 가정생활, 사회적 기술, 자기 지시, 건강과 안전, 기능적 교과, 여가, 직업을 포함하였다. 1992년 이전에는 지능지수를 근거로 지적장애를 분류하였지만 1992년부터는 연구, 정책적 지원, 의사소통을 위한 목적으로 지적장애를 분류하였다는 차이점이 있다.

AAIDD는 2002년에 지적장애를 새롭게 정의하였으며, 지적장애를 정의하는 중요한 준거로 지적기능과 적응행동을 제시하였다. 그러나 적응행동을 좀 더 세분화하여 개념적, 사회적, 실제적 적응 기술이라고 명백하게 규정지었으며, 출현하는 나이를 18세로 제한한 것은 1992년의 정의와 같다.

2010년 AAIDD는 지적장애에 대한 정의를 발표했는데, 이 정의는 2002년의 정의와 거의 비슷하다(Schalock et al., 2010; [글상자 3-7] 참조). 그러나 2002년보다는 '지원'을 강조하고 지원 모델에 대하여 더 세부적으로 명시하고 있으며, 지적장애를 지적능력, 적응행동, 건강, 사회적 참여, 개인의 환경 등을 고려하여 분류하고 있다(Snell et al., 2009).

AAIDD의 지적장애 정의의 핵심 준거는 지적능력, 적응행동과 연령이다. 세 가지 준거를 모두 충족했을 때 지적장애로 판별함을 제안하고 있다. 세 가지 준거의 세부적인 기준은 조금씩 변화하고 있지만 준거 자체는 일관됨을 알 수 있다. 지적능력은 지능지수로 설명하고 적응행동은 일상생활에서의 수행수준으로 설명하고 있다. 적응행동은 적응행동진단검사(2018 Diagnostic Adaptive Behavior Scale) 등과 같이 다양한 검사도구를 통해 측정할 수 있다. 연령도 지적장애를 판별하는 중요한 준거인데, 대체로 학령기 연령을 지나기 전에 증상이 발생하는 경우를 의미한다. 세월이 흐르면서 적응행동은 점점 구체화되고 있다. 지적장애 판별에 연령 준거를 포함한 것은 지적장애가 발달에 영향을 미치는지 아닌지를 구분하고자 하는 의도다. 성인기에도 교통사고나 질병 등으로 인해 인지능력의 손상이 생길 수 있지만 언어, 신체, 사회성 발달에 미치는 영향이 제한적이므로 지적장애와 구분한다. 이런 경우 우리나라에서는 뇌병변 장애로 판별받을 경향성이 높다. 선천성, 유아기, 아동기에 발생한 지적장애는 언어, 신체, 사회성 등 광범위한 영역의 발달에 영향을 미칠 수 있기 때문에 교육과 지원이 성인기에 발생한 인지장애와는 질적으로 다

📖 [글상자 3-7]

AAIDD 2002/2010 지적장애 정의

지적장애는 지적기능과 개념적 · 사회적 · 실제적 적응 기술로 표현되는 적응행동에 상당한 제한을 보이는 것이 특징인 장애이며, 이는 18세 이전에 출현한다.

AAIDD는 이 정의를 적용하기 위하여 다음과 같은 다섯 가지 필수적인 가정을 제시하였다(Schalock et al., 2010).

① 현재 기능상의 제한은 반드시 각자의 또래 연령집단과 각자가 속한 문화적 배경을 포함한 지역사회환경 맥락 안에서 고려되어야 한다.

② 타당한 평가는 문화적 · 언어적 다양성뿐 아니라 의사소통, 감각, 운동, 행동상의 차이점도 고려하여야 한다.

③ 개인이 지닌 제한점은 흔히 강점과 함께 나타난다.

④ 개인이 지닌 제한점을 묘사하는 목적은 필요한 지원의 프로파일을 개발하기 위함이다.

⑤ 적절한 개별적 지원을 지속적으로 제공하면 지적장애인의 삶의 기능이 전반적으로 향상될 것이다.

를 수밖에 없다.

2010년에 AAIDD는 2002년 지적장애를 정의하면서 제시한 이론적 모델을 그대로 사용했는데, 핵심 내용은 지적장애는 적응 기술에 상당한 제약을 보이는 장애이지만 지속적인 지원이 주어지면 수행능력이 향상될 수 있다는 것이다. 그러므로 제한점보다는 지원에 초점을 맞추어서 지적장애인을 이해하는 것이 중요하다. 지적장애인은 발달의 어느 한 시점에 머물러 있는 사람들이 아니라 비장애인과 똑같이 성장·발달한다. 다만 발달의 속도가 다를 뿐이다. 인간의 모든 발달에는 지속적인 지원이 필요하며 지원에 따라 발달이 달라지는 것은 명백하다. 지적장애인을 교육할 때도 이런 관점을 견지하는 것은 중요하다. [그림 3-3]은 AAIDD가 제시한 인간 기능성의 개념적 틀이다. 이 틀은 두 가지 주요 구성 요소들을 포함한다. 첫째, 개인의 수행능력에 영향을 미치는 요소는 다섯 가지 차원(지능, 적응행동, 참여·상호작용·사회적 역할, 건강, 환경)으로 설명하고 있으며, 둘째, 지원이 다섯 가지 차원과 개인 수행능력을 매개하고 있음을 나타낸다. 즉, 지적장애인의 수행능력은 다섯 가지 차원과 개별화된 지원의 역동적인 상호작용에 따라 달라질 수 있다는 것을 보여 준다.

인간 기능성의 개념적 틀은 다섯 가지 차원이 개인의 삶의 수행능력에 영향을 미치고 있다는 것을 보여 주고 있는데, 이런 차원에서 지적장애인에 대한 묘사를 할 때 간혹 사용하는 정신연령과 같은 표현은 적절하지 않다. 연령 참조 묘사는 지적장애인에 대한 낙인을 악화시킬 가능성이 높다(박승희, 김수연, 장혜성, 나수현, 2011).

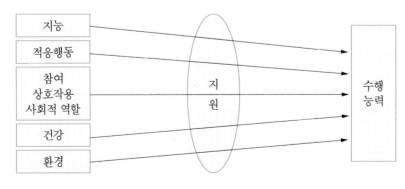

그림 3-3   인간 기능성의 개념적 틀

출처: Lukasson et al. (2002).

2) 통합교육을 위한 지원

　　통합교육 현장에서 지적장애학생을 위한 지원 계획을 세울 때 중요한 것은 지적
장애인을 이해하는 것이다. 특히 지적장애학생도 비장애학생처럼 교육을 통해 성
장하며, 이를 위해서 다양한 기회가 주어져야 한다. 물론 장애는 인간 발달에 영향
을 미칠 수밖에 없고, 인지 발달은 모든 발달에 적극적으로 개입하는 경향이 있기
때문에 지적장애인은 광범한 영역에 걸쳐 어려움을 겪고 있다. 그러나 장애는 개입
을 할 뿐이지 결정하는 요소는 아니다. 인간은 모두 개인차가 있고, 지적장애인의
장애도 그 개인차의 범위 내에서 이해하는 것이 중요하다. [그림 3-4]는 인간의 능
력을 단순하게 도식화시킨 Greenspan의 모델이다. 이 모델은 인간의 능력이 여러
가지 다른 영역의 요소로 구성된다는 것을 보여 주고 있다.

　　인간의 능력은 신체기능 · 건강 등과 같은 신체적 능력 · 성격 · 품성 · 기질 · 호
감도와 같은 정의적 능력, 정리정돈 · 기계 다루기 · 부지런함 · 생활 기술 등과 같
은 일상생활능력, 학습 · 언어와 같은 학문적 능력 등으로 다양하게 구성되어 있다.
지적장애인은 대체로 학문적 영역이나 일상생활 영역에서 발달의 차이를 보이기도
하지만 성격이나 신체적 능력에서는 비장애인과의 차이가 상대적으로 적다. 지적
장애인에 대한 이해는 그들의 장애에 대한 이해부터 시작하는 것이 아니라 그들의
비장애를 이해하는 것이 더욱 중요하다.

　　지적장애학생을 위한 교육적 지원의 첫 번째는 학생의 강점을 찾아내는 것이다.
강점은 다른 학생들과 비교하여 더 우수한 능력을 의미하는 것이 아니라 그 학생 자

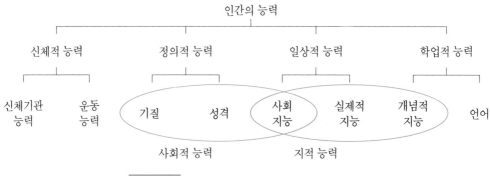

그림 3-4　인간의 능력에 대한 Greenspan의 모델

출처: Lukasson et al. (2002).

신의 능력 중 우수한 것을 의미한다. 지적장애학생의 강점을 찾아내서 그것을 활용하여 교육할 때 우리는 예상하는 것보다 더 좋은 결과를 만나게 될 것이다. 지적장애가 있는 학생이 다른 학생과 다른 방식으로 학습한다는 증거는 없다(Peterson & Hittie, 2003). 그들은 단지 학습 속도가 늦고 더 많은 도움이 필요할 뿐이다. 지적장애학생을 위한 몇 가지 교육 원리는 다음과 같다(Peterson & Hittie, 2003).

첫째, 생활연령에 맞는 활동에 참여해야 한다. 지적장애가 있는 학생은 지능검사에 의해 결정되는 정신연령이 아닌 생활연령을 기준으로 하여 자신의 수준에 맞는 활동에 참여해야 한다.

둘째, 학교의 교육환경은 자연적인 비율에 의해 구축되어야 한다. 자연적인 상황에서 특수한 요구를 가진 사람들은 학교나 사회에 흩어져 있지 함께 모여 있는 것이 아니다. 따라서 통합학교에서 비율상 지적장애를 가진 아동이 한 학급에 한 명 정도면 그렇게 배치하는 것이 적절하다.

셋째, 독특한 요구에 근거하여 지원을 한다. 지적장애로 인해 나타나는 학생의 독특한 요구를 충족시킬 수 있는 계획을 세워 교육 서비스를 제공해야 한다.

넷째, 자비가 아닌 존중을 해야 한다. 발달 수준이 다른 아동을 통합할 때, 우리는 그들을 측은한 마음으로 그리고 영원한 어린아이로 대해서는 안 된다. 그들도 학습할 수 있는 동등한 학생으로 존중해야 하며, 그들의 현재 능력 수준에 도전적인 과제를 제시하여 과제 해결을 지원하는 방식으로 학습이 이루어지게 해야 한다. 모든 아동이 기대만큼 성장한다는 말은 지적장애 아동에게도 예외는 아니다.

다섯째, 단지 행동주의에 의한 학습이 아닌 전반적인 학습을 제공해야 한다. 지적장애가 있는 아동을 위한 많은 학습이론은 행동수정, 상세한 과제분석, 그리고 고도로 통제된 수업절차에 근거하고 있다. 이러한 행동기법은 고도로 통제된 상황에서 특정 장소에서 필요한 특정 기술을 훈련시키는 데는 효과적이다. 그러나 학생의 삶과 자기 결정(self-determination)의 질 개선에는 도움이 되지 못한다.

[글상자 3-8]

지적장애에 관한 Q&A

Q. 지적장애와 정신장애는 같은 장애입니까?

A. 장애인복지법에 따르면 지적장애인은 '정신 발육이 항구적으로 지체되어 지적능력의 발달이 불충분하거나 불완전하고 자신의 일을 처리하는 것과 사회생활에 적응하는 것이 상당히 곤란한자'이며, 정신장애는 '지속적인 정신분열병, 분열형 정동장애, 양극성 정동장애 및 반복성 우울장애에 따른 감정조절ㆍ행동ㆍ사고기능 및 능력의 장애로 인하여 일상생활이나 사회생활에 상당한 제약을 받아 다른 사람의 도움이 필요한 사람'으로 정의하고 있습니다.

Q. 지적장애는 유전에 의한 것입니까?

A. 지적장애가 되는 것은 다양한 원인에 의해서입니다. 태아기에 염색체 이상이 생기기 때문일 수도 있고 태어날 때 뇌손상을 입어서 지적장애가 되기도 합니다. 또한 영아기에 적절한 보호나 영양공급이 이루어지지 않으면 발달에 영향을 미치며, 이 때문에 손상을 입어서 지적장애가 되기도 합니다. 유전에 의해 지적장애로 태어나기도 합니다.

4. 학습장애

1) 개념 및 정의

현재 '학습장애'라고 명명되는 그룹에 대한 초기 연구는 말은 전혀 하지 못하지만 글로 자신의 생각을 표현하는 사람들에 대한 임상적 관찰로부터 시작되었다. 이미 19세기 초 Gall과 같은 의사는 말은 전혀 하지 못하지만 글로 자신의 생각을 표현하는 환자에 대하여 보고하고 있으며, Gall은 이 환자를 관찰하여 뇌 부위에 따른 기능에 관한 가설을 수립하였다. 즉, 말은 하지 못하지만 글로는 자신의 생각 표현이 가능한 것은 말과 글을 주관하는 뇌 부위가 다르고 특정한 부위에 손상을 입으면 그 부위에만 장애가 온다고 생각한 것이다. 이를 이어 19세기 중반 Broca는 말과 글을 주관하는 뇌 부위를 구체적으로 밝혀냈으며, Gall의 가설을 더욱 정교하게 발전시켰다. 이들의 연구는 현재의 학습장애를 이해하는 데도 많은 도움이 되는데, 가장 핵심적인 것은 대체로 학습장애는 구체적인 영역에서의 심각한 손상을 보여 주는 경우가 많다는 것이다(Fletcher, Lyon, Fuchs, & Barnes, 2007). 즉, 읽기, 말하기, 쓰기를 전반적으로 다 하지 못하는 것이 아니라 읽기를 전혀 하지 못하거나, 셈하기를 전혀 하지 못하는 것과 같이 특정 영역에서 거의 불능에 가까울 정도로 하지 못하는 경우가 많다.

초기의 학습장애 연구는 대체로 언어문제와 많은 관련을 맺고 있었다. 학습장애라는 용어는 1962년 Kirk가 처음 제안했으며, 그 이전까지는 미세뇌손상(minimal brain damage) 혹은 미세뇌기능손상(minimal brain dysfunction)이라는 용어 등이 사용되었다(Fletcher, Lyon, Fuchs, & Barnes, 2007).

Kirk가 학습장애를 명명하고 난 다음 '학습장애'는 처음 용어를 만들었던 당시에 생각했던 언어문제를 가진 집단을 넘어서서 학습과 관련된 다양한 문제를 가진 사람을 포함하게 되었고, 그에 따라 정의, 판별, 정책 등 다양한 측면에서 변화를 겪었다. 학습장애 정의는 학습과정에서의 다양한 문제에 더 초점을 맞추고, 더 광범한 증상을 포함하며, 원인에 대한 설명도 더욱 분명히 하려는 경향으로 정의가 변화되어 왔다.

[글상자 3-9], [글상자 3-10], [글상자 3-11]은 각각 우리나라의 「장애인 등에 대한 특수교육법」의 정의, 미국 학습장애공동협의회(National Joint Committee on Learning Disabilities: NJCLD)의 정의, 미국의 「장애인교육법(Individual with Disabililty Education Act: IDEA)」의 정의를 보여 준다. 다른 나라들도 학습장애를 정의하고 있지만 이들 정의와 비슷하다.

[글상자 3-9]

「장애인 등에 대한 특수교육법」의 학습장애 정의

개인의 내적 요인으로 인하여 듣기, 말하기, 주의집중, 지각(知覺), 기억, 문제해결 등의 학습기능이나 읽기, 쓰기, 수학 등 학업성취 영역에서 현저하게 어려움이 있는 사람

90

📚 **[글상자 3-10]**

NJCLD의 학습장애 정의

학습장애는 듣기, 말하기, 읽기, 쓰기, 추리 혹은 산수 능력의 습득과 사용에 현저한 어려움을 보이는 이질적인 장애집단을 지칭하는 일반적 용어다. 이 장애들은 각각의 개인에게 내재되어 있는 것으로, 중추신경계의 기능장애에 의한 것으로 가정되며, 일생을 통해 나타날 수 있다. 학습장애와 함께 자기조절행동, 사회적 지각, 그리고 사회적 상호작용에 문제점들이 있을 수도 있으나 이것들만으로 학습장애가 성립되지는 않는다. 학습장애가 다른 장애(예: 감각장애, 지적장애, 정서장애) 또는 외적인 영향(예: 문화적 언어적 차이, 불충분하거나 부적절한 교수 등)과 함께 나타날 수도 있으나 이 결과로 인해 학습장애가 발생하는 것은 아니다(1994년 정의, 2016년 개정).

📚 **[글상자 3-11]**

IDEA의 학습장애 정의

- 특정학습장애란 구어나 문어 형태의 언어 이해와 활용을 내포하는 기본심리처리과정이 하나 혹은 그 이상 손상된 것을 말하며, 이 손상은 듣기, 사고하기, 말하기, 읽기, 쓰기, 철자 익히기 또는 수학계산능력의 결함으로 나타날 수 있다.
- 포함되는 장애: 학습장애는 지각장애(perceptual disability), 뇌손상, 미세뇌기능장애, 난독증 그리고 발달적 실어증과 같은 상태를 포함한다.
- 포함되지 않는 장애: 학습장애는 시각이나 청각장애, 운동장애, 지적장애, 정서장애 또는 환경적 · 문화적 · 경제적 불리함이 1차적으로 작용하여 초래된 학습문제는 포함하지 않는다.

앞의 정의들을 종합적으로 살펴보면 다음의 몇 가지 특징으로 요약할 수 있다. 첫째, 학습장애의 문제 영역은 읽기, 쓰기, 수학 연산 등 일반적인 학습 기초기능뿐 아니라 문제해결, 추론, 사고와 같은 복합적인 인지기능도 포함하며 이 문제의 결과로 인해 낮은 학업성취를 보여 준다. 학습에서의 심각한 어려움이라는 공통점이 있지만 아동마다 문제를 보이는 영역은 다를 수 있다. 학생들마다 겪는 문제 영역이 다르다는 것을 강조하기 위해 NJCLD는 '이질적인 장애집단(heterogeneous group of disorders)'이라고 구체적으로 명시하고 있으며, IDEA는 '특정학습장애(specific learning disability)'라는 표현을 사용하고 있다.

　이런 의미에서 학습장애 대신 읽기장애나 수학장애 같이 특정한 영역의 문제로 이름을 바꾸자는 주장도 제기되고 있다. 그러나 모든 학습은 어느 정도의 읽기, 쓰기, 말하기, 문제해결 등의 과정을 포함하고 있기 때문에 한 가지 영역에서만 문제가 있어도 다른 영역의 학습에 영향을 미칠 수 있다. 예컨대, 읽기에 문제가 있을 경우 국어뿐 아니라 수학, 과학 등의 과목의 학업성취에도 영향을 미칠 수 있다.

　둘째, 학생장애 원인의 기질적인 측면을 포함한 것이다. 「장애인 등에 대한 특수교육법」은 내재적 원인으로, NJCLD는 중추 신경계 이상으로, IDEA는 기본심리처리 손상으로 표현하고 있다. 내재적 원인을 명시한 것은 일반적인 저성취 아동과 구분하기 위해서다(Mather & Gregg, 2006).

　셋째, 학습장애의 배제 조항을 포함하고 있다. 특히 미국의 정의는 명시적으로 배제 조항을 포함하고 있다. 학습장애가 다른 장애와 함께 나타날 수도 있고, 환경적·경제적 어려움, 불충분한 교수 등 불리한 외적 요인과도 함께 나타날 수 있지만 1차적으로 원인이 되는 문제는 아님을 명확히 할 필요가 있음을 강조하고 있다.

　넷째, 학습장애는 일생에 걸쳐 나타난다. 읽기, 쓰기, 듣기, 셈하기, 추론, 문제해결 등 학습장애의 문제 영역은 학습과 밀접한 관련이 있지만 일상생활에서도 필요한 기능이다. 이 기능을 적절히 활용할 수 없으면 다른 수행능력에도 영향을 미칠 수 있다. 예를 들어, 읽기에 문제가 있으면 안내판을 적절히 활용할 수 없기 때문에 길 찾거나 운전에도 영향을 미칠 수 있다. 이런 문제는 일생에 거쳐 개인의 삶에 중요한 영향을 미친다.

　학습장애와 관련된 몇 가지 이슈가 있다. 첫째는 학습장애와 일반적인 학업 저성취를 구분하는 문제다. 학습장애학생과 일반적인 학업저성취아동에 대한 지원은 다른 접근이 필요하기 때문에 이 둘을 구분하는 것은 중요하다. 학습장애는 기질적인 손상과 관련되어 있으므로 학습의 대안적인 방법을 제공(읽기 대신 듣기, 전자계산기 사용 등)하는 것이 중요하며, 일반적인 학업저성취학생은 학습의 동기를 높이거나 개별적인 집중 지도와 같은 지원이 더 필요하다.

　따라서 학습장애 판별은 학습장애를 선별하는 것과 동시에 일반적인 학업저성취를 제외시키는 것도 필요하기 때문에 장기간에 걸쳐 단계적인 절차를 밟아서 이루어진다. 이러한 단계적인 절차를 적용한 방법 중 가장 널리 활용되는 것은 '중재반

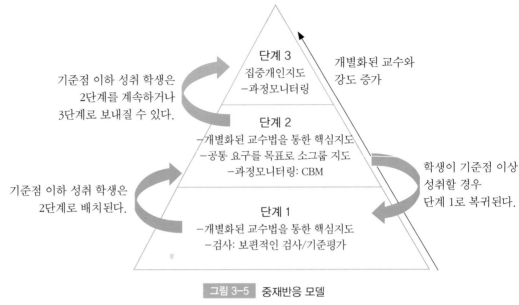

기준점 이하 성취 학생은
2단계를 계속하거나
3단계로 보내질 수 있다.

단계 3
집중개인지도
–과정모니터링

개별화된 교수와
강도 증가

단계 2
–개별화된 교수법을 통한 핵심지도
–공통 요구를 목표로 소그룹 지도
–과정모니터링: CBM

학생이 기준점 이상
성취할 경우
단계 1로 복귀된다.

기준점 이하 성취 학생은
2단계로 배치된다.

단계 1
–개별화된 교수법을 통한 핵심지도
–검사: 보편적인 검사/기준평가

그림 3-5   중재반응 모델

출처: Shores & Chester (2009).

응 모델(Response to Intervention Model: RIT)'이다. 중재반응 모델은 학습장애 위험
군을 일찍 선별하여 조기 중재를 실시하고 중재에 대한 학생 반응에 따라 학습장애
적격성을 결정하는 모델이다([그림 3-5] 참조).

중재반응 모델에 따르면, 학습장애 선정은 3개월 이상의 기간에 단계적 절차를
거쳐 이루어진다. 선정 준거된 절차에는 학습장애에 포함되는 준거와 포함되지 않
는 준거, 활용하는 검사도 명시적으로 제시해야 한다. 이런 과정을 통해 학습장애와
학업저성취를 구분할 수 있는 가능성이 높아진다([글상자 3-12] 참조).

[글상자 3-12]

학습장애 선정 준거 및 절차

학습장애로 선정하기 위해서는 다음의 네 가지 조건을 고려하여야 한다.

1조건: 선별 및 중재

선별 검사결과 학습에 문제가 있는 것으로 의심되는 학생을 대상으로 최소 3개월 이상
의 집중적이고 효과적인 소집단 규모의 보충학습이나 방과후학습 등 체계적인 서비스
를 제공받은 후에도 학업성취도(학교단위 학력평가나 교육과정 중심평가) 평가결과,
동학년의 하위 15~20%에 해당되는 자

- 중재반응(3개월 이상의 집중적이고 효과적인 소집단 규모의 보충학습이나 방과후학습)에 들어가기 전에 학교에서는 학습장애 선별검사 실시
  [선별검사 도구] : 학습장애 선별검사(국립특수교육원, 2009) 등
- 중재반응 실시기간 동안 최소 3회 이상의 평가를 실시하고, 부모의 동의하에 학습장애 선정 의뢰 시 평가결과를 특수교육지원센터에 제출

2조건: 지능
  최소 두 가지 이상의 지능검사로 측정한 지능의 평균이 75 이상(±5)에 해당하는 자
3조건: 학력
  기초학습기능검사나 KISE 기초학력검사, 읽기검사, 기초학습기능수행평가 등을 통한 검사결과 동학년 수준의 평균으로부터 최소 −2표준편차(또는 2학년) 이하의 학력수준을 가진 자

- 2학년 이하 : 초등학교 6학년 학생이 동학년의 수업진도를 따라가지 못하고, 4학년 수준 이하의 학력수준을 보이는 경우
- −2표준편차(−2SD) 이하 : −30점(평균이 70일 경우 −2SD 이하는 40을 의미)

4조건: 배제요인
  지적장애, 정서 · 행동장애, 감각장애 등의 다른 장애나, 가정불화, 폭력, 학교생활 부적응, 문화적 기회 결핍(탈북아동, 국내이주학생) 등 개인의 내적 원인이 아닌 외적요인으로 인해 학업에 집중하지 못할 만큼의 뚜렷한 이유가 있을 경우에는 학습장애로 선정하지 않음

둘째, 학습장애의 판별이 늦게 이루어진다. 학습장애의 선정 준거 중 하나가 학업 저성취인데, 이는 초등학교 2~3학년이 지나야 판별이 이루어질 수 있다. 학습장애의 판별이 이루어지는 시기에는 이미 상당한 수준의 학습결손이 발생했을 가능성이 높다. 또한 학업저성취로 인한 스트레스로 심리적 · 정서적인 문제에 노출된 경우도 많이 발생한다. 그러므로 조기 진단을 위한 노력이 필요하다.

셋째, 우리나라는 학습장애가 「장애인복지법」상 등록가능한 장애가 아니어서 필

요한 지원이 적절히 이루어지기 어렵다. 학습장애는 일생에 거쳐 나타나는 문제이기 때문에 성인기에도 지원이 필요하다. 예를 들어, 난독증([글상자 3-13] 참조)과 같이 읽기장애가 있는 경우 지필시험에 심각한 어려움이 있음에도 불구하고 이에 대한 어떤 지원도 이루어지지 않는다. 학교에서는 특수교육대상자로 지정되어 일정한 지원을 받을 수 있지만 이것도 한계가 많다. 학습장애학생에게 가장 필요한 '평가지원' 특히 대학수학능력시험과 같은 시험에서 시험시간 연장, 읽기 보조도구, 구두시험 등의 대안적 평가 지원이 필요하지만 법적 근거가 명확하지 않아 쉽게 이루어지기 어렵다.

[글상자 3-13]

난독증

난독증은 신경학적 원인에 의한 읽기장애다. 난독증은 글자 인지와 소리 내기 사이의 처리, 글자를 인지해서 빨리 읽어 내기, 철자 쓰기, 머릿속에 떠오르는 단어를 소리 내어 말하기, 단어 발음하기 등의 과제를 수행하는 데 어려움을 보인다. 사람마다 문제는 조금씩 다를 수 있다. 난독증은 환경적 원인과 유전적 원인을 모두 포함한다. 난독증은 언어처리(language processing)문제와 단어 지각(visual processing)문제의 두 가지 유형이 있다. 지능의 손상과는 무관하고 인지처리의 문제라고 알려져 있다.

국립특수교육원(2001)에 따르면, 당시 학습장애 아동의 출현율은 전체 아동 중 1.17%로 전체 장애아동 중 43.17%에 해당했다. 이 중 읽기장애는 0.23%, 쓰기장애는 0.07%, 수학장애는 0.18%, 중복장애는 0.69%였다.

학습장애의 출현율에 비하여 실제 특수교육대상자로 선정되어 지원을 받고 있는 학생은 매우 적은 실정이다. 매년 발간되는 특수교육 연차보고서를 보면 특수교육대상자 중 약 2% 정도만이 학습장애학생이다. 다른 나라의 경우 전체 장애학생 중 학습장애가 약 30~40%의 출현율을 보이는데, 우리나라의 경우에는 약 2% 정도만이 서비스를 받고 있는 것이다.

[학습활동 3-2]

1. [글상자 3-14]를 읽고, 우리나라와 미국의 학습장애학생의 비율 차이가 나타나는 이유를 추론해 보시오.

　[글상자 3-14]

미국의 학습장애 비율

매년 나오는 「IDEA」에 관한 미국 의회 연차보고서(Annual Report to Congress on the Implementation of the Individual with Disabilities Education Act)에 따르면, 만 6~21세의 특수교육대상자는 최근 10년 동안 같은 연령의 전체 인구 대비 약 8.2%에서 8.8% 정도로 분포하며, 학습장애(specific learning disability)학생은 같은 연령의 전체 인구의 약 3.4%에서 4.0%정도를 차지한다. 즉, 특수교육대상자의 약 40% 이상은 학습장애라는 뜻이며, 전체 특수교육대상자 중 가장 높은 비율을 차지한다.

2. 특수교육대상자의 분포 특성이 특수교육 정책이나 실제에 미치는 영향에 대하여 논의해 보시오.

2) 통합교육을 위한 지원

학습장애학생의 교육적 지원은 과거에는 학습 기본 기술을 강조하였으나 지금은 학생의 장애와 관련하여 학생의 교육적 요구에 적합하게 교수목표, 방법, 자료 등을 수정하는 것을 강조하고 있다. 학습장애학생을 효과적으로 교육하기 위한 전략은 크게 직접 교수법, 전략 교수, 학습 기술 교수로 나눌 수 있다(Polloway, Patton, & Serna, 2008). 이에 대한 내용은 이 책의 12장(기초학력부진학생 진단과 지도)에서 상세히 다루었으므로 그 장을 참고하기 바란다.

통합학급에서는 학습능력의 차이를 고려하여 학교에서 배우는 내용을 실생활과 연결시킬 수 있도록 실제적 활동(authentic activities)에 참여할 기회를 많이 제공해야 한다. 학습장애학생의 통합을 위해 교사는 다음과 같은 점을 기억해 두도록 한다(Peterson & Hittie, 2003).

첫째, 학습곤란이 있는 아동에게도 '창의적 학습자'라는 긍정적 기대를 가져야 한다. 중요한 것은 학습곤란이 있는 아동도 학습할 능력이 있고 또 하려는 의지가 있다고 믿어야 한다는 것이다. 또한 모든 학생은 서로 다른 방식으로, 서로 다른 속도로, 서로 다른 지능으로 학습한다는 것도 기억해야 한다.

둘째, 아동의 장점과 흥미를 바탕으로 실제적 학습(authentic learning)을 제공해야 한다. 학습곤란이 있는 학생은 종종 다른 지능에 강한 면이 있다. 아동에 따라 예술적 재능이 있기도 하고, 건축 또는 자동차에 재능이 있기도 하며, 사회성이 좋은 경우도 있다. 따라서 수업에서는 이러한 아동 각각의 장점을 살릴 수 있는 기회를 제공해야 한다. 이를 위해서는 활동 중심 학습이 이루어져야 하며, 학생들의 다중지능이 수업에서 발휘될 수 있도록 교사가 기회를 만들어야 한다. 학습곤란이 있는 아동은 언어 또는 수학 영역보다는 감각 또는 음악, 신체 활동, 컴퓨터 등과 같은 다른 학습 영역에서 뛰어난 경우가 종종 있다(Gardner, 1993).

셋째, 학습내용의 제시에 대안적인 형태를 도입하고, 학습한 결과를 평가하는 방식도 다양화해야 한다. 학습내용의 제시는 학생이 가진 어려움에 부담감을 주기보다는 다양한 경로를 통해 학습할 수 있게 해야 한다. 예를 들어, 한 학생이 읽기에 부담감을 느낄 경우 오디오나 비디오로 학습내용을 제공할 수 있고, 과제를 제출하는 방식도 다르게 할 수 있다. 가령 쓰기에 흥미가 없는 아동의 경우는 오디오로 녹음해서 제출하도록 할 수 있다.

넷째, 학습과 향상에 대해 피드백을 제공한다. 모든 아동은 학습과 관련된 지속적 피드백이 필요하다. 학생들이 스스로 자신을 감독하고 평가할 수 있도록 가르쳐야 하며, 또래에게서 피드백을 획득하는 법도 가르쳐야 한다(Graves, 1994; Sternberg & Grigorenko, 2003; Vaughn, Bos, & Schumm, 1997).

다섯째, 사회적·정서적 지원을 해야 한다. 학습곤란이 있는 아동은 종종 그들이 소외된다는 느낌을 받을 때 좌절감을 느낀다. 교사가 아동의 부모에게 부정적인 말을 전했을 때는 그것이 다시 학생에게 압박감으로 전달된다. 교사가 학습에 대한 적절한 대안적 방법을 사용하여 다양한 수준에서 학습에 참여할 수 있도록 하면 학생의 불안은 감소된다.

5. 의사소통장애

1) 개념 및 정의

사회적 관계는 의사소통을 매개로 이루어지기 때문에 의사소통은 사회적 생존에서 필수적인 요소로 인식된다. 의사소통은 비언어적 요소들을 통해서 이루어지기도 하지만 말(speech)과 언어(language)가 의사소통의 주된 수단이다. 의사소통장애는 대체로 말과 언어 사용에 심각한 어려움을 겪는 상태를 의미한다.

아동의 말과 언어 능력은 크게 네 가지 유형으로 나뉜다. 첫째, 교육적·사회적 필요를 충족시키기 위한 적절한 말과 언어를 지닌 아동, 둘째, 잘못된 말을 사용하거나 언어 기술이 미숙하지만 성장함에 따라 스스로 교정하는 아동, 셋째, 언어적 자극이 필요한 아동, 넷째, 언어병리학적인 치료를 필요로 하는 좀 더 심각한 결함을 지닌 아동이다(이소현, 박은혜, 2011). 대체로 의사소통장애는 세 번째와 네 번째 유형에 해당하는 아동들 중 체계적인 언어교육에도 불구하고 쉽게 좋아지지 않는 경우다. [글상자 3-15]는 우리나라 「장애인 등에 대한 특수교육법」의 의사소통장애 정의를 보여 준다.

[글상자 3-15]

「장애인 등에 대한 특수교육법」의 의사소통장애 정의
• 언어의 수용 및 표현능력이 인지능력에 비하여 현저하게 부족한 사람
• 조음능력이 현저히 부족하여 의사소통이 어려운 사람
• 말 유창성이 현저히 부족하여 의사소통이 어려운 사람
• 기능적 음성장애가 있어 의사소통이 어려운 사람 중 하나에 해당하는 사람

「장애인 등에 대한 특수교육법」에서는 의사소통장애를 언어치료적 관점에서 첫째, 특정할 수 없는 이유로 의사소통에 문제가 있는 단순언어장애, 둘째, 발음의 문제로 인한 조음장애(articulation disorders), 셋째, 유창성장애(fluency disorders), 넷

째, 음성장애로 정의하였다. 언어치료적 관점은 치료가 필요한 문제 영역 중심으로 구분한 것이다.

Leonard(2000)는 단순언어장애가 너무 포괄적이라고 하며 진단을 위해 다음과 같은 준거를 제시하였다. 첫째, 단순언어장애는 우선 표준화된 언어검사에서 −1.25 표준편차 이하의 수행력을 보이고 또래와의 사회생활에 어려움을 보여야 한다. 이때 언어검사는 여러 언어 하위 영역을 포괄적으로 검사하는 종합적인 것이어야 한다. 둘째, 비언어성 지능이 85 이상으로 정상 범주여야 한다. 셋째, 청력이 정상이어야 하고 진단 시 심각한 중이염이 없어야 한다. 넷째, 뇌전증(간질), 뇌성마비, 뇌손상 등의 신경적 이상이 없어야 한다. 다섯째, 구강구조가 정상이고 말 운동 능력이 정상 범위에 있어야 한다. 여섯째, 사회적 상호작용에서 심각한 이상이나 장애가 없어야 한다. 단순언어장애는 아동의 문제가 발음 등의 기능적 문제가 아니라 '언어적(communicative)'인 것임을 강조하고 있다.

조음장애는 후천적인 뇌손상으로 인하여 근육의 마비나 약화 현상이 없이 조음 기관의 위치를 프로그래밍하는 데, 그리고 일련의 조음 운동(sequential movements)을 체계적으로 수행하는 데 어려움을 보이는 장애다(이승환 외, 2001). 즉, 말을 할 때 성대가 언제나 열려야 하며, 혀, 입술, 턱 등의 위치 및 모양은 어떻게 지정되어야 하는지에 대한 프로그램이 선행되어야 하는데 이런 활동이 원활하게 이루어지지 않는 경우다.

유창성 장애에는 말더듬과 말빠름증이 있다. 말더듬이란 계속되는 말이 비정상적으로 자주 끊어지거나, 말 속도가 불규칙하거나, 말을 할 때 불필요한 노력이 들어가는 것을 말한다. Van Riper(1982)는 말더듬을 '말의 전진적인 진행에서 운동신경적인 문제로 인하여 말소리, 음절 또는 낱말의 산출이 방해를 받는 것'이라고 정의하였다. 즉, 말더듬은 소리나 음절의 반복, 소리의 연장, 소리의 막힘 등으로 인하여 말의 흐름이 순조롭지 않은 현상이다.

말빠름증은 말의 속도가 너무 빨라서 생기는 장애로 종종 사고에 심각한 영향을 미치기도 한다. 말의 리듬이 불규칙하여 발음이 엉키는 듯하고 강세나 높낮이가 없이 단조로운 어조로 말하는 것이 특징이다. 조음장애를 동반하는 경우가 많아, 말빠름증을 보이는 사람은 종종 말소리 위치 바꿈의 실수를 보이기도 한다. 예를 들면, '오늘 날씨가 매우 좋아요'를 '오늘 맬씨가 나우 좋아요'로 말하는 것이다. 이 분야의 연구자들 중에는 말빠름의 원인을 중추언어의 불균형으로 보는 사람이 많다 (Hegde, 1995).

음성장애는 성대, 호흡기관 및 말소리길의 구조적 또는 기능적 이상으로 인해 소리 높낮이(pitch), 크기, 음성의 질의 변화를 초래하는 장애다(Boone & McFarlane, 2000; Ramig & Verdolini, 1998). 음성장애의 주요한 증상은 목쉰 소리, 성대피로, 기식화된 소리, 발성폭의 축소, 무성증, 높낮이 일탈 또는 부적절하게 높은 소리, 쥐어짜는 소리, 떨림 등이다(Colton, Casper, & Hillano, 1990).

다른 장애에 비해 의사소통장애는 판별 준거가 다양하다. 예를 들어, 우리나라는 구강근육의 사용과 같은 말의 기능적 측면을 의사소통장애를 판별하는 핵심 기준으로 제시한 반면에 다양한 언어를 공용어로 사용하는 나라들은 의사소통장애를 판별하는 기준에 소통의 질을 포함하기도 한다. 미국 말·언어·청각협회는 의사소통장애를 "개념 또는 구어, 비구어 및 그래픽 상징체계를 수용하고 전달하고 처리하는 능력의 결함"(ASHA, 1993)이라고 정의하고 있다. 이 정의에서는 말의 기능적 측면보다는 '소통'의 측면을 강조하고 있다. DSM-5도 의사소통장애 진단기준을 제시하는데, 우리나라의 의사소통장애와 비슷하지만 '사회적 의사소통 장애'를 더 포함한다. DSM-5는 의사소통장애를 언어장애, 말소리장애, 유아기 이전 출현하는 유창성장애(말더듬), 사회적(화용) 의사소통장애, 단순의사소통장애로 나누어서 각각의 유형마다 진단기준을 자세히 제시한다. 여기서는 [글상자 3-16]에서 각 유형에 대한 개념만 소개한다. 더 자세한 내용은 DSM-5를 찾아보기 바란다.

[글상자 3-16]

DSM-5의 의사소통장애 정의

의사소통장애(communication disorders)의 진단기준은 '언어장애(language disorders)' '음성장애(speech sound disorder)' '유아기 이전 발생한 유창성장애: 말더듬(childhood-onset fluency disorder: stuttering)' '사회적(화용) 의사소통장애(social (pragmatic) communication disorder) 그리고 단순의사소통장애(unspecified communication disorder)를 포함한다.

- 언어장애: 언어장애의 진단기준은 언어의 이해나 생성의 결함 때문에 여러 양상(말하기, 쓰기, 수화 등)의 언어 습득과 사용에 지속적인 어려움을 보이며, 언어능력이 또래에 비하여 실질적으로, 양적으로 현저히 떨어지는 것을 포함한다.
- 음성장애: 음성장애의 진단기준은 음성의 생성에 있어서의 지속적인 어려움이 말의 명료성을 방해하거나 메시지의 구어적 의사소통을 방해하는 것을 포함한다.
- 유아기 이전 발생한 유창성장애(말더듬): 유아기 이전 발생한 유창성장애 진단기준은 정상적인 유창성에 현저히 못 미치거나 소리 내기에 걸리는 시간이 너무 길거나, 분절된 단어 형태로 소리를 내는 등의 문제가 지속적으로 나타나고 이런 문제가 말하기에 불안을 초래하고 효과적인 의사소통, 사회참여, 학업 또는 작업수행을 방해하는 것을 포함한다.
- 사회적(화용) 의사소통 장애: 사회적(화용) 의사소통장애는 DSM-5에서 처음 제시되었다. 이 장애의 진단기준은 구어적 또는 비구어적 의사소통의 사회적 활용에서 지속적인 어려움을 보인다. 예를 들면, 인사 및 정보 공유와 같은 사회적 목적을 위한 의사소통을 사회적 맥락에 적절한 방법으로 하는 데 있어 문제를 보이거나, 상황에 따라 말하기(예: 운동장과는 다르게 교실에서 말하기, 어른과는 다르게 아이에게 말하기, 맥락이나 청자의 욕구를 충족시키기 위하여 말을 바꾸는 능력에서의 손상, 대화 및 이야기하기의 규칙 따르기에서의 손상 등) 등에서 지속적인 문제를 보인다. 자폐성장애 아동 중에 사회적 의사소통의 문제를 보이는 아동은 사회적 의사소통장애로 진단하지 않고 자폐성장애로 진단한다.

　　의사소통장애를 판별할 때 다른 장애로 인한 의사소통문제는 제외한다. 지적장애, 자폐성장애, 청각장애 등은 언어학습에 영향을 미치고 이로 인하여 일정 수준의 의사소통의 문제를 보이는 경우가 있다. 의사소통장애는 다른 장애와 관련 없이 나타나는 의사소통문제를 의미한다.

　　우리나라 특수교육대상자 중 의사소통장애학생은 지난 10여 년 동안 2.3~2.4% 정도를 유지하고 있다. 미국의 경우는 12~13%의 아동이 의사소통장애를 나타낸다고 보고하고 있고(Hedge & Maul, 2006), 지적장애아동과 자폐성장애아동을 포함하면 약 26%정도가 의사소통문제를 가지고 있다고 추정한다(Owns, Metz, & Haas, 2006).

2) 통합교육을 위한 지원

의사소통장애를 가진 아동은 전문적인 언어치료사의 도움을 받는 경우가 많다. 이런 경우 언어치료사와의 공동협력은 일반교사의 가장 중요한 과제다. 이외에도 교사가 의사소통장애 아동의 통합교육을 위해 할 수 있는 지원으로는 다음과 같은 것이 있다.

(1) 교사와의 의사소통

원활한 의사소통을 위하여 먼저 교사는 꾸준한 대화로 아동의 말을 잘 알아듣도록 훈련해야 한다. 발음이 부정확하거나 소리의 고저가 없어서 교사가 아동의 말을 잘 알아듣기 힘든 경우가 있는데, 주의를 기울여서 아동이 내는 소리의 특징에 익숙해지면 훨씬 원활하게 아동의 말을 이해할 수 있다. 이때 교사가 알아듣기 힘들다고 아동의 말을 중간에서 자르거나 아동의 말에 익숙한 친구를 중간에 두고 이야기하는 것은 아동의 언어학습에 좋지 않을 뿐더러 아동의 자아개념을 손상시킬 수도 있다. 자리 배치 등도 신경을 써서 아동의 말을 잘 알아들을 수 있는 자리에 앉히는 것이 좋다.

(2) 정서적 지원

아동은 조음장애, 음성장애, 유창성장애 등으로 인하여 다른 아이들의 놀림의 대상이 되는 경우가 있다. 아동이 말을 하는 데 자신감을 상실하여 소극적인 성격이 되거나 학급 활동에 참여하기를 꺼리게 될 수도 있다. 이 경우 교사가 아동의 문제를 충분히 이해한다는 태도를 보이는 것이 중요하며, 다른 아동에게도 언어장애에 관해 알도록 하여 사전에 문제를 예방해야 한다.

(3) 의사소통지원

말 또는 글을 사용하지 못하거나 이해하지 못하는 학생을 위해서는 말이나 글을 대체할 수 있는 방법을 지원할 수 있다. 이를 보완·대체 의사소통(Augmentative and Alternative Communication: AAC)지원이라 한다([글상자 3-17] 참조).

[글상자 3-17]

보완·대체 의사소통지원

　　보완 · 대체 의사소통지원은 말 또는 글을 잘 사용하지 못하거나 이해하지 못하는 사람들을 위해 말이나 글을 대체할 수 있는 다양한 방법을 사용하여 의사소통을 돕는 방법을 의미하는 포괄적인 용어다. 보완 · 대체 의사소통은 의사소통장애인뿐 아니라 지적장애인, 자폐성장애인, 지체장애인 등에게도 광범위하게 활용할 수 있다.

　　보완 · 대체 의사소통은 초기에는 수화나 그림카드와 같은 음성을 대신하는 상징체계를 주로 활용했으나 최근에는 기술의 발달로 컴퓨터에 기반한 의사소통도구도 많이 개발되었다. 유명한 영국의 물리학자 스티븐 호킹(1942~2018)은 기관지 절제 수술을 받은 후 음성을 상실하여 얼굴의 움직임을 이용하여 문장을 만들어 말로 전달하는 장치를 써서 의사소통을 했는데, 그가 사용한 장치도 보완 · 대체 의사소통의 일종이다.

　　최근에는 스마트형 보완 · 대체 의사소통기구가 개발되어 보급되고 있다. 우리나라도 삼성전자에서 최근 개발하여 심사를 거쳐 무료로 보급하고 있으며, 기구의 활용을 높이기 위해 교육도 병행하고 있다.

적용문제

1. 「장애인복지법」의 '정신지체'라는 용어가 최근 '지적장애'로 바뀌었다. 이런 용어의 변화가 갖는 의미는 무엇인지 토론해 보시오.
2. 학습부진과 학습장애는 어떻게 다른지, 어떻게 구분할 수 있는지 관련 자료를 찾아보고 토론해 보시오.

참고문헌

강수균, 이재욱, 이효신, 전헌선(1999). 자폐아 언어 치료. 대구: 대구대학교 출판부.

교육과학기술부(2010). 특수교육 연차보고서. www.mest.go.kr

국립특수교육원(2001). 특수교육 요구아동 출현율 조사 연구. 경기: 국립특수교육원.

국립특수교육원(2007). 특수교육요구아동 출현율 조사연구. 경기: 국립특수교육원.

국립특수교육원(2009). 특수교육 대상 아동 선별 검사 개발: 특수교육 실태 조사를 위한. 경기: 국립특수교육원.

김홍주, 서용윤, 강수균(1996). **특수교육학개론**. 서울: 교육출판사.

민천식(2003). 정신지체 정의에 대한 1992년 체계의 비판, 그리고 2002년 체계의 특징과 함의. 특수교육저널: 이론과 실제, 4(3), 39-56.

박승희, 김수연, 장혜성, 나수현(2011). **지적장애; 정의, 분류 및 지원체계**. 경기: 교육과학사.

박진희(2013). 학령기 의사소통장애 및 언어치료에 대한 초등학교 교사들의 인식. 대구대학교 재활과학대학원 석사학위 논문.

이선희(2001). 잔존능력계발이 뇌성마비 지체부자유아의 긍정적 자아개념형성에 미치는 영향. KRF 연구결과 논문. 서울: 한국특수교육총연합회.

이소현, 박은혜(2011). **특수아동교육(3판)**. 서울: 학지사.

이승환, 배소영, 심현섭, 김영태, 김향희, 신문자, 한재순, 김진숙, 이정학(2001). **의사소통장애개론**. 서울: 하나의학사.

정동영, 김득영, 김종인, 김주영(2000). **특수교육비전 2020**. 경기: 국립특수교육원.

American Psychiatric Association. (2013). *Diagnostic and Statistical Manual of Mental Disorders: DSM-5* (5th ed.). Washington, D.C: American Psychiatric Association.

American Speech-Language Hearing Association(ASHA). (1993). Definitions of communication disorders and variation. *ASHA*, *35*(Suppl 10), 40-41.

Berdine, W. H., & Blackhurst A. E. (Eds.). (1985). *An Introduction to Special Education*. Boston, MA: Little, Brown.

Berk, L. E., & Winsler, A. (1995). Scaffolding children's learning: Vygotsky and early childhood education. *NAEYC Research and Practice Series (Vol. 7)*. Washington, D.C.: National Association for the Education of Young Children.

Boone, R. B., & McFarlane, S. C. (2000). The Voice and Voice Therapy (6th ed.). Boston, MA: Allyn & Bacon.

Colton, R. H., Casper, J. K., & Hillano, M. (1990). *Understanding Voice Problems: A Physiological Perspective for Diagnosis and Treatment*. Baltimore, MD: Williams & Wilkins.

Feuerstein, R. (1990). The theory of structural modifiability. In B. Presseisen (Ed.), *Learning and Thinking Styles: Classroom Interaction*. Washington, D.C.: National Education Associations.

Feuerstein, R., Feuerstein, R. S., Falik, L., & Rand, Y. (2002). *The Dynamic Assessment of Cognitive Modifiability: The Learning Propensity Assessment Device: Theory Instruments and Techniques.* Jerusalem: ICELP Publications.

Finlay, W. M. L., & Lyons, E. (2005). Rejecting the label: A social constructionist analysis. *Mental Retardation, 43*(1), 120-134.

Fletcher, J. M., Lyon, G. R., Fuchs, L. S., & Barnes, M. A. (2007). *Learning Disabilities: From Identification to Intervention.* New York: Guilford Press.

Forness, S. R., & Kavale, K. A. (1996). Treating social skill deficits in children with learning disabilities: A meta-analysis of the research. *Learning Disability Quarterly, 19*(1), 2-13.

Gagné, F. (2000). Understanding the complex choreography of talent development through DMGT-based analysis. In L. A. Heller, F. J. Mönks, R. J. Sternberg, & R. F. Subotnik (Eds.), *International Handbook of Giftedness and Talent* (2nd ed., pp. 67-79). New York: Elsevier.

Gardner, H. (1993). *Multiple Intelligence* (2nd ed.). New York: Basic Books.

Gargrulo, R. M. (2003). *Special Education in Contemporary Society: An Introduction to Exceptionality.* Belmont, CA: Wadsworth.

Graves, D. H. (1994). Writing workshop: Be a better writing teacher. *Instructor, 104*(4), 43-45, 71.

Grossman, H. J. (1983). *Classification in Mental Retardation* (Rev. ed.). Washington, D.C.: American Association on Mental Retardation.

Herber, R. F. (1959). A manual on terminology and classification in mental retardation. Monograph Supplement, *American Journal of Mental Deficiency, 64*(2), 1-111.

Hayden, M. F., & Nelis, T. (2002). Self-advocacy. In R. L. Schalock, P. C. Baker, & M. D. Croser (Eds.), *Embarking on a New Century: Mental Retardation at the End of the 20th Century* (pp. 221-234). Washington, D.C: American Association on Mental Retardation.

Hegde, M. N. (1995). *Clinical Research in Communicative Disorders: Principles and Strategies* (2nd ed.). New York: Pro-ed.

Hegde, M. N., & Maul, C. A. (2006). *Language Disorders in Children: An Evidence-Based Approach to Assessment and Treatment.* Boston, MA: Allyn & Bacon.

Herber, R. (1961). *A Manual on Terminology and Classification on Mental Retardation* (Rev. ed.). Washington, D.C.: American Association on Mental Deficiency.

Hyltenstam, K. (2016). *Advanced Proficiency and Exceptional Ability in Second Languages*

(p. 258). Berlin: Walter de Gruyter GmbH & Co KG.

Kirk, S. A. (1963). Behavioral diagnosis and remediation of learning disabilities. *Proceedings of the Conference on Exploration into the Problems of the Perceptually Handicapped Child* (First Annual Meeting, Vol. 1, pp. 2-3). Chicago, IL: Perceptually Handicapped Children.

Leonard, L. B. (1995). Functional categories in the grammars of children with specific language impairment. *Journal of Speech and Hearing Research*, *38*(6), 1270-1283.

Leonard, L. B. (2000). *Children with Specific Language Impairment (Language, Speech, and Communication)*. Boston, MA: MIT press.

Luckasson, R. et al. (1996). The 1992 AAMR definition and preschool children: Response from the committee on terminology and classification. *Mental Retardation*, *34*(4), 247-253.

Luckasson, R., Borthwick-Duffy, S., Buntinx, W. H. E., Coulter, D. L., Craig, E. M., Reeve, A., Spreat, S., & Tasst, M. J. (2002). *Mental Retardation: Definition, Classification and Systems of Supports* (10th ed.). Washington, D.C: American Association on Mental Retardation.

Luckasson, R., & Reeve, A. (2001). Naming, defining, and classifying in mental retardation. *Mental Retardation*, *39*(1), 47-52.

Mather, N., & Gregg, N. (2006). Specific learning disabilities: Clarifying, not eliminating, a construct. *Professional Psychology: Research and Practice*, *37*(1), 99-106.

National Joint Committee on Learning Disabilities. (1994). Learning disabilities: Issues on definition. *Collective Perspectives on Issues Affecting Learning Disabilities: Position Papers and Statements* (pp. 61-66). Austin, TX: Pro-Ed.

Oakes, J. (1985). *Keeping Track: How Schools Structure Inequality*. New Haven, CT: Yale University Press.

OECD (2000). *Special Needs Education: Statistics and Indicators*. Paris: OECD publisher.

Ormrod, J. E. (2006). Commentary: Similarities and differences among educational psychology textbooks-An author's perspective. *Teaching Educational Psychology*, *1*(3), 78-79.

Owens, R. E., Metz, D. E., & Haas, A. (2006). *Introduction to Communication Disorders: A Lifespan Evidence-Based Perspective* (3rd ed.). Boston, MA: Allyn & Bacon.

Peterson, J. M., & Hittie, M. M. (2003). *Inclusive Teaching: Creating Effective Schools for*

All Learners. Longwood, FL: Allyn & Bacon.

Polloway, E. A., Patton, J. R., & Serna, L. (2008). *Strategies for Teaching Learners with Special Needs*. Upper Saddle River, NJ: Pearson Merrill Prentice Hall.

Ramig, L. O., & Verdolini, K. (1998). Treatment efficacy: Voice disorders. *Journal of Speech and Hearing Research, 41*(1), S101–S116.

Rapley, M. (2004). *The Social Construction of Intellectual Disability*. Cambridge, UK: Cambridge University Press.

Sapon-Shevin, M. (1994). Cooperative learning and middle schools: What would it take to really do it right? *Theory into Practice, 33*(3), 183–190.

Schalock, R. L., Borthwick-Duffy, S., Bradley, V., Buntinx, W. H. E., Coulter, D. L., Craig, E. M., Gomez, S. C., Lachapelle, Y., Luckasson, R., Reeve, A., Shogren, K. A., Snell, M. E., Spreat, S., Tasse, M. J., Thompson, J. R., Verdugo-Alonso, M. A., Wehmeyer, M. L., & Yeager, M. H. (2010). *Intellectual Disability: Definition, Classification, and Systems of Supports* (11th ed.). Washington, D.C.: American Association on Intellectual and Developmental Disabilities.

Schalock, R. L., Luckasson, R. A., Shogren, K. A., Borthwick-Duffy, S., Bradley, V., Buntinx, W. H. E., Coulert, D. L., Craig, E. M., Gomez, S. C., Lachapelle, Y., Reeve, A., Snell, M. E., Spreat, S., Tassé, M. J., Thompson, J. R., Verdugo, M. A., Wehmeyer, M. L., & Yeager, M. H. (2007). The renaming of mental retardation: Understanding the change to the term intellectual disability. *Intellectual and Developmental Disabilities, 45*(2), 116–124.

Shores, C., & Chester, K. (2009). *Using RTI for school improvement: Raising every student's achievement scores*. Thousand Oaks, CA: Corwin Press.

Smith, T. E., Polloway, E. A., Patton, J. R., & Dowdy, C. A. (2007). *Teaching Students with Special Needs in Inclusive Settings* (5th ed.). Longwood, FL: Allyn & Bacon.

Snell, M. E., Luckasson, R., Borthwick-Duffy, S., Bradley, V., Buntinx, W. H., Coulter, D. L., & Yeager, M. H. (2009). Characteristics and needs of people with intellectual disability who have higher IQs. *Intellectual and Developmental Disabilities, 47*(3), 220–233.

Spear-Swerling, L., & Sternberg, R. J. (1998). Curing our "epidemic" of learning disabilities. *Phi Delta Kappan, 79*(5), 397–401.

Sternberg, R. J., & Grigorenko, E. L. (2003). Teaching for successful intelligence:

Principles, procedures, and practice. *Journal for the Education of the Gifted, 27*(2-3), 207-228.

U.S. Department of Education. (2017). The 39th Annual Report to Congress on the Implementation of the Individual with Disabilities Education Act(IDEA), 2017.

Van Riper, C. (1982). *The Nature of Stuttering*. Englewood Cliffs, NJ: Prentice-Hall.

Vaughn, S., Bos, C. S., & Schumm, J. S. (1997). *Teaching Mainstreamed, Diverse, and At-Risk Students in the General Education Classroom: Examination Copy*. (ED411650) Boston, MA: Allyn & Bacon.

Vaughn, S., & Fuchs, L. S. (2003). Redefining learning disabilities as inadequate response to instruction: The promise and potential problems. *Learning Disabilities: Research & Practice, 18*(3), 137-146.

Vygotsky, L. S., Cole, M., John-Steiner, V., & Scribner, S. (1978). *Mind in Society: The Development of Higher Psychological Processes*. Cambridge, MA: Harvard University Press.

Wheelock, A. (1992). The case for untracking. *Educational Leadership, 50*(2), 6-10.

WHO. (2011). World Report on Disability. www.who.int/disabilities/world-report.

WHO. (2013). *How to Use the ICF: A Practical Manual for Using the International Classification of Functioning, Disability and Health (ICF)*. Geneva: WHO.

참고 사이트

교육과학기술부(www.mest.go.kr).

미국「장애인교육법」(http://idea.ed.gov).

학습장애(www.ldonline.org).

AAIDD(www.aaidd.org).

제**4**장

정서·행동장애, 자폐성장애 및 주의력결핍과잉행동장애

주요 용어

　• 정서 · 행동장애
　• 자폐성장애
　• 주의력결핍과잉행동장애

아들 상윤 씨는 키 185cm의 훤칠하고 건장한 26세의 청년으로, 자폐성장애로는 증세가 가벼운 쪽에 속하는 3급의 소위 말하는 '고기능자폐인'이다. 초, 중, 고교는 특수학급이 있는 일반학교에 다녔고, 고등학교를 마친 후 '원당종합사회복지관' 산하의 발달장애인들을 위한 성인기 전환교육 프로그램인 '무지개 대학'에 다니면서 사회적응과 직업훈련을 받았다. 지금 상윤 씨는 치열한 경쟁을 뚫고 장애인 표준사업장인 '베어 베터'에 취직한 지 1년 반 된 어엿한 직장인으로 주 5일, 일일 4시간 오후 근무를 하며 배송을 담당한다.

혼자서 버스와 지하철을 이용하여 학교와 직장에도 다니고, 경기 일대와 서울 근교까지 찾아다닐 수 있는데 먼 길을 갈라치면 때 맞춰 밥도 혼자 사 먹는다. 머리가 길면 미장원에 가서 퍼머와 커트도 하고, 수퍼마켓에서 물건을 살 때 '만 원'의 가치를 알고 간단한 돈 계산은 암산으로 가능하며, 갖고 있는 돈에 맞춰 모자라지 않게 쓰는 일이 가능해졌다. 물론 한 단계 한 단계 15년 가까이 걸려 훈련을 하고 연습을 한 결과가 모여 가능해진 일이다.

두 돌 무렵, 상윤이는 아기 때 하던 옹알이 비슷한 소리를 내기 시작했는데 자세히 들어보니 '뚬바뚬바 뚬바뚬바'의 연속이었다. 말하는 투와 억양과 고저장단이 어찌나 흡사하던지 조금 떨어져서 억양만 들으면 그럴싸하게 말을 하는 듯했다. 동네 아이들은 '뚬바'거리는 상윤이가 신기한 듯 에워싸고, "아줌마, 얘는 미국에서 살다 왔어요, 아니면 중국말 해요?"라고 물었다. 아이가 자폐성장애를 갖고 태어난 사실을 상상조차 못하던 나는 동네 아이들의 말에 계면쩍어하면서도 "그러게 말이야, 특이하지?"라며 함께 웃곤 했다. 지금 생각하면 통곡을 해도 시원찮을 일인데 말이다.

가뭄에 콩 나듯 하나씩 단어가 늘었는데, '물'을 '미', '밥' '그네'를 '기네'라 하며 자신이 원하는 몇 가지의 말을 했으나 상대방의 말을 알아듣는 것 같지는 않았다. 또 한 가지 특이한 말버릇으로 '엄마' '아빠'라고 부르는 대신 '상윤 엄마' '상윤 아빠'라고 우리 부부를 불렀던 것……. 지금 돌이켜 보니 다른 사람들이 우리를 부르는 소리를 듣고 우리 부부의 이름이 각각 '상윤 엄마'와 '상윤 아빠'인 줄 알았던 것 같다. 이름을 불러도 아는 척을 안 할 때가 많았는데, 자신의 이름이 '상윤'이라는 사실도 잘 몰랐던 게 아니었을까 싶다.

아이가 35개월이 되었을 때 소아정신과에 가서 평가를 받아 보니 '수용언어'

(말을 알아듣는 일)는 거의 바닥 수준으로 검사 불가능권이었다. 자폐아동들 가운데 말을 알아듣지만 못하는 아이들도 있는 반면, 상윤이처럼 자기 요구를 몇 마디 표현하기는 해도 말을 알아듣는 기능이 현저히 떨어지는 아이들도 있다. 그러나 당시에는 병원 측에 언어치료를 해 달라고 부탁드려도 몇 마디 하는 말로 발화가 되니 상윤이에게는 언어치료가 필요 없다고 했다. 언어는 소통인데, 알아듣지 못하는 것은 왜 치료를 안 해도 되는지 너무 궁금했다. 최근에 아는 언어치료 선생님께 여쭤 보니 매우 미안해하시며 요즘 같으면 '발화'만을 목표로 삼지 않고 '소통'을 중심으로 넓은 의미의 언어치료를 할 수 있다고 하셨다.

자폐증을 가진 사람들이라면 빠짐없이 갖고 있는 특징이 은유적, 상징적 표현을 이해하지 못하여 말 그대로 해석하거나 행간의 의미를 읽지 못하는 것이다. 기르던 금붕어가 죽은 것을 본 후, 아이가 죽음에 대해 엄청난 공포심을 품은 적이 있었다. 어느 고단한 오후, 무심코 "아이고, 죽겠다!"라고 한 마디 뱉었더니 아들은 공포에 사로잡혀 "엄마, 절대로 죽으면 안 돼요. 우리 여기서 영원히 살아야 해요."라며 울고불고 난리를 피우는 것이었다. 내가 숨이 넘어가는 줄 알았나 보다. 아무리 설명을 해도 이해를 하지 못한 상윤이는 울다 지쳐 잠이 들었다.

그 후 나는 한 달 이상 수시로 '절대로 죽으면 안 된다'며 '영원히 살기'로 손가락을 걸어 약속하기를 강요당하며 아이에게 계속 설명해야 했다. '아이고, 죽겠다'는 '죽을 만큼 힘들다'는 뜻의 감탄사이며, '그 자리에서 죽는다'란 의미는 아니라고. 자폐아를 키우는 엄마는 마음대로 죽을 수도 없이 불멸의 존재여야 하나 보다.

아들이 초등학교 6학년이던 어느 날, 아이의 중학교 진학 문제로 마음이 너무 무거웠던 나는 사소한 일을 빌미로 삼아 남편에게 시비를 걸었다가 제법 큰 말다툼으로 번지게 되었다. 속이 상하여 훌쩍거리고 있었던 내게 슬며시 다가온 상윤이가 "엄마, 제가 위로해 드릴게요."라고 말하는 게 아닌가. 너무 놀라고 감동해서 "그래, 고마워."라고 했더니 내 손을 잡아 일으켰다. 다음 순간, 마주 섰던 아이의 양 손이 내 겨드랑이 속으로 쑥 들어오더니 내 몸을 끌어안아 살짝 들어 올리며 말했다. "엄마, 제가 위로 해드렸어요."라고.

아뿔싸! 그의 '위로'는 나의 몸을 '위로' 들어 올리는 것이었다. '위로'에 대한 아이의 오해는 진짜 '위로'가 되어 나의 우울함을 한꺼번에 날려 버렸다.

－남영/부모/한국자폐인사랑협회 운영위원/발달장애지원 전문가 포럼

※ 이 글은 〈함께웃는재단〉의 후원으로 작성되었습니다.

출처: http://www.thespecial.kr/?r=special&m=bbs&bid=living_with&uid=9748

1. 이 장의 취지

이 장에서는 정서·행동장애, 자폐성장애와 주의력결핍과잉행동장애에 대해서 살펴본다. 학생을 평가할 때 행동을 기준으로 '착석이 안 되는 학생' '폭력성이 높은 학생' 등으로 평가하는 경우가 종종 있는데, 수업을 방해하거나 다른 학생들에게 피해를 주는 등 집단생활에 영향을 미치는 행동은 그런 경향이 더욱 높다.

정서·행동장애학생, 자폐성장애학생, 주의력결핍과잉행동장애학생의 행동은 각각 고유의 원인과 표출방식이 있음에도 집단생활에 미치는 영향 때문에 비슷한 문제를 가진 학생으로 간주되는 경우가 종종 있다. 각각의 장애를 깊이 이해하면 행동의 본질적인 차이를 알 수 있으며 지원방식도 다를 수밖에 없다. 이 장만으로 이들 장애를 깊이 있게 다루기는 어렵지만 꼭 필요한 내용은 포함하려고 노력했다. 장애의 개념과 정의를 제시하고 통합학급에서의 지원 방향을 간단히 제시하며, 참고가 되는 내용을 [글상자]에 포함했다.

2. 정서 · 행동장애

1) 개념 및 정의

정서·행동문제와 정서·행동장애의 차이는 무엇인가? 정서·행동문제는 일상에서 많이 쓰는 용어이기 때문에 자주 언급되는 질문이다. 문제와 장애의 경계는 분명치는 않다. 장애가 있다, 없다로 구분하기는 어려우며, 문제의 심각성, 강도, 지속기간 등이 판별의 준거가 된다.

정서·행동장애는 정서장애, 행동장애, 정서·행동장애 등의 이름으로 불린다. 이 장애는 조현증, 공포증, 위축, 불안, 선택적 함구증, 공격, 반사회적 행동 그리고 기타 병리적인 증세와 같은 다양한 상태를 지칭하는 포괄적 용어로서 사용되어 왔다. 정서·행동장애와 비슷한 용어로는 정서적 부적응, 정신장애, 심리적 장애, 정신병리학이 있다. 이러한 용어의 다양성은 행동에 대한 개인적인 인내 정도의 편차,

전문가의 이론적 모델의 차이점, 정서적 문제와 관련된 용어의 차이, 행동에 대한 사회적 기대 등의 문제(방명애, 이효신 공역, 2013)가 복합적으로 작용하여 나타난 결과다. 우리나라 「장애인 등에 대한 특수교육법」에서는 정서 · 행동장애 용어를 채택하고 있으며, 이에 대한 정의는 [글상자 4-1]과 같다.

[글상자 4-1]

「장애인 등에 대한 특수교육법」에서의 정서 · 행동장애 정의

• 장기간에 걸쳐 다음 각 목차의 어느 하나에 해당하여 특별한 교육적 조치가 필요한 사람

① 지적 · 감각적 · 건강상의 이유로 설명할 수 없는 학습상의 어려움을 지닌 사람
② 또래나 교사와의 대인관계에 어려움이 있어 학습에 어려움을 겪는 사람
③ 일반적인 상황에서 부적절한 행동이나 감정을 나타내어 학습에 어려움이 있는 사람
④ 전반적인 불행감이나 우울증을 나타내어 학습에 어려움이 있는 사람
⑤ 학교나 개인문제에 관련된 신체적인 통증이나 공포를 나타내어 학습에 어려움이 있는 사람

우리나라(「장애인 등에 대한 특수교육법」)의 정의는 장애 정도에 대한 분류는 없다. 반면에 미국 「장애인교육법(IDEA)」에서는 심한 정서장애(serious emotional disturbance)라는 용어를 사용하고, 미국의 행동장애아동협회(Council for Children with Behavioral Disorders: CCBD, 1989)에서는 행동장애(behavioral disorder)라는 용어를 사용할 것을 제안하며, 미국의 국립 정신건강 및 특수교육 협의회(The National Mental Health and Special Education Coalition)에서는 정서 · 행동장애라는 용어를 사용할 것을 제안한다. 용어의 제안이 다양한 것은 그만큼 이 장애를 분명히 정의하기 어렵다는 반증이기도 하다. 다음의 [글상자 4-2]는 미국의 「장애인교육법」상(2004)의 정서장애 정의다.

[글상자 4-2]

미국「장애인교육법」(2004)상의 정서장애 정의

(i) 정서장애는 아래의 다섯 가지 특성 중 하나 또는 그 이상이 장기간에 걸쳐 현저한 정
도로 나타나되, 교육적 성취에 부정적 영향을 미치는 상태를 의미한다.

- 지적, 감각적 또는 건강상의 요인으로 설명할 수 없는 학습 무능력
- 또래 및 교사와 만족스러운 관계를 형성하거나 유지하지 못함
- 일반적인 상황에서 부적절한 행동이나 감정을 보임
- 항상 불행감과 우울감을 느낌
- 학교나 개인 문제와 관련된 정서적 장애 때문에 신체적인 증상, 통증, 공포가 나타
  나는 경향이 있음

(ii) 이 용어는 조현병은 포함하되, 정서장애로 판명되지 않은 사회부적응 아동은 포함되
지 않는다.

앞의 두 정의는 특수교육대상을 분류하기 위한 목적으로 만들어져서 판별의 준
거를 안내하려는 목적을 내포하고 있다. 두 정의가 공통적으로 제안하는 판별의 준
거는 '정서적 문제와 교육적 성취'다. 여기서 말하는 교육적 성취는 특정한 성취 수
준을 의미하는 것은 아니다. 정서적으로 안정된 상태에서 성취할 수 있는 수준에 비
하여 현저히 낮은 성취 수준을 의미하므로 개인마다 다를 수밖에 없다. 정서적으
로 불안정할 경우 학습에 몰입하는 것이 어렵기 때문에 정서문제는 학업성취에 부
정적으로 영향을 미칠 수밖에 없다. 간혹 정서문제가 있는데 학업성취가 높은 학생
들에 대하여 문제를 제기하는 경우가 있는데, 이론적으로는 '학습을 통제할 수 있을
정도면 장애로 판별할 정도로 심각하지는 않다.'라고 가정한다. 그러나 증상의 심각
성과 표출되는 양태는 개인별로 편차가 있기 때문에 검사, 관찰, 면담 등의 심도 있
는 과정을 통해 판별이 이루어져야 한다.

정서·행동장애는 특수교육의 맥락과는 다른 정신의학적 관점과 행동문제의 관
점에서도 다루어진다. 정신의학적 관점에서 정서·행동장애는 증상별로 미세하게
분류하고 있다. 우울장애, 불안장애, 강박 및 관련 장애, 외상 및 스트레스 관련 장
애, 급식 및 섭식장애, 배설장애 등이 그런 분류에 해당한다.

행동문제의 관점에서는 높은 상관관계를 맺고 있는 행동들끼리 묶어서 내재화(internalizing) 문제행동과 외현화(externalizing) 문제행동으로 분류한다. 내재화 문제행동은 염려, 공포, 자신에 관한 과잉통제, 감정의 과잉억제, 지나친 수줍음과 불안감 등의 정서적 문제가 내적으로 응집되어 일탈된 행동을 보이는 상태를 포괄하는 것이다. 외현화 문제행동은 공격, 과잉행동, 불복종, 성질부리기, 비행과 같이 품행문제가 주를 이루며, 겉으로 쉽게 문제행동이 드러난다. 같은 범주 안에 있는 문제행동은 같이 일어나는 경향이 높다. 행동문제의 관점에서는 모든 사람이 빈도와 강도에서 차이가 있을 뿐 모든 문제행동의 특성을 보일 수 있다. 〈표 4-1〉은 내재화 · 외현화 문제행동을 간략히 정리한 것이다. 외현화 문제행동은 쉽게 주의를 끄는 반면에 내재화 문제행동은 눈에 잘 띄지 않아서 판별과 지원이 늦게 이루어지는 경우가 있다. 특히 내재화 문제행동은 자기 자신을 고통스럽게 하는 측면이 있어서 고통을 견디기 어려운 지경이 되면 비극적인 선택을 하기도 한다.

정서 · 행동장애학생은 정신의학적 분류체계에서건 행동문제 분류체계에서건 단일한 문제만 보이는 경우는 드물다. 품행장애를 가진 학생이 우울증도 같이 갖고 있을 수도 있으며, 도벽을 보이는 학생이 공포증을 갖고 있을 수도 있다. 그러므로 정서 · 행동장애학생에 대한 지원은 문제행동에만 초점을 맞추면 효과가 제한적이며, 원인을 파악하려는 노력이 광범위하게 이루어져야 한다.

〈표 4-1〉 내재화 · 외현화 문제행동

내재화 문제행동	외현화 문제행동
• 부끄러움, 위축 • 열등감 • 자기-의식적, 과도하게 민감한 • 공포를 느끼는, 불안한 • 집단참여를 회피하는 • 슬픈, 우울한, 성마른 • 냉담한 • 정신이 팔린, 부주의한	• 일탈적인, 불복종적인 • 재산, 규칙, 다른 아동에 대한 공격성 • 과도한 관심의 요구 • 욕하는 • 다른 사람에 대한 불신, 비난 • 파괴적인 • 과잉행동적인 • 성질부리는 • 질투하는

출처: 방명애, 이효신 공역(2013), p. 42.

[학습활동 4-1]

　　미디어를 보면 우울증, 공포증, 심각한 폭력성을 포함한 품행장애 등 정서 · 행동문제를 가진 청소년의 이야기가 많이 등장한다. 그럼에도 불구하고 실제 정서 · 행동장애로 진단받는 학생은 매우 적다. 이유가 무엇이라고 생각하는지 토론해 보시오.

2) 통합교육을 위한 지원

　　정서 · 행동장애학생의 가장 핵심적인 문제는 행동과 관련이 있다. 정서 · 행동장애의 정의를 보면 알 수 있듯이 어떤 행동의 강도와 빈도가 극단적이기 때문에 단순 부적응학생보다는 중재하기가 어렵다. 정서 · 행동장애학생의 행동은 다른 사람과 적절한 관계 맺는 것을 방해하며, 학습에도 부정적인 영향을 미친다. 통합교육을 위한 가장 중요한 지원도 긍정적 행동을 학습하도록 도와주는 것이다. 이를 위해서 교사는 정서 · 행동장애학생의 행동문제를 잘 이해해야 한다.

　　통합교육 현장에서 정서 · 행동장애학생의 행동문제를 적절하게 다루기 위해서는 첫째, 개별화교육계획 안에 학생의 행동지도에 관한 내용을 포함해야 한다. 둘째, 문제행동을 없애는 것보다는 적절하고 바람직한 행동을 가르치는 것이 중요하다. 셋째, 적절하고 바람직한 행동을 가르치기 위해서는 학생이 처한 환경, 학생의 삶의 맥락에 대한 충분한 이해로부터 출발해야 한다. 행동문제에만 초점을 맞추기보다는 학생의 삶의 맥락을 통해서 그런 행동이 어떻게 형성되었는지 고려해야 한다. 예를 들면, 심각하게 폭력적인 학생의 경우 학생 자신이 폭력적인 환경에 노출되어 있는 경우가 있다. 이런 경우 학생에 대한 중재는 학생의 배경을 고려하여 계획되어야 효과적이다. 넷째, 행동은 연습이 필요하다는 사실을 기억해야 한다. 바람직한 행동의 내재화는 지속적인 연습을 통해서 가능하며, 교사는 학생이 긍정적인 행동을 할 수 있는 기회를 제공해야 한다. 다섯째, 학생의 행동을 일관성 있게 관찰하고 평가하며 적절한 순간에 개입해야 한다.

　　학생 행동의 동기나 기능을 알기 위해서 기능평가(functional assessment)를 통하여 체계적이고 의미 있는 자료를 수집해야 할 수 있다. 기능평가는 이 책의 9장 행동지원을 참고하기 바란다.

정서·행동장애학생을 위한 교육은 종종 학생의 문제를 더 악화시키는 결과를 가져온다. 친구들에게서 분리되고 고립되며, 처벌을 받고, 약물치료를 받는 것 등이 그 예다. 학교는 학생의 장점을 고려하기보다는 학생을 통제하는 데 초점을 둠으로써 실제로 행동문제를 더욱 강화하게 된다. 정서·행동장애학생을 교육하기 위해서는 여러 전문가의 협력을 통해 범학교적 지원체제를 갖추어야 한다.

첫째, 학교의 모든 구성원은 학생 중심 사고를 가져야 한다. 즉, 모든 학생은 각자의 장점(강점)과 요구가 있다는 것을 알아야 한다.

둘째, 학교는 처벌보다는 문제해결의 입장을 가져야 한다. 문제를 일으킨다거나 교육할 수 없다고 해서 학교 밖으로 내몰거나 다른 곳으로 보내지 말고, 모든 학생을 지키면서 지도할 수 있어야 한다.

셋째, 하지 말아야 할 일과 처벌 목록을 제시하기보다는 해야 할 일을 긍정적인 용어로 제시해야 한다.

넷째, 정서·행동장애학생을 지원하고 지도할 팀(일반교사, 특수교사, 상담가, 사회복지사, 학교심리학자 등)이 구축되어야 한다. 또한 지원센터를 운영하여 그들의 정서적인 문제를 지원하고, 학습지도를 하고, 휴식 공간을 제공해야 한다.

[글상자 4-3]

정서·행동장애에 관한 Q & A

Q. 정서·행동장애는 놀이치료나 기타 다른 치료에 의해 치료가 됩니까?

A. 아동마다 정서·행동장애를 일으키는 원인이 다르므로 일반적으로 어떤 치료가 효과적이며 치료가 될 수 있다고 이야기하기는 어렵습니다. 기질적인 문제(호르몬 과다분비, 뇌손상 등)에 의하여 정서·행동장애를 겪는 경우에는 치료가 더욱 어렵습니다. 다만 교육을 통하여 일반환경에 적절하게 적응할 수 있는 사회적 기술을 학습시키는 것이 중요합니다.

Q. 부모의 양육 태도 때문에 정서·행동장애가 됩니까?

A. 정서·행동장애를 일으키는 원인은 매우 다양합니다. 때로는 부모의 양육 태도나 양육환경 등이 문제가 될 수도 있습니다. 그러나 어떤 양육 태도가 정서·행동장애를 유발한다고 말할 수는 없습니다. 아동의 적응유연성은 모두 다르므로 똑같은 양육 태도로 길러도 어떤 아동은 심각한 문제를 가지게 되고 어떤 아동은 그렇지 않은 경우

도 있습니다. 때로는 양육 태도나 환경과 전혀 관련 없이 호르몬이나 미세한 뇌손상과 같은 기질적인 문제 때문에 정서ㆍ행동장애가 발생하기도 합니다.

Q. 정서ㆍ행동장애아동의 특이한 행동은 장애 자체가 원인입니까?

A. 물론 장애로 인하여 독특한 행동을 하기도 합니다. 그러나 많은 경우 학습된 것이며, 다시 학습을 통하여 행동문제를 완화시킬 수 있습니다. 한 가지 명심할 것은 갑자기, 충동적으로, 이상하게 하는 행동처럼 보이지만 나름대로 이유가 있다는 것입니다. 다만 의사소통이 잘 되지 않는 정서ㆍ행동장애인인 경우 눈에 보이는 행동만을 보면 도대체 이유를 알 수 없는 경우도 있습니다. 체계적인 관찰을 통하여 원인을 파악할 수 있습니다.

3. 자폐성장애

1) 개념 및 정의

자폐성장애는 2008년 「장애인 등에 대한 특수교육법」에서 처음으로 특수교육대상자에 포함된 장애다. 2007년 이전에는 특수교육대상자로 분류되지 못했거나 정서ㆍ행동장애, 지적장애 등으로 분류되기도 했다. 2008년 「특수교육법」에서 자폐성장애가 특수교육대상자로 독립 분류된 것은 자폐증이 정서ㆍ행동장애 안에 포함될 수 없는 독특한 특성이 있다는 것이 연구와 임상을 통해 밝혀졌기 때문이다(Volkmar & Klin, 2005).

자폐성장애는 영화나 드라마에 가끔 등장하였기 때문에 비교적 사람들에게 많이 알려져 있다. 미디어에 자폐인들이 많이 노출되면서 자폐증에 대한 인식은 확산된 반면에 미디어에 노출된 이미지로만 자폐증을 이해하는 경우도 많다. 특히 미디어는 자폐인을 신비화하는 경향이 있으며, 이 때문에 자폐인에 대한 오해를 낳는 경우도 있다. 특히 미디어는 서번트증후군(글상자 4-4] 참조)을 가진 자폐인을 많이 다루는데, 실제 자폐인 200명 중에 1명 정도만이 서번트증후군을 보이며 이 경우도 천재적인 한 가지 능력을 가졌다기보다는 단순 계산이나 암기를 빨리 하는 정도다

(Hyltenstam, 2016; Miller, 1999).

자폐성장애는 자폐 스펙트럼이라고도 하는데, 이는 같은 자폐성장애라도 심각도
와 인지, 언어 등의 기능 수준에서 다양한 스펙트럼 혹은 연속적 형태로 나타난다.
기능 수준의 차이에 따라 고기능 자폐, 저기능 자폐라고 명명하기도 한다. 고기능
자폐와 저기능 자폐는 공식적인 분류는 아니다.

[글상자 4-4]

서번트증후군

서번트증후군(Savant Syndrome)은 불어의 savant(박학한, 학식이 깊은)에서 유
래한 말이며, '석학증후군'으로 번역하기도 한다. 서번트증후군이 의학계에 처음 보고
된 것은 1973년이다(Miller, 1999). 서번트증후군은 지적장애나 자폐성장애를 가지
고 있지만 어떤 부분에서 특이한 능력을 보이는 경우를 의미한다(Miller, 1999). 서번
트증후군을 가진 사람들이 보여 주는 특이한 능력은 일반적으로 기억과 관련되어 있으
며, 빠른 계산, 지도 암기, 그림 묘사, 음악적 능력 등도 포함한다. 이들은 대체로 하나
의 특이한 능력을 보이는 경향이 있다. 서번트증후군의 출현율은 100만 명에 1명 정도
이다(Hyltenstam, 2016; Miller, 1999). 특히 한 가지 능력에서 천재적인 수준을 보이
는 경우는 매우 드물다. 서번트증후군의 약 50%는 자폐인에게서 보이는데(Treffert,
2009), 이 때문에 자폐인이면 서번트증후군을 가지고 있을 것이라고 오해하는 경우도
있다. 서번트증후군은 공식적으로 장애로 분류되지 않는다.

현재의 자폐성장애는 오랫동안 소아 정신분열증의 일부로 간주되었다(Asarnow
& Asarnow, 1994). 1943년에 이르러서 정신과 의사 Leo Kanner는 자폐성장애가 다
른 장애와 뚜렷이 구분되는 별도의 질환일 가능성을 제시했다. Kanner의 최초의 연
구에서는 열한 명의 아동에게 초점을 맞추었고, Kanner는 이들에 대하여 다음과 같
이 묘사하고 있다.

- 사람과 상황에 대해 평범한 방식으로 관계를 맺지 못함
- 기계적 암기력이 뛰어남
- 아이들이 의사소통에 사용하지 않는 언어를 사용함

그림 4-1 자폐성장애의 하위 유형

- 동일성에 집착함

Kanner는 자신이 관찰하던 아동 개개인이 매우 다른 특징을 가지고 있지만 뭔가 그 가운데 공통점이 있다고 인지하고, 그 공통점을 앞선 내용과 같이 정리하여 자폐라는 단어로 명명한 것이다. 학계에서는 하나의 특이한 정신병리 현상을 토대로 자폐라는 용어를 만들었기 때문에 이를 적절하게 보지 않는다.

최근에는 자폐성장애 대신 자폐 스펙트럼 장애라는 용어를 사용하는 곳도 있다. 이로 인하여 과거에는 자폐 스펙트럼에 속하지 않았던 기타 전반적 발달장애(pervasive developmental disorders)나 아스퍼거장애도 자폐 스펙트럼 장애 범주에

[글상자 4-5]

『발달장애인 권리보장 및 지원에 관한 법률』 및 『장애인 등에 대한 특수교육법』의 자폐성장애 정의

- 『발달장애인 권리보장 및 지원에 관한 법률』 제2조: 소아기 자폐증, 비전형적 자폐증에 따른 언어 · 신체표현 · 자기조절 · 사회적응 기능 및 능력의 장애로 인하여 일상생활이나 사회생활에 상당한 제약을 받아 다른 사람의 도움이 필요한 사람
- 『장애인 등에 대한 특수교육법』: 사회적 상호작용과 의사소통에 결함이 있고, 제한적이고 반복적인 관심과 활동을 보임으로써 교육적 성취 및 일상생활 적응에 도움이 필요한 사람

포함될 수 있게 되었다([그림 4-1] 참조).

자폐성장애에 대한 정의를 살펴보면, 우리나라의 경우 「장애인복지법」과 「장애인 등에 대한 특수교육법」에서 다루고 있고, 미국의 경우 「장애인교육법」과 DSM-5 미국정신의학협회 등에서 상세하게 다루고 있다. DSM-5는 자폐 스펙트럼 장애라고 명명하며, 진단기준을 명료하게 표현하고 있다([글상자 4-6] 참조).

[글상자 4-6]

DSM-5의 자폐 스펙트럼 장애 진단기준

A. 다양한 맥락에서 사회적 의사소통과 사회적 상호작용의 지속적인 결함을 보이며, 이는 다음의 세 가지 모두가 현재 또는 이전부터 지속적으로 나타난다.

1. 사회적·정서적 상호작용의 결함

예 비정상적인 사회적 접근과 주고받는 일반적인 대화의 실패, 관심·정서·애정 등을 다른 사람과 공유하는 데 제한, 사회적 상호작용을 시작 및 반응하는 데 어려움 등

2. 사회적 상호작용을 위해 비언어적 의사소통 행동에서의 결함

예 언어 및 비언어적 의사소통을 통합적으로 사용하는 데 어려움, 눈맞춤과 몸짓과 같은 비언어적 행동에서의 비정상성, 몸짓의 이해 및 사용의 결함, 안면표정과 비언어적 의사소통에서의 전반적 결함 등

3. 사회적 관계를 발전, 유지, 이해하는 데 결함

예 다양한 사회적 맥락에 맞게 행동하는 데 어려움, 상상놀이를 공유하거나 친구를 만드는 데 어려움, 또래에 대한 관심이 없음 등

B. 제한적이고 반복적인 행동, 흥미, 활동을 보이며, 이는 다음 중 적어도 두 가지가 현재 또는 이전부터 지속적으로 나타난다.

1. 상동적이거나 반복적인 동작, 사물 또는 말의 사용

예 단순한 상동적인 동작, 장난감을 길게 줄 세우기, 사물 흔들기, 반향어 사용, 특이한 어구의 사용 등

2. 동일성에 대한 고집, 판에 박힌 일과에의 집착, 언어 또는 비언어적 행동의 의례적(예 배의식과 같은) 패턴

예 작은 변화에도 과도하게 불안해함, 전이의 어려움, 경직된 사고 패턴, 판에 박힌 인사하기, 매일 동일한 일과 또는 동일한 음식 섭취에 대한 요구 등

3. 정도나 초점이 비정상적인 매우 제한적이고 한정된 흥미

예 특이한 사물에 대한 강한 집착이나 몰두, 과도하게 한정된 흥미에의 몰두 등

4. 감각 자극에 대한 둔감 혹은 민감 반응 또는 환경의 감각 양상에 대한 특이한 감각적 관심

예 고통 또는 온도에 대한 분명한 무감각, 특정 소리나 감각에 대한 혐오적 반응, 과도하게 냄새를 맡거나 과도하게 사물을 만짐, 빛이나 움직임에 대한 시각적으로 강한 흥미 등

C. 이 증상은 발달 초기에 나타나야 한다.

D. 이 증상은 사회적, 직업적 혹은 현재 기능의 다른 중요한 부분에 임상적인 유의미한 손상을 나타낸다.

E. 이 증상은 더 이상 지적장애로 설명이 되어서는 안 된다. 지적장애와 자폐 스펙트럼 장애는 종종 공존할 수 있다. 지적장애와 자폐 스펙트럼 장애를 동시에 진단 받으려면 사회적 의사소통이 일반적 발달 수준에서 기대하는 것보다 낮아야 한다.

DSM-5의 내용을 정리하면 자폐성장애는 '사회적 상호작용 및 의사소통의 결함' '제한적이고 반복적인 행동(상동행동), 관심, 흥미, 활동'이 핵심적인 특징이다. DSM-5의 진단기준에서 한 가지 주목해야 할 점은 제한적이고 반복적인 행동 흥미, 활동에 대한 증상 중 네 번째 항목인 '감각 자극에 둔감 혹은 민감 반응 또는 소리나 감각에 대한 혐오적 반응, 과도하게 냄새를 맡거나 과도하게 사물을 만짐, 빛이나 움직임에 대한 시각적으로 강한 흥미'다. 감각의 작동방식과 제한적이고 반복적인 행동 흥미 활동과 관련시켰다는 것을 주목할 필요가 있으며, 이는 자폐인들의 이해하기 어려운 집착이나 혹은 무관심이 감각의 통제와 관련이 있을 수도 있다는 것을 시사한다. 또한 자폐인들은 다음의 [글상자 4-7]에서 소개한 '마음이론'과 달리 다른 사람들도 신념, 욕망, 의도, 관념 등이 있다는 것을 잘 이해하지 못하기 때문에 사회적 상호작용, 타인의 행동 이해에 어려움을 겪는다.

📖 [글상자 4-7]

마음이론

마음이론(theory of mind; 최근에는 '생각의 원리'라고 번역하기도 함)은 자신과 다른 사람의 마음에 신념, 의도, 욕망, 정서 등의 속성을 부여하고, 사람들은 각기 다른 신념, 욕망, 의도, 관념 등이 있다는 것을 이해하는 것이다(Premack & Woodruff, 1978). 마음이론을 이해하는 것은 사회적 상호작용과 다른 사람의 행동을 해석하고 판단하고 이해하는 데 중요하다. 마음이론과 관련하여 다양한 실험들이 있는데 가장 유명한 실험은 샐리-앤 과제라는 것이다.

이 실험에는 샐리, 앤, 바구니 A, 바구니 B가 등장한다. 먼저 샐리가 구슬을 바구니 A에 넣은 뒤 떠난다. 그러면 샐리가 없는 동안 앤은 바구니 A에서 구슬을 꺼내서 바구니 B로 옮겨 넣는다. 그 뒤 샐리가 돌아오면 연구자는 지금까지의 광경을 지켜보던 아이에게 샐리가 구슬을 찾기 위해 어떤 바구니를 열어 볼 것 같은지를 묻는다. 샐리는 자신이 구슬을 넣었던 바구니 A에 아직도 구슬이 있을 것이라 생각하지만 실제로는 그렇지 않다.

만약 이 상황에서 관찰하던 아이가 샐리의 관점을 취할 수 있는 능력이 있다면 샐리가 바구니 A를 열어 볼 것이라고 대답한다. 이 실험을 지적장애가 없는 자폐성장애아동을 대상으로 실시했을 때, 이들은 비장애아동에 비해 높은 비율로 샐리의 마음을 유추하는 데 실패하였다(즉, 샐리가 바구니 B를 열어 볼 것이라고 대답함). 이 실험에서 정답을 유추하기 위해서는 샐리의 입장에서 생각해야 하는데, 자폐성장애아동은 이에 실패한 경우가 많았다.

자폐성장애는 역사적으로 낮은 출현율을 보이는 장애로 분류되었다. 그러나 최근에 출현율이 급격히 상승하고 있다. 출현율은 장애의 정의에 따라 유동성이 있으므로 각 국가마다 다소 차이를 보인다. 미국의 경우 질병관리센터(The Center for Disease Control: CDC, 2009)는 최근에 자폐성장애의 출현율을 아동 110명당 1명이고 이는 모든 인종, 민족, 사회경제적 계급과 관계없이 골고루 나타나고 있으며, 남자 4명당 여자 1명의 출현율을 보인다고 발표하였다([그림 4-2] 참조). Kogan 등(2009)의 연구에서는 3~17세 사이의 인구 1만 명당 110명(1.1%)으로 보고하고 있으며, 이는 질병관리센터에서 발표한 출현율보다 더 높은 수치다. 자폐성장애는 어떤 장애보다도 출현율이 가파르게 상승하고 있다.

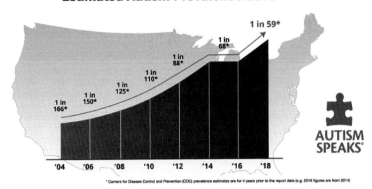

그림 4-2 미국질병관리본부 집계 자폐성장애 출현율 변화 추이

출처: https://www.autismspeaks.org/science/science-news/cdc-increases-estimate-autism%E2%80%99s-prevalence-15-percent-1-59-children

우리나라의 경우 Kim 등(2011)의 연구에 따르면, 전체 인구의 2.64%를 자폐성장애 출현율로 추정하고 있으며 남성과 여성은 2.5:1 정도로 추정하고 있다. 자폐성장애로 추정되는 사람 중에 7% 정도가 높은 지능(120 이상)이고, 16% 정도는 지적장애로 추정된다고 보고하고 있다. 이 연구보고서에 따르면 자폐성장애인의 3분의 2는 진단받지 못하고 적절하게 지원받지 못하고 있다.

자폐성장애의 출현율이 높아지는 것은 전 세계적인 현상인데, 그 이유 중 하나는 자폐성장애가 자폐 스펙트럼으로 용어가 변화하면서 진단기준이 넓어져서 더 많은 사람을 포함하게 되었기 때문이다. 그러나 진단기준의 변화만으로 자폐성장애의 출현율의 극적인 변화를 설명하기는 쉽지 않다. 많은 이유들 중 한 가지는 이전에 잘못 진단되거나 진단되지 못한 자폐성장애인들이 최근의 역학 연구방법이 적극적으로 변화하면서 적절한 진단을 받게 된 것이 아닐까 한다. 다른 가능성은 자폐인의

[학습활동 4-2]

많은 직업이 사회적 상호작용과 의사소통이 필요하기 때문에 자폐성장애인들이 진입하기가 어렵다. 최근에는 자폐성장애인의 능력을 발휘할 수 있는 일자리를 만들려는 노력들이 있다. 자폐성장애인의 직업 진출에 관한 사례들을 찾아보고 이야기해 보시오.

핵심적 특징인 상호작용 및 의사소통의 문제가 현대 사회에서 더 심각한 문제로 이해되어 적극적으로 분류하기 때문으로 추정한다.

2) 통합교육을 위한 지원

자폐성장애학생을 교육할 때 중요한 것은 다른 학생이 읽기나 수학에 도움이 필요한 것처럼 이들은 사회적 기술이나 의사소통에 도움이 필요하다는 것이다. 자폐성장애학생은 당황스럽거나 특이한 방식으로 행동하는 경우가 종종 있는데, 이러한 행동이 불시에 이유 없이 나타나는 경우는 드물다. 물론 이유를 쉽게 알아낼 수 없는 경우도 있다. 대체로 교사는 그러한 행동이 발생하면 어떻게 멈추게 할 것인지에 관심을 기울이는 경향이 있다. 그러나 우리는 그들이 왜 그렇게 반응하는지에 대해 생각해 보아야 한다.

자폐성장애학생의 행동문제의 원인은 다양한데, 최근의 연구들은 '감각'과의 관련성에 대하여 많은 증거를 내놓고 있다(Kranowitz, 2005). 자폐성장애인은 시각, 청각, 촉각, 후각, 미각 등의 감각처리에 결함이 있을지도 모른다는 것이다. 즉, 감각에 너무 예민하거나 너무 둔하다는 것이다. 예를 들면, 어떤 자폐성장애인은 소리에 지나치게 예민하게 반응하여 다른 사람은 느낄 수 없는 불쾌감을 느낄 수도 있으며, 또 어떤 자폐성장애인은 통각이 지나치게 예민하여 샤워기에서 뿜어 나오는 물줄기를 불쾌하게 느낄 수도 있다는 것이다.

교사는 자폐성장애 전문가가 아니므로 자폐성장애 학생의 행동을 임상적으로 판단하기는 매우 어렵다. 다만 교사는 행동이 발생하기 전과 후를 체계적으로 관찰하여 그 행동에 대한 정보를 얻을 수 있다.

그러면 ① 그 학생이 자신을 불편하게 하는 특정 요구, 활동 또는 상황에서 벗어나기 위해서, ② 어떤 물건, 활동 또는 평소에 하던 일을 요구하기 위해서, ③ 누군가의 관심을 끌기 위해서, ④ 재미있는 자기 자극에 빠지기 위해서, ⑤ 어떤 감각적인 문제 때문에 등과 같은 가설을 세울 수 있다. 교사는 가설에 기초하여 중재계획을 세우고 실행하고 평가해 볼 수 있다. 또한 학생의 행동을 이해하게 되면 학생과 더욱 긍정적인 관계를 맺을 수 있다.

자폐성장애학생의 특성 중에 하나는 정형화된 일과에 의존한다는 것이다. 따라서 교실에서도 가능하면 그러한 것을 제공하는 것이 필요하다. 그들은 변화를 두려워하며, 익숙하지 못한 상황에 처하면 공포를 느낄 수도 있다. 또한 새로운 상황을 적절하게 처리하지 못하고 이전에 학습한 행동에 의존하게 된다. 이전에 학습한 행동이 새로운 상황에는 적절하지 않을 수도 있고, 또 만약 이전에 적절한 행동을 학습하지 못했다면 지속적으로 부적절한 행동을 하게 되는 것이다. 이러한 행동 패턴이 심각한 문제행동으로 이해될 수 있다.

따라서 익숙하지 않은 사회 상황이 발생할 때 자폐성장애학생의 부적절한 반응을 방지하기 위한 전략은 미리 연습하는 시간을 제공하는 것이다(Wagner, 1999). 자폐성장애학생 자신이 믿는 사람이라면 새로운 활동에 필요한 행동과 말을 함께 연습할 수 있다. 연습의 방법은 무슨 일이 일어날지 이야기한 다음 그것이 어떤 느낌일지 그리고 어떻게 반응할 수 있는지에 대해 알려 주는 것이다. 그러면 실제로 새로운 상황에 무엇이 필요한지 행동이나 말로 표현하는 것을 학습할 수 있게 되거나, 실제 상황을 접했을 때 두려움에 덜 빠지게 된다.

자폐성장애학생에게는 아주 간단한 것이 중요할 수 있다. 자폐성장애학생은 많은 경우 시각적인 학습자다(Peterson & Hittie, 2003). 따라서 대부분의 자폐성장애학생에게는 시각적인 단서를 제시하는 것이 중요하다. 최근에는 다음의 [글상자 4-8]과 같이 자폐성장애의 특징을 반영한 의사소통 보조 앱도 개발되어 있다.

자폐성장애학생을 위한 간단한 전략을 요약하면 다음과 같다.

- 그날의 일정을 종이에 적어 붙이고, 변화가 있을 경우 지적한다.
- 매일 같은 시간에 읽기와 수학 등을 학습하게 한다.
- 무엇을 걸거나 저장할 수 있는 특별한 장소를 제공한다.
- 활동 후에는 자신의 책상을 정리할 수 있는 시간을 허용한다.
- 매일 하는 일 중 하나를 책임지고 하게 한다.

📖 **[글상자 4-8]**

자폐성장애 관련 앱

- 자폐성장애인은 구체성을 좋아하는 경향 때문에 시각정보에 적극적으로 반응하는 경우가 많다. 그래픽 조직자(Graphic Organizer), 그래픽 시간표, 카드 언어, 얼굴 표정 등 다양한 시각 자료가 앱으로 많이 출시되어 있다.
- 자폐성장애인 중에서 청각에 예민하여 소리 자극에 불안감을 표출하는 경우도 있다. 이런 불안감을 낮춰 주기 위해서 일정한 주파수의 소리를 제공하는 기계도 있는데, 최근에는 앱으로 출시되고 있다.
- 자폐성장애인 중에서 얼굴 표정이나 몸짓 신호를 잘 읽어 내지 못하는 경우가 있다. 얼굴 표정 읽기 등에 활용하는 교육용 앱도 출시되고 있다.
- 자폐성장애인 중에서는 발화가 되지 않는 경우도 있다. 언어는 이해할 수 있지만 발화가 잘 되지 않는 경우에 활용할 수 있는 의사소통 앱도 다양하게 출시되고 있다.

4. 주의력결핍과잉행동장애

1) 개념 및 정의

현재 「장애인 등에 대한 특수교육법」에서는 '주의력결핍과잉행동장애(Attention Deficit Hyperactivity Disorders: ADHD)'를 특수교육대상자의 범주에 포함하지 않고 있다. 따라서 이 장애 자체만으로는 특수교육대상자가 되지 않지만, 이 장애를 가지고 있는 대부분의 학생은 정서적인 어려움을 겪거나 학습장애를 같이 갖고 있는 경우가 많기 때문에 정서 · 행동장애나 학습장애로 분류되어 특수교육대상자가 될 수도 있다. 미국의 경우에는 '기타 건강장애'에 이 장애를 포함시키고 있다. 최근에 출현율이 늘어나고 있으며, 학교에 적응하기 어렵다는 특성이 있어서 교사의 관심 대상이다. 이 장애학생은 특수교육대상자로 분류되지는 않지만 교사의 관심이 많은 분야이므로 여기에서 간략히 다루도록 하겠다.

주의력결핍과잉행동장애는 한국어 용어보다 영어 ADHD(Attention Deficit Hyperactivity Disorders)가 더 많이 알려져 있다. 주의력결핍과잉행동장애를 가장 잘 설명하고 있는 것은 『DSM-5』(American Psychiatric Association, 2013)이다([글상자 4-9] 참조).

[글상자 4-9]

DSM-5의 주의력결핍과잉행동장애 진단 준거

A. 기능 또는 발달을 저해하는 지속적인 부주의 및 과잉행동-충동성이 '1. 부주의' 그리고/또는 '2. 과잉행동-충동성'의 특징을 보인다.

1. 부주의: 다음 아홉 개의 증상 가운데 여섯 개 이상이 적어도 6개월 동안 발달 수준에 적합하지 않고 사회적·학업적/직업적 활동에 직접적으로 부정적인 영향을 미칠 정도로 지속됨

☞ 주의점: 이러한 증상은 단지 반항적 행동, 적대감 또는 과제나 지시 이해의 실패로 인한 양상이 아니어야 한다. 후기 청소년이나 성인(17세 이상)의 경우에는 적어도 다섯 가지의 증상을 만족해야 한다.

　　a. 종종 세부적인 면에 대해 면밀히 주의를 기울이지 못하거나, 학업, 작업 또는 다른 활동에서 부주의한 실수를 저지름(예: 세부적인 것을 못 보고 넘어가거나 놓침, 작업이 부정확함)

　　b. 종종 과제를 하거나 놀이를 할 때 지속적으로 주의집중을 할 수 없음(예: 강의, 대화 또는 긴 글을 읽을 때 계속해서 집중하기가 어려움)

　　c. 종종 다른 사람이 직접 말을 할 때 경청하지 않는 것처럼 보임(예: 명백하게 주의집중을 방해하는 것이 없는데도 마음이 다른 곳에 있는 것처럼 보임)

　　d. 종종 지시를 완수하지 못하고, 학업, 잡일 또는 작업장에서의 임무를 수행하지 못함(예: 과제를 시작하지만 빨리 주의를 잃고 쉽게 곁길로 샘)

　　e. 종종 과제와 활동을 체계화하는 데 어려움이 있음(예: 순차적인 과제를 처리하는 데 어려움, 물건이나 소지품을 정리하는 데 어려움, 지저분하고 체계적이지 못한 작업, 시간 관리를 잘하지 못함, 마감시간을 잘 맞추지 못함)

　　f. 종종 지속적인 정신적 노력을 요구하는 과제에의 참여를 기피하고, 싫어하거나 저항함(예: 학업 또는 숙제, 후기 청소년기나 성인의 경우에는 보고서 준비하기, 서류 작성하기, 긴 서류 검토하기)

　　g. 과제나 활동에 꼭 필요한 물건들(예: 학습과제, 연필, 책, 도구, 지갑, 열쇠, 서류 작업, 안경, 휴대폰)을 자주 잃어버림

  h. 종종 외부 자극(후기 청소년과 성인의 경우에는 관련이 없는 생각들이 포함될 수 있음)에 의해 쉽게 산만해짐

  i. 종종 일상적인 활동을 잊어버림(예: 집안일하기, 심부름하기, 후기 청소년과 성인의 경우에는 전화 화답하기, 청구서 지불하기, 약속 지키기)

2. 과잉행동-충동성: 다음 아홉 개의 증상 가운데 여섯 개 이상이 적어도 6개월 동안 발달 수준에 적합하지 않고 사회적·학업적/직업적 활동에 직접적으로 부정적인 영향을 미칠 정도로 지속됨

☞ 주의점: 이러한 증상은 단지 반항적 행동, 적대감 또는 과제나 지시 이해의 실패로 인한 양상이 아니어야 한다. 후기 청소년이나 성인(17세 이상)의 경우에는 적어도 다섯 가지의 증상을 만족해야 한다.

  a. 종종 손발을 만지작거리며 가만두지 못하거나 의자에 앉아도 몸을 꿈틀거림

  b. 종종 앉아 있도록 요구되는 교실이나 다른 상황에서 자리를 떠남(예: 교실이나 사무실 또는 다른 업무 현장, 또는 자리를 지키도록 요구되는 상황에서 자리에서 이탈)

  c. 종종 부적절하게 지나치게 뛰어다니거나 기어오름(주의점: 청소년 또는 성인은 주관적으로 좌불안석을 경험하는 것에 국한될 수 있음)

  d. 종종 조용히 여가 활동에 참여하거나 놀지 못함

  e. 종종 '끊임없이 활동하거나' 마치 '태엽 풀린 장난감 자동차처럼' 행동함(예: 음식점이나 회의실에 장시간 동안 가만히 있을 수 없거나 불편해함, 다른 사람에게 가만히 있지 못하는 것처럼 보이거나 가만히 있기가 어려워 보일 수 있음)

  f. 종종 지나치게 수다스럽게 말함

  g. 종종 질문이 끝나기 전에 성급하게 대답함(예: 다른 사람의 말을 가로챔, 대화 시 자신의 차례를 기다리지 못함)

  h. 종종 자신의 차례를 기다리지 못함(예: 줄 서 있는 동안)

  i. 종종 다른 사람의 활동을 방해하거나 침해함(예: 대화나 게임·활동에 참견함, 다른 사람에게 묻거나 허락을 받지 않고 다른 사람의 물건을 사용하기도 함, 청소년이나 성인의 경우 다른 사람이 하는 일을 침해하거나 가로챌 수 있음)

B. 몇 가지의 부주의 또는 과잉행동-충동성 증상이 12세 이전에 나타난다.

C. 몇 가지의 부주의 또는 과잉행동-충동성 증상이 두 가지 또는 그 이상의 환경에서 존재한다(예: 가정, 학교나 직장, 친구들 또는 친척들과의 관계, 다른 활동에서).

D. 증상이 사회적 · 학업적 또는 직업적 기능의 질을 방해하거나 감소시킨다는 명확한 증거가 있다.

E. 증상이 조현병 또는 기타 정신병적 장애의 경과 중에만 발생되지는 않으며, 다른 정신질환(예: 기분장애, 불안장애, 해리장애, 성격장애, 물질중독 또는 금단)으로 더 잘 설명되지 않는다.

☞ 다음 중 하나를 명시할 것
- 복합형: 지난 6개월 동안 진단기준 A1(부주의)과 진단기준 A2(과잉행동-충동성)를 모두 충족한다.
- 주의력결핍 우세형: 지난 6개월 동안 진단기준 A1(부주의)는 충족하지만 진단기준 A2(과잉행동-충동성)는 충족하지 않는다.
- 과잉행동-충동성 우세형: 지난 6개월 동안 진단기준 A2(과잉행동-충동성)는 충족하지만 진단기준 A1(부주의)은 충족하지 않는다.

☞ 현재의 심각도를 명시할 것
- 경도: 현재 진단을 충족하는 수준을 초과하는 증상은 거의 없으며, 증상으로 인한 사회적 또는 직업적 기능의 손상만 경미한 수준을 넘지 않는다.
- 중등도: 증상 또는 기능적 손상이 '경도'와 '고도' 사이에 있다.
- 고도: 진단을 충족하는 수준을 초과하는 다양한 증상 또는 특히 심각한 몇 가지 증상이 있다. 혹은 증상이 사회적 또는 직업적 기능에 뚜렷한 손상을 야기한다.

주의력결핍과잉행동장애에 대한 의심을 가지고 판별절차에 들어가기 전에 한 가지 명심할 것은 이 장애 유형은 수업에 흥미가 없거나 학교에 적응을 잘하지 못하는 아동에게서 나타나는 증상과 유사한 경우가 많아서 잘못 진단되는 경우가 많다는 것이다. 주의력결핍과잉행동장애는 앞에서 언급했듯이 대부분의 장면에서 행동이 일관성 있게 나타나므로 친구관계가 좋지 않은 경우도 많다. 그러므로 교사는 어떤 아동이 수업에 잘 참여하지 않고 주의를 기울이지 않아서 이 장애가 의심된다면 반드시 쉬는시간이나 점심시간 등에 그 학생의 교우관계나 학교생활을 면밀히 살펴보아야 한다. 대부분의 경우는 수업시간 이외의 시간에도 잘 적응하지 못하는 양상을 보인다.

우리나라의 경우 주의력결핍과잉행동장애가 특수교육대상자로 따로 분류되지 않아 출현율에 대한 연구는 많지 않다.

[학습활동 4-3]

1. 주의력결핍과잉행동장애의 진단 준거를 꼼꼼히 읽어 보고 부주의 유형 혹은 과잉행동-충동성 유형의 학생이 학급에서 겪을 수 있는 어려움을 구체적으로 정리해 보시오.
2. 주의력결핍과잉행동장애는 특수교육대상자로 선정될 수 있는 장애는 아니다. 왜 이 장애는 특수교육대상자로 포함시키지 않는지 그 이유를 토론해 보시오. 만약 포함시킨다면 나타날 수 있는 문제도 함께 토론해 보시오.

---

2) 통합교육을 위한 지원

주의력결핍과잉행동장애학생의 대부분이 일반학급에서 교육을 받는다(Bender, 1997). 주의력결핍과잉행동장애학생을 위한 교육의 원리는 다음과 같다(Peterson & Hittie, 2003).

첫째, 학습이나 활동에 적극 참여하게 한다. 주의력결핍과잉행동장애학생에게는 주의를 끌 수 있는 자극적인 활동이 필요하다(Powell & Nelson, 1997). 그들을 학습에 참여시킬 수 있는 전략으로는 ① 과제에 대한 대안적인 해결방안을 모색할 수 있도록 허용하고, ② 다중지능을 활용하며, ③ 준비된 답을 충동적으로 제시하게 하지 말고 생각하여 문제를 해결할 시간을 주고, ④ 워크숍, 실제적 학습, 활동 중심 학습 등을 활용하며, ⑤ 창의성을 발휘할 기회를 제공한다.

둘째, 개별 요구에 부응할 수 있는 선택권을 제공한다. 어떤 학생에게는 교실에서의 소음은 학습 방해가 되지만, 어떤 학생에게는 소음이 도움이 되기도 한다. 어떤 학생은 인지적 활동을 좋아하지만, 어떤 학생은 신체적 활동을 좋아한다. 따라서 학급에서는 학습을 하는 동안 토론이나 협동학습을 책상, 방석이나 베개가 있는 바닥, 소파 등의 장소 중 자신이 좋아하는 장소에서 할 수 있도록 선택권을 주고, 혼자 공부하거나 조용히 쉴 수 있는 장소로 책상, 바닥, 독서실(헤드폰을 사용하여 음악을 들을 수 있는) 등의 선택권을 주며, 조명도 각기 다양하게 선택할 수 있도록 하고, 창가와 안쪽 자리를 선택할 수 있도록 하는 방안이 있다.

셋째, 학습을 구조화하고 조직할 수 있도록 도와준다. 주의력결핍과잉행동장애학생은 자신의 학습이나 과제를 조직화하는 데 어려움을 느낀다. 교사는 학생이 자기관리를 할 수 있도록 기회를 주는 것과 도움을 주는 것 간에 적절한 균형을 맞추어야 한다. 효과적인 전략으로는 ① 학생이 목표와 계획을 세우고, 목표를 단기목표로 나누고, 자신의 해결과정을 점검할 수 있도록 도와주고, ② 달력, 과제분석, 일정표 등과 같이 과제를 계획하고 점검할 수 있는 도구를 제공하며, ③ 공책이나 파일 또는 컴퓨터를 이용하여 과제를 조직화할 수 있도록 도와주는 것 등이 있다.

넷째, 정서적인 이해와 지원을 제공한다. 주의력결핍과잉행동장애학생은 대개 과도하게 꾸짖음을 당하는 경우가 많다. 교사는 학생이 과제를 완성하지 않고, 교실에서 너무 산만하고 집중하지 않을 때 좌절감을 겪게 된다. 따라서 교사는 학생을 통제하고 처벌하려 하고, 학생의 행동은 점점 더 악화되는 악순환을 반복하게 될 가능성이 높다. 교사는 학생에게 큰 잘못이 있는 것처럼 행동해서는 안 된다. 학생이 부주의하고 충동적이거나 과잉행동을 할 때, 교사는 인내심을 가지고 그러한 행동을 학습의 기회로 활용해야 한다. 몇 가지 관련된 전략으로는 ① 학생의 정서에 주의를 기울이고 장점에 초점을 맞추고, ② 정서적 지원을 위한 공동체를 구축하여 학생의 말을 들어주며, ③ 학생에게 자신의 행동과 그 결과를 이해할 수 있도록 도와주고, ④ 학생의 행동에 대한 긍정적 배출구(이동의 기회, 창의적 표현)를 제공하며, ⑤ 학생과 개인적 관계를 형성하는 것 등이 있다.

참고문헌

국립특수교육원(2007). 특수교육요구아동 출현율 조사연구. 경기: 국립특수교육원.

김홍주, 서용윤, 강수균(1996). 특수교육학개론. 서울: 교육출판사.

방명애, 이효신 공역(2013). 정서 및 행동장애: 이론과 실제(5판). Webber, J., & Plotts, C. A. 공저. 서울: 시그마프레스. (원저는 2008년에 출판)

이소현, 박은혜(2006). 특수아동교육(2판). 서울: 학지사.

정동영, 김득영, 김종인, 김주영(2000). 특수교육비전 2020. 경기: 국립특수교육원.

American Psychiatric Association. (2000). *Diagnostic and Statistical Manual of Mental Disorders: DSM-IV-TR* (4th ed.). Washington, D.C.: American Psychiatric Association.

American Psychiatric Association. (2013). *Diagnostic and Statistical Manual of Mental Disorders: DSM-5* (5th ed.). Washington, D.C.: American Psychiatric Association.

American Speech-Language Hearing Association. (1993). Definitions of communication disorders and variation. *ASHA, 35*(Suppl 10), 40-41.

Asarnow, F. R., & Asarnow, J. R. (1994). Childhood-onset schizophrenia: Editors' introduction. *Schizophrenia Bulletin, 20*(4), 417-462.

Rice, C., National Center on Birth Defects and Developmental Disabilities (Centers for Disease Control and Prevention), & Autism and Developmental Disabilities Monitoring Network 2006 Principal Investigators. (2009, December, 18). Prevalence of autism spectrum disorders: Autism and developmental disabilities monitoring network, United States, 2006. *CDC Surveillance Summaries: Morbidity and Mortality Weekly Report, 58*(SS-10). Received from http://www.cdc.gov/mmwr/preview/mmwrhtml/ss5810al.html

Bender, W. N. (1997). *Understanding ADHD: A Practical Guide for Teachers and Parents.* Upper Saddle River, NJ: Merrill/Prentice Hall.

Berdine, W. H., & Blackhurst A. E. (Eds.). (1985). *An Introduction to Special Education.* Boston, MA: Little, Brown.

Colton, R. H., Casper, J. K., & Hillano, M. (1990). *Understanding Voice Problems: A Physiological Perspective for Diagnosis and Treatment.* Baltimore, MD: Williams & Wilkins.

Crane, L. R., McKay, E. R., & Poziemski, C. (2002). Pieces of the puzzle: Success of remedial and non-remedial students. Paper presented at the annual meeting of the Association for Institutional Research, Toronto, Canada. (ERIC Document Reproduction Service No. ED 474034)

Forness, S. R., & Knitzer, J. A. (1992). New proposed definition and terminology to replace "serious emotional disturbance" in individuals with disabilities education act. *School Psychology Review, 21*(1), 12-20.

Gargrulo, R. M. (2003). *Special Education in Contemporary Society: An Introduction to Exceptionality.* Belmont, MA: Wadsworth.

Heller, K. W. (1999). Classroom modification for students with physical and health impairment. Bureau for students with physical and health impairment.

Hyltenstam, K. (2016). *Advanced Proficiency and Exceptional Ability in Second Languages* (p. 258). Berlin: Walter de Gruyter GmbH & Co KG.

Kanner, L. (1943). Autistic disturbances of affective contact. *Nervous Child*, *2*, 217-250.

Kim, Y. S., Leventhal, B. L., Koh, Y., Fombonne, E., Laska, E., Lim, E., Cheon, K., Kim, S. N., Kim, Y., Lee, H., Song, D., & Grinker, R. (2011). Prevalence of autism spectrum disorders in a total population sample. *The American Journal of Psychiatry*, *168*(11), 904-912.

Kirk, S. A. (1963). Behavioral diagnosis and remediation of learning disabilities. *Proceedings of the Conference on Exploration into the Problems of the Perceptually Handicapped Child* (First Annual Meeting, Vol. 1, pp. 2-3). Chicago, IL: Perceptually Handicapped Children.

Kranowitz, C. S. (2005). *The Out-of-Sync Child: Recognizing and Coping with Sensory Integration Dysfunction* (rev. ed.). New York: Perigee Press.

Kogan, M. D., Blumberg, S. J., Schieve, L. A., Boyle, C. A., Perrin, J. M., Ghandour, R. M., Singh, G. K., Strickland, B. B., Trevathan, E., & van Dyck, P. C. (2009). Prevalence of parent-reported diagnosis of autism spectrum disorder among children in the US, 2007. *Pediatrics*, *124*(5), 1395-1403.

Miller, L. (1999). The savant syndrome: Intellectual impairment and exceptional skill. *Psychological Bulletin*, *125*(1), 31-46.

Oakes, J. (1985). *Keeping Track: How Schools Structure Inequality*. New Haven, CT: Yale University Press.

OECD. (2000). *Special Needs Education: Statistics and Indicators*. Paris: OECD publisher.

Ormrod, J. E. (2006). Commentary: Similarities and differences among educational psychology textbooks-An author's perspective. *Teaching Educational Psychology*, *1*(3), 78-79.

Peterson, J. M., & Hittie, M. M. (2003). *Inclusive Teaching: Creating Effective Schools for All Learners*. Longwood, FL: Allyn & Bacon.

Powell, S., & Nelson, B. (1997). Effects of choosing academic assignments on a student with attention deficit hyperactivity disorder. *Journal of Applied Behavior Analysis*, *30*(1), 185-196.

Premack, D., & Woodruff, G. (1978). "Does the chimpanzee have a theory of mind?"

Behavioral and Brain Sciences, special issue: Cognition and Consciousness in Nonhuman Species. *Cambridge Journals*, *1*(4), 515-526.

Ramig, L. O., & Verdolini, K. (1998). Treatment efficacy: Voice disorders. *Journal of Speech and Hearing Research*, *41*(1), S101-S116.

Sapon-Shevin, M. (1994). Cooperative learning and middle schools: What would it take to really do it right? *Theory into Practice*, *33*(3), 183-190.

Simpson, R. L. (2004). Finding effective intervention and personnel preparation practices for students with autism spectrum disorders. *Exceptional Children*, *70*(2), 135-144.

Smith, T. E., Polloway, E. A., Patton, J. R., & Dowdy, C. A. (2007). *Teaching Students with Special Needs in Inclusive Settings* (5th ed.). Longwood, FL: Allyn & Bacon.

Treffert, D. A. (2009). The savant syndrome: An extraordinary condition. A synopsis: Past, present, future. *Philosophical Transactions of the Royal Society B: Biological Sciences*, *364*(1522), 1351-1357.

Vaughn, S., Bos, C. S., & Schumm, J. S. (1997). *Teaching Mainstreamed, Diverse, and At-Risk Students in the General Education Classroom: Examination Copy*. (ED411650) Boston, MA: Allyn & Bacon.

Volkmar, F. R., & Klin, A. (2005). Issues in the classification of autism and related conditions. In Volkmar, F. R., Paul, R., Klin, A., & Cohen, D. (Eds.), *Handbook of Autism and Pervasive Developmental Disorders, Diagnosis, Development, Neurobiology, and Behavior* (Vol. 1., 3rd ed., pp. 5-41). Hoboken, NJ: John Wiley & Sons.

Wagner, S. (1999). *Inclusive Programming for Elementary Students with Autism*. New York: Future Horizon.

Wheelock, A. (1992). The case for untracking. *Educational Leadership*, *50*(2), 6-10.

참고 사이트

미국 「장애인교육법」(http://idea.ed.gov).

발달장애지원전문가포럼(http://www.thespecial.kr).

미국 질병통제예방센터-주의력결핍과잉행동장애(http://www.cdc.gov/ncbddd/adhd).

ASA(www.autism-society.org).

Autism Speaks(www.autismspeaks.org).

감각장애, 지체장애, 건강장애 및 발달지체

 학습목표

1. 감각 및 지체 관련 특수교육대상자의 교육적 요구를 이해한다.

2. 감각 및 지체 관련 특수교육대상자의 교육적 통합교육 지원전략을 이해한다.

주요 용어
▲

- 시각장애
- 지체장애
- 발달지체
- 청각장애
- 건강장애

1. 이 장의 취지

이 장에서는 감각 및 지체 관련 특수교육대상자에 대해서 살펴본다. 이 장에서는 세부적으로 시각장애, 청각장애, 지체장애, 건강장애, 발달지체 등을 다룬다. 일반적으로 감각 및 지체 관련 특수교육대상자 중에서 중도 이상의 시각장애, 청각장애 학생과 지적장애 등을 수반한 중복장애(multiple disabilities)에 해당하는 지체장애학생은 일반학교보다는 특수학교에서 교육을 받을 가능성이 많다. 따라서 현직 혹은 예비 교사가 이들 학생을 일반학교에서 가르칠 경우는 인지 및 정서·행동장애학생에 비해 상대적으로 적지만 장애 정도가 심하지 않은 감각장애 및 지체장애와 건강장애, 발달지체학생은 통합교육을 받을 가능성이 높다. 특히 최근의 의학과 보조공학의 발달로 감각 및 지체장애학생이 일반학교에서 교육을 받는 일은 더욱 증가할 가능성이 있다. 따라서 감각 및 지체장애 전반에 관한 기본적인 이해뿐만 아니라 통합교육을 실제로 수행하기 위해서라도 이 장의 내용은 일반 교사에게 도움이 될 것이다. 아울러 각 장애 유형에 관한 더욱 구체적이고 상세한 내용은 시중에 나와 있는 전문서적을 참고하기 바란다.

2. 시각장애

1) 개념 및 정의

시각장애는 심한 시각손상부터 완전히 보이지 않는 전맹(total blind)까지 다양한 범위를 포괄하는 말이다. 「장애인 등에 대한 특수교육법」에서는 시각장애에 대한 정의를 다음의 [글상자 5-1]과 같이 제시하고 있다.

📖 [글상자 5-1]

「장애인 등에 대한 특수교육법」의 시각장애 정의

시각계의 손상이 심하여 시각기능을 전혀 이용하지 못하거나 보조공학기의 지원을 받아야 시각적 과제를 수행할 수 있는 사람으로서 시각에 의한 학습이 곤란하여 특정한 광학기구, 학습매체 등을 통하여 학습하거나 촉각 또는 청각을 학습의 주요 수단으로 사용하는 사람

이 법의 시각장애 정의의 핵심은 시력의 손상과 더불어 시각정보의 처리능력이다. 특수교육에서 보편적으로 사용하는 시각장애 관련 용어에는 '맹(blind)'과 '저시력'이 있다. '맹'은 점자나 촉각 및 청각 매체를 통해 교육해야 하는 사람을 의미하고, '저시력'은 잔존시력을 활용하여 문자를 확대하거나 광학적인 기구를 사용하여 교육해야 하는 사람을 의미한다(임안수, 2008). 「장애인 등에 대한 특수교육법」의 정의에서는 명시적으로는 맹, 저시력 등으로 범주를 구분하지 않지만 시각장애에 포함되는 아동을 몇 단계로 구분함으로써 사실상 이 두 범주를 구분하는 것이다.

「장애인복지법」에서는 시각장애를 네 가지 범주로 나누어 구분하고 있다([글상자 5-2] 참조).

📖 [글상자 5-2]

「장애인복지법」의 시각장애 정의

① 나쁜 눈의 시력(만국식 시력표에 의하여 측정한 것을 말하며 굴절이상이 있는 사람에 대하여는 교정시력을 기준으로 한다. 이하 같다)이 0.02 이하인 사람
② 좋은 눈의 시력이 0.02 이하인 사람
③ 두 눈의 시야가 각각 주시점에서 10° 이상인 사람
④ 두 눈의 시야를 1/2 이상 잃은 사람

「장애인복지법」에서는 2019년 6월, 기존의 1~6급 구분을 폐지하고, 시각장애인을 장애의 정도가 심한 장애인과 장애의 정도가 심하지 않은 장애인으로 구분하였다. 이에 따른 시각장애인 장애 정도 구분은 다음과 같다.

가. 장애의 정도가 심한 장애인

　　1) 좋은 눈의 시력(공인된 시력표로 측정한 것을 말하며, 굴절이상이 있는 사람은 최대 교정시력을 기준으로 한다. 이하 같다)이 0.06 이하인 사람

　　2) 두 눈의 시야가 각각 모든 방향에서 5° 이하로 남은 사람

나. 장애의 정도가 심하지 않은 장애인

　　1) 좋은 눈의 시력이 0.2 이하인 사람

　　2) 두 눈의 시야가 각각 모든 방향에서 10° 이하로 남은 사람

　　3) 두 눈의 시야가 각각 정상시야의 50% 이상 감소한 사람

　　4) 나쁜 눈의 시력이 0.02 이하인 사람

　시각장애에 관한 가장 큰 오해는 모든 시각장애인이 전혀 볼 수 없다고 생각하는 것인데 실제로는 그렇지 않다. 완전히 못 보는 전맹이더라도 빛의 밝기는 구분할 수 있는 경우가 대부분이다. 시각장애학생 중 시력손실의 정도에 따라 다르지만, 어렴풋이 형태만 보이거나 색깔만 희미하게 구분하는 저시력학생도 많다. 어느 정도는 볼 수 있지만 시각정보만을 이용하여 일상생활을 하는 것이 어렵고, 다른 감각을 적극적으로 활용해야 한다는 것이 특징이다. 그런데 저시력인 경우 보이는 정도나 특징이 다양하여 오히려 이해하는 것이 쉽지 않다. [글상자 5-3]은 시각손상의 특징에 따라 보이는 정도를 묘사한 것이다.

[글상자 5-3]

저시력학생에 대한 경험적 이해

- 첫째, 원시, 근시와 같은 굴절이상
  - 사진기의 파인더를 통해서 초점을 조절하여 보면 초점이 맞지 않는 상태와 유사

- 둘째, 각막, 수정체, 유리체 혼탁
  - 투명한 정도가 다른 여러 비닐 봉투를 통해서 사물을 보면 흐릿해져서 잘 보이지 않는 상태와 유사
  - 망막에 빛을 통과시키는 부분이 어떤 원인으로 인해 흐려지면 빛이 난반사되어 망막에 충분히 도달하지 않게 될 때 이러한 현상이 생김

- 셋째, 홍채결손이나 포도막염과 같은 질환으로 인한 망막의 손상
  - 암실 불량 상태로, 슬라이드를 비출 때 방을 어둡게 해서 경험할 수 있는 상태

- 넷째, 망막색소변성 등에 의한 손상
  - 조명 불량으로, 실내 조명의 조도를 천천히 낮추어 밝기가 어느 정도 이하로 떨어지는 것을 통해 경험해 볼 수 있음
  - 조도를 더 낮추어서 아주 어둡게 하면 아무 것도 보이지 않는 상태가 됨

- 다섯째, 안구진탕
  - 읽기 자료를 눈앞에서 계속 움직이게 함으로써 경험해 볼 수 있음
  - 눈이 자신의 의지와는 관계없이 불수의적으로 반복해서 안구진탕이 일어나며, 이러한 현상이 원인이 되어 사물을 잘 볼 수 없는 경우도 많음

- 여섯째, 시야 협착
  - 메가폰을 거꾸로 들여다보면 보이는 범위가 매우 좁아지게 되는데, 이를 통해 경험해 볼 수 있다. 마찬가지로 중심시야가 어느 정도 있어도 주변부 시야가 좁아지면 암순응이 어려워지기도 하고, 밝은 조명이 있어야 사물이 보이는 상태가 되기도 함

- 일곱째, 황반 손상으로 인한 암점
  - 안경 렌즈의 일정 부분에 검정색을 칠하면 그 부분이 잘 보이지 않게 되는데 이를 통해 경험해 볼 수 있음

저시력인 경우 차별에 대한 두려움, 보이지 않는 상태를 설명하는 것에 대한 어려움, 보이지 않는 상태에 대한 이해 부족 등의 이유로 발견하는 데 어려움을 겪기도 한다. 학급에서 〈표 5-1〉과 같은 행동을 보이는 경우는 시력검사를 의뢰해 보는 것이 좋다.

〈표 5-1〉 교실 안에서 저시력학생으로 의심할 수 있는 관찰 내용

외모 관찰	행동 관찰
• 눈 · 손 협응이 잘되지 않음 • 눈동자가 계속 움직임 • 눈꺼풀이 처지거나 부어 있음 • 각막이 혼탁함 • 사시가 있어 언제나 한쪽(외측 또는 내측)으로 봄	• 자주 물건에 걸려 넘어짐 • 손가락으로 줄을 짚으면서 읽음 • 집중력이 짧고, 멍한 표정을 지음 • 글씨를 쓰거나 읽을 때 얼굴을 찡그림 • 읽고 쓸 때의 거리, 즉 눈과 책(공책)과의 거리가 매우 가깝거나 멂 • 책을 읽을 때 눈을 움직이는 대신 머리를 앞뒤로 움직이거나 기울임

2) 통합교육을 위한 지원

시각장애학생의 통합교육지원도 시력이 어느 정도 잔존하느냐에 따라서 달라질 것이다. 시각이 어느 정도 잔존하는 아동은 잔존시력을 이용하여 시각정보를 이해하도록 촉진해야 하지만, 전맹이나 그에 가까운 아동은 시각정보를 촉각 및 청각정보로 대치하여 학습 장면에서 소외되지 않도록 지원하는 것이 중요하다. 또 시각장애학생의 통합교육을 할 때 가장 중요한 것은 안전한 이동을 위해 환경에 익숙해지도록 지원하는 것이다.

(1) 시각정보의 활용지원

전맹학생의 경우 점자교육 등 시각장애인만을 위한 교육이 필수이기 때문에 시각장애학교에 진학하는 경우가 많다. 저시력인 경우는 일반학교 진학률이 높기 때문에 교사가 지원방법을 이해하고 있어야 한다. 잔존시력이 있는 아동은 촉각, 청각 등으로 정보를 전환하기 전에 시력으로 정보를 습득할 수 있도록 확대문자, 눈에 띄는 다양한 색의 사용, 확대그림 등을 제공하는 것이 필요하다. 잔존시력이 거의 없는 아동은 시각정보를 청각정보나 다른 감각정보로 대체하는 것이 중요하다. 모든 시각정보를 청각정보로 대체하기는 어렵지만, 또래 도우미 등을 활용하여 문제를 읽게 하거나 학습내용을 읽게 하는 것이 큰 도움이 될 것이다. 보다 다양한 감각을 사용하여 학습할 수 있도록 하는 다감각 교수 접근도 매우 의미 있는 지원이 될 것

이다. 다음의 내용은 시각장애학생을 위한 일반적인 지원이다.

- 학생 좌석: 가운데 줄을 기준으로 창 쪽으로 한 줄 정도 옮겨 앉게 함
- 자료 확대: 확대교과서를 제공하거나 광학보조기구나 확대독서기 제공
- 그림의 단순화: 단순하게 고치거나 지도에 있는 정보의 양을 줄여서 제공
- 조명의 수정: 눈부심을 일으키는 질환은 조도를 낮추거나 차광용 안경을 착용시킴
- 책상의 선정: 표준 규격보다 높고 넓은 (기울기가 있는) 책상 제공
- 학용품 선정: 일반 학용품 중에서 효과적으로 사용할 수 있도록 지도
- 색상 대비: 기존의 자료를 굵고 진한 글씨나 그림으로 개작하여 제공. 채도가 약한 색이 서로 이웃하지 않도록 개작. 같은 계열의 색은 2도 이상의 명도 차이를 두어야 함. 색과 색의 경계선에는 윤곽선을 넣음. 판서는 굵은 흰색이나 노란색 사용

(2) 방향과 이동

시각장애학생에게는 우선 학급의 일반아동이 사용하는 공간으로 이동하는 길을 자세히 안내하고 익숙해질 때까지 연습하도록 도와주는 것이 필요하다. 처음 안내할 때는 학생 도우미나 교사가 직접 안내할 수 있다. 안내를 할 때는 안내자의 팔꿈치를 시각장애학생이 잡고 반 폭 정도 뒤에서 따라오도록 하는 것이 좋다. 시각장애학생이 공간에 대해서 이미지맵을 어느 정도 그리고 나면 이동을 자유롭게 할 수 있다. 이런 과정을 맵핑(maping)이라고 하며, 시각장애인은 새로운 공간에 가면 맵핑이 필수다.

시각장애학생이 통합되었을 때는 공간 배치를 자주 바꾸지 않도록 한다. 공간 배치가 너무 자주 바뀌면 매번 새롭게 그 공간에 적응해야 하므로 가능한 한 공간 배치를 바꾸지 않는 것이 바람직하다. 짝을 바꾸거나 어쩔 수 없이 공간 배치를 다시 해야 할 경우에는 아동이 당황하지 않도록 미리 안내해 주어야 한다.

안전을 고려한다는 명목으로 간혹 시각장애학생을 체육 활동에서 배제하는 경우가 있는데, 이것은 아동의 신체 발달과 더불어 사회성 발달에도 부정적인 영향을 미친다. 시각장애학생은 위험에 대해서 민감하여 소극적으로 움직이는 경우가 많기 때문에 신체 발달이 불균형을 이룰 때가 있다. 학급의 다른 아동에게 주의를 주고 시각장애학생에게 충분한 안내를 해 주면 대부분의 위험 요소는 극복할 수 있다.

[글상자 5-4]

보조기기(assistive technology)

'보조기기'란 장애인 등의 신체적·정신적 기능을 향상·보완하고 일상 활동의 편의를 돕기 위하여 사용하는 각종 기계, 기구, 장비를 의미한다. 보조기기는 장애 유형별로 보청기, 확대스크린, 휠체어, 의족 등의 청각장애인용이나 지체장애인용 등으로 분류하기도 하고, 감각 관련, 정보통신 관련, 의사소통 관련, 이동 관련, 일상생활 관련, 스포츠용 등으로 분류하기도 한다. 기술이 발달하면서 신체 기능을 대체하는 보조기기는 불편함을 느끼지 못할 정도로 정교한 수준까지 개발된 것들도 있다. 고령화 사회에 진입하면서 보조기기 연구는 더욱 활발해지고 있다.

보조기기의 사용은 손상에서 오는 불편함을 최대한 줄여 줌으로써 사회참여의 가능성을 확장시켜 주고, 궁극적으로는 장애인이 최대한 자율적인 생활을 할 수 있도록 도울 수 있다. 우리나라는 「장애인·노인 등을 위한 보조기기 지원 및 활용촉진에 관한 법률」에 의거하여 보조기기 교부사업을 실시하고 있다. 보건복지부 국립재활원 산하 중앙보조기기센터(www.knat.go.kr)를 방문하면 보다 자세한 사항을 알 수 있으며, 각 시·도별로 보조기기 지역센터도 운영되고 있으므로 방문하여 체험해 보는 것도 의미 있을 것이다.

보조기기를 사용하는 학생이 있을 경우 교사는 간단한 작동법이나 어떤 용도로 보조공학이 이용되는지 알아 둘 필요가 있다. 보조공학의 이용은 대개 전문가와의 상담을 통해서 이루어지므로 전문가와 공동협력을 통하여 보조공학의 활용을 숙지하는 것도 중요하다.

3. 청각장애

1) 개념 및 정의

청각장애는 난청부터 전혀 듣지 못하는 것까지 청력손실의 정도가 다양한데, 청력손실의 유형과 청력손실이 발생했을 때의 아동 연령, 가정과 지역사회의 특성, 교육적 경험에 따라 그 특성이 다르게 나타난다.

「장애인 등에 대한 특수교육법」과 「장애인복지법」의 청각장애에 대한 정의는 [글상자 5-5]와 같다.

[글상자 5-5]

「장애인 등에 대한 특수교육법」 및 「장애인복지법」의 청각장애 정의

▶ 「장애인 등에 대한 특수교육법」

청력손실이 심하여 보청기를 착용하여도 청각을 통한 의사소통이 불가능하거나 곤란한 상태이거나, 청력이 남아 있어도 보청기를 착용해야 청각을 통한 의사소통이 가능하여 청각에 의한 교육적 성취가 어려운 사람

▶ 「장애인복지법」
① 두 귀의 청력손실이 각각 60dB 이상인 자
② 한 귀의 청력손실이 80dB 이상, 다른 귀의 청력손실이 40dB 이상인 자
③ 두 귀에 들리는 보통 말소리의 명료도가 50% 이하인 자
④ 평형기능에 상당히 장애가 있는 사람

「장애인 등에 대한 특수교육법」에서는 청각장애의 정의만 규정하고, 청력손실 정도에 따른 구분은 제시하지 않고 있다.

우리나라 「장애인복지법」(2019년 6월 개정)에서는 청각장애를 크게 청력 상실과 평형기능장애로 구분하고, 다음과 같이 다시 각각을 장애 정도가 얼마나 심한가 하는 정도로 구분하였다.

가. 청력을 잃은 사람
1) 장애의 정도가 심한 장애인
두 귀의 청력을 각각 80dB 이상 잃은 사람(귀에 입을 대고 큰소리로 말을 해도 듣지 못하는 사람)
2) 장애의 정도가 심하지 않은 장애인
가) 두 귀에 들리는 보통 말소리의 최대의 명료도가 50% 이하인 사람
나) 두 귀의 청력을 각각 60dB 이상 잃은 사람(40cm 이상의 거리에서 발성된

말소리를 듣지 못하는 사람)

　　다) 한 귀의 청력을 80dB 이상 잃고, 다른 귀의 청력을 40dB 이상 잃은 사람
나. 평형기능에 장애가 있는 사람
　　1) 장애의 정도가 심한 장애인
　　　양측 평형기능의 소실로 두 눈을 뜨고 직선으로 10m 이상을 지속적으로
　　　걸을 수 없는 사람
　　2) 장애의 정도가 심하지 않은 장애인
　　　평형기능의 감소로 두 눈을 뜨고 10m 거리를 직선으로 걸을 때 중앙에서
　　　60cm 이상 벗어나고, 복합적인 신체운동이 어려운 사람

　　청각장애의 정의에서 가장 중요한 단위는 청력손실 정도를 나타내는 dB(데시벨)
이지만, 청력손실 정도와 함께 손실 시기, 청력손실 부위, 보청기 착용 효과 등의 요
인도 함께 고려해야 한다(국립특수교육원, 2001). 청력이 조금이라도 남아 있는 경우
와 그렇지 않은 경우는 매우 다르며, 이에 따라 농과 난청으로 구분한다. 또한 청력
손실 시기가 언어 습득 전인가 후인가 하는 문제는 언어, 특히 말하기(speech)교육
에서 매우 중요하다.

　　미국 「장애인교육법(IDEA)」에서는 청각장애를 농(deafness)과 난청(hearing impair-
ment)으로 구분하여 정의를 제시하고 있다. 이에 따르면 농은 청력손실 정도가 매우
심하여 보청기 착용의 여부에 관계없이 소리정보를 처리하기가 매우 힘들며, 아동
교육에 심각한 영향을 미치는 상태다. 이에 반해 난청은 농의 범주 안에는 들지 않
지만 듣기 수행이 잘 되지 않아서 아동의 교육에 심각한 영향을 미치는 상태다.

　　우리나라 「장애인 등에 대한 특수교육법」과 「장애인복지법」, 미국 「장애인교육
법」은 둘 다 청각장애의 기준을 청력손실로 삼고 있지만 그것을 기술하는 방법과
청력손실 정도를 구분하는 방법은 각기 다르다. 우리나라 법에서는 청력의 단위인
dB을 써서 청력손실 정도를 표현하는 것을 볼 수 있는데, dB과 소리정보의 이해관
계를 좀 더 분명히 아는 것이 도움이 될 것이다. Paul과 Jackson(1993)은 청력손실
의 정도에 따라 청각장애를 경도, 중도, 중등도, 고도, 최고도의 5등급으로 분류하
였는데, 이는 dB과 소리의 관계를 비교적 잘 보여 준다. 다음의 〈표 5-2〉는 Paul과
Jackson의 구분을 상세히 정리한 것이다.

〈표 5-2〉 청력손실 정도에 따른 청각장애 분류기준

청력손실	청각장애 정도	음의 인지 특성
25dB 이하	경도(mild)	• 일상적인 의사소통에 지장 없음
26~40dB	경도(mild)	• 조그마한 소리를 인지하기 어려움 • 회화 거리를 유지하지 못하면 이해하기 어려움 • 언어발달에 약간의 지체 현상이 야기됨
41~55dB	중도 (moderate)	• 입술 읽기와 말하기훈련 필요 • 보청기를 사용해야 함 • 의사소통이 어려움 • 집단 토의가 어려움 • 특정 발음이 어렵거나 안 됨 • 언어 습득과 발달이 지체됨
56~70dB	중등도 (moderately severe)	• 정규 교육 배치가 거의 가능함 • 말하기와 언어훈련이 가능함 • 교육보조 서비스가 필요함(노트 정리, 개인 교수 등) • 큰 소리는 이해함 • 1:1 대화도 어려움 • 보청기를 착용하면 음을 이해함
71~90dB	고도 (severe)	• 부분적인 정규 교육 배치 또는 전일제 특수교육 • 구화기술훈련이 중요함 • 언어훈련이 부분적으로 가능함 • 큰 소리로 이야기해도 이해가 어려움 • 보청기를 착용해도 음을 이해하기 어려움 • 어음 명료도가 현저하게 떨어짐
91dB 이상	최고도 (profound)	• 특수한 프로그램을 요구함 • 언어와 의사소통훈련이 필요함 • 청력에 의존한 학습 활동이 어려움 • 청력에 의존한 음의 수용과 이해가 어려움 • 어음 명료도와 변별력이 현저하게 떨어짐 • 보청기를 착용해도 어음 변별력이 현저하게 떨어짐

출처: Paul & Jackson(1993).

또한 국립특수교육원(2001)의 『특수교육요구아동 출현율 조사연구』에서는 이러한 정의를 종합하여 청각장애를 "청각의 이상으로 귀만으로 말을 듣는 데 어려움이 있어 학습 활동이나 일상생활에서 특별한 지원을 요구하는 자"라고 정의하였다. 그

〈표 5-3〉 청각장애 하위 범주 분류기준

하위 범주	분류기준
농	보청기를 사용하거나 사용하지 않은 상태에서 귀만으로 말을 들어 이해할 수 없는 정도(보통 70dB 이상)로, 청각장애가 있어 학습 활동이나 일상생활에서 특별한 지원을 지속적으로 요구하는 자
난청	보청기를 사용하거나 사용하지 않은 상태에서 귀만으로 말을 들어 이해하는 것이 불가능하지는 않으나 어려운 정도(보통 35~69dB)로, 청각에 장애가 있어 학습 활동이나 일상생활에서 특별한 지원을 요구하는 자

출처: 국립특수교육원(2001).

리고 하위 분류로 청력손실이 70dB 이상인 경우는 '농'으로, 35~69dB인 경우는 '난청'으로 구분하였다.

국립특수교육원의 청각장애 하위 범주 분류기준은 〈표 5-3〉에 제시되어 있다. 국립특수교육원(2001)의 연구에 따르면 청각장애 출현율은 6~11세 아동을 기준으로 농 0.03%, 난청 0.03%로 전체의 0.06%이며, 전체 특수교육요구아동 중 청각장애 아동이 차지하는 비율은 2.21%로 2,324명 정도다.

[글상자 5-6]

「한국수화언어법」과 수화

2016년에 제정되어 공포된 「한국수화언어법」 제1조에서 이 법의 제정 목적을 한국수화언어(이하 한국수어)가 국어와 동등한 자격을 가진 농인의 고유 언어임을 밝히고, 한국수어 발전 및 보전의 기반을 마련하여 한국수어사용자의 언어권과 삶의 질을 향상시키는 것이라고 밝히고 있다. 이 법 제2조의 이념은 다음과 같은 내용을 포함한다.

① 한국수화언어(이하 "한국수어"라 한다)는 대한민국 농인의 공용어이다.
② 국가와 국민은 한국수어를 사용하는 농인이 농정체성을 확립하고 한국수어와 농문화를 계승·발전할 수 있도록 협력한다.
③ 농인과 한국수어사용자(이하 "농인등"이라 한다)는 한국수어 사용을 이유로 정치·경제·사회·문화의 모든 생활 영역(이하 "모든 생활 영역"이라 한다)에서 차별을 받지 아니하며, 모든 생활 영역에서 한국수어를 통하여 삶을 영위하고 필요한 정보를 제공받을 권리가 있다.

④ 농인등은 한국수어로 교육받을 권리가 있다.

이 기본이념은 농인을 소리를 듣지 못하는 '청각장애인'으로 규정하지 않고 '다른 언어'를 사용하는 언어 문화집단임을 분명히 하고 있다. 미국의 경우 농인을 the Deaf라고 표현하여 Deaf가 Korean과 같은 고유명사임을 분명히 하고 있다. 「한국수화언어법」은 한국수어에 언어의 지위를 부여함과 동시에 공영어로서의 지위도 분명히 하고 있다.

수화는 단순히 말을 대체하는 의사소통 수단이 아니라 다른 자연 언어와 마찬가지로 음운론, 형태론, 통사론 등이 존재하며, 음성 언어의 모국어 습득과 마찬가지로 자연 습득된다. 수화는 언어이므로 비언어 의사소통인 수신호와 같은 몸짓 언어와는 다르다. '소리'는 언어를 정의하는 필요조건이 아니다. 매개체가 무엇인지는 상관이 없으며, 수화는 시각적 정보를 매개로 하는 언어다. 수화는 손가락이나 팔로 그리는 모양, 그 위치나 이동, 표정이나 입술의 움직임 등을 종합하여 이루어진다. 농인의 경우 수화를 모국어 내지는 주 언어로 습득하게 되며, 본인이 태어난 국가의 언어는 그들에게는 제2언어인 경우도 많다. 수화는 만국공통어가 아니다. 수화는 국가마다 다르다. 수화도 음성 언어처럼 자연 발생적이기 때문에 지역별로 방언도 있다.

2) 통합교육을 위한 지원

청각장애학생의 통합교육지원의 핵심은 청각을 통한 정보를 가능한 한 시각정보로 바꾸어 학습 장면에서 소외되지 않게 하는 것이다. 물론 이와 더불어서 그들이 학급에 잘 적응할 수 있도록 배려하는 것도 중요하다.

(1) 청각정보의 시각정보로의 전환

청각손실이 있는 아동은 청각정보를 받아들일 수 없는 것 때문에 통합학급에서 소외되기가 쉽다. 또한 학업 관련 언어 습득에도 제한을 갖는다. 청각손실의 정도에 따라서 청각정보의 활용도가 다르므로 아동의 청력을 어느 정도 활용할 수 있는가를 우선적으로 점검해야 한다. 그런 다음 청력을 이용하여 습득할 수 없는 정보에 한해서는 최대한 시각 자료를 제공하도록 한다. 모든 청각정보를 시각정보로 바꾸는 것은 불가능하다. 그러나 수업 단원의 안내나 수업시간에 핵심적으로 배울 과제 등을 시각적으로 안내하는 것만으로도 청각장애학생에게는 큰 도움이 된다. 교사와 이메일이나 문자메시지 등을 통한 의사소통도 매우 효율적으로 활용할 수 있는 방안이다. 항상 아동이 잘 듣지 못한다는 것을 염두에 두고 학습이나 학급의 활동에서 소외시키지 않으려는 노력이 중요하다.

(2) 청각장애학생의 언어 사용과 관련된 지원

청각장애학생은 듣는 것도 문제가 되지만 듣지 못하기 때문에 모방하여 말을 배우는 것이 어려우므로 말하는 것에도 상당한 어려움이 있다. 청각장애학생은 청력손실의 정도, 부모의 의지, 자신이 속한 문화 등에 의해 의사소통 방법에서 많은 차이를 보인다. 즉, 수화를 사용하는 아동, 구화를 능숙하게 구사하는 아동, 독화(입술을 읽는 것)를 하는 아동 등으로 다양하다. 우리나라에서 청각장애학생이 학교교육을 받는 경우는 구화와 독화를 어느 정도 배운 경우가 대부분이다. 청각장애특수학교에서는 전문적으로 독화나 구화를 가르치지만 일반학교, 일반학급에서는 그러한 교육적 요구에 부응하기가 어렵다.

일반교사가 청각장애학생의 언어 사용을 지원할 수 있는 부분은 구화를 구사하는 아동에게 되도록 구화 사용의 기회를 많이 주는 것이다. 특히 유념해야 할 사항은 구화는 입 모양을 보고 소리 내는 것을 배우는 것이기에 소리가 완전하지 않은 경우가 많다는 점이다. 가령 '가' 소리와 '각' 소리는 입 모양이 비슷하다. 묵음이나 격음 같은 것은 소리가 보이지 않아서 매우 배우기 힘든 소리 중의 하나다. 그래서 청각장애학생의 발음을 알아듣기 힘든 경우도 있지만 실제로 아동은 자신의 소리가 일반아동의 소리에서 어느 정도 벗어나는지 잘 자각하지 못한다.

교사가 지원해야 할 부분은 다른 학생이 청각장애학생의 말을 놀리거나 이해하기 어렵다고 짜증을 내는 등의 반응을 보이지 않도록 이해시키는 것이다. 소리가 완전하지 않아도 계속 듣다 보면 소리에 익숙해져서 알아듣기 쉬워진다. 교사가 청각장애학생의 말을 잘 알아듣는 학생을 중간에 통역자로 놓고 대화를 하는 경우가 많은데, 이것은 바람직하지 않다. 이러한 행동은 학생을 위축시킬 수도 있으며, 학생이 자신의 말을 잘 알아듣는 사람이 아니면 이야기하지 않게 만들기도 한다. 따라서 교사는 처음에 힘들어도 인내를 가지고 학생의 말에 익숙해지도록 노력해야 하며, 전문적인 언어교육은 할 수 없어도 기회가 있을 때마다 정확한 발음을 내도록 촉진해야 한다.

청각장애학생에게 다른 학생들과 마찬가지로 발표 기회를 제공하고, 말할 수 있는 기회도 되도록 많이 제공하면 학생의 말이 향상되고 학급에서도 소외감을 덜 느끼며 적응할 수 있게 된다. 또한 청각장애학생이 독화를 하기는 하지만 실제로 독화는 매우 어려운 기술로서 이때 손실되는 정보가 상당히 많으므로 교사는 이를 염두에 두고 배려해야 한다.

[글상자 5-7]

청각장애에 관한 Q & A

Q. 청각장애인은 말을 하지 못하나요?

A. 듣지 못한다고 말을 하지 못하는 것은 아닙니다. 다시 말해 말을 하는 기능 자체에 장애가 있는 것은 아닙니다. 청각장애인이 말을 하지 못하는 것은 들리지 않으므로 말을 모방할 수 없어서 자연스럽게 말을 학습할 기회를 갖지 못하기 때문입니다. 그러므로 특별한 훈련에 의해서 말을 배울 수가 있습니다.

Q. 청각장애인이 보청기를 끼면 일반인처럼 들리나요?

A. 보청기는 일반 소리를 모아 주고 증폭시키는 역할을 하는 기계입니다. 소리를 모으는 외이나 소리를 전달하는 중이의 손상에 의한 청각장애는 보청기가 소리를 들리게 하는 데 도움이 되기도 합니다. 그러나 소리정보를 대뇌에 전달하는 신경계에 손상이 생겨서 청각장애가 되는 경우에는 보청기가 도움이 되지 않을 수도 있습니다. 또한 보청기를 끼더라도 음역이 낮은 소리를 증폭시키는 데는 한계가 있으므로 일반인처럼 소리를 들을 수 있는 것은 아닙니다.

Q. 청각장애인의 인지능력은 어떻습니까?

A. 청각장애인의 지능 분포는 일반인과 같습니다. 지능이 높은 사람도 있고 낮은 사람도 있습니다. 다만 청각장애로 소리정보를 원활하게 처리하지 못하여 학습에 어려움을 느끼기도 합니다. 이것은 지능과 상관없이 소리정보를 처리하지 못하기 때문에 생기는 현상입니다.

Q. 청각장애인은 다른 사람과 대화하는 것을 좋아합니까?

A. 청각장애인은 의사소통을 할 수 있는 방법만 공유한다면 대화하기를 좋아합니다. 개개인의 성격에 따라 다르지만, 청각장애인이기 때문에 대화를 꺼리지는 않습니다.

다만 입술을 읽어서 다른 사람이 말하는 것을 알아들어야 할 경우에는 고도의 집중력을 요하므로 장시간 대화하는 데 피로감을 느낍니다. 청각장애인끼리 수화로 대화할 경우 매우 활발하게 대화하는 것을 자주 목격할 수 있습니다.

Q. 일반인이 양쪽 귀를 막고 들리지 않는 상태가 청각장애인이 소리를 듣지 못하는 상태와 비슷합니까?

A. 그렇지 않습니다. 그리고 양쪽 귀를 막는다고 해서 소리가 완전히 차단되는 것도 아닙니다.

[학습활동 5-1]

1. 보건복지부 국립재활원 중앙보조기기센터(www.knat.go.kr) 홈페이지를 방문하여 시각장애인, 청각장애인, 지체장애인을 위한 보조기기를 조사해 보시오.

2. 수화앱 등을 활용하여 다음 문장을 수화로 표현해 보시오.
   - "여러분, 저에게 집중해 보세요."
   - "자, 지금부터 수업을 시작하겠습니다."
   - "조용히 하고 제자리에 앉으세요."

4. 지체장애

1) 개념 및 정의

지체장애는 하나의 용어로 범주화되었지만 매우 상이한 조건을 지닌 장애로서 하나로 범주화하는 데 어려움이 많다. 다만 신체의 움직임이 자유롭지 않다는 공통점이 있고, 이러한 조건이 비슷한 교육적 지원을 요구한다는 가정에서 하나의 범주로 묶는다고 볼 수 있다(Gargrulo, 2003).

우리나라 「장애인 등에 대한 특수교육법」에서는 지체장애를 다음의 [글상자 5-8]과 같이 정의하고 있다.

[글상자 5-8]

「장애인 등에 대한 특수교육법」의 지체장애 정의

기능·형태상 장애를 가지고 있거나 몸통을 지탱하거나 팔다리의 움직임 등에 어려움을 겪는 신체적 조건이나 상태로 인해 교육적 성취에 어려움이 있는 사람

이 정의는 교육적 요구에 중점을 두고 매우 광범위하게 규정하고 있어서 지체장애에 대하여 명확히 이해하기에는 어려움이 있다.

「장애인복지법」에서도 장애의 종류 및 기준을 제시하는데, 여기에서는 「장애인 등에 대한 특수교육법」의 지체장애를 지체장애인과 뇌병변장애인으로 나누어 정의하고 있다. 「장애인복지법」의 뇌병변장애와 지체장애 정의는 [글상자 5-9]와 같다.

[글상자 5-9]

「장애인복지법」의 뇌병변장애 및 지체장애 정의

▶ 뇌병변장애

뇌성마비, 외상성 뇌손상, 뇌졸중 등 뇌의 기질적 병변에 기인한 신체적 장애로 보행 또는 일상생활 동작 등에 상당한 제한을 받는 사람

▶ 지체장애

① 한 팔, 한 다리 또는 몸통의 기능에 영속적인 장애가 있는 사람

② 한 손의 엄지손가락을 지골관절 이상의 부위에서 잃은 사람 또는 한 손의 둘째손가락을 포함한 두 개 이상의 손가락을 모두 제1지골관절 이상의 부위에서 잃은 사람

③ 한 다리를 리스프랑(Lisfranc: 발등 뼈와 발목을 이어 주는) 관절 이상의 부위에서 잃은 사람

④ 두 발의 발가락을 모두 잃은 사람

⑤ 한 손의 엄지손가락의 기능을 잃은 사람 또는 한 손의 둘째손가락을 포함한 손가락 두 개 이상의 기능을 잃은 사람

⑥ 왜소증으로 키가 심하게 작다거나 척추에 현저한 변형 또는 기형이 있는 사람

⑦ 지체에 위 각 목의 1에 해당하는 장애 정도 이상의 장애가 있다고 인정되는 사람

「장애인복지법」에서 뇌병변장애와 지체장애로 나눈 것은 학령기 아동과는 달리 성인기에는 노화 등의 이유로 뇌병변장애의 발생률이 높아지기 때문에 체계적인 관리지원이 필요하기 때문이다.

미국「장애인교육법」에서는 지체장애를 하나의 범주로 정의하는 것이 아니라 정형외과적 장애(orthopedic impairments), 중복장애(multiple disabilities)와 외상성 뇌손상(traumatic brain injury)의 세 가지 범주 안에서 특수교육지원을 받을 수 있도록 규정하고 있다. 각각의 범주를 간단히 살펴보면 정형외과적 장애는 선천성 기형(내반족, 사지기형 등), 질병에 의한 손상(소아마비, 골결핵 등), 기타 원인에 의한 손상(뇌성마비, 절단, 골절, 화상 등에 의한 수축 등)을 포함하는데, 이 경우 지체장애를 수반하는 것이 일반적이다. 중복장애는 두 가지 이상의 장애가 동시에 나타나는 경우를 말하는데, 지체장애인 경우 뇌성마비, 지적장애 등이 중복장애로 나타나는 경우가 많다. 외상성 뇌손상은 사고에 의한 뇌손상의 결과로 일상생활과 교육 활동에 광범위한 지원이 필요한 경우를 의미한다. 이 경우에도 뇌손상이 지체장애를 초래할 경우에는 특수교육적 지원을 받을 수 있다.

2000년 OECD의 보고에 따르면 오스트리아·프랑스·체코·아일랜드에서는 지체장애를 신체장애, 핀란드에서는 신체장애 및 기타 장애, 이탈리아에서는 중증 지체장애(severe physical handicap), 네덜란드에서는 운동장애(handicapped motor impairment), 터키에서는 정형외과적 장애, 헝가리에서는 운동근육장애(motoric disabilities)로 분류하고 있다.

이상의 정의를 종합하면, 지체장애는 원인과 관계없이 드러나는 신체적 손상과 관련하여 분류하는 경우와 미국과 같이 신체적 손상을 유발하는 원인에 초점을 두고 분류하는 경우로 나눌 수 있다. 이와 같은 현상은 지체장애는 그 종류와 원인이 다양하고 범위 및 장애의 부위나 정도도 광범위하고 복잡하며, 각 학문의 분야 또는 국가와 시대에 따라 관점과 강조점도 달라 명확한 정의를 내리는 것이 무척 어렵기 때문이다(김홍주, 서용윤, 강수균, 1996).

국립특수교육원(2001)은 전문가 토론을 거쳐 지체장애를 "지체의 기능, 형태상 장애를 지니고 있고, 체간의 지지 또는 손발의 운동, 동작이 불가능하거나 곤란하여 학습 활동이나 일상생활에서 특별한 지원을 요구하는 자"로 정의하고, 하위 범주로 '신경성 증후군 지체장애'와 '운동기 질환군 지체장애'로 분류하였다. 〈표 5-4〉는

〈표 5-4〉 지체장애 하위 범주 분류기준

하위 범주	분류기준
신경성 증후군	뇌성마비, 진행성 근이양증, 척수성마비, 소아마비 등으로 학습 활동과 일상생활에 특별한 지원을 요구하는 자
운동기 질환군	골질환, 관절질환, 결핵성 질환, 외상성 관절, 형태이상 등으로 학습 활동과 일상생활에서 특별한 지원을 요구하는 자

출처: 국립특수교육원(2001).

이 분류를 좀 더 상세히 보여 준다.

이 연구보고서의 분류기준에는 포함되지 않았지만 흔히 뇌전증(간질)으로 알려진 경련장애는 뇌신경계의 이상에 의해 경련이 발생하고, 많은 경우 일시적으로 통제할 수 없는 사지의 움직임이 나타나는 증상이므로 신경성 증후군 지체장애 범주에 포함시키는 것이 타당하다고 본다.

📖 [글상자 5-10]

대한민국 장애인 국제 무용제(Korea International Accessible Dance Festival: KIADA)

우리나라는 2016년부터 대한민국 장애인 국제 무용제를 매년 9월에 개최하고 있다. 홈페이지(https://www.facebook.com/with.kiada)를 방문하면 다양한 정보를 볼 수 있다. 이 무용제에 참가하는 팀들은 개인 무용수, 장애인팀, 장애인 · 비장애인 공동팀이 있다. 공연 작품은 하나하나 개성이 넘치며, 장애가 비장애의 결핍이 아니라 그 자체로 하나의 정체성이라는 것을 보여 준다. 장애가 있기 때문에 경험하고 공유할 수 있는 인식, 철학과 즐거움이 있으며, 이로부터 발생하는 연대성을 '장애문화(disability culture)'라고 한다. 장애문화는 다른 문화와 마찬가지로 그 문화집단에 속한 사람들만이 그 문화의 독특성을 즐길 수 있는 것은 아니다. 장애문화는 사람들의 사고를 확장시켜 주며 상상력을 높여 준다. 장애문화의 확산은 장애인 당사자들이 문화를 즐기는 데 기여할 뿐 아니라 비장애인과의 연대를 높여 주기도 한다. 영어권에서는 '장애문화' 대신 'accessible arts(접근가능한 문화)'라고 부르기도 한다. 호주의 단체 AccessbleArts 홈페이지(http://www.aarts.net.au)를 방문하면 장애인과 비장애인이 함께 즐길 수 있는 다양한 문화를 접할 수 있다.

앞에서 지체장애에 대한 개념을 간략히 정리했는데, 다음에는 이 중에서 더욱 세부적인 이해가 필요하다고 생각하는 뇌성마비, 소아마비에 대하여 좀 더 상세히 살펴볼 것이다.

덧붙여서 국립특수교육원의 지체장애 분류에는 포함되지 않았지만 뇌전증은 통상적으로 지체장애의 하위 범주로 분류되며, 실제 학교에서 경련하는 학생을 만났을 경우 즉각적인 교사의 조치가 필요할 수 있으므로 여기에서 좀 더 자세히 다루고자 한다.

(1) 뇌성마비

뇌성마비란 출생 전이나 출생 시 또는 출생 후 아직 뇌가 미성숙한 시기(보통 2세 이전)에 가해진 뇌손상 때문에 근육의 움직임을 자율적으로 조절할 수 없는 상태를 의미한다. 이 경우 뇌손상은 비진행성이다. 여기에서 마비란 자율적으로 움직임을 조절할 수 없는 상태를 의미하며, 전혀 움직이지 않고 고정된 상태를 의미하는 것은 아니다. 뇌성마비의 공통적인 특징은 근육의 긴장과 이완이 자율적으로 조절되지 않아서 일반적인 자세를 유지하거나 움직이는 데 어려움이 있으며, 말을 할 때도 동작의 뒤틀림을 수반하는 경우가 많아서 발음을 정확히 내는 것이 매우 어렵다. 특히 긴장하면 근육의 움직임이 더욱 불편해져 평소보다 더 심한 경직이나 불수의 운동이 일어나기도 한다. 뇌손상의 정도나 부위에 따라서 지적장애, 경련장애, 시각장애, 청각장애 및 감각장애 등을 수반하는 경우도 많다.

① 분류

미국 뇌성마비학회(The American Academy for Cerebral Palsy and Developmental Medicine: AACPDM)에서는 뇌성마비를 신경운동적 분류, 신경운동장애가 나타나는 신체 부위에 따른 분류, 장애의 심한 정도에 따른 분류의 세 가지 기준으로 나누고 있다. 첫 번째로, 신경운동적 분류를 정리하면 다음의 〈표 5-5〉와 같다.

〈표 5-5〉 신경운동적 분류에 따른 뇌성마비

분류	설명
경련형(spasticity)	사지근육이 당기고 갑작스러운 움직임이나 펴기를 시도하면 근육이 강하게 수축한다. 그래서 경련형을 근육 운동의 부조화라고도 한다. 뇌성마비 아동의 50% 정도가 이에 속한다.
무정위운동형(athetosis)	사지가 불수의적으로 목적 없이 움직이는 것을 지칭하며, 특히 손목과 손가락이 심하다. 이 조절되지 않는 움직임은 수면 시에는 정지한다. 이 형태는 뇌성마비 아동의 약 25%를 차지한다.
강직형(rigidity)	근육 신축성의 상실로 운동 저항이 강하게 나타나며 사지를 펴는 동작도 어렵다. 이 형태는 과잉동작이나 불수의적 동작은 볼 수 없다. 강직된 사지를 움직이면 납으로 된 파이프처럼 굽어진다. 뇌성마비 아동의 약 5%가 이에 속한다.
운동실조형(ataxia)	방향을 조절하거나 균형을 잡는 것에 어려움을 느끼며 협응이 안 된 움직임이 특징이다. 서는 것은 가능하나 보행이 어렵다. 걸을 때는 파도치는 바다에 있는 배에서 걷는 것처럼 균형을 잡지 못하고 흔들리며 자주 넘어진다. 뇌성마비 아동의 10% 정도를 차지하며, 소뇌손상에서 오는 것으로 밝혀졌다.
진전형(tremor)	사지가 뒤흔들리는 것으로, 어떤 근육의 율동적이고 불수의적인 운동을 지칭한다. 쉬고 있을 때도 계속적인 움직임이 있는데, 이러한 아동은 아주 드물다.

출처: 국립특수교육원(2001).

　　두 번째로, 신경운동장애가 나타나는 신체 부위에 따른 분류는 다음의 〈표 5-6〉과 같다. 마비의 부위와 정도에 따라 자율적으로 움직일 수 있는 정도는 다르다. 독립보행과 독립적인 신변처리가 가능한 경우 수동휠체어를 이용하여 움직일 수 있고, 독립적인 신변처리만 가능한 경우 전동휠체어를 이용해야 한다. 그리고 독립적인 신변처리에 어려움을 느끼는 경우도 있다.

　　세 번째로, 장애의 심한 정도에 따른 분류는 운동성 발달과 이상 형태 등을 검사한 후에 그 정도에 따라 경도(mild), 중등도(moderate), 중도(severe and profound)로 나눈다.

〈표 5-6〉 신경운동장애가 나타나는 신체 부위에 의한 뇌성마비 분류

분류	설명
단마비(monoplegia)	한쪽 팔이나 한쪽 다리 중 어느 한 부위에 뇌손상이 영향을 미쳐서 마비가 오는 것을 의미한다.
대마비(paraplegia)	양쪽 다리에 뇌손상이 영향을 미쳐 다리에 마비가 오는 것을 의미하며 주로 경련형이나 강직형이 많다.
편마비(hemiplegia)	오른쪽이나 왼쪽 중 어느 한쪽의 팔, 다리에 마비가 오는 것을 의미하며, 대개 경련형이고 간혹 무정위운동형도 있다.
삼지마비 (triplegia)	한쪽 팔과 양다리에 마비가 오는 것을 의미하며 경련형이 많다.
사지마비(quadriplegia)	양쪽 팔다리에 모두 마비가 오는 것을 의미한다. 하지마비가 심한 경우는 대개 경련형이며, 상지마비가 심한 경우는 무정위운동형이 많다.

② 뇌성마비의 동반증상

뇌성마비는 뇌손상의 부위와 정도에 따라서 언어장애, 학습장애, 지각-감각 결손, 지적장애, 청각장애, 시각장애 등 여러 가지 장애가 복합적으로 수반되는 경우가 많다. 뇌성마비와 지적장애를 동반한 아동의 출현율은 면밀히 조사된 것이 없어서 추정하기가 매우 힘들다. Bleck(1979)의 연구에서는 뇌성마비 중 75% 정도가 지적장애를 수반한다고 보고하지만, 또 다른 연구에서는 40~60%만 지적장애가 동반된다고 보고하고 있다. 뇌성마비 아동의 지능 분포는 [그림 5-1]을 참조하기 바란다.

뇌성마비 아동의 경련 수반에 관한 보고는 다양하나 대체로 뇌성마비 아동의 1/3이 간헐적인 경련을 일으키는 것으로 보이며, 그들의 약 10%는 후에 지속적인 경련

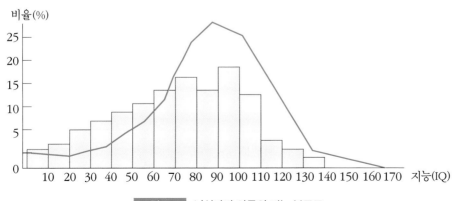

그림 5-1 뇌성마비 아동의 지능 분포도

장애를 수반하기도 한다. 뇌성마비에서 경련은 두뇌의 신경에 압력을 높여 두뇌손상을 부가하며 지능발달을 저해하고 치료훈련에도 지장을 준다. 또한 경련 도중 외상을 입을 수도 있으므로 적극적인 치료 자세를 가져야 한다.

그리고 뇌성마비 아동중 약 50%에서 사시가 동반되고, 편마비 아동에서는 동측 반맹 같은 시각장애가 올 수 있으며, 운동실조형에서는 안구진탕이 나타나게 된다. 이 밖에 15% 정도에서는 부분 혹은 완전 시력상실이 온다. 이러한 여러 가지 시각 장애는 눈-손 협응이나 기타 지각 작용에서 입체 감각을 분별하는 데 2차적인 장애를 초래하게 된다. 뇌성마비 아동의 5~8%에서 청각장애가 있는데, 그 원인으로는 핵황달이 가장 관계가 깊으며, 청력손실은 무정위성 아동에게서 더 많이 나타나는 것으로 보고된다. 또한 일반적인 감각 중 입체 감각, 2점 분별능력, 위치 및 진동 감각, 통각, 온도 감각의 순서로 감각장애가 나타나는데, 뇌성마비 아동의 42%가 하나 이상의 감각장애를 갖는다고 한다. 이러한 감각장애로 인해 손의 기능과 운동 협응의 장애가 부가되므로, 정확한 감각장애 정도를 알아내는 것이 아동의 재활에서 매우 중요하다. 뇌구조 중 감정적 행동에 관여하는 부위에 기질적 손상이 있는 경우 기질적인 원인으로 정서장애를 보이기도 한다. 하지만 환경적 요인, 즉 가족의 아동에 대한 태도나 주위 사회환경의 태도와 반응에 의해 심리적 어려움을 느끼기도 한다.

(2) 소아마비

소아마비는 성질이 다른 두 가지 증상의 총칭으로 쓰이는데, 하나는 척수성 소아마비이고 다른 하나는 뇌성 소아마비다. 척수성 소아마비는 척수신경의 운동세포에 폴리오바이러스가 침투하여 근육의 수축과 운동결핍을 일으켜서 손발에 마비가 오는 것이다. 뇌성 소아마비는 출산 전후의 여러 가지 원인에 의하여 뇌신경이 손상을 당해 일어나는 것이다. 또 마비의 상태도 현저하게 달라서 척수성 소아마비가 움직이지 않는 손발을 다른 사람이 강제로 구부리거나 펴면 힘이 빠진 것 같이 흐늘흐늘 움직이는 이완성 마비라면, 뇌성 소아마비는 손발의 근육이 뻣뻣해지는 경직성 마비다.

마비의 형태는 척추의 운동세포 부분 중 어떤 부분이 손상되었느냐에 따라 달라질 수 있기 때문에 다양하게 나타난다. 어떤 근육은 힘이 완전히 없어져 버리기도 하고, 어떤 근육은 약해진다. 약해진 근육의 부위에 따라 사지나 관절이 기형적이 되기도 하고, 척추나 몸체가 휘거나 몸체의 마비가 오는 등 증상이 심해지기도 한다. 그러나 지능이나 감각은 전혀 영향을 받지 않기 때문에 이 장애는 한 체계, 즉 신경근육체계의 장애에 국한된다. 최근에는 백신의 보급으로 인해 드물게 나타나는 장애다.

(3) 뇌전증

뇌전증은 이전에 '간질'이라고 불리었는데, 간질이라는 용어가 주는 사회적 낙인이 심하기 때문에 용어가 변경된 것이다. 뇌전증은 두뇌의 비정상적인 전기 에너지의 발산으로 경련, 발작 등이 일어나는 것인데, 어떤 조건에서 전기 에너지가 두뇌에서 발산하는지에 관해서는 분명히 밝혀지지는 않았다. 그러나 갑자기 지나치게 많은 자극이 주어지거나 긴장할 때 경련이 오는 경우가 많으며, 이러한 방전은 보통 예측할 수 있다. 예를 들어, 경련이 일어나기 직전에 사람은 특이한 감각, 즉 어떤 소리를 듣거나 어떤 영상을 보거나 어떤 냄새를 지각하는 등의 어떤 내적인 감각을 경험한다고 한다.

경련은 보통 어떤 종류의 뇌손상에서 기인한다고 보고되고 있다. 그러나 뇌손상이 있다고 해서 항상 경련이 일어나는 것은 아니고, 두뇌가 손상되었다는 분명한 증거 없이도 경련이 일어나기도 한다. 경련을 일으키는 대부분의 비정상적인 전기적 두뇌 활동은 뇌파로 찾아낼 수 있으나, 경련장애를 가진 아동 중에는 정상적인 뇌파를 가진 아동도 있고 또 비정상적인 뇌파를 가진 아동이 경련장애를 수반하지 않는 경우도 있다.

① 경련의 분류 및 특징

전통적 분류는 대경련, 부분경련, 소경련이다. 뇌전증을 가진 사람은 보통 이들 중 하나 이상의 형태를 나타낸다. 첫째, 대경련을 일으키는 경우, 의식을 잃고 넘어져 짧은 시간 안에 근육이 경직되고 사지나 몸통 그리고 머리에 불수의적 수축이 일어난다. 이러한 증상이 일어나기 전에 흔히 경련을 예고하는 징조에 대한 느낌이 미리 오는데, 어떤 경우는 이 시간이 길어서 누울 장소를 미리 찾을 수도 있다. 대경련이 발생하면 경련 중에 머리가 뒤틀리고, 숨결이 무겁고, 땀을 흘리거나 입에 거품이 생기고, 방광이나 장 통제가 어렵고, 입술이나 혀를 물어 상처를 내거나 가구나 바닥에 몸을 부딪쳐 다치는 경우가 많다. 경련이 심할 때는 2~5분간 지속되며, 깊은 잠이나 혼수상태에 빠진 후 본래의 잠을 잔다. 깨어난 후 당사자는 방향 감각을 잃어버리고 우울해지며 혼란을 느껴 보통 경련하는 동안에 일어난 일을 기억하지 못하지만, 경련을 일으켰다는 사실 자체를 모르는 것은 아니다.

둘째, 부분경련은 두뇌의 한정된 영역에서만 방출이 일어나 부분적으로 운동이나 감각적 문제만 일으킨다. 어떤 경우는 시각, 청각, 후각 등의 감각이상만 나타나고 경련은 별로 없기도 하며, 또 어떤 경우는 복통, 설사 혹은 다른 자율적 발현으로 나타나기도 한다. 부분경련에는 잭소니안경련(Jacksonian seizure)이나 심리운동경련이 포함된다. 잭소니안경련은 왼손과 같은 신체의 한 부분에서 근육수축이 일어나 의식은 잃지 않지만 주저앉거나 때로는 이 근육수축이 몸 전체로 퍼져 대경련이 되기도 한다. 심리운동경련은 넘어지거나 의식을 잃지는 않으나, 알아들을 수 없는 말을 중얼거리고 욕을 하고 마치 로봇과 같은 목적 없는 격한 행동을 하기도 한다. 이 경련은 대개 그 시간이 짧고 망각증이 따르기 때문에 경련이 일어난 것을 당사자가 기억하지 못하는 경우가 많다. 따라서 가끔 이 경련을 일으킨 사람은 마치 의도적으로 성질을 격하게 부리거나 정신병적인 삽화가 있는 것처럼 보이기도 한다.

셋째, 소경련은 부재경련이라고 하는데, 몇 초에서 1분 정도까지의 짧은 시간 안에 의식을 잃어버리거나 혼동되는 것이 특징이다. 이 증상은 강도는 대경련보다 약하지만 빈도가 매우 높을 가능성이 많으며, 느낌이 미리 일어나지 않고 눈을 깜빡이거나 잠시 멍해지는 등 증상이 경미하기 때문에 대개 의도적 실수나 주의 부족으로 잘못 판단되기도 한다. 이 경련은 아동에게서 많이 나타나며, 흔히 아동이 성장하면서 없어진다.

② 경련 발생 시 응급 처치

일반적으로 경련이 시작되면 그 무엇으로도 정지시키지 못하므로 방해하지 않아야 하며, 주변 학생들에게 경련에 대하여 간략한 설명을 하고 오래 지속되지 않을 것이라고 말하는 것이 좋다. 경련을 하는 학생에게는 다음과 같이 처치하면 도움이 된다.

• 경련 시 바닥에 편히 눕게 하며 부딪치거나 다치지 않도록 주변의 위험한 물건

을 치우고 공간을 확보한다.

- 혀를 깨물거나 질식하지 않도록 고개를 돌린다. 경련하는 학생을 움직이지 못하게 손발을 꽉 잡거나 주무르는 것은 오히려 해롭다. 또 목이 조이는 옷은 느슨하게 풀어 준다. 입을 억지로 벌리거나 입속에 무언가를 넣는 것은 매우 위험하다.
- 경련 도중 숨이 약해지고 일시적으로 멈출 수도 있다. 기도가 막혔는지 점검해 보고 인공호흡을 실시한다.
- 경련이 멈추면 의식이 회복될 때까지 쉬게 하며, 의식이 회복된 후에도 양호실 등에서 일정 시간 편히 쉬게 배려한다.
- 당황할 경우에는 반드시 보건교사를 부르거나 119에 전화해서 도움을 받아야 한다. 또한 경련이 10분 내에 끝나지 않거나 계속 반복될 때, 경련 시 부딪치거나 넘어져서 머리 부위에 손상이 있을 때는 반드시 의사를 불러야 한다.
- 경련하는 학생에게 물을 끼얹거나 약 또는 드링크제 등을 먹이지 말아야 하며, 침이나 바늘 등으로 따는 행위도 해서는 안 된다.

2) 통합교육을 위한 지원

지체장애학생이 학급에 통합되었을 때 우선적으로 점검해야 할 사항은 지체장애에 따라서 영향을 받은 부위는 어디인지, 이동이나 신변처리와 같은 학생의 일상생활이 그 장애로 인하여 어느 정도 제약을 받는지에 관한 것이다. 두 번째는 학생의 의학적 처방 및 현재 받고 있는 치료와 이동 및 신변처리 능력과 관련된 사항이다. 학급에서 의료적 지원을 해 주거나 치료를 담당하지는 않지만 그와 관련해서 일상생활 속에서 반드시 지켜야 할 사항 등을 숙지해야 학생을 잘 보호할 수 있기 때문이다. 다음의 [글상자 5-11]은 지체장애학생을 담당한 교사가 반드시 점검해야 할 질문을 정리한 것이다.

📖 **[글상자 5-11]**

지체장애학생의 담당교사가 숙지해야 할 질문

1. 학생이 규칙적으로 복용하는 약이 있으며, 학교에서도 복용해야 하는가? 약 복용에 따른 부작용은 없는가? 있다면 어떤 부작용이 있는가?

2. 등교는 어떻게 하고 있는가? 아동의 이동수단은? 아동에게 도움이 필요한가?

3. 지체장애로 인해 의사소통에는 어려움이 없는가?

4. 지체장애로 인해 쓰기 활동에는 어려움이 없는가?

5. 신변처리(먹기, 화장실 사용하기, 옷 입기 등)에 도움이 필요한가?

6. 신변처리를 위하여 어떤 특별한 장치를 사용하는가?

7. 자세를 바로잡기 위하여 어떤 보조장치(베개, 나무판, 부목 등)를 사용하는가?

8. 교육하는 데 필요한 다른 정보는 없는가?

출처: Berdine & Blackhurst(1985).

지체장애학생의 통합교육을 위한 교사의 지원은 일반적인 교수-학습을 위한 지원 이외에 지체장애의 특성을 고려한 신체적 상태에 대한 주의, 물리적 환경의 재구성, 보조공학의 사용에 관한 것 등이다.

(1) 신체적 상태에 대한 주의

지체장애학생의 신체적 상태에 대하여 교사가 주의를 기울여야 할 부분은 현재 받고 있는 치료나 복용하고 있는 약에 관한 것과 정상적인 자세의 유지에 관한 것이다.

(2) 치료나 약물에 관한 주의

지체장애학생이 정기적으로 약을 복용하는 경우에는 규칙적으로 약을 복용하도록 주의를 기울여야 하며, 약 복용과 관련된 증상도 점검해야 한다. 약물 관련 부작용으로 무기력, 짜증, 피로감 호소, 졸음 등이 수반될 수 있는데, 이러한 증상을 교사가 완화시킬 수는 없지만 미리 알아 둘 필요는 있다. 또한 응급 상황에 처했을 때 교사가 취할 수 있는 절차와 알레르기를 유발하는 음식, 물질 등에 대해서도 미리 숙지해야 한다.

(3) 바른 자세의 유지

많은 지체장애학생은 바른 자세를 유지하기가 어렵다. 바른 자세를 유지하는 것은 신체의 골격을 바르게 유지함으로써 최대한 건강한 신체 발달을 촉진할 뿐 아니라 자아개념에도 큰 영향을 미친다(이선희, 2001). 바른 자세를 유지하기 위해서는 일반적으로 보조기구(예: 베개, 부목 등)를 사용하여 골반의 안정성 확보, 하지의 적절한 지지, 몸통의 안정성 확보, 머리의 적절한 지지, 상지의 적절한 지지를 유지하는 것이 중요하다. 이를 위해 치료교사나 의사와 공동 협력하여 학급에서 일상생활을 할 때 교사가 어떤 도움을 줄 수 있는지 알아 두는 것이 좋다. 치료교사나 의사와의 공동협력이 어려운 경우는 부모나 보호자가 알고 있는 정보를 최대한 공유해야 한다.

📖 [글상자 5-12]

지체장애에 관한 Q&A

Q. 뇌성마비는 유전됩니까?

A. 뇌성마비는 뇌손상으로 인해 근육의 긴장이 너무 높거나 낮아서 자세에 불균형이 생기고 움직임이 자유롭지 못한 장애입니다. 유전이 되지는 않습니다.

Q. 뇌전증학생에게 갑자기 경련이 오면 어떻게 합니까?

A. 갑자기 경련을 하면 적절한 응급 조치가 필요합니다. 가장 핵심적인 조치는 경련과정에서 침이나 이물질이 분비되어 기도가 막혀 호흡이 곤란해질 수 있으므로 기도를 트이게 해 주는 것입니다. 이를 위해서 가장 간단하게 할 수 있는 조치는 옆으로 눕히는 것입니다. 그리고 되도록 빨리 보건교사나 119에 전화하여 응급 조치를 취할 수 있도록 연락을 취해야 합니다. 또한 경련이 끝난 다음에는 안정을 취할 수 있도록 도와주어야 합니다. 경련은 뇌의 전기 에너지가 충돌하여 발생하므로 순간적으로 상당한 에너지를 소모하여 피로를 느낄 수 있습니다. 따라서 다른 사람들과 분리시켜 안정을 취하도록 도와주어야 합니다.

Q. 지체장애인은 성생활이 가능합니까?

A. 지체장애인의 장애 부위나 정도를 설명할 때 마비라는 말을 씁니다. 이때 마비는 완전히 굳어서 움직이지 못하는 상태가 아니라 자기가 원하는 대로 조절이 되지 않는다는 뜻입니다. 성기능의 손상 정도에 따라서 개인차가 있지만, 성기능이 손상되지 않았다면 그들도 자세 등을 조절하여 성생활을 할 수 있습니다.

[학습활동 5-2]

1. 스마트폰의 접근성센터(쉬운 사용)와 컴퓨터의 설정에서 접근성을 열고 지원 목록을 살펴보시오. 여러 가지 지원모드로 설정해서 체험해 보고 느낀 점을 정리해 보시오.
2. 올림픽이 끝나면 패럴림픽이 개최된다. 패럴림픽의 종목을 검색해 보고 느낀 점을 정리해 보시오.

5. 건강장애

1) 개념 및 정의

건강장애는 2005년에 개정된 「특수교육진흥법」에서 특수교육대상자로 지정된 장애다. 심장질환이나 암 같은 건강상의 이유로 장기간 치료를 요하기 때문에 일상생활을 수행하는 데 제약을 받으며, 특별한 교육적 지원이 필요한 상태를 의미한다. 「장애인 등에 대한 특수교육법」상의 건강장애에 대한 정의는 [글상자 5-13]과 같다.

[글상자 5-13]

「장애인 등에 대한 특수교육법」상의 건강장애 정의

만성질환으로 인하여 3개월 이상의 장기입원 또는 통원치료 등 계속적인 의료적 지원이 필요하여 학교생활 및 학업 수행에 어려움이 있는 사람

「장애인복지법」에서는 건강장애를 신장장애, 심장장애, 호흡기장애, 간장애, 장루/요루장애의 다섯 가지 장애 영역으로 나누어서 정의하고 있다. 각 장애의 정의를 요약하면 특정한 질병으로 일상생활을 하는 데 상당한 제약을 받는 사람이라고 할 수 있다.

미국 「장애인교육법」에서는 건강장애(other health impairment, 기타건강장애)를 체력이 저하되어 있고, 원기가 없으며, 어떤 환경 자극에 대해 지나치게 민감한 상태

나 둔감한 상태로서, 결과적으로 교육에 영향을 미칠 수 있는 상태라고 정의하고 있다. 더 세부적인 증상으로는 ① 천식, 주의력결핍과잉행동장애, 당뇨, 간질, 심장질환, 혈우병, 납중독, 백혈병, 신장질환, 류머티즘, 악성빈혈 등의 장기적이고 치명적인 건강상의 문제, 또는 ② 아동의 교육에 영향을 미칠 수 있는 질병 등으로 규정하고 있다. 한 가지 특징적인 것은 주의력결핍과잉행동장애를 기타건강장애에 포함하고 있는데, 이것은 특별한 교육적 지원이 필요하지만 다른 어떤 장애 영역에도 해당되지 않는 학생들을 이 범주에 포함하기 때문이다.

국립특수교육원의 『특수교육요구아동 출현율 조사연구』(2001)에서는 건강장애를 "만성적인 질환이나 허약 등으로 장기간의 입원이나 통원치료 등 계속적인 의료적 지원을 받아야 하므로 학습 활동이나 일상생활에서 특별한 지원을 지속적으로 요구하는 자"로 정의하고 있다. 이 연구에서는 건강장애의 하위 범주로 심장장애, 신장장애, 일반건강장애를 두고 있으며, 상세한 내용은 〈표 5-7〉과 같다.

건강상의 이유로 장기간 치료받을 경우 교육적으로는 상당한 손실을 겪을 수밖에 없다. 장기간 입원해야 하는 경우에는 등교 자체가 불가능하기 때문에 순회교육과 같은 대안적인 교육 배치가 필요하며, 심장장애와 같은 경우에는 체육 활동이나 기타 활동을 할 때 대안 활동의 모색 등과 같은 특별한 교육적 지원이 필요하다.

건강장애학생들은 출석하여 수업에 참여하는 것이 어렵기 때문에 온라인 교육 프로그램이 제공된다. 건강장애로 등록된 중·고등학생은 한국교육개발원 스마트

〈표 5-7〉 건강장애 하위 범주 분류기준

하위 범주	분류기준
심장장애	심장의 기능부전에 따른 호흡곤란 등의 장애로 장기간의 입원 및 치료 등 계속적인 의료적 지원을 받아야 하므로 학습 활동이나 일상생활에서 특별한 지원을 지속적으로 요구하는 자
신장장애	신장의 기능부전으로 혈액 투석이나 복막 투석을 지속적으로 받아야 하거나 신장의 기능에 대한 영속적인 장애가 있어 계속적인 의료적 지원을 받아야 하므로 학습 활동이나 일상생활에서 특별한 지원을 지속적으로 요구하는 자
일반건강장애	중증 천식, 악성 빈혈, 간질, 혈우병, 백혈병, 폐질환, 소아당뇨병, 만성간염 등의 만성질병으로 인해 입원 및 치료 등 계속적인 의료적 지원을 받아야 하므로 학습 활동이나 일상생활에서 특별한 지원을 지속적으로 요구하는 자

출처: 국립특수교육원(2001).

러닝(http://online-school.or.kr)센터에서 건강장애학생 원격수업 시스템을 통해 수업을 들을 수 있다. 여기에 등록해서 수업을 들으면 출석을 인정받을 수 있다. 한국교육개발원에서 제공하는 사이버스쿨 이외에도 시·도교육청에서는 건강장애학생을 위해 화상수업을 제공한다. 17개 시·도교육청 중 서울시는 꿀맛무지개학교(health.kkulmat.com), 인천시는 인천사이버학교(ighs.edukor.org), 충남은 충남e학습터(http://cls.edunet.net/chungnam)를 운영하며, 나머지 시·도교육청은 사단법인 더불어하나회(부설 꿈사랑학교, www.nanura.org)에 위탁하여 운영한다.

2) 통합교육을 위한 지원

건강장애아동의 통합교육지원의 핵심은 특별한 의료상의 주의점을 잘 알고 그것을 잘 지키는지 교사가 수시로 관찰하고 다른 아동에게도 주의를 주는 것이다. 무엇보다 중요한 것은 부모나 보호자로부터 어떤 점을 주의해야 되는지 미리 숙지하는 일이다. 때로는 물리적 환경의 재구성이 필요할 수도 있으며, 다른 아동의 협조가 많이 필요할 수도 있다. 또한 결석이 잦은 아동이 학급에서 소외감을 느끼지 않도록 정서적인 배려 이외에도 과제나 수업 진도와 관련된 안내를 충실히 해야 한다.

(1) 의료상의 주의점

의료상의 주의점과 관련해서는 부모나 보호자에게서 미리 정보를 입수해야 한다. 특히 주의해야 할 사항은 감염과 관련된 것, 알레르기와 관련된 것, 응급 상황이 발생했을 때 필요한 조치와 비상연락처를 챙기는 일이다. 이와 관련하여 다음의 사항을 점검해 두도록 한다(Heller, 1999).

- 통증
- 피로, 정기적인 휴식
- 약 복용 및 그 결과로 인해 발생하는 특별한 증상
- 응급 조치절차
- 활동의 제약
- 감염

- 대소변의 보조
- 기타

(2) 환경의 재구성

건강상의 이유로 움직임에 제한이 있을 경우 이동 공간을 최대한 확보해야 하며, 감염 등의 이유로 다른 아동에게서 분리해야 하는 경우에는 학급에서 소외되지 않으면서도 자기의 공간을 확보할 수 있게 하는 교사의 지원이 필요하다. 때로는 편안하게 앉거나 누울 수 있도록 의자를 바꾸거나 교실 한끝에 간단히 누울 수 있는 공간을 마련하는 경우도 있다.

물리적 환경 이외에도 아동의 휴식시간을 더 많이 배정하거나 단축하는 것과 같이 건강장애아동 개인의 일정을 따로 마련하는 경우도 있다. 다음의 항목을 체크리스트로 이용하면 건강장애아동이 학급생활을 원활하게 하도록 환경을 재구성하는 데 도움이 될 것이다(Heller, 1999).

- 스케줄의 변경
- 휴식시간의 배치
- 교실 이동성
- 자리 배치
- 넓은 공간의 확보
- 아동에게서의 분리
- 의자, 간이침대의 조정
- 소독된 물건 사용
- 다른 사람의 보조
- 기타

(3) 학습과 관련된 지원

건강장애아동은 학교에서의 결석이 잦은 경우가 많다. 그래서 학습 진도를 따라가는 데 어려움을 많이 느낄 뿐 아니라 다른 아이들과 활동을 공유하지 못하여 소외감도 많이 느낀다. 학습과 관련된 지원은 학급 진도를 상세히 안내하는 것이 1차적으로 중요하고, 시험이나 간단한 테스트는 아동이 학습한 범위에서 할 수 있도록 배려하는 것이 필요하다. 다음은 학습과 관련된 지원을 계획할 때 사용할 수 있는 항목이다(Heller, 1999).

- 학급의 학습 진도 안내
- 개별화 학습지도안
- 학습 활동 참여를 촉진할 수 있는 격려
- 과제의 확대 및 축소
- 시험의 확대 및 축소
- 평가기준의 변형
- 필답고사의 제거
- 또래 교수의 활용
- 기타

(4) 정서적 지원

건강장애아동은 자신의 건강 상태 때문에 또래와 어울리지 못할 때 소외감을 많이 느낀다. 아동은 건강할 때는 생각하지도 못했던 건강상의 문제를 경험하면서 많은 혼란을 겪기도 한다. 그렇기 때문에 이를 잘 극복할 수 있도록 교사가 지지하고 격려해 주어야 한다. 간혹 죽음에 직면해 있는 아동도 있다. 이는 매우 어려운 문제이지만 현재를 소중하게 생각하도록 격려하는 것이 필요하다.

6. 발달지체

1) 정의, 분류 및 출현율

발달지체는 2007년「장애인 등에 대한 특수교육법」이 제정될 당시에 새롭게 특수교육대상자로 포함되었다. 발달지체가 특수교육대상자로 포함된 것은 장애위험이 있는 영유아를 일찍 발견하여 적절하고 체계적인 교육을 함으로써 2차, 3차의 문제를 예방하기 위한 것이다. 장애의 조기발견이나 빠른 처방은 여러 가지 이유로 매우 중요하다. 첫째, 장애의 조기발견과 적절한 대처는 2차, 3차의 심각한 문제가 발생하는 것을 예방할 수 있으며, 때로는 장애를 예방할 수도 있다. 둘째, 아동의 발달은 지연되는데 그 원인을 정확하게 인지하지 못하는 경우 아동에 대한 부적절한 기대, 요구 때문에 아동은 심각한 스트레스 상황에 노출되고 이는 이후 더 심각한 문제를 야기할 수도 있다. 셋째, 아동의 보호자가 아동의 문제에 대하여 정확히 이해하지 못하여 부적절하게 대응할 수 있고, 아동을 잘 이해하지 못하여 아동과 보호자의 관계가 부정적으로 형성될 수도 있으며, 이로 인해 아동과 보호자 모두 심리적으로 심각하게 상처를 받을 수도 있다. 보호자는 자신이 아동을 잘 돌보지 못한다는 죄책감에 시달리기도 한다. 따라서 장애의 조기발견은 무엇보다 중요한데, 우리나라의 경우 장애 조기발견에 대한 시스템이 미비한 실정이다. 이런 의미에서 「장애인 등에 대한 특수교육법」에 발달지체가 포함된 것은 매우 중요한 의미라 하겠다.

따라서 '발달지체'는 하나의 독립된 장애 유형이라기보다는 장애위험이 있는 영유아를 선정하여 교육을 실시하기 위해 새롭게 추가된 것이라고 이해할 수 있다. 발달지체의 선정기준을 「장애인 등에 대한 특수교육법」에서는 [글상자 5-14]와 같이 제시하고 있다.

[글상자 5-14]

「장애인 등에 대한 특수교육법」의 발달지체 선정기준

신체, 인지, 의사소통, 사회·정서, 적응행동 중 하나 이상의 발달이 또래에 비하여 현저하게 지체되어 특별한 교육적 조치가 필요한 영아 및 9세 미만의 아동

발달지체를 특수교육대상자에 포함시킴으로써 장애 범주가 분명하게 나타나지 않는 영유아기에 장애위험이 있는 것으로 확인되면 특수교육대상자로 선정되어 교육을 받을 수 있는 제도는 마련되었지만, 현재의 「장애인 등에 대한 특수교육법」에서는 '발달지체'를 판별할 때 사용하는 진단체계나 도구에 대하여 정확하게 명시하고 있지 않다. 발달지체는 특정한 장애를 분명히 인지할 수 없는 아동에 대한 교육

적 지원이므로 판별과정과 절차가 수립되는 것이 앞으로의 중요한 과제다.

특수교육 연차보고서(교육과학기술부, 2009; 2010)에 따르면 특수교육대상자 중 발달지체로 판별받은 아동은 2009년에는 1.9%, 2010년에는 1.7%였다.

2) 통합교육을 위한 지원

발달지체아동은 아직 장애가 분명하게 판별되지 않았다는 측면에서 장애위험군이라고 표현하기도 한다. 발달지체는 어떤 지원이 주어지느냐에 따라 장애로 발전할 수도 있고 예방할 수도 있다는 측면에서 교육이 특히 중요하다. 또한 발달지체아동을 발견하는 것도 중요하다. 학교는 많은 아이들이 한 교실에 모여 있기 때문에 아동의 특징이 다른 아동과 비교되어 드러나는 곳이다. 따라서 교사는 아동을 주의 깊게 관찰하여 발달지체가 의심되는 아동은 부모와 학교장을 통하여 특수교육대상자 선별과정에 추천할 수 있도록 한다.

발달지체아동은 대부분 완전통합이 되어 있어 비장애학생과 비교되기가 쉽다. 교사는 아동의 자존감이 다치지 않도록 각별한 주의를 기울여야 하며, 특수교사와 상의하여 일반학급 수업에 적극적인 학습자로 참여할 수 있도록 교육목표, 내용, 방법, 활동, 자료 등을 아동의 수준에 맞추어 수정하여 제공해야 한다.

적용문제

1. 가장 최근의 장애인실태조사 보고서를 참고하여 장애인 문화 경험 실태를 조사하시오. 이를 분석하여 설명하고 장애인의 문화 경험을 높이기 위한 정책이나 방안을 제시해 보시오.

2. 감각, 지체, 건강 분야 장애학생의 통합교육 요구를 분석해 보고, 이에 효과적으로 대처할 수 있는 방안을 제시해 보시오.

참고문헌

교육과학기술부(2009). 특수교육연차보고서.

교육과학기술부(2010). 특수교육연차보고서.

국립특수교육원(2001). 특수교육요구아동 출현율 조사연구. 경기: 국립특수교육원.

김홍주, 서용윤, 강수균(1996). 특수교육학개론. 서울: 교육출판사.

이선희(2001). 잔존능력계발이 뇌성마비 지체부자유아의 긍정적 자아개념형성에 미치는 영향. KRF 연구결과 논문. 서울: 한국특수교육총연합회.

이승환, 배소영, 심현섭, 김영태, 김향희, 신문자, 한재순, 김진숙, 이정학(2001). 의사소통장애개론. 서울: 하나의학사.

임안수(2008). 시각장애아 교육. 서울: 학지사.

정동영, 김득영, 김종인, 김주영(2000). 특수교육비전 2020. 경기: 국립특수교육원.

American Psychiatric Association. (2000). *Diagnostic and Statistical Manual of Mental Disorders: DSM-IV-TR* (4th ed.). Washington, D.C: American Psychiatric Association.

Bender, W. N. (1997). *Understanding ADHD: A Practical Guide for Teachers and Parents*. Upper Saddle River, NJ: Merrill/Prentice Hall.

Berdine, W. H., & Blackhurst A. E. (Eds.). (1985). *An Introduction to Special Education*. Boston, MA: Little, Brown.

Berk, L. E., & Winsler, A. (1995). Scaffolding children's learning: Vygotsky and early childhood education. *NAEYC Research and Practice Series (Vol. 7)*. Washington, D.C: National Association for the Education of Young Children.

Bleck, E. E. (1979). Integrating the physically handicapped child. *Journal of School Health*, *49*(3), 141-146.

Boone, R. B., & McFarlane, S. C. (2000). *The Voice and Voice Therapy* (6th ed.). Boston, MA: Allyn & Bacon.

Colton, R. H., Casper, J. K., & Hillano, M. (1990). *Understanding Voice Problems: A Physiological Perspective for Diagnosis and Treatment*. Baltimore, MD: Williams & Wilkins.

Crane, L. R., McKay, E. R., & Poziemski, C. (2002). Pieces of the puzzle: Success of remedial and non-remedial students. Paper presented at the annual meeting of the Association for Institutional Research, Toronto, Canada. (ERIC Document

Reproduction Service No. ED 474034)

Forness, S. R., & Kavale, K. A. (1996). Treating social skill deficits in children with learning disabilities: A meta-analysis of the research. *Learning Disability Quarterly*, *19*(1), 2-13.

Forness, S. R., & Knitzer, J. A. (1992). New proposed definition and terminology to replace "serious emotional disturbance" in individuals with disabilities education act. *School Psychology Review*, *21*(1), 12-20.

Gagné, F. (2000). Understanding the complex choreography of talent development through DMGT-based analysis. In L. A. Heller, F. J. Mönks, R. J. Sternberg, & R. F. Subotnik (Eds.), *International Handbook of Giftedness and Talent* (2nd ed., pp. 67-79). New York: Elsevier.

Gardner, H. (1993). *Multiple Intelligence* (2nd ed.). New York: Basic Books.

Gargrulo, R. M. (2003). *Special Education in Contemporary Society: An Introduction to Exceptionality*. Belmont, CA: Wadsworth.

Graves, D. H. (1994). Writing workshop: Be a better writing teacher. *Instructor*, *104*(4), 43-45, 71.

Hegde, M. N. (1995). *Clinical Research in Communicative Disorders: Principles and Strategies* (2nd ed.). New York: Pro-ed.

Heller, K. W. (1999). Classroom modification for students with physical and health impairment. Bureau for students with physical and health impairment.

Leonard, L. B. (1995). Functional categories in the grammars of children with specific language impairment. *Journal of Speech and Hearing Research*, *38*(6), 1270-1283.

Leonard, L. B. (2000). *Children with Specific Language Impairment (Language, Speech, and Communication)*. Boston, MA: MIT press.

Luckasson, R. et al. (1996). The 1992 AAMR definition and preschool children: Response from the committee on terminology and classification. *Mental Retardation*, *34*(4), 247-253.

Oakes, J. (1985). *Keeping Track: How Schools Structure Inequality*. New Haven, CT: Yale University Press.

OECD. (2000). *Special Needs Education: Statistics and Indicators*. Paris: OECD publisher.

Ormrod, J. E. (2006). Commentary: Similarities and differences among educational psychology textbooks-An author's perspective. *Teaching Educational Psychology*, *1*(3), 78-79.

Paul, P. V., & Jackson, D. W. (1993). *Toward a Psychology of Deafness: Theoretical and Empirical Perspectives*. Needhan Heights, MA: Allyn & Bacon.

Peterson, J. M., & Hittie, M. M. (2002). *Inclusive Teaching: Creating Effective Schools for All Learners*. Longwood, FL: Allyn & Bacon.

Powell, S., & Nelson, B. (1997). Effects of choosing academic assignments on a student with attention deficit hyperactivity disorder. *Journal of Applied Behavior Analysis, 30*(1), 185-196.

Ramig, L. O., & Verdolini, K. (1998). Treatment Efficacy: Voice Disorders. *Journal of Speech and Hearing Research, 41*(1), S101-S116.

Sapon-Shevin, M. (1994). Cooperative learning and middle schools: What would it take to really do it right? *Theory into Practice, 33*(3), 183-190.

Smith, T. E., Polloway, E. A., Patton, J. R., & Dowdy, C. A. (2007). *Teaching Students with Special Needs in Inclusive Settings* (5th ed.). Longwood, FL: Allyn & Bacon.

Spear-Swerling, L., & Sternberg, R. J. (1998). Curing our "epidemic" of learning disabilities. *Phi Delta Kappan, 79*(5), 397-401.

Van Riper, C. (1982). *The Nature of Stuttering*. Englewood Cliffs, NJ: Prentice-Hall.

Vaughn, S., & Fuchs, L. S. (2003). Redefining learning disabilities as inadequate response to instruction: The promise and potential problems. *Learning Disabilities: Research & Practice, 18*(3), 137-146.

Vygotsky, L. S., Cole, M., John-Steiner, V., & Scribner, S. (1978). *Mind in Society: The Development of Higher Psychological Processes*. Cambridge, MA: Harvard University Press.

Wagner, S. (1999). *Inclusive Programming for Elementary Students with Autism*. New York: Future Horizon.

Wheelock, A. (1992). The case for untracking. *Educational Leadership, 50*(2), 6-10.

참고 사이트

경련장애 뇌전증 정보 사이트(www.eplipesy.com).

국립장애인도서관(http://nld.nl.go.kr).

법제처 국가법령정보센터(www.law.go.kr).

보건복지부(www.mw.go.kr).

서울삼성병원인공와우센터(http://www.samsunghospital.com/dept/main/index.do?DP_
　　CODE=CBT61).

장애 아동을 위한 국립정보보급센터(NICHCY)-시각장애정보(http://www.nichcy.org/
　　Disabilities/Specific/Pages/VisualImpairment.aspx).

전국병원학교(http://hoschool.ice.go.kr).

청각장애인 공동체(www.deaf.com).

Cerebral Palsy and Special Need's Children Organization(www.cerebralpalsy.org).

National Institute of Neurological Disorders and Stroke(www.ninds.nih.gov).

제**6**장

영재학생의 이해와 지도

🎓 **학습목표**

1. 영재의 개념과 특성을 이해한다.

2. 영재학생을 선별하는 절차와 기준을 이해하고 적용한다.

3. 영재학생을 위한 교육 프로그램 요건을 이해하고 이를 적용한다.

영재교육 오해와 진실… 김미숙 영재선발 출제위원장 인터뷰

"관심은 갖되 준비는 하지 마세요. 영재는 타고납니다. 영재교육원 학생 역시 현재의 학습 능력이 아니라 타고난 잠재력을 측정해 선발합니다." 전국 16개 시·도 교육청 산하 영재교육원과 영재학급이 2008학년도부터 학생을 공동 선발한다. 1차 학교장 추천, 2차 영재성 검사(12월 14일), 3차 학문적성 검사(내년 1월 10일), 4차 면접 등을 거쳐 합격자 5만여 명이 최종 발표된다. …(중략)…

출제위원장인 한국교육개발원 영재교육센터 김미숙(46) 소장은 이번 출제 경향에 대해 "현재 학업 성취도보다 타고난 능력을 측징하는 데 비중을 뒀다."며 "선행학습 효과를 최소화하는 게 초점"이라고 설명했다. 김 소장은 "학업능력을 완전히 배제하는 것엔 반대 의견이 많아 영재성 검사로 시험을 단일화하지는 못했다."며 "장기적으론 학문적성검사를 폐지하고 잠재력만으로 학생을 선발하는 게 바람직하다."고 말했다.

과학, 수학 등 분야별 영재 선발에도 부정적 의견을 피력했다. 기본 사고력 등이 갖춰졌다면 영재성이 드러나는 분야가 어디인지 찾아내는 일은 급하지 않다는 게 그의 지론이다. 과학영재에겐 과학만, 수학영재에겐 수학만 가르치는 영재 교육 구조도 개선돼야 한다고 믿는다.

김 소장은 "미국 이공계 학생들의 인문 소양은 놀라울 정도"라며 "수학과 과학영재에게도 언어 등을 가르치는 통합 교육이 절실하다."고 말했다.

김 소장은 영재성을 고무줄에 비유했다. 개발되지 않은 영재성은 늘리지 않은 고무줄처럼 사장되기 쉽다는 뜻이다. 영재성 발견이 중요하다는 뜻이지만 유아기 영재 판별 노력에 대해선 "시간낭비"라고 잘라 말했다.

"아이가 영재성을 보인다면 초등학교 1~2학년 때까지는 '내 아이가 영재구나' 하고 그냥 믿으세요. 질문에 성의껏 대답하고, 원하는 놀잇감을 많이 갖다 주고, 책을 많이 읽어 주는 평범한 활동이 유아 영재교육인데, 이건 부모라면 누구나 해야 하는 활동이에요. 아이가 영재가 아니라고 책과 놀잇감을 안 주고 안 놀아 줄 건가요? 너무 조급하게 영재성 검사를 받지 말라고 당부하고 싶습니다." …(후략)…

출처: 국민일보 이영미 기자의 기사 [영재교육 오해와 진실…김미숙 영재선발 출제위원장 인터뷰] (2007. 10. 30.)에서 발췌 수록. http://news.kmib.co.kr/article/viewDetail.asp?newsClusterNo= 01100201.20071030100000947

1. 이 장의 취지

현행 교원자격 무시험검정(교육과학기술부, 2013)에 따르면, 모든 교원 후보자는 교직소양 영역으로 특수교육학개론을 2학점 이상 수강해야 하며, 그중 영재교육 영역을 최소 한 단원 이상으로 포함하도록 하고 있다. 뿐만 아니라 국가에서는 2000년에 「영재교육진흥법」을 제정한 이후 전체 초·중·고등학생의 약 1%에게 영재교육 기관별로 특성화된 영재교육을 제공하려 하고 있다. 정부에서 영재교육과 관련하여 중점적으로 추진하고 있는 사항에는 이 밖에도 고등학교 영재학교 증설, 영재학급 운영 학교 수 대폭 확대, 소외계층을 위한 영재교육 프로그램 확대, 영재선발 대상 연령 하향 등 전반적으로 영재교육을 양적으로 크게 확장하는 내용이 상당 부분 포함되어 있다.

많은 사람이 영재(gifted and talented)는 특수교육대상자 범주에 속하지 않는다고 생각한다. 실제로 우리나라 「장애인 등에 대한 특수교육법」에서도 영재학생은 특수교육대상자로 규정되어 있지 않다. 그러나 매우 높은 지능이나 학업 기술을 가진 학생도 자신의 잠재력을 발휘하고 독특한 요구를 충족할 수 있는 교육 기회가 필요하다. 그런 의미에서 영재학생도 광범위한 의미에서 특수교육대상자 범주에 속하며, 교사가 특별한 교육적 요구를 파악하여 지원해 주어야 할 대상이다. 즉, 영재학생역시 특수하게 고안한 교육을 필요로 한다는 점에서 특수교육대상자라 할 수 있다. 영재학생으로 판별되어 전문 영재교육기관에서 영재교육 프로그램을 이수하기 전까지는 정규수업시간에 일반학생과 함께 수업을 받아야 하는 만큼, 모든 예비교사가 영재학생의 특성을 이해하고 최소한의 지도방법에 대한 소양을 쌓아야 한다. 이장에서는 예비교사가 필수적으로 알아 두어야 할 영재학생의 특성, 영재학생 진단과 판별방법, 영재학생 지도방법 관련 내용을 살펴보고자 한다.

2. 영재의 정의, 분류 및 출현율

뛰어난 재능을 가진 학생은 비슷한 경험을 가지거나 유사한 환경에 처해 있는 또래와 비교했을 때 특정 분야에서 현저하게 높은 성취 수준 또는 잠재력을 가지고 있다. 일반적으로 영재학생은 지적·창의적·예술적 영역에서 높은 성취능력을 보이고, 뛰어난 지도능력을 소유하거나 특정 학업 분야에서 우수한 성취를 보인다. 그렇지만 영재학생은 그들이 가진 특성상 학교에서 일반적으로 제공하는 것과는 다른 지원이나 교육 활동이 필요한 경우가 많다(Smith, Polloway, Patton, & Dowdy, 2007 재인용).

일반적으로 영재학생을 진단하는 범주로 지적능력, 높은 성취도, 특정 학업능력, 창의력, 지도력, 시각적 및 행위예술능력 등을 들 수 있다. 그러나 Gardner(1993)의 다중지능이론에 따르면 영재의 범주도 확대해야 한다. 그는 논리-수학(logical-mathematical)지능, 언어(linguistic)지능, 음악(musical)지능, 공간(spatial)지능, 신체-운동(bodily-kinesthetic)지능, 대인(對人, interpersonal)지능, 자성(自省, intrapersonal)지능을 제시하였다. 최근에는 자연(naturalist)지능을 제시하는 등 지능의 영역을 계속 확대하고 있다. 만약 Gardner의 이론을 따른다면 모든 영역의 지능을 측정해야 한다. 어느 한 영역에서 특별한 능력이 발견되면 학생들에게 그 능력과 관련된 자신의 흥미, 기술, 능력을 확장할 수 있는 기회를 제공해야 한다.

1) 우리나라 「영재교육진흥법」의 정의

우리나라에서는 2000년 「영재교육진흥법」이 제정되면서 공교육이 영재교육에 대하여 본격적으로 관심을 가지기 시작하였다. 「영재교육진흥법」은 영재교육 진흥에 필요한 국가와 지방자치단체의 임무를 규정하고 있으며, 영재교육에 관한 사항을 심의하기 위해 국가에 중앙영재교육진흥위원회를 설치하고, 영재 판별, 영재교육기관의 지정, 영재교육대상자를 교육시키기 위한 영재학교와 영재학급 및 영재교육원을 지정·설립·설치·운영할 수 있도록 규정하고 있다. 아울러 국가가 영재교육 진흥에 필요한 각종 도구와 자료를 연구하고 개발하는 연구원을 설치·운영할 것도 규정하고 있다. 「영재교육진흥법」은 그동안 몇 차례 개정되었으나, 영재교육의 목적 및 영재교육대상자에 대한 기본 조항은 다음의 [글상자 6-1]과 같이 초기의 내용을 그대로 유지하고 있다.

[글상자 6-1]

「영재교육진흥법」

제1조(목적) 이 법은 「교육기본법」 제12조 및 제19조에 따라 재능이 뛰어난 사람을 조기에 발굴하여 능력과 소질에 맞는 교육을 실시함으로써 개인의 타고난 잠재력을 계발하고 개인의 자아실현을 도모하며 국가와 사회의 발전에 이바지하게 함을 목적으로 한다. [전문개정 2011. 7. 21.]

제2조(정의) 이 법에서 사용하는 용어의 뜻은 다음과 같다.

1. "영재"란 재능이 뛰어난 사람으로서 타고난 잠재력을 계발하기 위하여 특별한 교육이 필요한 사람을 말한다.

2. "영재교육"이란 영재를 대상으로 각 개인의 능력과 소질에 맞는 내용과 방법으로 실시하는 교육을 말한다.

···(중략)···

제5조(영재교육대상자의 선정) ① 영재교육기관의 장은 다음 각 호의 어느 하나의 사항에 대하여 뛰어나거나 잠재력이 우수한 사람 중 해당 교육기관의 교육 영역 및 목적 등에 적합하다고 인정하는 사람을 영재교육대상자로 선발한다.

　　1. 일반지능

　　2. 특수 학문 적성

　　3. 창의적 사고능력

　　4. 예술적 재능

　　5. 신체적 재능

　　6. 그 밖의 특별한 재능

② 영재교육기관의 장은 제1항에 따른 영재교육대상자를 선발할 때 저소득층 자녀, 사회적 취약 지역 거주자 등 사회적·경제적 이유로 잠재력이 충분히 발현되지 못한 영재를 선발하기 위하여 별도의 선발절차를 마련하는 등의 조치를 할 수 있다.

③ 제1항 및 제2항에 따른 영재교육대상자의 선발기준 및 선발절차 등 필요한 사항은 대통령령으로 정한다. [전문개정 2011. 7. 21.]

「영재교육진흥법」에서는 "영재란 재능이 뛰어난 사람으로서 타고난 잠재력을 계발하기 위해 특별한 교육을 필요로 하는 자"라고 정의하고 있으며, 영재교육의 대상자는 일반지능, 특수 학문적성, 창의적 사고능력, 예술적 재능, 신체적 재능, 그 밖의 특별한 재능의 여섯 가지 영역에서 재능이 뛰어나거나 잠재력이 우수한 사람 중에서 선발할 것을 규정하고 있다. 여기에는 영재성의 정의에 관한 지금까지의 다양한 관점이 어느 정도 종합적으로 수용되어 있으며, 천부적으로 타고난 능력을 영재성으로 간주한다는 의미가 내포되어 있다. 하지만 2항에서 사회적·경제적 이유로 잠재력이 충분히 발현되지 못한 영재를 선발하기 위한 별도의 선발절차 필요성을 규정하고 있어 영재를 선발할 때에는 이미 나타난 능력뿐만 아니라 잠재성까지 고려해야 함을 시사하고 있다. 또한 영재교육의 대상자에 대하여 일반지능과 특수 학문적성, 창의적 사고능력뿐만 아니라 신체적·예술적 재능, 더 나아가 '그 밖의 특별한 재능'이라는 영역을 두어 영재성의 범위를 폭넓게 개념화하고 있다.

2) Renzulli의 영재성 정의

영재란 무엇인지에 대해 가장 많이 인용되고 있는 것 중의 하나는 Renzulli(1986)의 영재성 개념이다. Renzulli에 따르면, 영재는 평균 이상의 지적능력, 높은 과제집착력(동기), 높은 창의성을 가진 사람을 말한다([그림 6-1] 참조). 영재학생은 세 가지 특성 모두에서 아주 뛰어나야 하는 것은 아니며, 백분위 85 이상에 해당하면 된다. 그렇지만 세 가지 영역 중 적어도 하나에서는 백분위 98 이상의 뛰어난 능력을 소유하고 있어야 한다. 영재학생은 이러한 특성을 소유하고 있거나 장차 발달시킬 능력을 갖고 있고, 인간이 수행하는 잠재적으로 가치 있는 분야에서 이러한 특성을

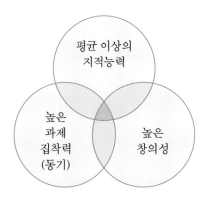

그림 6-1 Renzulli의 영재성 정의

적용할 수 있다.

3) Maker의 영재성 정의

Maker(1993)는 영재성의 요소로 지능, 창의성, 문제해결력을 제시했다. Renzulli와 다른 점은 문제해결력인데, 이는 복잡하고 어려운 문제를 만족스럽게 끝까지 해결하는 것을 즐기는 것을 말한다. Maker(1993)와 유사하게 Sternberg(2000) 역시 실용적 문제해결력을 분석적 사고력, 창의적 사고력과 함께 영재성의 3대 요소 중 하나로 제시한 바 있다.

4) 영재의 출현율

Gagné(2000)는 지능지수를 기준으로 한 영재의 출현율에 대해 〈표 6-1〉과 같이 유목화하여 제시한 바 있다. 그러나 이것은 영재성의 다양한 영역을 고려하여 제시한 것은 아니라는 점에 유의하여 해석해야 한다.

〈표 6-1〉 영재의 수준에 따른 출현율 (단위: %)

수준	출현율
영재(mildly, IQ 120 이상)	10
우수한 영재(moderately, IQ 135 이상)	1
뛰어난 영재(highly, IQ 145 이상)	0.1
특출한 영재(exceptionally, IQ 155 이상)	0.01
탁월한 영재(extremely, IQ 165 이상)	0.001

출처: Gagné(2000).

다음의 [그림 6-2]는 우리나라 영재교육 현황(2017년도 기준)을 나타낸 것이다. 몇 가지 눈에 띄는 통계를 보면, 전체 학생 중 약 1.91%가 영재교육대상자로 선정되어 있다. 참고로, 영재학생을 제외한 유·초·중·고 특수교육대상자는 약 8만 9천 명으로 전체학생의 약 1.4%이다. 영재교육대상자 중 약 5%는 사회적 배려 대상자이다. 분야로는 수학, 과학에 거의 80%에 가까운 영재교육대상자가 몰려 있고, 교

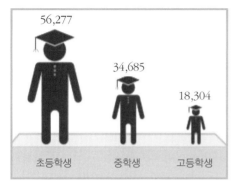

영재교육대상자 수

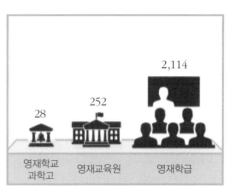

영재교육기관 수

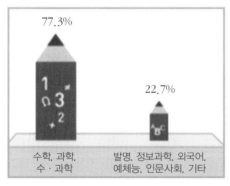

영재교육 분야별 학생 수

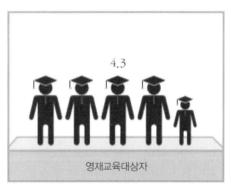

교원 1인당 학생 수

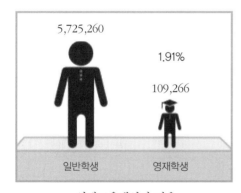

영재교육대상자 비율

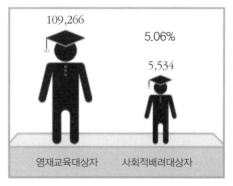

사회적배려대상자 비율

그림 6-2   우리나라 영재교육 현황(2017년도 기준)

출처: 한국교육개발원(2017), p. 7.

사 1인당 평균 4.3명의 영재학생을 담당하고 있다. 참고로, 특수교육의 경우 특수교사 1인당 평균 4.6명의 특수교육대상자를 담당하고 있다.

3. 영재학생의 특성

1) 일반적인 영재학생 특성

Renzulli(1986)의 영재성 정의는 영재학생이 어떤 특성을 보일 것인지를 어렵지 않게 짐작하도록 해 준다. 영재학생은 지적능력, 과제집착력, 창의성이 다른 학생에 비해 매우 높고, 그중 어느 한 영역에서는 특히 뛰어난 능력을 보인다. 이 밖에 여러 연구자들(Clark, 2002; Davis & Rimm, 1998; Gallagher & Weiss, 1979)이 제시한 영재학생의 주요 특징은 다음과 같다. 물론 모든 영재학생이 다음의 특성을 동일한 정도로 보이는 것은 아니다.

- 많은 양의 정보를 재빠르게 습득, 파지, 활용함
- 하나의 아이디어를 다른 것과 연관시킴
- 보통 사람은 인식하지 못하는 광범위한 지식을 운용하고 수용함
- 질문을 재구성하고 새로운 해결책을 찾아내는 문제해결력이 탁월함
- 추상적인 상징체계를 습득하고 조작하는 능력이 우수함
- 강력한 지적 호기심을 가짐
- 완벽주의 성향을 보임
- 정확성을 추구함
- 직관적 비약을 통해 학습함
- 정신적 자극을 강렬하게 추구함
- 타인의 생각을 따르는 데 어려움을 느낌
- 내향적인 성향을 보임

2) 특수영재학생 특성

영재학생 중에는 성적은 낮지만 특정 분야에서 영재성을 지닌 학생(저성취 영재학생), 학습장애나 기타 장애를 갖고 있지만 영재성을 보이는 특수영재학생 등이 있다. 성적이 낮으면서도 영재성을 갖고 있는 학생들은 양쪽 특성, 즉 영재성과 학습부진, 학습장애, 기타 장애 특성을 모두 갖고 있는 것으로 보인다. 예컨대, 후자 특성으로서는 낮은 사회적 기술, 낮은 자기 기대, 낮은 자존감, 주의 산만, 좌절, 과제 미완수 등을 보일 수 있다. 아울러, 비록 특정 분야에서 영재성을 보여도 과제 간의 수행능력에 차이가 크거나, 정서·행동 측면에서 여러 가지 부적응 행동을 보일 수 있고, 특정 과제의 수행 시에는 장·단기 기억력, 처리 속도 등의 문제로 어려움을 겪을 수 있다. 이러한 양면성 때문에 이들 저성취 혹은 특수영재학생들은 낮은 자기 효능감을 가질 수 있고, 학업수행과정에서 자주 좌절하거나 학습동기를 상실할 가능성이 크다.

이러한 특성을 고려할 때, 학습장애영재학생 혹은 특수영재학생 선별과 진단은 여러 가지 측면에서 쉽지 않다. 우선 특수아에 대한 선입관은 이들이 갖고 있을 영재성에 대한 기대 자체를 낮게 할 수 있다. 또한 이들 특수교육대상자들이 대체로 부족한 부분, 문제가 있는 부분에 현재 교육지원을 받고 있다는 사실 또한 이들 학생들의 영재성에 대한 기대 자체를 낮출 수 있다. 그런가 하면 특수교육대상자들이 흔히 보이는 특징, 예컨대 학습된 무기력, 각종 정서·행동문제, 조직 기술 부족, 수업 방해 행동 등이 이들이 갖고 있을 영재성을 발견할 가능성을 줄일 수 있다.

특수 영재를 선별할 때 또 한 가지 고려할 사항은 장애를 가진 학생들의 경우 주변과의 상호작용 자체를 할 기회를 많이 갖지 못해 상대적으로 영재성이 발달하고 드러나는 데 불리할 수 있다는 점이다. 예컨대, 감각 및 지체 장애로 인해 다양한 경험을 하지 못하거나 특정 장소에 가지 못하는 경우, 의사소통장애로 인해 자신의 영재성을 충분히 표현하지 못하는 경우 등이 있을 수 있다. 이러한 점을 고려하여 Silverman(1989)은 특수영재를 판별할 때 다음과 같은 지침사항을 제시했다.

① 특수 영재의 특징을 교사, 학부모에게 제공한다.
② 어려운 문제는 푸는데 쉬운 문제는 틀리는 등의 수행상의 불일치가 있는지 살

핀다.

③ 구두평가와 지필평가결과, 수학 분석 기술과 계산 기술, 시간제한평가와 그렇
지 않은 평가결과를 서로 비교해 본다.

④ 장애를 진단할 때 특이한 능력이 있는지 살펴본다.

⑤ 아동이 스스로 어떻게 적응해 가는지 관찰하고, 독특한 장점 혹은 어려움이 있
는지 주목한다.

학급에 특수영재가 있을 경우에는 일반적으로 다음과 같은 접근을 적용하는 것
이 효과적이다. 첫째, 특수 영재와 의사소통할 기회를 충분히 가진다. 아동이 현재
어떤 상태인지, 어떤 어려움을 갖고 있는지를 확인한다. 둘째, 아동이 수업시간에
보다 적극적인 역할을 담당할 수 있는 기회를 제공한다. 셋째, 또래 간 혹은 교사와
학생 간 사회적 상호작용을 촉진시킨다. 넷째, 수업방식이나 학습 활동을 수행하는
방식을 다양화한다. 다섯째, 학습 활동 선택권을 충분히 부여하고 학습 속도의 개인
차를 인정한다. 여섯째, 목표나 기대를 도전적으로 설정한다.

4. 영재학생의 선별

어떤 학생이 영재학생인지 선별하는 작업은 다양하다. 다음의 [그림 6-3]처럼 영
재선별과정은 대개 학급 담임교사의 추천으로 시작되는 경우가 많다. 학급 담임교
사는 관찰과 학생의 과제 수행능력 등에 근거하여 어떤 학생이 영재인지 아닌지를
선별한다. 관찰의 경우 교사는 일반능력, 리더십, 창의성, 특정 교과 영역(과학, 수
학, 예체능, 정보, 언어 등) 등에서 특정 학생이 다른 학생에 비해 뛰어난 능력을 보인
측면이 있는지를 체크리스트 형태로 기록한다. 경우에 따라서는 학부모의 의견을
참고할 수도 있다. 1단계에서 교사의 추천을 받은 학생들은 2단계에서 영재성검사
를 치르고, 분야에 따라 해당 분야 적성검사나 능력검사를 치르게 된다. 영재성검
사를 통해서는 영재성을 이루는 요소인 창의성과 언어, 수리, 공간지각에 대한 보통
이상의 지적능력을 측정하는 문항을 하나의 검사지에 포함시켜 특정 영역의 지식
이나 기능과 상관없이 고차원적인 사고와 창의적 문제해결력과 행동을 만들어 내

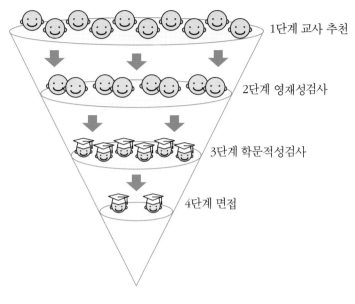

1단계 교사 추천

2단계 영재성검사

3단계 학문적성검사

4단계 면접

그림 6-3 영재학생 선발절차 예

출처: 한국교육개발원 영재교육연구센터(http://gifted.kedi.re.kr/Dist/Gifted/Dist03.php).

는 학생의 능력을 측정한다(영재교육연구센터, 2004). 학문적성검사는 대개 수학, 과학, 발명, 정보 등의 영역을 대상으로 관련 분야의 지식, 개념 및 창의적 문제해결력을 평가한다. 학문적성을 평가할 때에는 해당 영역의 개념과 원리의 이해 정도를 측정하되, 선행학습을 한 학생이 일방적으로 유리하지 않도록 특히 주의해야 한다. 최종적으로 영재선발위원회(대개 관련 전문가로 구성)의 면접을 거쳐 영재학생을 선발하게 된다. 하지만 이러한 선발절차는 어디까지나 한 예에 불과하고, 실제로는 선발주체나 선발 영역에 따라 검사의 종류와 내용, 절차 등이 다양하다.

영재학생 선발과정에서 특히 중요한 것이 교사의 관찰이다. 다음의 [그림 6-4]는 과학 영역에서 교사가 중점적으로 관찰해야 할 영재학생의 특성 일곱 가지와 그중에서 과제집착력의 평가기준과 판단근거를 나타낸 것이다. 과학교과 전반적으로 이 특성들을 관찰하여 평가할 수도 있고, 과학교과의 각 단원별로 평가할 수도 있다.

영재학생을 선발할 때 전체 학생의 몇 % 정도를 선발해야 하는지에 대한 의견은 분분하다. 이와 관련하여 가장 바람직하지 않은 경우는 미리 선발 대상 영재학생 수를 정해 놓는 것이다. 이는 행정적으로는 편리할지 모르지만 학교나 지역마다 선발기준이 달라져 어느 지역에서는 영재가 아닌 학생이 선발되고 다른 지역에서는 영

〈표 6-2〉 일곱 가지 과학영재행동특성과 그에 따른 학생 능력

과학영재행동특성	학생의 능력
호기심	1) 처음 보는 사물이나 현상을 그냥 지나치지 않는다. 2) 수시로 왜? 라는 질문을 한다. 3) 남들이 당연하게 여기는 것도 궁금해한다. 4) 주변에서 일어나는 일이나 물건에 대해 궁금해한다.
개념이해	1) 과학적 개념이나 원리에 대한 이해가 빠르다. 2) 알고 있는 지식을 일상의 상황에 잘 적용한다. 3) 지식이나 개념을 다른 교과 영역과 관련지어 이해하려 한다. 4) 지식이나 원리가 갖는 의미를 확장하여 해석하려는 경향이 있다.
창의적 문제해결	1) 상상력이 풍부하고, 다양한 아이디어를 생성한다. 2) 복잡하거나 비습관적인 사고를 선호한다. 3) 새로운 상황에 도전하기를 좋아한다. 4) 상황이나 현상에 대해 인과 관계를 빨리 파악한다.
과제집착	1) 관심 영역에 대해 열정적으로 몰입한다. 2) 어려운 과제라 하더라도 끝까지 포기하지 않는다. 3) 오랫동안 한 가지 일에 지속적으로 집중한다. 4) 자기주도적으로 문제를 해결하고 결과에 책임을 진다.
복합탐구	1) 자료에 대한 해석 및 분석 능력이 뛰어나다. 2) 과학적 방법을 이해하고 실험을 면밀히 수행한다. 3) 복잡한 모형이나 문제를 파악하고 시작화하는 능력이 탁월하다. 4) 과학과 실생활을 연결하고 상관관계를 이해한다.
질문소통	1) 또래와 다르게 도전적이고 날카로운 질문을 많이 한다. 2) 말하기를 선호하고, 언어를 유창하고 능숙하게 표현한다. 3) 선배나 어른들을 친구로 사귀기도 한다. 4) 유머감각이 있고 말장난과 농담을 좋아한다.
협동력	1) 다른 친구들이 도움을 자주 요청한다. 2) 규칙을 만들고 집단 활동을 잘 이끈다. 3) 사람이나 사건에 대해 옳고 그름을 잘 판단한다. 4) 자신이 맡은 일은 최선을 다해 해결하려고 노력한다.

출처: 한국교육개발원(2013), pp. 11-12.

과제집착

구분	중점 관찰 내용	① 전혀 그렇지 않다	② 그렇지 않다	③ 보통 이다	④ 그렇다	⑤ 매우 그렇다
평가 기준	1) 과학과 관련되어 지속적으로 고민해 온 문제나 상황을 제시하는가? 2) 과학이 우리 생활에 미치는 영향에 대한 토의에 집중하여 적극적으로 참여하는가? 3) 과학과 관련된 사회문제들을 연구하면 해결할 수 있다는 신념을 보이는가?					

판단 근거	보통이다(70~80)	그렇다(81~90)	매우 그렇다(91~100)	
	−과학과 관련된 사회문제를 스스로 찾아낸다. −과학이 우리 생활에 미치는 영향에 대한 토의 활동에 적극적이다. −과학 관련 사회문제에 대한 나름대로의 해법을 제시한다.	−과학과 관련되어 평소 관심을 가지고 있었던 주제나 상황을 이야기한다. −과학이 우리 생활에 미치는 영향에 대한 토의 활동에서 문제점과 해결책을 찾아낸다. −과학과 관련한 사회문제에 흥미를 보이며, 문제점을 바르게 이해하고 찾아낸다.	−과거부터 지속적으로 고민해 왔던 과학 관련 주제나 상황을 정확하게 이해하고 이야기한다. −토의과정에서 모둠원의 발표 내용에 대해 이해할 때까지 질문한다. −과학이 우리 생활에 미치는 영향에 대한 토의 활동을 주도적으로 이끌며, 지속적으로 몰두한다. −과학과 관련한 사회문제에 흥미를 보이며, 타당한 해결방안을 제시한다.	

그림 6-4 교사용 과학영재 관찰 체크리스트의 예

출처: 한국교육개발원(2013), p. 20.

재학생이 선발되지 못하는 결과를 초래할 수 있다. 일반적으로 선발기준을 느슨하게 적용할 경우는 전체 학생의 20%, 엄격하게 적용할 경우는 전체 학생의 3%를 영재학생으로 선발하지만, 우리나라에서는 대략 전체 학생의 1% 정도를 영재학생으로 선발하고 있다(이신동, 이정규, 박춘성, 2009).

5. 영재학생의 교육지원

학교에서 영재학생을 어떻게 지도할 것인지에 대해서는 다양한 모델이 존재한다. 그 다양한 모델은 속진(acceleration)학습과 심화(enrichment)학습으로 크게 나누어 볼 수 있다. 속진학습은 또래보다 교육과정 진도를 빨리 나가는 것이고, 심화학습은 또래에 비해 동일한 주제라도 더 많은 내용, 더 심화된 내용을 가르치는 것을 말한다.

1) 속진학습

(1) 조기 입학

조기 입학은 취학 전 혹은 저학년 때부터 뛰어난 능력을 보이는 학생이 상급 학년에 정규과정보다 일찍 입학하는 경우를 말하는 것으로, 영재인 송유근 학생이 만 6세의 나이에 초등학교 6학년으로 입학하고 2010년 2월 만 13세 나이로 석 · 박사 통합과정에 합격해 입학한 경우가 이에 해당한다. 영재학생 조기 입학은 여러 가지 고려해야 할 과제를 제시한다. 첫째, 연령 차이로 인한 사회적응상의 문제가 발생할 수 있다. 둘째, 필수적인 학창시절의 경험 누락이 해당 영재학생의 인생에 부정적인 영향을 끼칠 수 있다. 셋째, 신체 및 정서 측면에서의 차이는 교과 외 활동에의 참여를 제한할 수 있다. 넷째, 과도한 학업적 요구와 스트레스 유발로 인해 탈진, 반항, 정서불안 등이 야기될 수 있다. 다섯째, 영재아동 스스로가 자만심을 갖거나 오만해질 수 있다. 따라서 조기 입학 여부를 결정할 때에는 해당 학생이 지적으로나 정서적으로 어느 정도 성숙했는지, 눈과 손의 협응 등 기본적인 신체능력이 학업을 수행할 만큼 충분히 발달했는지 등을 확인해야 한다.

(2) 월반제도

월반(grade skipping)제도란 또래보다 일찍 상급학년으로 진학하는 것을 말한다. 월반제도는 학년 전체를 월반하는 경우와 과목별로 월반하는 경우가 있다. 과목별 월반은 특정 과목을 상위 학년에서 이수하는 것으로, 특정 영역에서 특별한 재능을 가진 학생에게 유리한 방식이다. 과목별 월반제도의 장점은 지적인 도전감을 제공하면서 영역별로 서로 다른 또래와 상호작용 혹은 사회적 관계를 유지할 수 있게 해 준다는 데 있다. 반면, 월반 학생이 자칫 주요 기본기능을 습득하지 못하거나 성적이 저하될 경우 무기력감을 느끼거나 학습동기를 상실할 수 있다. 연령이 다른 또래와의 적응도 어려울 수 있다. 따라서 월반 여부를 결정할 때에는 해당 학생이 충분한 지적능력을 갖추고 있는지 확인하고 가능하면 필요한 기초 · 기본기능을 확인하고 보완하는 것이 필요하다. 교사, 상담가, 또래 등을 통해 사회적응에 필요한 도움을 제공하고 아동의 지적 · 사회적 적응 상태를 지속적으로 평가하는 것도 필요하다. 이를 위한 한 가지 방법으로 일정 기간(예컨대, 1~2개월 정도) 동안 적응 기간을 설정해 줄 수 있다.

2) 심화학습

심화학습은 같은 주제를 다루더라도 내용의 깊이와 폭을 확장하는 것을 말한다. 대개 정규 교육과정 이상의 내용과 자료를 다루고, 영재학생에게는 다양한 학습기회를 제공한다. 내용은 이론, 적용, 일반화 등 다양한 측면을 다루고 창의적 사고와 문제해결을 중시한다. 고차원적 사고 기술, 비판적 사고 기술, 각종 자료의 사용 및 탐구방법 등을 강조한다. 무엇보다 영재학생 주도의 자기주도적 학습을 핵심으로 한다.

영재학생 심화학습과 관련하여 교육인적자원부(2007, pp. 45-46)에서 제시한 권고사항은 다음과 같다.

- 영재교육과정의 내용은 일반학생을 위한 교육과정 내용보다 복잡하고 추상적이고 통합적인 성격을 지녀야 한다. 이를 위하여 영재교육과정의 내용은 단순한 사실이나 개념보다는 고차적인 원리, 일반화, 간학문적인 내용과 활동을 강조한다.
- 영재교육과정은 일반학생을 위한 교육과정보다 고급 수준의 비판력, 창의력, 탐구력, 상상력, 문제해결력, 의사소통능력, 협동적 학습능력 등을 계발하는 데 초점을 둔다. 이를 위하여 영재교육과정은 영재교육대상자들이 선호하는

조사, 탐구 및 발견, 개인·집단 연구, 실험 및 실습, 시뮬레이션, 토론, 발표 등과 같은 고차적 사고과정을 요구하는 수업으로 구성한다.

- 영재교육과정은 학생들이 다양하고 질 높은 창의적 산출물을 만들어 내도록 구성한다. 학생들은 해당 영역에서 전문가가 수행하는 것과 같은 과정을 거쳐 질 높은 산출물을 만들어 내도록 격려되어야 하며, 산출물을 만들어 내는 과정에서 학생들의 개성·상상력·창의력이 다양하고 충분히 반영될 수 있도록 한다. 학생들이 만든 창의적인 산출물은 학교에서뿐만 아니라 학회·학술지 등을 통하여 많은 사람에게 알림으로써 학생들이 전문가적인 긍지와 자부심을 가질 수 있도록 한다.

- 영재교육대상자는 수용적이고 개방적인 환경에서 교육을 받아야 한다. 그들의 의견이나 아이디어는 비평 또는 비판을 받기보다 먼저 수용되고 존중되어야 하며, 그들의 호기심·모험심은 자극·격려되어야 한다. 개방적인 분위기 속에서 불확실성에 대한 인내와 관용을 이해하고 배워야 한다. 또한 학생들은 교실 내에서의 다양한 집단 편성, 교수–학습 시설 및 자료와 교실 밖의 현장, 도서관, 지역사회 등의 교육 환경을 최대한 이용할 수 있어야 한다.

- 영재교육과정 운영에 있어서 학생들이 자신의 소질과 자질을 탐색하고 진로선택에 도움을 줄 수 있는 내용을 최대한 포함한다.

- 영재교육과정은 남녀 영재교육대상자의 경험과 요구를 반영한 성 평등한 교육 내용으로 구성되어야 하며, 특히 과학기술 분야의 여학생 영재교육대상자에 대하여 진로교육과 심리상담 제공, 역할모델과 멘토링 기회 부여 등을 통해 지지적 영재교육환경을 제공한다.

- 영재교육과정은 정규 교육과정에서 강조하는 기본 원칙과 일관성을 갖도록 구성·운영한다.

- 영재교육과정은 정규 교육과정을 내용·과정·산출물·환경 측면에서 심화시키는 한편, 해당 영재교육기관에 재학하는 학생들의 심리적 학습특성을 최대한 반영하여 개발·운영한다.

영재학생의 심화학습과 관련하여 가장 널리 알려진 모델 중 하나는 Renzulli의 3단계 심화학습 모형(Enrichment Triad Model)이다. 1단계는 전반적인 탐색 활동(general exploratory activities) 단계로서, 영재학생으로 하여금 다양한 부분을 경험하고 나중에 3단계에서의 심화학습을 독립적으로 수행할 수 있는 동기를 형성시키는 데 주목적이 있다. 이를 위해 1단계에서는 다양한 주제에 관한 책, 잡지, 기타 영화나 교수매체를 활용한다. 또한 각 분야의 전문가를 초청하여 강연을 듣거나 직접 현장의 전문가를 방문하기도 한다. 예컨대, 마술가, 배우, 기술자, 박물관이나 미술관 큐레이터, TV쇼 감독, 사업가 등을 현장에서 직접 대면함으로써 전문가 활동에 직접 참여할 기회를 제공한다. 1단계에서는 모든 학생이 참여할 수 있다.

2단계는 집단 훈련 활동(group training activities) 단계로서, 주목적은 사고와 감정의 폭넓은 발달을 촉진하는 데 있다. 특히 기술, 능력, 태도, 전략의 구체적인 발달과 독립적인 프로젝트 수행 관련 기술을 집중적으로 습득시키는 데 주안점을 둔다. 여기에 해당하는 기술에는 분류하기, 비교하기, 해석하기, 비판적 사고하기, 탐구하기, 자료 탐색 방법 익히기, 도서관 자료 활용하기, 연구와 논문 보고서 작성법 습득하기 등이 있다. Renzulli와 Reis(1991)는 2단계에서 익혀야 할 기술을 영역별로 구체적으로 다음과 같이 제시했다.

- 인지 영역: 분석하기, 조직하기, 비판적 사고, 창의성 기술
- 정의적 영역: 대인관계 기술, 개인 내 조정 기술, 주요 인생 위기 대처 능력
- 학습기술 영역: 듣고, 관찰하고 지각하기, 기록하고 대강 파악하기, 조사와 면접하기, 자료의 분석과 조직하기
- 고급의 연구방법 영역: 3단계 탐구 활동 준비하기, 도서관 기술, 지역사회 자료 활용하기, 구두, 서면, 시각적 의사소통 능력 개발(서면 의사소통, 구두 의사소통, 시각적 의사소통)

3단계는 개인별 혹은 소집단별로 실제 문제를 심층적으로 연구하고 그 해결책을 찾아 독창적인 산출물을 내는 활동이다. 이 단계에서는 지식, 예술, 기타 영역에서 소비자가 아닌 생산자로서의 역할을 해야 한다. Davis와 Rimm(1998)은 3단계에서 영재학생이 심화학습을 하도록 도움을 주는 10단계를 다음의 [글상자 6-2]와 같이 제시했다.

[글상자 6-2]

3단계 심화학습 수행절차

① 학생의 흥미 사정, 확인 혹은 유발

② 흥미의 강점 확인을 위한 면담

③ 연구 문제 설정에 도움

④ 서면 계획서 개발

⑤ 다양한 연구 자료 찾기 도움

⑥ 방법론적 도움 제공

⑦ 연구 진행과정 관리 차원의 도움

⑧ 최종 산출물 확인 도움

⑨ 피드백 제공 및 연구과정 독려

⑩ 적절한 기준에 따라 연구과정과 산출물 평가

3) 영재학생을 위한 교육과정

일반학급에서는 모든 학생을 대상으로 해당 시간에 다루어야 할 내용을 미리 짜인 일정에 따라 지도해야 하기 때문에 특정 분야에서 뛰어난 능력을 보이는 학생들이 유의미한 학습경험을 할 수 있도록 해 주려면 교육과정 구성과 운영 측면에서 특수한 접근이 필요하다. 영재학생을 위해 교육과정을 구성하고 운영할 때에는 다음과 같은 원칙을 준수해야 한다(이신동, 이정규, 박춘성, 2009).

- 의미 중심으로 구성해야 한다.
- 고차원적 사고 기술을 강조해야 한다.
- 학문 내, 학문 간 통합과 융합을 강조해야 한다.
- 초인지(meta-cognition)능력을 기르는 기회를 제공해야 한다.
- 전문가적 기술과 태도를 갖게 해야 한다.
- 능동적 참여와 문제해결능력을 강조해야 한다.
- 인터넷, 컴퓨터, 각종 미디어 등 교육공학적 방법을 활용해야 한다.
- 학습결과를 미리 설정해야 한다.

• 실제 문제해결 결과물이나 학습 산출물을 평가해야 한다.

(1) 수학영재학생 지도

송상헌(2006)은 수학영재학생을 위한 프로그램의 교육목표, 교육내용, 교육방법 등에 대해 세 가지 지침을 제시했다. 첫째, 교육목표 측면에서는 '수학적인 즐거움' 을 추구해야 한다고 주장했다. 수학적 즐거움이란 수학적인 사고에서 오는 즐거움 을 의미하는 것으로, 수학하는 태도와 습관의 변화까지를 포함한다. 이를테면 어떤 문제를 보다 수학적으로 정확하게 낫게 해결하려는 태도나 의지까지를 수학영재 교육의 목표로 설정해야 한다는 것이다. 둘째, 교육내용 측면에서는 단순히 어려운 문제풀이보다는 수학의 발생과정에 초점을 맞추어 재구성하고 안내해야 한다고 주 장한다. 셋째, 교육방법 측면에서는 문제중심형 수업, 주제중심형 수업, 과제중심 형 수업, 연구중심형 수업 등 교육목적과 내용에 따라 적절한 수업방법을 사용할 것 을 주문했다.

[글상자 6-3]과 다음의 [글상자 6-4]는 수학영재학생 교육프로그램 내용 중 일부 다. 이들 프로그램이 어떤 측면에서 영재교육 특성을 보이는지 확인해 보기 바란다 (이왕재, 2006).

[글상자 6-3]

영재교육 내용 예: 경험을 바탕으로 다양한 활동하기

1. 피보나치수열에 대해 이해하고, 원리를 자연 속에서 찾아보고 그것을 바탕으로 탐구 일기를 써 보시오.

2. 내가 탐구해 본 피보나치수열은?

　가. 피아노 건반에 숨은 원리 찾기: 피아노 건반은 흰색 건반 여덟 개와 검은색 건반 다섯 개로 기본 13옥타브로 구성되어 있다. 또한 검은색 건반은 두 개, 세 개가 각 각 나란히 붙어 있어 2, 3, 5, 8, 13 등 피보나치수열을 이루고 있음을 알 수 있다.

　나. 달팽이 껍질과 바다 생물 껍질에서 숨은 원리 찾기: 자연에서 나선형 곡선 구조를 쉽게 관찰할 수 있는데, 달팽이의 껍질과 여러 바다생물의 껍질에서 나선형 곡선 구조를 발견할 수 있다.

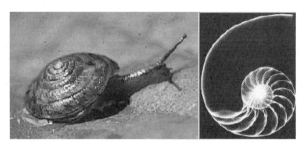

달팽이, http://chaos.inje.ac.kr/Alife/phylotaxis.htm

다. 우리가 식용으로 사용하는 식물에 숨어 있는 원리 찾기: 사람 귀의 달팽이관 같은 인체의 많은 기관, 우주의 많은 은하의 모양, 물의 소용돌이나 태풍, 솔방울, 파인애플 등에서도 피보나치수열의 규칙성을 찾을 수 있었다.

파인애플, http://ccins.camosun.bc.ca/~jbritton/fibslide/jbfislide.htm

출처: 이왕재(2006).

[글상자 6-4]

영재교육 내용 예: 수학유언 감상하기

1. 다음 수학자 디오판토스의 유언을 읽고 느낀 점과 숨어 있는 수학적인 기초 원리를 찾아보시오.

그의 일생의 1/6이 소년 시대였고, 일생의 1/12은 청년 시대였으며, 다시 일생의 1/7을 지나 결혼하고, 결혼하여 5년 뒤에 아들을 낳았다. 그의 아들은 아버지 일생의 1/2만큼 살았으며, 아들이 세상을 떠나고 난 4년 뒤에 디오판토스는 일생을 마쳤다.

가. 위의 수학유언에 담겨 있는 수학적인 원리를 탐구해 보시오.

☞ 방정식의 원리

☞ 띠그래프와 비례식의 원리

☞ 가설을 이용한 최소공배수 활용의 원리

(2) 과학영재학생 지도

과학은 그 어느 분야보다도 변화가 빠르고 지식의 양과 질이 폭발적으로 증가하고 있는 영역이다. 따라서 과학영재학생교육도 이러한 분야의 특성을 잘 반영해야할 것이다. 미국의 과학발전위원회에서 제시한 과학교육의 미래는 과학교육이 어떠해야 할 것인지에 대한 좋은 시사점을 준다. 이 위원회에 따르면 미래 과학교육은 첫째, 자연에 대해 친숙하고 자연의 다양성과 일관성 이해하기, 둘째, 자연과학의 기본 개념과 원리 이해하기, 셋째, 과학, 수학, 기술의 상호 의존 관계 이해하기, 넷째, 과학, 수학, 기술의 장단점 이해하기, 다섯째, 과학적 사고방법 이해하기, 여섯째, 과학적 지식과 과학적 방법을 개인적, 사회적으로 이용하기 등이다(이신동, 이정규, 박춘성, 2009: 190). 결국 과학영재교육은 과학적 지식뿐만 아니라 과학적 연구방법, 과학적 사고와 과학에 대한 태도까지를 교육목표로 강조해야 한다는 것을 알수 있다.

과학영재를 위한 교육과정의 주요 내용 요소는 과학 개념의 이해능력, 과학 탐구능력, 과학 분야 지식기반, 실생활 문제의 과학적 연구능력, 과학적 사고 습관 등이다(이신동, 이정규, 박춘성, 2009). 교수-학습방법 측면에서는 과학적 지식의 일방적주입이 아닌 영재학생 스스로의 사고와 탐구 활동을 강조한다. 여상인(2010)은 영재교육 프로그램에 반드시 포함해야 할 중요한 요소로 과학영재에게 무엇인가를 가르치려고 하기보다는 과학영재의 생각을 이끌어 내는 것이 중요하다고 강조했다. 다음의 〈표 6-2〉는 Renzulli의 3단계 심화학습 모형에 따른 과학수업 활동 예를 나타낸 것이다.

〈표 6-3〉 Renzulli의 3단계 심화학습 모형에 따른 과학수업 활동의 예

전개 단계	소주제명	주요 내용 및 활동	주요 수업방법	준비물	소요 시간
〈1단계〉 계획하기	1. 어디에 가면 암석을 찾을 수 있을까?	• **도입**: 자연적인 노두와 주변의 여러 인공적인 환경에서 찾은 암석의 사진을 보여 줌으로써 암석의 종류와 용도가 다양함을 알게 한다. • **탐구**: 암석을 찾기 위해 어디에 가면 될지 다양한 장소를 생각해 본다. ⇒ 학교 정원에 있는 돌, 화단/도로의 경계석으로 쓰이는 돌, 아파트/주택의 내/외장재로 쓰이는 돌, 지하철이나 큰 건물 등의 내/외장재로 쓰이는 돌, 공원이나 큰 건물 앞에 있는 조각품으로 쓰이는 돌, 학교에서 가장 가까운 산이나 강(개천)에 있는 돌 등	강의, 토의	우리 주변의 여러 암석 사진	45분
		• **문제상황 제시 및 문제상황 파악하기** –프로젝트 설명: 우리 동네에서 찾을 수 있는 암석을 지도에 표시하여 지질 답사 프로그램을 위한 가이드북 제작. 조별로 여행사를 만들어 활동이 진행되며, 다른 조에서 만든 가이드북을 따라 실제로 답사를 다녀온 후 문제점과 개선 방향을 토론하여 가장 우수한 지질 답사 프로그램을 선정하여 수상함 –우리 동네 지도를 보고 지역별로 조를 만들어 약 한 시간 정도 소요되는 지질 답사 계획 수립 –너무 장시간이 소요되지 않도록 동선을 최소화하면서 작은 테마를 설정하는 것도 권장할 수 있음 ⇒ 건물의 외장재 비교, 정원석 비교, 우리 동네에서 찾을 수 있는 화성암의 종류 등		우리 동네 지도	45분
〈2단계〉 지식 및 기능 습득하기	2. 암석의 특징에는 어떤 것이 있을까?	• **활동**: 선생님이 나눠 준 여러 암석의 샘플을 보고 특징을 기록해 본다. ⇒ 다른 암석과 구별할 수 있는 특징에는 어떤 것이 있을까? • **탐구**: 지질 답사에서 야장의 암석을 관찰하고 기록하는 방법을 토의한다. ⇒ 촬영, 스케치, 색깔, 입자의 크기, 줄무늬 유무, 촉감, 굳기, 입자(광물, 퇴적물 입자, 암편 등)의 크기, 마모성 등 • **강의**: 야장 기록방법, 암석의 특징 확장 암석의 분류기준, 성인	강의, 실험, 토의	여러 암석 샘플, 야장	90분

	3. [야외 수업] 우리 학교에서는 어떤 암석을 찾을 수 있을까?	• **활동**: 우리 학교의 여러 곳을 둘러보면서 암석을 찾아 사진을 찍고 야장에 기록을 한다. • **강의**: 각 암석의 특징과 용도를 연결해 볼 수 있도록 지도한다. 노두와 암석 관찰 시 주의할 점 (안전 등), 촬영방법(접사 시 주의할 점) 등을 설명한다. 노두와 강, 개천 등의 자연적인 환경이 많을 경우 우리 동네의 지질학적 특징도 함께 설명한다. • **탐구**: 기록한 야장을 바탕으로 우리 학교 지질 답사 가이드북을 만든다.	실험, 강의, 토의	카메라, 야장	60분
		• 우리 동네 지질 답사 프로그램 제작 계획서 발표	발표, 토의		30분
〈3단계〉 프로젝트	4. 창의적 산출물 제작/발표하기	• 조별 프로젝트 발표 　－가이드북만을 보고 쉽게 찾아가서 답사를 진행할 수 있도록 자세히 제작. 중점 관찰사항, 암석의 이름, 답사 시 주의할 점 등을 자세히 설명 　－답사를 수행하면서 함께 생각하고 학습할 수 있도록 여러 의문 사항을 포함하고 자기 조에서 생각한 답변을 함께 제시 ⇒ 용도(왜 이곳에 쓰였을까?), 암석의 성인(왜 줄무늬가 있을까? 왜 결정이 크게 만들어졌을까? 왜 구멍이 뚫려 있을까? 왜 자갈이 포함되어 있을까? 등) 　－다른 사람들로 하여금 각자의 여행사에서 소개하는 프로그램을 선택할 수 있도록 광고할 것 • **과제**: 다른 조의 프로그램을 하나 선택하여 답사해 보고 가이드북을 평가한다.	창의적 산출물 발표	조별 프로그램 발표	90분
		• **활동**: 다른 조의 프로그램을 수행한 결과 발표, 문제점 및 개선 방향 제시, 가장 훌륭한 가이드북 선정 　－평가 기준: 다양한 암석을 선정하여 흥미롭게 구성하였는가? 가이드북에서 제공한 정보가 실제와 일치하며 학습에 도움이 되었는가? • 프로젝트 전체 활동에 대한 소감 발표	창의적 산출물 동료평가	타 프로그램 수행 평가서	60분
		• 개념이해 평가 문제지와 답 • **탐구수행능력 평가**(타 지역의 지질 답사 프로그램이나 암석 사진을 소개하고 다른 암석의 특징과 용도, 성인 등을 분석해 본다. 우리 지역과 다른 지역의 공통점과 차이점을 찾아본다.)	정리 및 평가		30분

출처: 신명경(2010), pp. 127-128.

[글상자 6-5]는 생활 소재를 활용한 영재교육 프로그램의 한 예를 나타낸 것이다.

[글상자 6-5]

생활 소재를 활용한 영재교육 프로그램의 예

드라이아이스의 과학

1. 탐구개요

 드라이아이스는 식품 첨가물인 액화탄산가스를 고체화한 제품으로 우리 생활 주변에서 다양한 용도로 이용된다. 아이스크림 가게에서 포장한 아이스크림이 녹는 것을 막기 위해 드라이아이스를 사용하며, …(중략)… 이 탐구 활동에서는 드라이아이스로 인해 나타나는 현상을 관찰하고, 이를 통해 드라이아이스의 성질을 알아본다.

■ 학습목표

- 드라이아이스는 승화하는 성질이 있는 물질임을 알 수 있다.
- 드라이아이스의 주변에서 발생하는 흰 연기의 성분을 밝힐 수 있는 탐구를 설계하여 수행할 수 있다.
- 드라이아이스를 물에 넣을 때 발생하는 흰 연기를 이용한 제품을 구성할 수 있다.
- 드라이아이스가 승화할 때 부피가 크게 늘어나는 것을 이해하고, 이를 토대로 늘어나는 부피비를 구하는 실험을 설계하여 계산할 수 있다.
- 드라이아이스로 인해 나타나는 현상을 드라이아이스의 성질과 관련지어 설명할 수 있다.

■ 유의/안전 사항

- 드라이아이스를 직접 입에 대거나 피부에 닿지 않도록 하며, 드라이아이스를 만질 때는 반드시 면장갑을 착용한다.
- 밀폐된 장소에서 취급하면 호흡장애 또는 질식 우려가 있으므로 환기가 잘 되는 곳에서 실험한다.
- 망치를 사용할 때는 주위를 잘 살펴서 사용하고, 손등을 때리지 않도록 한다.

2. 탐구에 들어가기 전에 생각해 보기

- 물질의 상태 변화와 에너지의 관계는?
- 드라이아이스는 어떻게 만들어질까?
- 드라이아이스는 결정인가? 비결정인가?
- 드라이아이스(dry ice)와 아이스(ice)의 차이점은?

출처: 여상인(2010), p. 193.

4) 영재학생 통합교육전략

흔히 영재성을 가진 아동은 특별한 학교나 학급을 구성하여 교육하는 것이 바람 직하다고 생각하고, 또 그런 방향으로 교육이 이루어지고 있다. 그러나 분리된 프로 그램을 통해 영재아동을 교육하는 것은 단기적으로 미미한 효과가 있지만 중간 수 준과 낮은 수준의 아동에게는 부정적인 영향을 주는 것으로 나타났다(Oakes, 1985; Wheelock, 1992). 먼저 높은 수준의 아동을 학습에서 분리함으로써 다른 아동은 역 할모델(role model)을 제공받을 수 없게 되고, 고등 수준의 과제에 참여할 기회를 잃 게 된다. 그리고 높은 수준의 아동은 전체 학교사회와 친구에게서 고립감을 느끼거 나 따돌림을 받는 경우가 많다. 또한 분리된 프로그램은 다른 아동과는 다르다는 엘 리트주의를 조장하여 공동체 의식을 약화시킨다(Sapon-Shevin, 1994). 이러한 영재 아동을 위한 몇 가지 전략을 요약하면 다음과 같다.

첫째, 영재아동을 위한 수업에서는 다수준 포함 교수전략(multi-level teaching strategies)을 사용해야 한다. 다수준 포함 교수에서는 다양한 능력을 가진 학생들이 함께 모여서 각자의 능력에 맞게 학습할 수 있다. 이를 위해서는 먼저 학생들의 수 준을 미리 진단하여 이미 알고 있는 내용을 가르치지 않아야 하고, 우수한 학생들은 심화된 내용으로 풍부한 활동과 탐구를 할 수 있도록 해야 한다. 다수준 포함 교수 전략에 대한 자세한 내용은 10장에 제시되어 있다.

둘째, 다양한 능력을 가진 아동이 함께 모여 학습할 때는 그들이 학습의 다음 수 준, 즉 근접발달영역(zone of proximal development; Vygotsky, Cole, John-Steiner, & Scribner, 1978)에 도달할 수 있도록 지원과 도움을 주어야 한다. 근접발달영역은 한 학생의 현 수준에 인접한 바로 상위의 발달 수준으로, 교사나 성인 또는 더 유능한 학생의 도움을 받아서 이 영역의 과제를 수행할 수 있게 된다(Ormrod, 2006). 도움을 주는 방식은 과제를 수행하기 전에는 학생의 사전 지식을 활성화하고, 과제를 수행 하는 동안에는 개념의 이해를 도와주며, 과제 수행 후에는 사고를 확장할 수 있게 한 다(Berk & Winsler, 1995; Graves, 1994). 이러한 교수 활동이 바로 비계(scaffolding)다.

셋째, 아동의 다양한 지능을 인정하고 그에 따른 요구에 주의를 기울여야 한다. 아동이 어떤 방식으로 생각하고, 무엇을 사랑하고, 무엇을 요구하는지를 알면 그들 의 학습을 향상시킬 수 있다(Peterson & Hittie, 2003). 예를 들면, 공간적 지능이 발달

한 아동은 영상이나 그림으로 생각하고 설계하며, 시각적으로 표현하는 것을 좋아
하기 때문에 미술, 영화, 상상게임, 미로, 삽화가 있는 책, 미술박물관 여행 등을 제
공하도록 한다.

적용문제

1. 우리 주변의 영재학생을 가능하면 분야별로 찾아 그들의 특성을 조사하여 비교해 보시오. 어떤 공통점과 차이점이 있는가?
2. 올바른 영재선별절차와 기준은 어떻게 이루어져야 할지 토론해 보시오.
3. 기존에 나와 있는 영재교육 프로그램을 분석하고 평가해 보시오.
4. 일반학급에서 영재학생을 효과적으로 지도할 수 있는 방안을 제시해 보시오.

참고문헌

교육과학기술부(2013). 2013년도 교원자격검정 실무편람.

교육인적자원부(2007). 제2차 영재교육진흥종합계획('08~'12).

국민일보 [영재교육 오해와 진실…김미숙 영재선발 출제위원장 인터뷰](2007. 10. 30.). http://news.kmib.co.kr/article/viewDetail.asp?newsClusterNo=01100201.20071030 100000947

송상헌(2006). 수학영재 프로그램 분석 및 개발 방향. 한국교육개발원 제4기 영재교육 교원 심화연수 연수교재 TM 2006-17, 3-19.

신명경(2010). 초등 영재교육 프로그램 개발의 실제. 한국교육개발원 제8기 영재교육 담당교원 심화연수 자료-과학편, 121-135.

여상인(2010). 중등화학 영재교육 프로그램 개발방향 및 사례지도. 한국교육개발원 제8기 영재교육 담당교원 심화연수 자료-과학편, 181-200.

영재교육연구센터(2004). 영재교육대상자 선발의 절차. http://gifted2.kedi.re.kr/Dist/Gifted/ Dist03.php

이신동, 이정규, 박춘성(2009). 최신영재교육학개론. 서울: 학지사.

이왕재(2006). 창의성 신장을 위한 교재개발: 사례 중심. 한국교육개발원 제4기 영재교육 교원 심화연수 연수교재 TM 2006-17, 143-163.

한국교육개발원(2013). 과학 영재 선발을 위한 교사관찰추천 도구: 교사용 체크리스트, 학생용 포
트폴리오 활용안내서.

한국교육개발원(2017). 2017 영재교육 통계연보.

Berk, L. E., & Winsler, A. (1995). Scaffolding children's learning: Vygotsky and early
childhood education. *NAEYC Research and Practice Series (Vol. 7)*. Washington, D.C:
National Association for the Education of Young Children.

Clark, B. (2002). *Growing up Gifted*. Upper Saddle River, NJ: Pearson Education.

Davis, G. A., & Rimm, S. A. (1998). *Education of the Gifted and Talented* (5th ed.). Boston,
MΛ: Allyn & Bacon.

Gagné, F. (2000). Understanding the complex choreography of talent development
through DMGT-based analysis. In L. A. Heller, F. J. Mönks, R. J. Sternberg, & R. F.
Subotnik (Eds.), *International Handbook of Giftedness and Talent* (2nd ed., pp. 67-
79). New York: Elsevier.

Gallagher, J. J., & Weiss, P. (1979). *The Education of Gifted and Talented Students*.
Washington, D.C.: Council for Basic Education.

Gardner, H. (1993). *Multiple Intelligence* (2nd ed.). New York: Basic Books.

Graves, D. H. (1994). Writing workshop: Be a better writing teacher. *Instructor, 104*(4),
43-45, 71.

Maker, C. J. (1993). Creativity, intelligence, and problem solving: A definition and design
for cross-cultural research and measurement related to giftedness. *Gifted Education
International, 9*(2), 68-77.

Oakes, J. (1985). *Keeping Track: How Schools Structure Inequality*. New Haven, CT: Yale
University Press.

Ormrod, J. E. (2006). Commentary: Similarities and differences among educational
psychology textbooks-An author's perspective. *Teaching Educational Psychology,
1*(3), 78-79.

Peterson, J. M., & Hittie, M. M. (2003). *Inclusive Teaching: Creating Effective Schools for
All Learners*. Longwood, FL: Allyn & Bacon.

Renzulli, J. S. (1986). The three ring conception of giftedness: A developmental model
for creative productivity. In R. J. Sternberg & J. E. Davison (Eds.), *Conception of
Giftedness*. Cambridge, MA: Cambridge University Press.

Renzulli, J. S. (1996). *Systems and Model for Developing Program for the Gifted and Talented*. New York: Creative Learning Press.

Renzulli, J. S., & Reis, S. M. (1991). The reform movement and the quiet crisis in gifted education. *Gifted Child Quarterly, 35*(1), 26-35.

Sapon-Shevin, M. (1994). Cooperative learning and middle schools: What would it take to really do it right? *Theory into Practice, 33*(3), 183-190.

Silverman, L. K. (1989). Invisible gifts, invisible handicaps. *Roeper Review, 12*(1), 37-42.

Smith, T. E., Polloway, E. A., Patton, J. R., & Dowdy, C. A. (2007). *Teaching Students with Special Needs in Inclusive Settings* (5th ed.). Longwood, FL: Allyn & Bacon.

Sternberg, R. J. (Ed.). (2000). *Handbook of Intelligence*. New York: Cambridge University Press.

Vygotsky, L. S., Cole, M., John-Steiner, V., & Scribner, S. (1978). *Mind in Society: The Development of Higher Psychological Processes*. Cambridge, MA: Harvard University Press.

Wheelock, A. (1992). The case for untracking. *Educational Leadership, 50*(2), 6-10.

참고 사이트

사단법인 한국영재학회(http://www.ksg.or.kr/).

영재교육종합데이터베이스(https://ged.kedi.re.kr/xerosware).

한국교육개발원 영재교육연구센터(http://gifted.kedi.re.kr/).

한국영재교육학회(http://www.kgt.or.kr/modules/doc/index.php?doc=intro).

KAIST 과학영재교육연구원(http://gifted.kaist.ac.kr/main.do).

제7장

학급공동체 형성을 위한 통합학급 운영

🎓 학습목표

1. 학급공동체의 개념과 핵심 요소를 이해한다.

2. 학급공동체 형성을 위한 전략을 알고, 학급 운영의 실제와 비교하여 분석한다.

어느 교실에서나 쉽게 찾아볼 수 있는 칭찬깃발과 점수판

학생들이 만든 각기 다른 모양과 종류의 물고기로 꾸민 게시판

1. 이 장의 취지

일반학교의 학급 구성원의 다양성 범위가 점차 확대되는 것은 일반교사에게 분명 어려운 도전이 아닐 수 없다. 성장 배경, 능력, 흥미, 기술에서 다양한 학생의 욕구에 부합하며, 적합한 학습 활동을 찾는 일은 주의 깊은 관심과 전문성이 필요하다. 따라서 교사에게 가장 우선적으로 필요한 과제는 학습 활동에 학생들을 최대한 참여시킬 수 있는 학급공동체를 개발하고 효과적인 관리체계를 확립하는 것이다 (Evertson, Emmer, & Worsham, 2003). 교사는 학습이 일어날 잠재적 기회가 최대화될 수 있도록 학급을 구조화하고 관리하는 방법을 알아야 한다. 학급의 모든 학생이 가치 있는 구성원으로서의 역할을 다하고, 학습 활동에 최대한 참여할 수 있으며, 또래와의 긍정적인 사회적 관계가 이루어지는 학급환경은 특수교육대상학생뿐 아니라 모든 학생에게 필요한 것이다. 특수교육대상학생이 성공적으로 통합될 수 있는 일반학급환경은 바로 체계적으로 구조화되고 효과적으로 운영되는 학급일 것이다. 즉, 특수교육대상학생이 통합되었다는 것은 모든 학생의 학습과 참여 기회를 확장시키는 데 기여할 수 있으며, 구성원 간의 상호 의존성과 협력을 최대화할 수 있는 요인으로 활용될 수도 있다. 특히 최근에 심각한 문제로 대두되는 학교 폭력은 사후 대처보다는 예방이 최선의 방법이다. 학급의 문화를 공동체 문화로 조성하는 것은 학교 폭력을 예방할 수 있는 지름길이다.

이 장에서는 일반학급환경이 서로 배려하고 지원하는 공동체로 발전하는 것의 중요성과 통합교육의 관련성에 대해 고찰해 보고자 한다.

2. 공동체의 개념: 배려와 지원으로 고양되는 개인의 성장

공동체(community)란 개인의 성장과 학습을 위해 집단의 지원을 받으면서 다양한 사람이 관계를 발전시키고 함께 일할 때 생길 수 있다. 또한 집단이 상호 존중과 배려의 분위기에서 공통의 목표를 성취하기 위해 함께 일할 때 공동체가 만들어질 수 있다(Shaffer & Anundsen, 1993). 다음은 바람직한 공동체의 핵심 요소다.

- 소속감: 바람직한 공동체는 구성원이 소속감과 자신이 집단의 가치 있는 구성 원이라는 느낌을 갖게 한다.
- 통합: 바람직한 공동체는 통합을 지향한다. 통합은 구성원 자격이 개방되어 있 으며, 다양성을 존중하고, 필요한 조정(accommodation)에 의도적인 노력을 기 울이는 것이다. 분리된 공동체는 인종적 · 문화적 배경 및 사회경제적 지위에 따라 사람을 집단화한다.
- 지원과 배려: 공동체 안에서는 구성원이 어려움을 극복하기 위해 필요한 지원 과 도움, 조언, 배려를 제공받는다. 특별한 도움이라고 해서 공동체가 아닌 특 정한 장소에서 제공되어야 하는 것은 아니다. 학급 안에서 학생들이 다른 사람 의 요구를 이해하고 도움을 제공하는 것을 가르쳐 줄 수 있다.
- 구성원 모두의 공헌과 책임감: 모든 구성원은 공동체의 선에 기여할 수 있는 기 회와 책임감을 갖는다. 통합학급에서는 모든 학생이 능력에 상관없이 학급공 동체에 기여하는 바가 있다.
- 민주적인 문제해결: 어느 집단에서나 우선권 혹은 인간관계에서 갈등을 피할 수 없다. 공동체에서는 갈등을 해결하고 결정하기 위한 대화에 모든 구성원이 참여한다.

공동체는 사람들의 수많은 문제를 해결하는 데 강력하게 기여한다. 진정한 공동 체는 다음과 같은 것을 가능하게 한다(Shaffer & Anundsen, 1993).

- 사람의 건강을 향상시킨다. 사람은 사회적 관계 속에 있고 정서적 지원을 받을 때 스트레스 관련 병의 발생이 감소한다.
- 중독을 예방하고 중독자의 재활을 도와준다.
- 삶에서 부딪히는 위기의 순간을 극복하도록 도와준다.
- 성장하기에 안전한 장소를 제공함으로써 학습과 성장을 촉진한다.

다음의 〈표 7-1〉은 진정한 학급공동체일 때 나타나는 모습과 학급공동체가 아 닐 때 볼 수 있는 모습을 비교한 것이다.

〈표 7-1〉 학급공동체에서 볼 수 있는 것과 학급공동체가 아닐 때 볼 수 있는 것

학급공동체라면 볼 수 있는 것	학급공동체가 아닐 때 볼 수 있는 것
• 아동은 항상 다른 사람과 함께 일하고 서로 도움을 주고받는다. • 다른 능력 수준, 문화, 인종집단의 아동이 함께 작업한다. 교사는 그들이 자신들의 차이점과 개인적 욕구와 흥미에 대해 말하는 것을 듣는다. • 갈등이 발생했을 때, 아동은 갈등을 해결하기 위한 전략을 가지고 있다(또래 중재 등). • 친구관계 지원이 필요한 학생을 대상으로 '친구들의 동아리'와 같은 또래지원망 프로그램이 실행된다. • 교사와 아동은 학급 회의에서 규칙을 정하고, 문제를 해결하기 위해 빈번하게 상호작용한다.	• 몇몇 아동은 놀림을 당하고, 고립되며, 파벌을 형성한다. • 학습부진, 학습장애 등 능력에서 차이를 보이는 아동은 특수교육을 받기 위해 분리된 환경으로 이동한다. • 아동은 직접적으로 공격적인 언어 또는 물리적 행위를 한다. • 교사는 아동이 말을 듣지 않는 것에 대해 고함치고 좌절한다. • 학생을 통제하는 데 많은 시간과 노력이 소요된다. • 갈등은 싸움과 논쟁으로 분출된다.

출처: Peterson & Hittie(2003), p. 325.

3. 학급공동체 형성을 위한 전략

1) 물리적 차원에서의 공동체적 접근: 게시판, 자리 배치

교실의 위치, 책상 배열, 사물함, 벽면, 표지판을 포함한 학급의 물리적 환경은 공동체 형성에 중요한 역할을 할 수 있다. 교실환경의 여섯 가지 기능을 설명하면 다음과 같다(Steele, 1973).

① 안전과 보호
  • 방해받지 않고 자유로울 수 있도록 공간 배치
  • 조용히 안정을 취할 수 있는 공간 마련
② 사회적 접촉
  • 교사가 원하는 학생 간 상호작용의 양 고려
  • 모든 학생이 사회적 상호작용을 할 수 있는지 고려
③ 상징적 식별: 교사와 학생이 정보를 소통할 수 있도록 학급 공간에 명칭 부여

④ 과제 수행 촉진

- 자주 사용하는 자료는 학생이 쉽게 접근할 수 있게 배치
- 자료의 위치를 분명하게 표시
- 자료의 제시나 설명을 분명하게 보고 들을 수 있는 자리에 배치
- 학생이 각자의 소유물을 보관할 수 있는 개인적인 공간 마련
- 교사의 책상은 적절한 공간에 배치
- 양립할 수 없는 활동은 분리

⑤ 즐거움: 다양한 색과 소재를 사용하여 심미적으로 즐거움을 줄 수 있는 환경 창출

⑥ 성장

- 다양한 활동 제공
- 읽기, 쓰기 영역 구축

자리 배치 역시 학급의 중요한 물리적인 환경이라고 할 수 있다. 자리 배치를 할 때 고려할 점은 다음과 같다.

- 행동문제가 있는 아동은 가능한 한 많은 시간 동안 교사와 근접한 자리에 앉힌다.
- 행동문제가 있는 아동이 점차 자기조절이 가능해지면 좀 더 거리를 두고 앉힌다.
- 과제 수행 시에 시각적으로 산만해질 수 있는 아동(학습 및 주의집중 문제, 청각장애, 행동문제)은 시각적으로 방해받을 수 있는 기회를 최소화한다.
- 학생들은 교수 활동에 주의를 집중할 수 있으며, 교사 역시 학생을 감독할 수 있도록 책상 줄을 분명하게 한다.
- 감각장애가 있는 아동은 잔존시력과 청력을 최대화할 수 있는 자리에 배치한다.
- 전통적인 배치 이외의 대안적인 책상 배치방법을 고려한다.

어떤 교실에 들어갔을 때 그 학급의 모든 구성원이 수용되고 존중되며 상호 협력하는 공동체인지 쉽게 알 수 있는 방법 중의 하나는 게시판을 비롯한 벽면을 살펴보는 것이다. 먼저 교실에서 경쟁을 유발하는 상징물을 제거하는 것이 공동체 형성전략의 첫 번째다. 협동적이며 지원적인 학급 분위기를 창출하기 위해서는 우선 모든 경쟁적인 상징물이 제거되어야 한다. 벽에 게시된 그래프나 도표, 스티커 등은 누가

잘했는지 못했는지를 보여 준다. 누가 잘했는지에 대한 강화표도 있지만, 어떤 학급은 칭찬받은 횟수와 벌을 받은 횟수를 표시하는 차트를 아동 개인마다 색깔로 구분하여 벽에 붙여 놓기도 하였다. 만약 외부의 방문자가 교실에 들어와서 게시물, 자리 배치, 칠판 등을 보았을 때 누가 잘하는 학생인지, 못하는 학생인지를 알 수 있다면 그 학급의 분위기는 경쟁적임을 나타낸다. Brophy(1981)는 교사가 학생들에게 제공하는 칭찬의 기능을 분석한 연구에서 효과적인 칭찬은 학생 자신이 과제를 수행하기 위해 얼마나 좋은 행동을 하고 문제해결을 잘했는지에 초점이 주어지는 데 반해, 비효과적인 칭찬은 다른 사람과의 비교와 경쟁에 초점이 주어진다고 하였다. 따라서 교실에서 흔히 찾아볼 수 있는 스티커판이 개인의 수행과 성취를 격려하려는 목적보다 다른 사람과의 비교와 경쟁을 목적으로 사용되는 것은 궁극적으로 학생의 수행에 긍정적인 영향을 미친다고 보기 어렵다.

경쟁적인 상징물을 제거하는 또 다른 방법은 우수 작품만을 게시하는 대신 모든 아동의 작품을 게시할 수 있는 판을 만드는 것이다. 이 장 처음의 사례에 제시된 삽화는 3학년 교사가 벽에 바다 속 풍경을 만들어 놓고, 모든 아동이 각각 물고기, 해초, 스킨다이버 등을 만들어서 붙일 수 있도록 한 것이다. 각각의 아동이 만든 작품은 그 수준에서 차이가 있지만, 이러한 작업이 전달하는 메시지는 '통합'이다. 각 아동의 작품이 더해지면 전시물의 질은 향상된다. 각 아동이 자신들의 작품, 책, 기타 프로젝트를 덧붙인 교실의 벽, 게시물은 아동 개개인이 집단에 기여하는 구성원으로 보일 수 있게 하므로 공동체감, 소속감을 창출한다. 초등학교 교실의 게시판에 나타난 공동체 요소를 분석한 연구에서는 공동체감 형성에 기여할 수 있는 게시물을 찾아볼 수 있었다(김수연, 2009). P 학교 5학년 학급에는 칭찬 쪽지가 채워져 있는 '칭찬 릴레이' 판이라는 게시물이 있었는데, 칭찬 쪽지에는 칭찬하고 싶은 친구의 이름과 칭찬의 이유가 적혀 있다. 예를 들어, 어떤 학생의 쪽지에는 '저는 ○○를 칭찬합니다. 그 이유는 친구들과 잘 어울리기 때문입니다.'라고 쓰여 있다. 아동이 쪽지를 쓰려면 친구가 무엇을 잘했는지, 무엇을 칭찬해야 할지 알아야 하므로 관심과 민감성이 키워지며, 친구 간에 친밀감이 형성될 수 있다. 또한 다른 친구의 칭찬 쪽지를 읽으면서 그들의 좋은 행동을 본받을 수 있다는 점에서도 의미 있는 게시물이다. 구성원을 소개하는 게시물에서, U 학교의 경우에는 자기 자신을 소개하는 것이 아니라 짝의 얼굴을 그리고 설명하게 하여 친구를 소개하고 있었다. 친구를 소개하기 위해서는 친구의 얼굴을 한 번이라도 자세히 봐야 하고, 그 친구가 무엇을 좋아하는지 그리고 어떤 사람이 되고 싶은지 알아야 할 것이다. Noddings(1992)에 따르면, 돌봄을 받고 싶어 하는 것은 인간의 기본적이고 자연적인 욕구다. 학생들은 학교에서 돌봄을 받고 싶어 하고 또 다른 사람에게 돌봄을 주고 싶어 하는데, 학급 친구로부터 따돌림을 당하거나 교사로부터 인정을 받지 못하면 학습 욕구는 사라지게 된다. 학급 구성원끼리의 경쟁을 강조하고 돌봄의 관계가 불가능한 학급에서는 학생이 배움에 대해 가치를 부여하지 않게 되어 배우고 싶은 욕구 또한 사라지게 된다. 공동체는 한순간에 만들어지는 것이 아니라 학생이 자기 자신에 대해 그리고 서로에 대해 알고 긍정적이며 지원적인 방법으로 상호작용할 수 있도록 다양한 기회를 제공하고 경험을 공유하면서 만들어 나가는 것(Sapon-Shevin, 1995)이라고 할 때, 이러한 게시물은 돌봄의 공동체 형성에 기여할 수 있다.

게시판 이외에 교실의 전반적인 물리적인 환경을 구성할 때의 고려점은 다음과 같다.

- 특정 활동을 위한 영역을 확보한다(탐구ㆍ발견 학습, 독립과제 수행 등).
- 교사의 책상과 같이 교실의 어떤 영역에 대해서는 제한 구역을 분명하게 설정한다.
- 좀 더 구조화된 환경으로 한 해를 시작하고, 규칙과 절차가 확립되면 점차 융통성을 부여한다.
- 시각장애 및 저시력 학생이 있을 때는 물리적 환경이 변화된 것을 알려 주어야 한다.
- 교사와 학생이 교실 안을 쉽게 다닐 수 있도록 가구를 배치한다.
- 게시판을 보고 정보를 얻을 수 있도록 학생의 주의를 끌어야 한다.
- 학생들이 교실 안을 이동할 때 효율적인 동선을 만든다.
- 잠재적인 위험이 있는 자료 및 장비는 안전하게 보관한다.
- 분명한 목적이 없는 한 개방된 공간은 피한다. 이 공간이 종종 행동문제를 일으키는 공간이 될 수 있기 때문이다.
- 교실의 각 영역에 표찰이나 기호를 부착하여, 학생들이 무엇을 하는 곳인지 더 잘 이해할 수 있도록 한다.

[학습활동 7-1]

　　다음의 두 사진은 학생들의 독서 활동을 촉진하기 위해 만들어 놓은 게시물이다. 두 게시물을 공동체적 접근에 의거하여 비교 · 분석하시오.

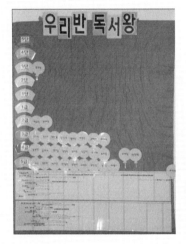

〈우리 반 독서왕〉

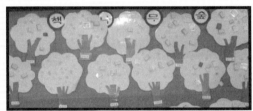

〈책나무 숲〉

2) 절차적 차원에서의 공동체적 접근: 학급 규칙, 학급 회의, 첫날의 계획

(1) 학급 규칙

　　어느 교실에서나 볼 수 있는 것은 학급 규칙이다. 이 규칙은 대부분 교실 앞 또는 뒷면에 게시되어 있다. 학급 구성원끼리의 약속이라고도 할 수 있는 학급 규칙은 교사가 만든 규칙을 학생에게 일방적으로 전달하는 것이 아니라 학생이 직접 참여하여 제정하게 하는 것이 바람직하다. 규칙을 제정할 때의 고려할 점은 다음과 같다.

- 규칙의 총 수는 일곱 개가 넘지 않게 한다.
- 규칙 제정 시 학생을 참여시킨다.
- 규칙은 짧고 명료하게 진술한다.
- 규칙은 충분하게 설명하고, 위반 시의 특정 후속결과에 대해 논의한다.

- 규칙은 긍정적으로 진술한다. '지키지 말 것'과 같이 부정적으로 진술하지 않는다.
- 제정한 규칙은 모든 학생이 볼 수 있는 장소에 게시한다.
- 사전에 규칙의 예외에 대해 토의해서 이해할 수 있도록 한다.
- 모델링과 연습을 통해서 규칙을 가르치고, 학생이 모두 학습했는지 확인한다. 퀴즈를 보는 것도 효과적이다.
- 정기적으로 규칙을 검토하고, 새로운 학생이 전학 왔을 때에도 다시 검토한다.
- 발생 가능한 혼란이 예상될 때는 예방적인 방법을 통해 규칙이 생각나도록 단서를 제공한다.

학급을 효과적으로 운영하기 위해 필요한 규칙과 절차를 네 가지 유형으로 나누면 학습 수행과 관련된 규칙, 교실행동과 관련된 규칙, 학기 첫날 반드시 의사소통해야 하는 규칙, 적절한 기회가 되었을 때 의사소통해야 하는 규칙이 있다. 구체적인 내용을 살펴보면 〈표 7-2〉와 같다(Borich, 2004).

〈표 7-2〉 효과적인 학급 운영 규칙 유형

	학급에서의 행동과 관련된 규칙	학습 수행과 관련된 규칙
첫날 의사소통 해야 하는 규칙	• 어디에 앉을지 • 자리가 어떻게 배정되는지 • 벨이 울리기 전에 할 일 • 대답하기, 발표하기 방법 • 종이 친 후 나갈 때 • 마시기, 음식 먹기, 껌 씹기 • 화장실과 음수대 우선권	• 수업에 필요한 자료 • 숙제 완성 • 과제 완성 • 과제 미완성 • 퀴즈나 시험을 놓쳤을 때 • 등급 결정 • 규칙 위반
적절한 기회가 되었을 때 의사소통 해야 하는 규칙	• 지각/결석 • 외부인이 교실 문 앞에 왔을 때 • 교실을 나갈 때 • 규칙 위반의 후속 결과	• 노트 완성 • 도움 청하기 • 노트 필기 • 다른 사람과 작업 같이하기 • 학습 센터 사용 • 집단 과제 시 의사소통 • 정리정돈 • 실험실 안전성

출처: Borich(2004), p. 376.

학급 규칙의 중요성은 학교(급) 차원의 긍정적 행동지원에서 제시하는 보편적 지원과도 연결된다. 모든 학생에게 적용되는 학급의 구조화를 보편적 지원이라고 할 수 있는데, 간단하게 요약하면 학급 규칙을 학생들과 함께 제정하고 규칙을 잘 지킬 수 있도록 가르치고, 규칙 준수를 하였을 때 강화를 제공하는 것이다. 모든 학급에는 학급 규칙이 이미 정해져 있다. 그러나 이 규칙을 어떻게 지켜야 하는지 수학 연산을 가르치듯이 열심히 가르치고 규칙을 잘 지킨 학생에게 강화를 제공하는 학급은 찾아보기 어렵다. 긍정적 행동지원에 대한 설명은 9장을 참고하기 바란다.

[학습활동 7-2]

다음은 규칙을 어겼을 때 부과되는 벌의 내용이다. 그 내용을 비판하고 적합한 수정안을 제시하시오.

- 한 모둠의 이름을 '악동들'이라고 정한 후 규칙을 어긴 아동을 그 모둠에 앉게 하는 벌
- '잘못했습니다'를 노트 가득히 적는 벌
- 하루 중 가장 벌점을 많이 받은 사람 또는 모둠에게 청소를 시키는 벌

[학습활동 7-3]

다음은 어느 학급의 강화체계다. 학급공동체 형성 원칙에 비추어 비판하시오.

학생 스스로 자기가 맡은 일을 했는지에 대한 점수를 매긴다. 하교 직전 그날 자기의 점수를 스스로 환산하여 +3점 이상이면 알사탕 내지는 초콜릿 1개로 칭찬한다. +3점 이상이더라도 그날로 점수는 완료된다. 때에 따라 크게 칭찬할 일이 있을 때는 종이접기 색종이, 공책, 연필, 가방 등 다양한 상품으로 시상하여 칭찬한다.

배점 규정
① +3점 배점
- 제일 먼저 와서 복도 계단 청소를 했을 때
- 수학책, 익힘책의 문제를 제일 먼저 해결하여 다 맞았을 때
- 대내외 최우수상을 탔을 때

- 쓰기왕, 리코더왕, 줄넘기왕, 피구왕으로 뽑혔을 때
- 골든벨을 울렸을 때

② +2점 배점
- 제일 먼저 오지는 못했지만 아침에 1인 1역을 다했을 때
- 신문 배달, 우유 배달을 제일 먼저 했을 때
- 준비물을 친구에게 나누어 줄 때
- 급식 당번을 도와주었을 때
- 남아서 당번을 도와주었을 때

③ +1점 배점
- 아침 자습으로 하는 신문 읽기를 9시 정각까지 다 마쳤을 때
- 일기장을 9시 정각까지 조별로 다 냈을 때
- 급식을 남기지 않고 다 먹었을 때
- 불우 이웃 돕기 성금, 신문값, 폐휴지 등을 제때 냈을 때
- 수학, 수학 익힘, 쓰기, 만들기, 서예 등을 정해진 시간에 마쳤을 때
- 리코더, 색종이 접기, 줄넘기 급수를 제때 땄을 때
- 급식을 한 번 더 가져다 먹었을 때

(감점 규정은 생략함)

(2) 학급 회의

학급 회의는 학생들의 욕구와 어려움에 관련된 의사결정을 하는 것에 학생을 직접 참여시키는 중요한 도구다.

① 회의 주제: 다른 사람을 놀리는 것, 과제를 지속하는 것, 숙제를 제출하는 것, 성취 축하, 학급에서 발생한 문제, 학교 행사, 일반적인 주제 등
② 목적
- 다른 사람의 관점을 이해하는 것을 돕는다.
- 학급의 문제를 해결하기 위해 브레인스토밍하고 의견을 공유한다.

· 다른 사람과의 관계에서 발생된 갈등을 해결한다.

③ 시간: 주로 하교 전 짧게는 10분, 더 길 수도 있다.

④ 형태: 토의를 촉진할 수 있는 자리 배치가 필요하다.

⑤ 토의 주제 형태

· 개념규정 질문: 수업을 방해한다는 것은 무슨 의미일까?

· 개인적 질문: 누군가 수업을 방해할 때 느낌이 어떨까?

· 창의적 질문: 어떻게 하면 수업을 방해하는 행동을 그만두게 할 수 있을까?

⑥ 원칙

· 회의에서 제시된 모든 의견을 공유할 권리를 가져야 한다.

· 각자의 의견은 다른 사람에 의해 비난받지 않고 존중되어야 한다.

· 긍정적이고 건설적인 제안이 제시되어야 한다.

⑦ 토의 주제 제시

· 학생과 교사 모두 제안할 수 있다.

· 학생 간에 생긴 긴장과 학급의 문제는 건의함을 통해 판별하고 다룰 수 있다. 교사 또는 학생은 익명으로 토의 주제를 쓰고 건의함에 넣는다. 학생들은 학교 내외에서 자신들이 슬펐거나, 화났거나, 괴로웠거나, 혼란스러웠던 문제나 상황을 설명하여 제출한다.

· 학급 회의 때 이러한 불만사항이 전체 학생에게 공유될 수 있으며, 모든 학생은 해결책에 대해서 브레인스토밍을 한다. 이러한 개념은 학생이 행복하게 느낄 수 있는 학급 행사에 대한 제안으로 확대될 수도 있다.

⑧ 회의 진행: 학급 회의는 교사가 아닌 학생이 진행한다. 이는 교사에게 다소 어려운 변화일 수 있다. 학생은 의장과 서기의 역할을 번갈아 한다. 이때 한 번에 한 가지씩만 말하기 등의 기본적인 규칙만 정해 둔다. 모든 학생이 다 말해야 할 필요는 없으며, 원하지 않는 학생은 발언하지 않아도 된다.

⑨ 회의결과: 회의결과는 모두 공유하고 실제로 적용한다.

특별한 욕구를 지닌 학생의 성공적인 통합을 위해 실시한 협력적 문제해결 프로그램(Collaborative Problem Solving: CPS)도 학급 회의를 통해 학급 구성원 모두가 공동체의 중요한 일에 직접 참여하게 하는 것이다(Evans, Goldberg-Arnold, & Dickson,

1998). 이 프로그램의 원칙을 보면, 첫째 모든 학생은 필요한 경우 다양한 개별화된 수정을 통해 학급 활동에 적극적으로 참여할 수 있다. 둘째, 선택과 결정을 할 때는 대상학생의 관점이 고려되어야 한다. 셋째, 결과는 대상학생의 참여와 통합의 양과 질로 판단된다.

협력적 문제해결 단계는 다음의 5단계로 구성된다.

① 1단계: 문제 본질 파악
   • 주제가 무엇인지 선정한다. 정확하게 문제의 본질을 알 수 있도록 다른 사람의 도움을 받아서 문제를 파악한다.
② 2단계: 가능한 해결책 모색
   • 가능한 해결방법에 대한 브레인스토밍을 한다.
   • 가능한 모든 방법을 적는다.
③ 3단계: 효과적인 대안 모색
   • 효과성: 이 방법이 우리 반 모두에게 좋은가?
   • 적용 가능성: 우리는 필요한 모든 자료를 가지고 있는가?
   • 이렇게 할 시간이 충분히 있는가?
④ 4단계: 실행
   • 가장 적합한 방법을 한 가지 선정하여 실행한다.
⑤ 5단계: 평가
   • 의도한 목적을 달성하였는지 평가하고, 구성원의 느낌을 평가한다.

예를 들어, 식당이 새로 만들어져서 교실에서 급식을 하던 학생이 점심시간에 식당으로 이동해야 한다고 가정하자. 그런데 휠체어를 탄 아동이 있어서 매일 등하교 시간 이외에 점심시간에도 식당으로 이동해야 하는 어려움이 새로 발생하였다. 이 때 같은 반 친구들과 함께 식당에서 점심식사를 하려면 어떤 해결방법이 있을지 토의해 볼 수 있다. 협력적 문제해결 프로그램은 교사가 주도하여 좋은 방법을 생각해서 학생이 따르게 하는 것이 아니라 학생 주도의 문제해결전략을 사용하는 것이다. 그래서 실제로 학생이 효율적인 아이디어를 생각해 낼 수 있으며, 자신들이 선택하고 결정한 의견이므로 책임감을 가지고 실행에 옮기게 된다는 이점이 있다.

(3) 새 학년 첫날 계획하기

새 학년 첫날은 단순히 시작으로서의 중요성보다 더 큰 의미가 있다. 새롭게 구성된 학급의 모든 학생에게 소속 학급은 다양한 모든 사람이 환영받는 학급이며, 서로 배려하고 지원적인 공동체라는 것을 인식시킬 수 있는 첫날이기 때문이다. 첫날에 해야 할 일을 시간의 흐름에 따라 제시하면 다음과 같다.

① 벨이 울리기 전
- 교실 문 가까이 서서 학생을 직접 맞이한다.
- 행동과 과제 수행으로 나누어 4~6개의 규칙을 정한다. 그 내용은 칠판, 게시판, OHP, 유인물 등의 시각적인 자료로 만들어 분명하게 제시한다.
- 첫날의 활동에 대한 간단한 개요를 준비한다. 빠뜨리지 않도록 목록카드를 준비한다(학생과 인사 및 자기소개-5분, 출석 부르기 및 각종 양식 채우기-10분, 책 나누어 주기-15분, 규칙 제시-10분, 수업 내용 소개-0~10분, 준비물 소개-2분, 마무리-3분).

② 담임교사 자기소개
- 이름 및 자신에 관한 특별한 것(흥미, 전문성), 관심, 취미, 특별한 경험(가족 또는 가정생활)에 대한 간략한 소개를 한다.
- 교사의 인성 역시 처음 몇 주 안에 알려질 수 있으므로 서두를 필요는 없다.

③ 행정적 업무
- 시간표, 출석부, 각종 양식을 기재한다.
- 출석을 부르는 것은 학생과 직접적인 접촉의 첫 번째 기회일 수 있다. 책상 사이를 다니면서 학생의 이름을 부르고 자기소개를 하도록 할 수 있다.

④ 규칙과 기대 제시
- 학생들의 행동과 학습에 대한 전반적인 기대 및 학급 규칙에 대한 토의를 한다.
- 미리 유인물을 제시하거나 학급에 게시한 후 이야기한다.

⑤ 과목 소개
- 전체 학생을 대상으로 수업을 시작한다. 아직은 모든 학생이 집단과제 또는 착석과제에 참여하거나 탐구 활동, 문제해결 유형의 과제에 의미 있게 기여

할 만큼 준비가 되지 않았다. 효과적인 자기 주도적 교수는 학생이 앞으로 교사와의 경험에서 습득하는 신뢰와 자신감에 달려 있다. 이는 첫 주와 첫날의 수업에서 습득된다.
- 모든 학생이 성공적으로 수행할 수 있는 활동을 선정한다. 학생에게 가장 적합한 난이도 수준을 아직 모르므로, 궁극적으로 학생이 수행하기를 원하는 과제와 활동을 점진적으로 시도하여 모든 학생이 성공할 것을 기대할 수 있는 활동부터 시작한다.

⑥ 마무리
- 지금까지의 재검토, 다음 날 준비물, 수업에 대한 소개를 한다.
- 수업 종이 울리기 3분 전에 마무리한다.
- 모든 학생이 새 학급에서 모두 다 잘할 것이라는 격려를 하며 정리한다.

3) 심리 · 사회적 차원에서의 공동체적 접근: 교사-학생 관계

학급에서 교사가 신뢰받는 리더가 되기 위해서는 사회적 힘(social power) 또는 리더십을 획득해야 한다. 교사가 학급에서 발휘할 수 있는 힘은 다음의 다섯 가지로 분류할 수 있다(Borich, 2004).

(1) 전문가로서의 영향력
어떤 사람은 타인이 자신을 전문가로 보기 때문에 리더가 된다. 성공적인 교사는 전문가로서의 힘을 가져야 한다. 학생들은 전문가로서의 힘을 가진 교사는 어떤 사물을 설명하거나 일을 할 때 유능하며 특별한 주제에 관해 지식이 많다고 본다. 이러한 교사는 설명을 잘하며, 자신이 가르치는 것에 대한 열정과 흥분을 나타내고 자신의 수업에 대해 자신감을 보인다. 신임교사는 이러한 전문가의 힘을 통해 리더십을 확립하는 데 종종 어려움을 갖는다. 자신의 분야에 대해 지식이 많고 유능하더라도 집단 앞에서의 불확실성과 경험 부족은 교사를 덜 유능해 보이게 한다. 학생은 교사의 자신감 없어 보이는 신체적 언어에 상응하여 교사의 권위에 도전하고 유능함을 시험하려 들 수 있다.

(2) 학생이 좋아하는 교사의 영향력

학생은 종종 자신이 좋아하고 존중하는 교사를 리더로 수용한다. 학생은 이런 교사를 공정하고 신뢰할 만하며 자신에게 관심이 있다고 본다. 공정성(fair), 돌봄 (caring)과 같은 용어로 이 힘을 가진 교사를 설명할 수 있다. 이러한 힘이 없다면 전문가로서의 힘을 가진 교사라도 교사의 권위가 도전받거나 무시될 수 있다.

종종 학생이 자신을 좋아하는 것보다 존중해 주는 편이 낫다고 말하는 교사가 있다. 마치 이 둘의 결과를 서로 배타적인 것처럼 생각하는 이런 교사도 있지만 학생이 존경하면서도 좋아하는 교사가 될 수 있다. 학생이 존경하면서도 좋아하는 교사는 학생의 만족감과 높은 성취와 관련되어 있다. 학생의 학급 소속감에 대한 욕구는 따뜻하면서도 유능한 것으로 지각되는 교사에 의해 더 잘 충족될 수 있다.

(3) 합법적 권위의 영향력

어떤 역할은 그 역할을 하는 사람과 상관없이 역할 자체의 영향력과 권위가 전달된다. 예를 들어, 경찰, 대통령, 판사는 그 직함만으로도 사회적 힘과 리더십이 발휘된다. 이와 같이 그 역할을 수행하는 사람의 본질보다도 그 역할 자체에 의해 전달되는 영향력을 합법적 권위의 영향력이라고 한다.

교사도 어느 정도는 이러한 힘을 가지게 된다. 우리 사회는 학생이 교사에게 주의 집중을 하고, 존경심을 갖고, 교사의 지시에 잘 따를 것을 기대한다. 대부분의 가족은 '선생님 말씀을 잘 듣는 것'의 중요성을 강조한다. 모든 초임교사도 이러한 합법적 권위의 힘을 가지고 학급의 첫날을 시작하게 된다.

그런데 이 힘은 초임교사에게 처음 몇 주 동안은 교사의 권위에 순종하고 따르게 하지만, 이 힘만으로 학급 운영의 리더십을 세우려는 것은 모래로 집을 짓는 것과 같다. 교사는 궁극적으로 전문가로서의 영향력과 학생에게 진정한 존경과 애정을 받는 교사로서의 영향력을 확립하기 위해 합법적 권위의 영향력을 사용해야 한다.

(4) 강화 제공자로서의 영향력

강화는 특권, 승인 또는 돈과 같은 조작적인 보상의 형태로 제공될 수 있다. 그런데 좋은 성적이나 교사의 승인에 관심이 없는 학생은 이 힘으로 이끌기가 어렵다. 이런 학생은 학교 밖에서 더 강력한 강화물을 얻을 수 있기 때문이다. 몇몇 교사는 희망하는 활동, 사물, 심지어 음식물 같은 강화제를 사용하기도 한다. 이 힘은 학급 운영의 효과적인 도구이지만 전문가로서의 영향력과 학생이 좋아하는 교사로서의 영향력을 대체할 수는 없다.

(5) 위압적인 힘

교사의 권위나 리더십에 저항하는 학생에게 정학, 퇴학, 특권의 박탈, 격리 등과 같은 방법을 사용하여 벌할 수 있다. 그런데 이 힘은 일정 시간 학생의 잘못된 행동을 멈추게 할 수는 있으나 학생의 욕구에 부합하며 신뢰를 발달시키는 것을 희생할 수도 있다. 이 힘에 과도하게 의존하는 것은 학습과정을 통해 비참여, 반목, 반항을 낳을 수 있다.

전문가로서의 힘을 습득하기 위해서는 현직교사 연수 프로그램, 대학원 진학, 세미나 및 워크숍 참석 등을 통해서 자신의 교수 분야를 계속 개발해야 한다. 학생의 신뢰와 존중을 받는 교사로서의 영향력은 학생이 학급의 소속감과 수용을 느끼는 것을 통해 새 학년 첫날부터 만들어 나갈 수 있다. 교사가 사용하는 언어는 소속감과 협동에 대해서 매우 강력한 메시지를 전달한다. 교사는 남자와 여자 또는 특별한 집단을 지칭하는 말보다는 학급, 어린이, 학생과 같은 용어를 사용해야 한다.

가장 보편적인 행동관리전략 중의 하나는 "자, 어느 분단이 제일 빨리 조용해지나 보자.' '민수랑 지영이처럼 손을 들고 말하세요." "3모둠이 모두 책을 꺼냈으니까, 급식을 제일 먼저 먹겠어요." 등으로 한 아동 또는 한 집단의 행동을 본보기로 관심을 보이거나 집단 간 비교를 명시적으로 또는 암묵적으로 하는 것이다. 그러나 이것은 가급적 피해야 한다. 대신 집단의 성취 또는 집단의 단결을 격려하는 용어를 사용하는 것이 좋다. 예를 들면, "우리 모두 줄을 똑바로 서면 밖에 나갈 수 있어요."(그런 다음 서로 도와주거나 협력하는 행동에 대해 격려한다), "오늘 자습시간에 모두 열심히 하여서 정말 기뻤어요." 등이다. 특정 아동 또는 소집단의 아동이 독특한 문제를 나타내면 전체 학급은 통합적인 방법으로 이 문제를 해결하기 위해 개입되어야 한다. 학생에게 다른 급우가 학급에서 생산적이고 기여하는 일원이 될 수 있게 지원하는 데 자신이 중요한 역할을 할 수 있다는 것을 알도록 장려해야 한다.

학생과 교사가 배려하고 지원적인 의사소통을 하기 위한 방법은 다음과 같다.

- 학생에 대해 알려고 하고 관심을 표현한다(예: 학생과 개별 면담을 계획한다, 학생이 하는 활동에 대해 관심을 표명한다, 점심을 함께 먹는다, 학생이 교사를 인터뷰하게 한다, 편지 또는 메모를 보낸다, 건의함을 사용한다, 학교와 지역사회 행사에 참여한다, 운동장 놀이에 참여한다 등).
- 부정적인 말보다 긍정적인 말의 비율을 높게 유지한다.
- 모든 학생에게 높은 기대감을 나타낸다.
- 특정적 · 서술적 피드백을 제공한다.
- 학생의 말을 경청한다.
- 부적절하거나 산만한 행동에 대해 효과적으로 반응한다.

4) 공동체감 조성을 위한 활동

(1) 공동체 형성 경험

소속감과 유대감은 학급 전체가 참여할 수 있는 활동을 통해서 생길 수 있다. 연극을 할 때 어떤 학생은 대본을 쓰고, 또 다른 학생은 무대 배경을 그리고, 포스터를 만들거나 간식을 준비하면서 학업능력, 언어, 신체적 능력 등에서 다양한 수준의 학생이 쉽게 참여할 수 있는 '공동체 형성 경험'을 할 수 있다. 합창 또한 공동체감을 창출할 수 있다. 학급 구성원은 번갈아 가면서 노래를 가르쳐 주고 이끌 수 있다.

교사는 모든 아동이 말하고 들을 수 있는 기회를 가질 수 있도록 상황을 구조화해야 한다. 예를 들어, 학생으로 하여금 월요일 아침 자습시간에 주말에 있었던 일, 전해 들은 일 등을 말하게 할 수 있다.

(2) 옐로우 페이지

학생이 다른 급우를 자원으로 이용할 수 있도록 격려하는 것을 통해 공동체감을 조성할 수 있다. 교사는 학생으로 하여금 서로가 정보, 교수, 지원의 자원인 것을 알 수 있는 다양한 기회를 창출할 수 있다. 교사는 학생을 모둠으로 배치한 후 '패밀리'로 임명한다. 패밀리의 규칙이란 모둠 구성원 중 누구라도 어떤 종류든 문제가 생기면 교사에게 도움을 청하러 오기 전에 그 모둠에서 의논해야만 한다는 것이다. 이러한 방식으로 교사가 처리해야 하는 많은 문제를 상당 부분 줄일 수 있다. 또한 학생

간의 상호작용이 밀접해질 수 있다.

그러나 더 중요한 것은 모든 학급 구성원이 또래교사 또는 헌신적인 친구가 되어 설명하고 위로하고 행동하게 되는 것이다. 예를 들면, 개별 학생의 명단과 그들의 기술/재능이 수록된 학급 옐로우 페이지(yellow pages)가 만들어지면 학급의 구성원이 자원으로 이용될 수 있다.

학생이 서로를 자원으로 활용할 수 있는 다른 기회는 다양한 수준에서 또래교수를 실행하는 것이다. 예컨대, 실과에서 뜨개질을 할 때 교사가 한 번에 학급 전체 아동에게 교수하는 것보다 교사가 소수의 아동에게 쉬는시간에 먼저 가르쳐 주어서 그들이 또래교사가 되어 자기 모둠원에게 다시 가르쳐 주는 방법은 매우 효율적이다.

또래교사 역할을 하는 아동은 자신이 매우 중요한 일을 한다는 느낌을 가질 수 있다. 또한 다른 아동도 개별지도 혹은 소집단 지도를 통하여 정확하게 방법을 배울 수 있으므로 만족도를 높일 수 있다.

(3) 수호천사, 선행나무

대부분의 학급에서 학생들은 급우의 잘못한 일이나 실수에 관심을 갖는다. 이는 종종 가십거리, 비난, 되비난(recrimination)을 초래한다. 교사는 이를 긍정적인 행동과 성취에 대한 관심으로 학생이 초점을 옮기도록 바꾸어야 한다.

교사는 선행나무를 만들어서 벽에 붙여 두고, 학생으로 하여금 다른 사람을 배려하거나 잘 대하는 행동이나 말을 하는 것을 보면 작은 종이에 적어서 나무에 붙이도록 할 수 있다. 또는 금요일마다 교사가 나무에 적힌 것을 읽고, 그 일을 한 사람과 그것에 관심을 두어서 칭찬한 학생 둘 다에게 긍정적인 피드백을 제공할 수도 있다. 마니또, 수호천사와 같은 활동 역시 비밀스럽게 어떤 사람을 도와주고 배려하는 것으로 학생 간에 지원적인 관계가 되도록 조장할 수 있다. 또한 학생들이 어떤 것을 성취하였을 때, 예를 들어 받아쓰기 점수가 향상되거나, 어려운 수학문제를 해결하거나, 전에는 사이가 나빴던 사람과 친해지거나, 자전거 타는 법을 익혔을 때는 학급 전체의 구성원과 응원, 환호, 박수, 그 밖에 다른 지원적인 표현으로 성취를 공유하면서 더욱 격려해야 한다. 경쟁적인 학급이 아니라 모든 학생이 성공할 수 있고 다른 사람의 성취에 함께 기뻐할 수 있는 학급을 만들어야 한다.

(4) 협동적 게임

협동적인 행동을 확고하게 하기 위한 한 가지 전략은 학생이 외부 장벽(예: 시간, 과제의 어려움 등)을 극복하기 위해 협동이 포함된 게임을 활용하는 것이다. 게임은 학생에게 높은 흥미를 이끄는 활동이며, 특정한 규칙에 따라 짧은 시간에 환경을 구조화할 수 있으므로 유용하다.

그러나 교사에게 어떤 게임이든 긍정적인 사회적 상호작용 또는 협동적인 행동을 이끌 것이라는 가정은 금물이다. 많은 게임은 다른 상황(비게임 상황)에서는 바람직하지 않은 것으로 고려될 수 있는 사회적 상호작용(예: 밀기, 붙잡기, 비웃기, 놀리기, 독점하기, 다른 사람 배제하기, 속임수 쓰기, 자료나 자원을 독차지하기 등)을 제공한다.

협동적 게임과 다양성의 관계는 매우 중요하다. 경쟁적인 게임에서는 느리고, 작고, 힘이 없고, 덜 숙련된 사람이 금세 게임에서 지게 되어 배제되게 마련이다. 학생은 개인의 차이가 실패의 원인이 됨을 배워서는 안 된다. 서로 도와야 하며, 어떤 개인의 차이가 실패로 이어지지 않기 위해 특별한 지원이 필요함을 알아야 한다.

협동적 게임의 주요 특징은 모든 아동이 활동시간에 적극적으로 참여하며, 게임 구성원이 배제되지 않으며, 게임과정에서 다른 사람을 도와주고 지원하는 방법으로 상호작용하는 것이다. 이와 같은 특징을 살려서 기존의 게임을 수정하거나 새롭게 창작할 수도 있다.

[글상자 7-1]

경쟁적 게임과 협동적 게임의 예

- 예시: 자리 찾기 놀이
- 목표: 다른 사람과 협동적으로 상호작용한다.

자리 찾기 놀이는 '의자 뺏기' 놀이를 협동적인 놀이로 수정한 것이다. 의자 뺏기 놀이에서는 다섯 명의 인원이 놀이를 시작하면 의자는 네 개다. 이는 처음부터 누군가는 배제될 수밖에 없는 구조다. 이때는 느리거나 순발력이 부족한 사람이 가장 먼저 죽게 된다. 이에 비해 자리 찾기 놀이는 의자를 줄여 나가면서 앉지 못한 사람을 배제하는 것이 아니라 의자가 없을 때는 다른 사람의 무릎에 앉거나 의자 뒤에 올라서는 등 적극적으로 다른 사람과 함께 할 방법을 찾도록 규칙을 수정한 것이다. 이때는 술래가 동작이 느려서 의자에 앉지 못한 사람을 치는 것이 아니라 다른 사람과 활발하게 접촉하지 못한 사람을 치는 것이 된다.

[학습활동 7-4]

　　다음 사례를 읽고 장애학생 통합교육과 학급공동체 문화 조성의 관계에 대해 논하시오. 또한 장애학생(미연)이 S 교사의 학급운영 방법을 어떻게 변화시켰는지 토의해 보시오.

　　경기도 일산의 한 초등학교에서 근무하는 경력 22년 차 S 교사의 사례다.

　　S 교사는 현재 '마음 나눠 즐거운 너나울 둥지'라는 이름으로 학급공동체 문화를 형성하기 위한 다양한 방법을 적용하여 학급 운영을 하고 있다. 그런데 "미연이를 맡기 전까지는 이런 식으로 학급 운영을 하지 않았거든요."라고 하였다. 미연(가명)이는 특수학교에서 전학 온 지적장애 학생으로 행동문제도 심하고, 기본적인 의사소통도 어려웠다. S 교사는 미연이를 맡기 전까지는 매일 쪽지시험을 보고 점수에 따라 야단치고, 개인별 또는 조별 강화로 스티커를 붙이는 등 경쟁적인 학급 분위기였다고 한다.

 적용문제

1. 학급공동체의 구성 요소가 적용된 현장의 사례를 찾아보시오.
2. 학급공동체의 구성 요소를 포함하여 첫날의 계획을 작성해 보시오.
3. 초등학교 교실을 물리적 환경 구성 측면에서 관찰하고 평가 항목을 만들어 보시오.
4. 초등학교 학생이 즐겨 하는 하나의 게임을 선정하여 협동적인 게임이 되도록 수정하시오.

참고문헌

김수연(2009). 초등학교 교실의 게시물에 나타난 학급공동체 요소 분석. 경인교육대학교 교육 논총, 29(특집호), 79-98.

Borich, G. D. (2004). *Effective Teaching Methods*. Upper Saddle River, NJ: Merrill Prentice Hall.

Brophy, J. (1981). Teacher praise: A functional analysis. *Review of Educational Research*, *51*(1), 5-32.

Evans, I. M., Goldberg-Arnold, J. S., & Dickson, J. K. (1998). Children's perceptions of equity in peer interactions. In L. Meyer, H. Park, I. Schwartz, M. Grenot-Scheyer, & B. Harry (Eds.), *Making Friends* (pp. 317-340). Baltimore, MD: Paul H. Brookes.

Evertson, C., Emmer, E. T., & Worsham, M. E. (2003). *Classroom Management for Elementary Teachers* (6th ed.). Boston, MA: Allyn and Bacon.

Jones, V., & Jones, L. (2004). *Classroom Management: Creating Communities of Support and Solving Problems* (7th ed.). Boston, MA: Allyn & Bacon.

Noddings, N. (1992). *The Challenge to Care in Schools: An Alternative Approach to Education*. New York: College Press.

Peterson, J. M., & Hittie, M. M. (2003). *Inclusive Teaching: Creating Effective Schools for All Learners*. Boston, MA: Allyn & Bacon.

Sapon-Shevin, M. (1995). Building a safe community for learning. In W. Ayers (Ed.), *To Become a Teacher: Making a Difference in Children's Lives*. New York: Teachers College Press.

Shaffer, C., & Anundsen, K. (1993). *Creating Community Anywhere: Finding Support and Connection in a Fragmented World*. New York: Putnam.

Solomon, D., Schaps, E., Watson, M., & Battistich, V. (1992). Creating caring school and classroom communities for all students. In R. A. Villa, J. S. Thousand, W. Stainback, & S. Stainback (Eds.), *Restructuring for Caring and Effective Education: An Administrative Guide to Creating Heterogeneous Schools* (pp. 41-60). Baltimore, MD: Paul H. Brookes.

Steele, F. I. (1973). *Physical Settings and Organization Development*. Reading, MA: Addison-Wesley.

제**8**장

통합학급 내 사회적 관계 지원

 학습목표

1. 긍정적인 사회관계의 중요성을 이해한다.

2. 학생 간의 사회적 관계 지원을 위한 교사의 역할을 알고, 다양한 접근방법을 습득한다.

주요 용어

- 사회적 관계
- 장애이해교육
- 지원(support)

사례

친구들의 동아리

1. 이 장의 취지

앞의 삽화는 두 아동의 '친구들의 동아리(circles of friends)'를 나타낸 것이다. 현수의 원은 네 개 모두 채워져 있는 데 비해 민주의 원은 1번과 4번만 제대로 채워져 있다. 과연 이 차이는 무엇일까? 첫 번째 원은 교환의 원이고, 두 번째 원은 참여의 원, 세 번째 원은 우정의 원, 네 번째 원은 친밀성의 원이다. 교환의 원에는 돈을 받고 나에게 서비스를 제공하는 사람, 참여의 원에는 같은 활동에 참여하는 사람이나 기관, 우정의 원에는 서로 좋아하며 우정을 나누는 사람, 그리고 친밀성의 원에는 이 세상과도 바꿀 수 없는 사람이 포함된다. 참여의 원과 우정의 원에 있는 사람들을 잘 살펴보면 포함관계가 성립한다는 것을 알 수 있다. 즉, 현재 나와 우정을 나누고 있는 사람들은 처음에는 참여의 원에 있던 사람들이다. 같은 반이고, 같은 교회에 출석하고, 같은 학원에 다니는 여러 사람 중에서 특별하게 우정을 나누는 사람이 생기는 것이다. 따라서 민주의 원에서 특히 우정의 원이 비어 있는 이유는 민주가 다양한 활동에 참여하고 있지 못함을 말해 준다. 또래와 함께 참여하고 있는 활동이 부족하기 때문에 친한 친구를 사귈 기회도 없는 것이다. 이 두 가지 예를 비교하여 이해하는 것은 매우 중요하다. 왜냐하면 교사가 한 아동에게 친구를 억지로 만들어 주기는 어렵지만 우정의 원에 포함되는 사람을 늘리기 위해 또래와의 즐거운 활동을 공유할 기회는 충분히 제공할 수 있기 때문이다.

이 장에는 장애학생의 사회적 관계 지원방법이 설명되어 있는데, 그 구체적인 방법을 습득하는 것은 어렵지 않다. 중요한 것은 일반교사에게는 일반학생의 장애에 대한 인식개선 또는 일반학생과 장애학생의 긍정적인 사회적 관계 형성을 촉진시킬 수 있는 '능력'과 '책임'이 있다는 점을 인식하는 것이다.

2. 사회적 관계의 중요성

또래와의 사회적 관계 형성은 그 자체가 중요한 목적이면서 동시에 다양한 가치 있는 역할, 활동 그리고 환경에 참여하게 하는 중요한 지원수단이다(Staub, Peck,

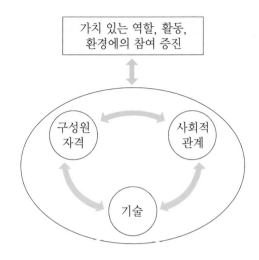

그림 8-1　학급 내 구성원 자격, 사회적 관계, 기술 간의 관계

Gallucci, & Schwartz, 2000). 장애학생과 일반학생의 사회적 관계는 다른 영역의 교육적 성과와도 밀접하게 관련되어 있다. 예를 들면, 사회성 기술, 의사소통 기술과 같은 아동의 개인적 기술, 학급 또는 사회적 집단 내에서의 구성원 자격과 같은 지위는 사회적 관계와 긴밀한 관련성이 있다. [그림 8-1]은 이와 같은 관계를 잘 설명해 준다(Staub, Peck, Gallucci, & Schwartz, 2000: 385).

[그림 8-1]은 한 학생이 학급의 일원이라는 구성원 자격을 가진다면 다른 학생들과 사회적 관계를 형성할 수 있으며, 이를 통해 사회성 기술이 발달할 수 있다는 것을 나타낸다. 또한 사회성 기술이 좋은 아동은 긍정적인 사회적 관계를 형성할 수 있으며, 이에 그 집단 내의 구성원 자격은 더욱 확고해질 수 있다. 학생의 확고한 구성원 자격과 긍정적인 사회적 관계 그리고 좋은 사회성 기술은 가치 있는 활동과 역할, 환경에 참여할 기회를 증진시킨다. 그리고 그러한 기회가 증진된다면 그것이 다시 사회적 관계의 확산과 사회성 기술의 증진을 가져올 수 있다. 장애학생의 경우도 마찬가지다. 장애학생이 한 학급의 가치 있는 일원으로서 구성원 자격을 가졌다면 사회적 관계를 형성할 수 있으며, 이를 통해 다양한 환경, 활동, 역할에 참여하게 되므로 중요한 기술의 발달을 가져올 수 있다. 또한 그와 같은 참여가 사회적 관계의 형성을 강화시키며 구성원 자격의 지위 역시 높이게 된다.

장애학생뿐 아니라 모든 학생에게 사회적 관계가 중요한 이유(Janney & Snell, 2000)는 사회적 관계는 우리 삶의 가치를 높이며, 사회적 관계를 형성하는 기술은 매일의 일상생활에 필요한 기술이기도 하기 때문이다. 또한 사회적 관계는 학교 출석, 직업 유지에 주요한 동기가 될 수 있다. 긍정적인 사회적 관계를 형성하기 위해서는 사회적 능력이 요구되며 행동문제가 없어야 하는데, 사회적 관계를 통해 행동문제가 없어질 수도 있다. 지역사회에서 장애인과 일반인의 사회적 관계가 실재한다는 것은 장애가 한정된 인간의 특징보다는 하나의 태도라는 것을 나타내는 지표가 될 수 있다.

장애학생과 일반학생의 사회적 관계는 종종 호혜적이지 않고 일방적으로 도움을 제공하거나 받는 관계로 묘사된다. 일반학생만의 관계에 비해 장애학생이 포함된 관계는 종종 상호작용의 균형이 깨지기 쉽다. 왜냐하면 일반학생이 대부분 리더 역할을 하고, 장애학생이 포함되지 않은 사회적 관계에 비해 덜 협력적인 활동이 되기 때문이다. 또한 장애학생은 일반학생에게 구두로 통제받는 경우를 쉽게 볼 수 있다.

일방적으로 도와주는 관계는 호혜적인 관계와는 대조적이다. 그런데 교사들은 학급에서 사회적 상호작용을 촉진하면서도 업무의 부담을 줄이려고 도와주는 관계를 격려하는 경우를 쉽게 찾아볼 수 있다. 교사는 장애학생을 잘 아는 아동이거나 장애학생에게 호의적인 행동을 한 아동을 정하여 장애학생을 잘 챙기라고 당부하거나, 아예 1인 1역 중의 하나로 장애학생의 '도우미' 역할을 정하기도 한다. 장애 정도가 심할수록 일반학생에게 장애학생을 도와주는 역할을 강조하기 쉽다.

〈표 8-1〉은 Van der Klift와 Kunc(1994)가 도움을 제공하는 것과 받는 것의 차이를 비교하여 제시한 것이다.

만약 우리가 도움을 받고 도움을 주는 사람이 그 대가를 받는다면 책임감은 없을 것이다. 그러나 도와주는 이가 또래이고, 도움이 많이 필요하거나 반복된다면 도움

〈표 8-1〉 도움을 제공하는 것과 받는 것의 차이 비교

개인적 범위	타인에게 도움 주는 것을 좋아하는 이유	타인에게 도움받는 것을 싫어하는 이유
능력	자신의 역량을 확인	결함이 은연중에 드러남
가치	자신의 가치를 확인	부담감, 짐스러움이 드러남
지위	자신의 우월감을 확인	열등감이 드러남
책임	누군가에게 은인이 됨	누군가에게 빚을 짐
약점	약점을 가려 줌	약점을 상기시킴

받은 것에 대한 의무감은 갚을 기회가 오지 않는 한 남게 될 것이다. 또 우리가 언제나 돕는 사람이라면 우월한 느낌을 경험할지도 모른다. 또한 〈표 8-1〉에 나와 있지 않은 다른 감정, 예를 들어 분개, 공정함의 위반, 관계에의 위협과 같은 감정 등을 숨겼을 수도 있다.

교사 역시 학급관리를 하기 위해서 그리고 교수적 자원으로서 장애학생의 친구에게 많이 의존하는데, 장애학생과 일반학생의 관계 질에 따라 일반학생에게 의존하는 정도는 달라진다(Staub, Schwartz, Gallucci, & Peck, 1994). 장애학생과 일반학생의 사회적 관계에서는 도움의 방향이 한쪽 방향일 가능성이 크지만, 되도록 교육팀은 다른 사람을 도와주거나 가르쳐 주는 것에 대한 지침을 명확하게 정의하고, 장애학생을 도와주는 또래에게 과도하게 의존하는 것을 피하기 위해 노력해야 한다. '지원(support)'이라는 용어는 단순히 '도움을 주는 것'과는 다른 의미가 있다. 지원은 친구가 되고, 함께 있어 주고, 때로는 참아 주고, 알려 주고, 이끌어 주고, 동료로서 대우하는 것을 포함하는 좀 더 포괄적인 의미의 용어다. 지원적 관계는 본질적으로 긍정적이고 다양한데, 항상 호혜적이거나 균형적이지는 않다.

누구나 항상 도움을 받기만 하거나 주기만 하지는 않는다. 대신 학생들은 꼭 필요한 때에 도움을 주고받는 경험을 해야 한다. 협력적인 상호작용과 상호의존이 일방적인 도움의 관계를 대체해야 한다. 또는 도움은 필요에 기초하여 제공되어야 한다. "도움을 제공하는 사람과 받는 사람의 역할은 장애 여부라는 불변의 정의에 의해서가 아니라 상황에 따라서 정의된다."(Janney & Snell, 1996: 79)라는 것은 장애인이기 때문에 도움을 받는 것이 아니라 지금 어떤 특별한 상황에서 도움이 필요하기 때문에 받는 것이어야 한다는 것을 지적하고 있다.

장애학생과 일반학생의 사회적 관계에 대한 질적 연구는 종종 일방적인 관계가 아닌 상호적인 관계도 분명히 존재함을 보여 준다. 일반인끼리의 사회적 관계도 모든 관계가 최고의 관계이고 균형적인 것만은 아니다. 장애가 있든 없든 아동은 더 협력적인 활동에서 리드하는 것을 배우고 번갈아 일어나는 기회를 통해 이득을 얻을 수 있을 것이다. 장애학생과 일반학생의 사회적 관계 형성 및 촉진을 위해 접근할 때는 되도록 동등한 자격을 가지고 상호작용하며 주고받는 관계가 될 수 있게 해야 한다.

3. 장애학생의 사회적 관계 형성의 어려움

장애학생의 사회적 관계 형성을 방해하는 요소를 물리적인 측면과 학생 개인의 측면으로 나누어 설명하면 〈표 8-2〉와 같다.

〈표 8-2〉 사회적 관계 형성의 장벽

물리적 장벽: 또래와의 상호작용 기회를 제한하는 건물, 시간 계획, 교직원	학생의 문제: 사회성 기술 학습 또는 사회적 능력 습득과 관련된 학생의 특징
• 장애학생이 또래로부터 분리되어 있다(버스, 학급, 매일의 일정). • 사회적 상호작용을 할 기회가 매우 적다. • 건축학적 장애가 있다(건물, 운동장, 교통기관). • 성인이 학생에게 사회적 상호작용보다는 도와주는 역할 또는 가르치는 역할을 강화한다. • 부적합한 맥락과 활동이 존재한다. 　－사회적으로 수용되지 않음(문화, 나이, 집단의 규준) 　－낙인 　－재미없음 　－상호적이지 않음 • 성인이 상호작용을 방해한다. 　－상호작용을 가로막음 　－매력적이지 않은 활동을 제공함 • 교직원이 장애에 대해 두려움을 갖고 있거나 잘못 이해하고 있다. • 교직원이 장애학생과 비장애학생 간 상호작용에 가치를 두지 않는다. • 장애학생과의 긍정적인 상호작용에 대한 모델을 보여 주지 못한다. • 학교의 분위기가 경쟁적이거나 비협동적이다. 대부분의 장애학생은 성적 등급을 받지 못한다.	〈사회적으로 고립된 학생의 경우〉 • 반사회적 행동: 공격성, 위축, 무반응 • 나이에 부적합한 흥미와 행동 • 몸단장 문제 • 의사소통의 어려움 • 학습 특성의 문제 　－선수학습 기술의 부족 　－학습한 기술의 빈약한 유지 　－기술 일반화의 어려움 〈사회적으로 고립되지 않은 학생의 경우〉 • 능력, 문화, 신념에서 인간의 차이에 대한 부정적인 태도(동정심, 두려움, 혐오) • 장애 또는 차이를 지닌 사람들과의 접촉 경험 부재 • 장애학생과의 긍정적인 상호작용을 모방할 수 없음

* 주: 사회적으로 고립된 학생은 장애학생, 고립되지 않은 학생은 일반학생을 의미할 수 있음.
출처: Janney & Snell(2000), p. 6.

　많은 장애학생은 일반교사와 급우와의 사회적 관계 형성에 어려움이 있는데, 그 이유는 크게 두 가지로 생각해 볼 수 있다. 하나는 장애학생 자신의 문제에서, 다른 하나는 다른 일반인의 태도와 인식에서 기인한다. 장애학생은 일반학생과 다르게 행동하는 면이 많다. 이러한 차이에 익숙하지 않은 일반학생이나 일반교사에게 장애아동의 행동은 불안하고 의아하며 심지어 적대감까지 생기게 할 수 있다. 어떤 장애학생, 예를 들어 휠체어를 탄 학생은 외모나 행동에서 분명하게 차이가 드러난다. 반면에 학습장애 학생과 같이 외모로는 일반학생과의 차이를 느낄 수 없으나 기대되는 학업 수행 및 행동에서는 차이가 나타나는 경우도 있다. 많은 장애학생이 일반학급에 통합되었을 때 실패에 대한 두려움과 자신이 무능력하다는 느낌으로 인해 위축되기 쉬운데, 이러한 위축은 참여에 대한 거부를 낳게 된다. 이는 효과적이고 창의적인 교사라도 장애학생에게 적합한 학습 상황을 제공하는 것을 어렵게 하는 요인이 된다(Gresham, 1984; Meisgeier, 1981; Pavri & Luftig, 2000).

　장애학생은 다른 영역과 마찬가지로 사회성 발달 영역에서도 지체되는 경우가 많다. 빈약한 사회성 기술 역시 거부되는 요인 중 하나다. 장애학생은 또래와의 사회적 관계를 시작하고 유지하는 것에 어려움이 있으므로 친구가 거의 없다. 친구가 없다는 것은 친구와의 상호작용에서 배울 수 있는 적합한 사회성 기술을 발달시킬 기회도 제한된다는 것을 의미한다. 사회성 기술 부족과 사회적 관계 형성의 어려움은 어느 것이 원인이고 결과인지 구분하기 어려운 문제다.

　일반 또래 및 교사의 장애학생에 대한 수용 역시 장애학생의 사회적 관계에 영향을 미치는 중요한 요인이다. 일반학생과 교사가 장애학생에 대해 일관되게 수용하지 않는다는 연구결과가 보고되고 있다(Bryan, 1997; Pavri & Luftig, 2000; Sale & Carey, 1995). 교사와 또래는 장애학생이 사회적 상호작용을 시작하는 것을 무시하는 경향이 있으며, 교사는 장애학생의 행동에 대해 좀 더 비판적이고(Cook, 2001; Heron & Harris, 2001), 칭찬을 덜하며, 이는 특히 남학생일 때 더 심한 것으로 나타났다(Slate & Saudargas, 1986). 교사의 장애학생에 대한 태도에 영향을 미치는 요인 중의 하나는 표찰이다. 학습장애, 지적장애와 같은 부정적으로 지각된 표찰이 부여된 아동의 경우에는 교사가 객관적으로 관찰하고 평가하며 행동에 대한 적합한 중재 계획을 세우는 경향이 덜한 것으로 나타났다(Campbell, Dodson, & Bost, 1985).

　다른 요인은 일반교사와 관리자를 대상으로 한 특수교육 관련 연수와 경험의 부족이다(Heron & Harris, 2001). 일반교사는 장애학생을 가르치는 데 필요한 기술을 가지지 못한 점에서 불편함을 느낀다. 또는 일반학생과는 달리 장애학생을 가르치는 것을 만족스럽지 못하다고 생각할 수도 있다. 장애학생은 가르쳐도 별다른 진전이 없다고 느끼면서 장애학생을 담당하는 것에 부담감을 갖기 쉽다. 이는 장애학생을 성공적으로 교수한 경험이 있는 일반교사의 경우 장애학생에 대한 태도가 긍정적인 것을 보면 알 수 있다. 그런데 장애학생에 대해 일반교사가 갖는 부정적인 감정은 학급의 모든 아동에게 쉽게 전달된다. 나아가 장애학생이 통합되는 성공적인 프로그램의 적용 기회는 감소될 수 있다(Heflin & Bullock, 1999).

일반교사가 이전에 경험한 특수교육의 실제 역시 장애학생에 대한 태도에 영향을 미치는 요인이다. 만약 특수학급에서 장애학생을 가르치는 일만을 담당하고, 장애학생이 일반학급에 통합되는 시간을 고려하지 않는 특수교사와 같은 학교에서 근무한 경험이 있는 일반교사는 장애학생의 교육은 전적으로 특수학급 교사의 책임이라고 생각하기 쉽다. 그래서 최근의 특수교육 분야에서는 특수교사의 역할 가운데 일반교사와의 협력, 그리고 일반학급 내에서 이루어지는 수업 및 다양한 활동에 장애학생의 참여를 촉진하기 위한 상담과 자문 역할이 강조되고 있다.

장애학생을 일반교사와 일반아동이 수용하는 것은 통합교육의 성패에 가장 큰 영향을 미치는 요인이다. 특히 장애학생에 대한 교사의 태도가 부정적이라면 아무리 효과적인 장애이해교육이나 상호작용 프로그램이 있더라도 무용지물이 되기 쉽다. 태도와 정보는 매우 높은 상관관계가 있다(Heflin & Bullock, 1999). 즉, 장애에 대한 정확한 지식과 사용할 수 있는 교수방법과 프로그램에 대한 정보가 있다면 장애학생에 대한 태도는 긍정적일 수 있다. 일반교사는 특수교사, 장애학생 및 부모와의 긴밀한 의사소통과 협력을 통해 장애학생에 대한 정보를 얻기 위해 노력해야 한다.

4. 사회적 관계 지원방안

이 절에서는 구체적인 사회적 관계 지원방안에 대해 살펴볼 것이다. 대표적인 사회적 관계 지원방안으로 1) 장애이해교육, 2) 친구들의 동아리, 3) 놀이 활동 중심의 통합 프로그램, 4) 개인의 차이 및 다양성 수용을 위한 교육을 제시한다.

1) 장애이해교육

일반학생을 대상으로 한 장애이해교육은 두 가지 맥락에서 이루어질 수 있다. 첫째, 교과목시간을 이용한 장애이해교육이다. 이때는 일반교과서에 수록된 장애 관련 내용을 수정·보완하여 장애이해교육을 제공할 수 있다. 이미 교과용 도서에는 장애 관련 내용이 교과별, 학년별로 수록되어 있다(김수연, 이대식, 2012). 둘째, 특별활동 및 재량 활동시간, 교과목시간 이외의 다른 시간을 활용하여 특별히 고안된 장애이해교육을 실시할 수 있다. 일반교사의 경우 특별한 시간에 따로 마련된 프로그램을 실시하기보다는 교과목시간에 장애이해교육과 관련된 내용을 심화하여 교수하는 것이 더 용이하다.

다양한 방법으로 장애에 대한 인식개선교육 또는 장애이해교육을 실시할 때 그 방법이 적합한 것인지는 다음의 질문에 의거하여 평가할 수 있다(Salend, 1994).

- 우리 반 학생들에게 적합한 방법인가?
- 이 방법을 실행하기 위해 필요한 기술은 무엇인가? 나(교사)는 필요한 기술을 가지고 있는가?
- 이 방법을 실행하기 위해 필요한 자원은 무엇인가? 나(교사)는 필요한 자원을 가지고 있는가?
- 이 방법은 개인의 차이에 대한 수용과 특정 (장애)집단에 대한 핵심적인 정보를 가르치는가?
- 이 방법은 특정 (장애)집단에 대한 긍정적이며 비고정관념적인 사례를 제시하는가?
- 이 방법은 장애학생에게 일반학생과의 동등한 지위의 관계 확립을 준비시키는가?
- 이 방법은 학생들에게 특정 (장애)집단과 개인의 차이를 학습할 수 있는 구조화된 경험을 제공하는가?
- 이 방법은 특정 (장애)집단과 개인의 차이를 학습할 수 있는 부가적인 기회와 추후 활동을 촉진시키는가?

어떤 방법이든 장애에 대한 잘못된 고정관념을 버리고 편견을 바로잡을 수 있으며 장애를 개인의 차이 중 하나로 인식할 수 있도록 구조화된 경험이어야 한다. 또한 장애가 있는 학생과 없는 학생의 차이점보다는 유사점이 강조되어야 한다(Schulz & Turnbull, 1984; Shapiro, 2000). 구체적인 장애이해교육의 접근방법을 세 가지 유형으로 나누어 설명하면 다음과 같다.

(1) 장애 관련 도서 및 비디오 시청

학급문고에 장애 관련 도서를 비치하고 학생들이 지속적으로 읽고 독후감을 쓰게 하는 것은 쉽게 활용할 수 있는 장애이해교육방법이다. 장애이해교육에 적합한 비디오를 선정하여 점심시간, 자습시간 등을 활용하여 시청하게 할 수 있다. 이때 도서 및 비디오를 선정하는 기준은 다음과 같다(Moe, 1980; Slapin, Lessing, & Belkind, 1987). 이 기준은 장애 이외에 개인의 차이수용과 관련된 다른 책을 평가할 때도 적용할 수 있다.

- 학생의 수준에 적합한 언어로 쓰인 책인가?
- 정확한 사실을 담고 있으며, 현실적인 내용인가?
- 장애인이 다양한 상황과 환경에서 묘사되는가?
- 장애인이 긍정적이고 유능하며 독립적인 사람으로 그려지고 있는가?
- 장애인은 그들의 장애와 관련되지 않은 아이디어와 감정을 지닌 다면적인 사람으로 묘사되는가?
- 특정 장애로 인해 필요한 장비 및 수정전략을 독자에게 소개하는가?
- 독자들이 장애인과 일반인의 유사점과 차이점에 관해 배울 수 있고, 동등한 지위의 관계를 형성할 수 있도록 이끄는가?
- 삽화는 정보의 공유와 논의를 촉진시키는가?
- 장애인에 대한 의문과 논의를 독려하는가?

(2) 장애인 및 부모 초청강연

장애인 및 부모 초청강연 역시 장애이해교육을 위해 활용할 수 있는 방법이나, 일반학급에서 독자적으로 강사를 초빙하여 강연회를 여는 것은 쉽지 않다. 이 경우 학교 차원에서 장애인의 날 계기교육의 일환으로 또는 스승의 날 명예교사 수업시간에 장애인 당사자, 부모, 친구 등을 초청할 수 있다. 장애인 당사자를 초청강사로 선정할 때 고려할 사항은 다음과 같다(Bookbinder, 1978).

- 초청된 장애인은 자신의 장애에 대해 편안한가?
- 초청된 장애인은 독립적인 생활을 영위하고 있는가?
- 초청된 장애인은 학생과 공유할 수 있는 경험을 갖고 있는가?
- 초청된 장애인은 학생에게 긍정적인 역할 모델이 될 수 있는가?
- 초청된 장애인은 학생이 이해할 만한 수준의 언어로 이야기할 수 있는 기술을 가졌는가?
- 초청된 장애인은 학생에게 호소할 수 있는 유머감각과 열정을 가지고 있는가?
- 초청된 장애인은 학생의 질문에 대처할 수 있는가?

(3) 모의 장애체험 활동

모의 장애체험 활동은 일반학생이 장애학생을 처음 접촉하고 상호작용의 경험이 없을 때 실시할 수 있으며, 현장에서 비교적 쉽게 접근할 수 있는 장애인식개선 활동이다. 장애체험을 하는 장애 범주는 주로 지체장애, 시각장애, 청각장애, 언어장애다. 지적장애, 학습장애, 정서장애의 경우는 모의적으로 경험하기 어려운 장애이므로 상대적으로 체험이 가능한 장애 범주가 제시된 것으로 보인다. 그러나 일반초등학교에서 일반학생과 자주 만나고 상호작용할 가능성이 크며, 장애에 대한 이해와 수용이 더 필요한 장애 범주는 감각장애, 지체장애보다는 지적장애, 학습장애, 정서장애다. 그런데 지적장애는 사실상 '체험'이 불가능한 장애다. 그러므로 휠체어를 타고 지체장애를 경험해 본 일반아동이 자신의 학급에 있는 지적장애 또는 학습장애 학생의 행동을 이해할 수 있을 것으로 가정해서는 안 된다.

장애체험 활동은 장애의 상태를 이해할 수 있는 효과적인 방법이기는 하나 몇 가지 역기능이 있을 수 있다. 장애인이 겪는 어려움은 개인이 가진 '장애' 때문인 것만으로 인식되는 것이 아니라 환경의 요구에 따라 상대적으로 변할 수 있는 것으로 이해되어야 한다. 그런데 장애체험 활동의 학습목표는 장애의 불편함을 알기 위한 것으로 제시되어 있다. 장애체험 활동의 궁극적인 목표는 장애의 불편함을 체험하는 것만으로 끝나는 것이 아니라 그 불편함을 다양한 보조공학 및 환경적 지원을 통해 경감시킬 수 있으며, 장애의 정도는 환경적 지원에 따라 상대적으로 달라질 수 있음을 아는 것이어야 한다(김수연, 이대식, 2012; 박승희, 2003; Halvorsen & Neary, 2001; Salend, 2001; Schulz & Carpenter, 1995).

모의 장애체험 활동을 계획할 때 고려해야 할 유의사항은 다음과 같다.

- 모의 장애체험은 학생의 부모를 포함한 교육팀에 의해 계획되어야 한다. 교육팀에게는 어떠한 아이디어에 대해서도 반대할 수 있는 권리가 항상 보장되어야 한다.
- 모의 장애체험은 장애학생 또는 장애의 긍정적이고 독특한 특성에 초점을 둔다. 동정 혹은 초인간적인 모습은 피하고 장애로 인한 좌절보다는 지원전략을 다루어야 한다.
- 모의 장애체험은 설명하기 어려운 사람 혹은 장애의 측면을 이해하는 것을 돕는 목적으로만 사용되어야 한다.
- 모의 장애체험 전에는 반드시 그 실시 이유가 설명되어야 하고, 체험 후에는 토의가 뒤따라야 한다.

[학습활동 8-1]

장애체험 활동 비평

다음과 같은 장애체험 활동에서는 어떠한 점이 문제점으로 나타날 수 있을지 토의하시오.

1. 체험하는 장애 범주:
2. 문제점:
3. 대안:

친구의 처지를 체험해 보고, 느낌을 말해 봅시다.

눈이 보이지 않은 친구의 처지
_____
_____
_____

귀가 들리지 않은 친구의 처지
_____
_____
_____

다리가 불편한 친구의 처지
_____
_____
_____

휠체어를 타고 다니는 친구의 처지
_____
_____
_____

〈표 8-3〉은 모의 장애체험 활동의 내용과 학생들에게 할 수 있는 질문의 예다. 그리고 다음의 [그림 8-2]와 [그림 8-3]은 시각장애와 지체장애 모의 체험 때 사용할 수 있는 보조도구다.

〈표 8-3〉 모의 장애체험 활동의 내용과 질문의 예

	시각장애 모의 체험
활동	• 학생에게 일과 중 일정 시간 동안 눈가리개를 하도록 한다. 한 학생은 눈을 가리고, 한 학생은 도와주는 사람이 된다. 도와주는 학생은 눈을 가린 학생이 건물과 건물 안의 방을 다닐 때 따라다닌다. 눈을 가린 학생과 도와주는 학생의 역할은 정기적으로 바꾸도록 한다. • 학생들이 반드시 교실 주위를 이동해야만 하고, 음식을 먹고, 화장실에 가고, 다른 교실로도 이동하도록 활동을 구조화한다. 눈을 가린 학생은 조력자의 언어적 도움만을 받으면서 활동을 완수하도록 한다. • 대여섯 명이 카드놀이를 할 때, 몇 명은 눈을 가리고 놀이를 하게 한 후 점자카드를 가지고 놀이하게 한다. 이때 눈을 가리지 않은 사람은 카드를 낼 때 어떤 카드를 내는지 설명하도록 한다.

질문	① 여러분이 활동하는 동안 어떤 점이 어려웠나요? 여러분이 도와주는 사람이었을 때에는 어떤 어려움을 관찰하였나요? ② 여러분이 보지 않고 활동을 수행할 때 도움이 되었던 것은 무엇인가요? ③ 여러분이 활동을 수행할 때 도와주는 사람이 도와준 것은 무엇이었나요? ④ 볼 수 없는 학생들을 도와주기 위해 학교나 집에서 바뀔 수 있는 것은 무엇일까요?

청각장애 모의 체험

활동	• 학생들에게 소리가 들리지 않는 상태에서 영화 또는 비디오를 보여 준 후 소리를 들어야만 답할 수 있는 질문을 한다. 그런 다음 동일한 영화나 비디오를 소리를 들리게 한 상태에서 보게 하고 같은 질문을 반복한다. • 자막이 없는 상태로 외화를 보여 준 다음 자막과 함께 보게 한다. • 청각장애인용 자막수신 텔레비전을 사용하여 뉴스를 소리 없이 보여 준 후 다시 자막과 함께 보게 한다.
질문	① 여러분의 대답은 어떻게 달랐나요? ② 첫 번째 시청 후 질문에 답하기 위해 여러분은 어떤 정보를 사용하였나요?

지적장애 모의 체험

활동 1	• 학생의 두 팔을 등 뒤로 향하게 한 다음 학생의 팔꿈치 관절에 부목을 대고 묶는다. 그런 다음 학생에게 빗으로 머리 빗기를 요구한다. 차례로 신발 끈 묶기, 이야기 쓰기, 그림 그리기, 먹기를 시도하도록 요구한다. • 주먹을 쥔 상태에서 일반 컴퓨터 자판을 이용하여 문서를 작성하게 한 후, 타자용 보조기를 사용하여 문서를 작성하게 한다. 두 가지 경우 작업에 소요된 시간을 비교한다. • 한 손만으로 일반 컴퓨터 자판을 이용하여 문서를 작성하게 한 후, 한 손 사용자용 자판을 이용하여 문서를 작성하게 한다. 두 가지 경우에 작업에 소요된 시간을 비교한다.
질문	① 여러분은 머리를 성공적으로 잘 빗었나요? 신발 신기, 이야기 쓰기, 그림 그리기, 먹기는 어떠했나요? ② 손을 사용하는 데 제약이 있다면 또 어떤 활동을 할 때 어려움이 있을까요? ③ 과제를 수행하기 위해 사용할 수 있는 전략이나 도구에는 무엇이 있을까요?
활동 2	• 휠체어에 학생을 앉히고, 학급과 학교 주변을 이동하게 한다. 학생들이 수돗가에서 물을 마시고, 칠판에 글씨를 쓰고, 전화를 걸고, 화장실에 들르고, 스스로 변기로 이동할 수 있도록 활동을 구조화한다. 교내의 잠재적인 건축학적 장애물이 있을 수 있으므로, 동성의 또래가 보조하고 휠체어에 탄 학생을 관찰하도록 한다.
질문	① 학교 주변을 이동할 때 여러분이 부딪혔던 어려움은 무엇이었나요? ② 휠체어를 탄 여러분의 모습을 본 학생들의 반응은 어떠했나요? 다른 사람들의 반응을 보고 여러분은 어떻게 느꼈나요? ③ 휠체어를 탄 사람이 거리에서 또는 상점에서 이동하는 것을 어렵게 하는 장벽은 무엇일까요? ④ 휠체어를 탄 사람이 학교, 거리, 상점 또는 집에서 이동하기 쉽게 만들 수 있는 적응도구(modifications)에는 무엇이 있을까요?

	말/언어장애 모의 체험
활동	• 두 명씩 짝을 짓는다. 한 학생은 몸짓만 사용하거나, 혀를 움직이지 않고 말하거나, 의사소통판을 사용해서 다른 사람에게 메시지를 전달하려고 노력한다.
질문	① 메시지를 전달하기 위해 사용한 전략은 무엇인가요? ② 파트너의 메시지를 어떻게 이해하였나요? ③ 만약 당신이 말하는 데 어려움이 있다면 다른 사람들이 당신에게 어떻게 말하기를 원하나요?
	학습장애 모의 체험
활동	• 학생의 책상에 거울과 종이를 놓고, 학생이 거울에 비치는 종이를 볼 수 있도록 한다. 거울을 보면서 문장을 적거나 문단을 읽게 한다. 그 후 거울을 보지 않고 같은 과제를 수행하도록 한다. 두 가지 다른 조건에서 해당 과제를 수행하는 능력을 비교한다.
질문	① 당신이 거울을 보면서 읽고 쓸 때 어떤 어려움을 경험하였나요? ② 읽고 쓰기에 어려움을 갖는 것을 어떻게 느꼈나요? ③ 항상 이러한 방법으로 본다면 다른 어려운 과제로는 어떤 것이 있을까요?

출처: Hochman(1979); Salend(2001), pp. 166-167에서 수정 발췌.

일반 자판을 한 손으로 친다면 시간이 많이 걸리고 불편할 것이다. 계속 한 손만을 사용할 수밖에 없는 사람을 위해서 개발된 한 손 사용자용 자판으로 오른손 사용자용, 왼손 사용자용이 있다.

그림 8-2 한 손 사용자용 자판

카드의 모양과 숫자를 점자로 표기한 카드다. 카드의 모양과 숫자를 눈으로 볼 수 없다고 해서 카드놀이를 할 수 없는 것이 아니며, 이런 점자카드가 있다면 얼마든지 카드놀이를 즐길 수 있다.

그림 8-3 점자카드

2) 친구들의 동아리

장애학생과 일반학생이 함께 직접적으로 상호작용할 수 있는 프로그램을 실시하는 것은 장애에 대한 인식개선뿐만 아니라 친구관계의 형성을 촉진할 수 있다. 특히 상호작용 프로그램은 일회적인 행사에 그치는 것이 아니라 지원망을 구축하여 이루어지면 지속성과 효과 면에서 더욱 바람직하다. 친구들의 동아리(Circles of Friends)는 대표적인 지원망 프로그램의 하나로 다음 (1)~(3)의 순서에 따라 이루어진다.

[학습활동 8-2]

• 다음의 단계에 따라 각자 친구들의 동아리 원을 채우시오.
  수강생들은 3단계까지만 수행한 후 각 원에 자신이 채운 사람의 이름을 말하고, ②번 참여의 원과 ③번 우정의 원에 쓰인 사람들의 관계에 대해 말하시오.

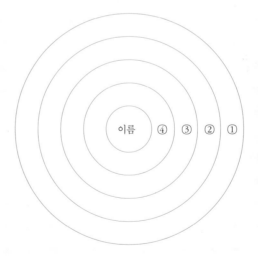

• 다음은 지원망 모임을 시작할 때 장애학생을 일반학생에게 소개하는 의사소통과정(Forest, 1987)으로 구성원이 모인 후 첫 시간에 실시하는 것이다. 이 과정을 통해 친구들의 동아리 목적이 무엇인지, 앞으로 어떤 일을 해야 하는지 깨달을 수 있다.

  −1단계: 학생들에게 위와 같이 동심원이 그려진 종이를 나누어 준다. 가장 안쪽의 원에는 각자의 이름을 쓰게 한다.
  −2단계: 각각의 원을 설명하고, 그에 해당하는 사람의 이름을 쓰게 한다(이름을 모를 경우에는 기관의 이름). 이때 바깥쪽 원부터, 즉 ①번부터 순서대로 쓰게 한다.

① 교환의 원: 돈을 받고 나에게 서비스를 제공하는 사람의 이름(의사, 가게주인, 치료사, 학원 강사 등)

② 참여의 원: 같은 활동에 참여하는 사람이나 기관의 이름

③ 우정의 원: 서로 좋아하며 우정을 나누는 사람의 이름

④ 친밀성의 원: 이 세상에서 무엇과도 바꿀 수 없는 자신에게 가장 소중한 사람의 이름

-3단계: 각자 자신의 원에 누가 속해 있는지 발표한다.

-4단계: 교사는 장애학생의 원을 미리 준비한 다음, 마지막으로 장애아동의 원을 발표한다.

-5단계: 장애학생의 원과 다른 구성원의 원이 어떻게 다른지 이야기를 나눈다. 장애아동의 원을 채우기 위해서 할 수 있는 일이 무엇인지 이야기한다.

-6단계: 구체적으로 장애학생과 함께 할 수 있는 일을 계획한다. 시간과 장소, 활동 내용 그리고 역할 분담을 한다.

(1) 일반학생 모집

동아리 활동을 함께 할 일반학생은 자발적인 의사에 따라 모집되는데, 이미 형성된 친구집단을 이용하는 것이 더욱 바람직하다. 또한 기존에 장애학생과 긍정적인 관계가 형성된 학생 또는 가까이에 거주하거나 상호작용할 기회가 많은 일반학생을 포함하는 것이 효과적이다. 프로그램이 이루어지는 시간 이외에도 장애학생과의 상호작용이 자연적으로 빈번하게 이루어질 가능성이 높은 또래와 짝을 짓는 것이 프로그램의 효과가 일반화되기에 효과적이기 때문이다. 친구들의 동아리에 참여하는 일반학생은 장애학생의 자연적인 지원망에 포함되기에도 용이하다. 일반학생의 성별은 되도록 골고루 섞이도록 한다. 프로그램에 참여하는 일반학생의 일부는 학급에서 사회적 지위가 높거나, 인기가 높은 학생으로 하는 것이 효과적이다(O'Brien, Forest, Snow, & Hasbury, 1989; Rynders & Schleien, 1991).

(2) 동아리 활동 계획 및 실행

동아리원이 된 학생들은 상호작용할 시간과 활동을 계획한다. 구체적인 예시는 다음의 〈표 8-4〉와 같다.

〈표 8-4〉 활동 목록표

활동 맥락	활동 목록
학교 내 활동	아침 자습, 당번 활동 같이하기, 재미있는 이야기 나누기, 책 같이 보기, 화장실 같이 가기, 교실 또는 운동장에서 함께 놀기, 밥 같이 먹기, 우유 같이 가지러 가기, 청소 같이하기, 알림장 함께 쓰기, 음악실·과학실·운동장 갈 때 같이 가기, 심부름 같이 가기, 클럽 활동 같이하기, 짝이 되기, 같은 모둠 되기, 쉬는시간에 같이 놀기
학교 외 활동 (등하교 시, 방과후)	등하교 같이하기, 문방구에서 준비물 같이 사기, 학원에 같이 가기, 분식점 같이 가기, 끝나고 학교에서 같이 놀기
통신을 이용한 활동	전화하기, 쪽지 보내기, 편지 보내기, 카드 보내기, 컴퓨터 통신하기
친구 집을 이용한 활동	친구집에서 숙제 같이하고 놀기, 생일 축하하기, 텔레비전·비디오 같이 보기, 게임 같이하기, 간식 같이 먹기
지역사회를 이용한 활동	놀이터·슈퍼·문방구·오락실에 같이 가기, 자전거·롤러브레이드·인라인 같이 타기, 패스트 푸드점·교회 같이 가기, 영화 같이 보기

출처: 오선영(2000).

(3) 동아리 활동평가 및 갈등 해결

친구들의 동아리 활동 실행 초기에는 좀 더 빈번하고 정기적인 만남과 교사의 지원이 필요하다. 교사는 동아리원과 함께 계획한 대로 상호작용하였는지 평가한다. 특히 초기에는 장애학생을 비롯한 구성원 간의 갈등이 많이 발생하므로 이를 협력적으로 해결해 가는 과정이 매우 중요하다.

친구들의 동아리와 같은 또래지원망 프로그램은 학급 단위로도 적용할 수 있다. 박미혜와 김수연(2008)에 따르면, 학급 차원으로 또래지원망 프로그램을 실시하였더니 일반학생과 장애학생의 친구관계 질이 향상되었다고 보고하였다. 통합학급의 경우에 담임교사가 소집단만을 대상으로 따로 프로그램을 실시하는 것보다 학급 전체 학생을 대상으로 하는 것이 더 용이할 수도 있다. 학급 차원으로 프로그램을 적용할 때에는 모둠별로 지원 활동을 하게 하는데, 장애학생을 비롯하여 친구관계를 형성하고 유지하는 것이 어려운 학생을 적절하게 배치한다. 그런 다음 학급 회의를 통해 규칙 수정 및 토의를 한다. 예를 들어, 장애학생에게 가장 적절한 자리 배치를 생각해 보거나, 학급 행사에 장애학생의 최대한의 참여를 보장할 수 있는 방법과 1인 1역 중에서 장애학생이 담당할 수 있는 가장 적절한 것이 무엇인지를 학급 회의 시간에 토의하게 한다. 이 학급의 학생들은 장애학생이 속한 모둠에 특별한 권리를 부여하도록 규칙을 만들어서, 모둠원끼리 같이 활동할 시간이 부족하므로 아침 자습시간에 놀이를 할 수 있도록 하였다. 또한 활동 초기에는 좀 더 적극적인 활동을 유도하기 위해 1주일에 한 번씩 가장 열심히 활동한 사람을 뽑아 학급에서 보상용으로 쓰이는 쿠폰을 주도록 하였다. 그러나 학급 회의 결과, 모든 사람이 열심히 참여하였는데 한 명만 뽑는다는 것은 의미가 없으며 지원 활동을 하며 함께 노는 것이 더 큰 강화제가 된다는 점에 합의하여 보상체제를 없애게 되었다. 프로그램 적용 결과, 장애학생은 물론 일반학생 간의 친구관계의 질 역시 향상되었다. 이와 같이 학급 차원의 또래지원망 프로그램을 통해 모든 학생이 긍정적으로 상호작용할 수 있는 기회가 구조화되고 바람직한 또래관계 지원에 기여할 수 있다.

3) 놀이 활동 중심의 통합 프로그램

놀이 활동은 장애학생과 일반학생이 긍정적인 상호작용 및 친구관계를 형성하고 발전시키는 데 중요한 역할을 한다. 특히 초등학교 시기는 함께 놀이하는 사람이 친구관계에서 중요한 의미를 가지며(Schnorr, 1990), 놀이 활동은 인지능력에서 큰 차이를 보이는 장애학생과 비장애학생이 서로 간의 능력 차이를 가장 덜 느끼면서 상호작용할 수 있는 매개체로서 통합 활동에 비교적 쉽게 적용될 수 있다(김수연, 박승희, 2000; Proo, Contreras, Moore, Janney, & Keefe, 2002).

사회적 통합이란 '통합학교에서 장애학생이 한 학생 구성원으로서 실재하고 비장애학생과 동등한 구성원 자격을 가지고 통합학교 공동체의 일부분이 되는 것'인데, 또래와의 친밀하고 상호적이며 지속적인 '관계'를 맺을 수 있는 지원망에 장애학생이 포함될 수 있도록 지원하는 것은 사회적 통합을 촉진시키는 데 유효하다(박승희, 2003: 218). 이러한 사회적 지원망을 구축하는 데 일반학생과 장애학생이 놀이와 같은 즐겁고 흥미 있는 활동을 공유하는 것은 매우 효과적인 것으로 보고된다.

장애에 대한 태도 개선 및 친구관계 형성을 위한 대표적인 구조화된 프로그램 중의 하나인 특별한 친구(Special Friends) 프로그램 등의 통합 프로그램에는 대부분 장애학생과 일반학생이 함께 즐거운 활동을 공유할 수 있도록 여가 활동이 포함되어 있다. 앞서 살펴본 친구들의 동아리 역시 지원 모임 시에 계획 작성과 평가만을 한다면 학생들에게 매력적인 모임이 되기 어려우므로 즐거운 여가 활동을 포함하여 계획하는 것이 효과적이다.

장애학생을 담당하는 통합학급 교사에게 특수교사로부터 제공받고 싶은 지원을 조사한 연구에서는 일반학생과 장애학생의 통합 놀이지도방법에 대한 지원 욕구가 보통 이상인 것으로 나타났다(최선실, 박승희, 2001). 특히 장애학생의 행동문제가 학업적인 면과 비학업적인 면 모두에서 나타날 때, 또한 학습장애보다는 지적장애일 때, 장애 정도가 심할수록 놀이지도방법에 대한 지원 욕구가 높은 것으로 나타났다. 점차 장애 정도가 심한 중도장애아동의 통합이 확산되는 추세이므로, 놀이지도방법에 대한 통합학급 교사의 요구도 더욱 높아질 것으로 예상할 수 있다.

〈표 8-5〉 통합 놀이수정 프로그램의 구성 내용

구성	시간 및 주요 활동	내용
오리엔테이션	3차시	• 놀이 프로그램의 일정, 시간, 주의사항, 놀이수정에 대한 이해
놀이 활동	주 2회, 25분의 놀이 활동	• 성취해야 할 목표가 있고 두 명 이상이 상호 의존적 · 협력적이면서도 상대방과 반대되는 역할을 해야 하며, 규칙이 있어 따라 해야 하는 집단놀이 중 아동의 흥미도, 교수의 용이성, 놀이수정의 용이성을 고려하여 선정한 여덟 가지의 놀이(얼음땡, 공기, 왕대포, 무궁화 꽃이 피었습니다, 망 던지기, 빨간불 파란불, 고양이와 쥐, 수건 돌리기)를 실시함 • 여덟 가지 놀이 중 각 모둠마다 여섯 가지의 놀이를 선정하여 12주 동안 한 놀이를 2주씩 실시함
놀이수정	주 1회, 7~10분의 토의와 평가	• 문제해결전략을 사용하여 놀이방법을 수정함 　-1단계: 문제 상황 인식 　　재미: "얼마나 재미있었나요?" 　　참여: "모든 사람이 참여했나요?" 　-2단계: 가능한 대안 제시 　-3단계: 선택 및 결정 　　실현 가능성: "수정한 방법으로 실제로 놀 수 있을까요?" 　　효과성: "이렇게 하면 문제가 모두 해결이 될까요?" 　　모둠원의 수용도: "이렇게 하는 것을 모두 원하나요?" 　-4단계: 적용 및 평가

출처: 김수연(2004), p. 249.

1990년대 이후 우리나라의 특수교육 분야에서도 통합교육이 지속적으로 강조됨에 따라 학교 현장에서 장애학생과 일반학생의 사회적 상호작용 및 친구관계 발달을 촉진하기 위한 프로그램의 고안 및 실행이 시급하다. 우리나라의 초등교육 현장에서 실제 적용한 문제해결전략 기반의 통합 놀이수정 프로그램의 전반적인 내용은 〈표 8-5〉와 같다.

통합 놀이수정집단에서 모든 구성원이 재미있어 하면서 참여할 수 있도록 하기 위해 수정한 놀이 규칙을 보면 몇 가지 특성을 찾아볼 수 있다(김수연, 2004). 망을 던질 때 뒤로 돌아 던지기와 같은 난이도가 높은 기술을 적용하는 규칙의 수정은 장애학생이 통합되지 않은 일반학생집단에서 이루어졌다. 반면에 규칙의 융통성 있는 적용은 장애학생이 통합된 집단에서 더 쉽게 찾아볼 수 있었다. 또한 장애학생을 위한 수정이라도 동등한 구성원으로 놀이에 참여하기 위한 수정이라면 쉬운 규칙을 적용하거나 규칙을 엄격하게 적용하지 않는 무조건 '끼워 주기'식이 아니라 장애학생의 수준에 적합한 수정이 이루어지는 것으로 나타났다. 따라서 통합 놀이 활동 프로그램에 참여하는 구성원으로 하여금 다른 누군가를 끼워 주거나 놀아 주기 위해서가 아니라 다 함께 즐겁기 위하여 놀이 규칙을 수정하는 것으로 이해하게 해야 한다. 그런데 놀이방법의 수정이 이루어졌다 할지라도 장애학생과의 통합 여부에 따라 일반학생이 놀이 활동을 할 때 느끼는 재미에서 질적 차이가 있다면, 새로운 규칙을 자유롭게 첨가하고 난이도가 높은 기술을 시도해 보면서 느끼는 성취감은 놀이 수준이 비슷한 학생끼리의 집단일 때 더 용이하기 때문인 것으로 추측할 수 있다. 따라서 개별화된 수정을 할 때는 놀이가 가진 본래의 재미를 잃지 않으면서도 모두가 참여할 수 있는 전략, 다른 사람을 배려하면서도 결국은 다른 구성원에게도 재미를 줄 수 있는 윈윈(win-win)전략의 사용이 효과적일 수 있다. 다음의 〈표 8-6〉은 윈윈전략이 사용되어 수정된 규칙의 예를 보여 준다.

많은 장애인은 일반인에 비해 매우 제한적인 사회적 관계를 가지고, 그 제한된 사회적 관계에 포함된 구성원은 가족이나 급료를 받고 서비스를 제공하는 일반인이나 같은 장애인인 경우가 대부분이라는 것(Amado, 1993)은 통합교육 실행에서 사회적 통합의 중요성을 다시 한 번 강조한다. 장애학생은 친구들의 동아리와 같은 또래 지원망 프로그램, 놀이 활동 프로그램을 통해 자연적인 지원망을 구축하고 유지할 수 있을 것이다.

〈표 8-6〉 윈윈전략이 사용되어 수정된 규칙의 예

놀이 이름	원래의 규칙	문제점	제시된 의견	모두에게 재미를 주는 윈윈 규칙
무궁화 꽃이 피었습니다	술래는 도망가는 사람을 잡는다.	○○가 술래일 때는 다른 아동들이 너무 빨리 도망가서 잡지 못함	① 출발선을 길게 잡자. ② ○○가 술래일 때는 모두 깽깽이로 하자. ③ ○○가 다른 사람을 못 잡았을 때, ○○가 웃겨서 움직이게 하면 움직인 사람이 술래	①은 놀이가 지루해질 수 있음 ②는 힘이 듦 ③은 ○○도 중요한 역할을 하게 되며, 다른 사람도 재미있어 하므로 채택됨
고양이와 쥐	울타리는 쥐를 보호한다.	울타리가 제자리에 서 있기만 하면 쥐를 잘 보호하지 못함	울타리 해체-울타리 합체: 울타리가 된 아동들이 손을 놓고 각자 뛰어가서 쥐를 안에 넣고 다시 울타리가 될 수 있음	쥐가 잘 도망다니지 못할 때 적극적으로 보호할 수 있으면서 울타리 역할이 강화되어 모두 재미있어 함

[그림 8-4]는 실제로 초등학생들이 '무궁화 꽃이 피었습니다' 놀이의 규칙을 모두가 재미있어 하면서도 참여할 수 있는 방법으로 수정한 예다.

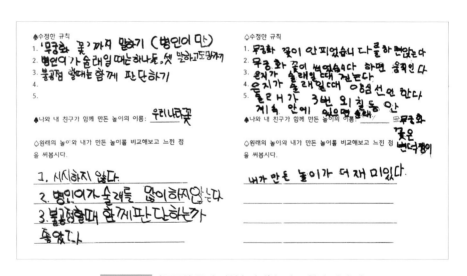

그림 8-4 '무궁화 꽃이 피었습니다' 놀이 규칙 수정의 예

[그림 8-4]에서 수정한 규칙을 보면 같은 놀이지만 놀이하는 구성원에 따라 놀이 규칙을 다르게 수정한 것을 알 수 있다.

왼쪽의 예에서 '내가 만든 놀이를 했을 때 어느 한 학생이 술래를 많이 하지 않는다'고 평가한 것은 그만큼 수정을 제대로 잘했기 때문인 것으로 추정할 수 있다. 특정 학생만 계속 술래를 했다면 놀이가 시시하게 끝났다고 소감을 썼을 것이다. 오른쪽 예에서 수정한 규칙을 보면 3번과 4번만 특정 학생을 위해 수정한 규칙이고 나머지 규칙은 모든 구성원에게 해당되는 규칙임을 알 수 있다.

4) 개인의 차이 및 다양성 수용을 위한 교육

개인의 차이 및 다양성 수용이란 개인 간 차이에 대한 개념을 이해하고, 모든 사람은 나름대로의 강점과 약점을 지닌 독특한 개성의 존재라는 것을 인식하는 것이다. 이는 통합교육의 실행을 위해 다루어야 할 중요한 주제다. 왜냐하면 능력의 차이인 장애 역시 개인이 가질 수 있는 다양성 중의 하나이기 때문이다. 인종과 민족, 문화, 사회경제적 지위, 성별, 능력, 나이 등의 차이를 수용하고 존중하는 것은 통합교육이 추구하는 목적을 달성하게 한다. 또한 학급공동체를 구현하기 위한 기본 정신과도 맥락을 같이한다. 통합교육이 추구하는 목적은 모든 학생이 장애학생을 비롯한 모든 개인 학생의 차이와 다양성에 민감하게 되는 것을 지원하고, 개인 학생에게 적합한 교육과정 및 교수방법을 제공하여 최대한의 교육성과를 산출하는 것이라 할 수 있다(박승희, 2003). 장애학생의 사회적 통합을 위해 실시하는 인식개선 프로그램 또는 상호작용 프로그램은 일회적으로 실시되거나 특정 학생만을 대상으로 할 때는 그 효과 면에서 한계와 부작용이 있을 수 있다(박승희, 2003). 따라서 장애가 개인이 가질 수 있는 다양한 차이 중의 하나로 인식될 수 있고, 그러한 차이에 민감하고 적합하게 반응하도록 교육하는 것이 필요하다. 개인의 차이 및 다양성 수용을 위한 접근방법은 다음과 같다.

(1) 도서 · 비디오 비치 및 독후 활동
개인의 차이 및 다양성은 인종과 민족, 문화, 사회경제적 지위, 성별, 능력, 나이 등의 주제로 다루어질 수 있다. 다음의 〈표 8-7〉에는 개인의 다양성 수용 주제와 관련하여 참고할 만한 도서 목록이 제시되어 있다. 이러한 도서를 학급에 비치해 두어 학생들이 자주 읽을 수 있도록 한다. 도서를 읽고 나서 토의나 역할극을 실시하는 등의 독후 활동이 이루어지면 개인의 차이 및 다양성 수용에 있어 더욱 효과적이다.

〈표 8-7〉 개인의 다양성 수용과 관련된 도서 · 비디오 목록

제목	저자 / 출판사	내용
까만 크레파스	나카야 미와 글 · 그림 / 웅진닷컴	누구든 소중하지 않은 존재는 없으며, 다른 사람을 편견 없이 받아들이고 함께 조화를 이루어야 한다는 이야기
너는 특별하단다	맥스 루카도 글 / 고슴도치	사람은 '존재' 자체만으로 소중하다는 것을 말해 주는 이야기
새 친구가 이사왔어요	레아 골드버그 글 / 중앙 M&B	다른 사람의 단점보다는 장점을 볼 줄 알게 되어 다양한 이웃과 함께 살게 되는 이야기
성급한 오리너구리 우화	이윤희 글 / 파랑새 어린이	보는 관점에 따라 사물이나 세상을 달리 볼 수 있다는 것을 알려 주는 이야기
어디, 뚱보 맛 좀 볼래?	모카 글 / 비룡소	뚱뚱하다고 늘 놀림받는 아이, 앙리가 자신감을 갖고 자신을 사랑하기까지의 모습이 담긴 이야기
희망으로 그리는 세계 2 中 우린 친구야 (애니메이션)	유니세프 지원 캐나다 국립영화위원회 제작 / (주)라바 메이저 수입 배급	인종이 다른 아이들이 낯선 만남 속에서 갈등을 겪다가 친구가 되어 가는 이야기

[학습활동 8-3]

〈표 8-7〉과 같이 개인의 다양성 수용과 관련된 다른 동화책 또는 비디오 자료를 소개하시오.

(2) 교육과정 삽입 접근

교육과정 삽입 접근은 다음의 〈표 8-8〉과 같이 교육과정 내에 장애 및 개인의 차이 수용과 관련된 내용을 삽입하여 교수하는 것이다. 수업시간에 개인의 차이 및 다양성과 관련된 내용을 강화하거나 새로운 내용을 짧게 삽입하여 가르치는 것에는 몇 가지 장점이 있다(이대식 외, 2011). 첫째, 별도의 시간을 마련하지 않아도 된다. 둘째, 특별한 프로그램이 필요 없다. 셋째, 다양한 교과 수업시간에 이루어질 수 있으므로 일상적이며 정규적으로 다양성 수용교육이 시행될 수 있다.

〈표 8-8〉 교육과정 삽입 접근의 예

교과(학년-학기)	단원	원래의 학습목표	삽입한 내용
읽기(1-1)	4. 아, 재미있구나.	글과 그림이 나타내는 뜻을 생각하며 그림동화를 읽을 수 있다.	그림동화를 읽으며 나와 상대방의 다양성을 긍정적으로 인식하게 한다.
쓰기(3-1)	4. 마음을 전해요	읽는 이를 생각하며 고마운 마음을 전하는 글을 써 봅시다.	고마운 표현을 사용하여 학급의 모든 친구들을 칭찬해 보는 기회를 갖게 한다.
사회(3-2)	2. 이동과 의사소통	고장 사람들이 이용하는 이동수단과 의사소통이 필요한 까닭을 알 수 있다.	고장생활에서 장애인의 이동수단에 대한 자료를 소개한다.
도덕(4-1)	2. 내 일은 내가 하기	자주적인 생활을 위해 올바른 행동 판단하기	장애인의 자주적인 생활을 위해 지원할 수 있는 방법을 토론하게 한다.

적용문제

1. 개인의 차이 및 다양성 수용 주제와 관련된 내용을 삽입하여 교수할 수 있는 교과목과 단원을 찾아서 지도안을 작성해 보시오.

참고문헌

김수연(2002). 놀이프로그램의 통합 및 놀이수정 교수 여부가 일반아동과 장애아동의 정서적 능력과 놀이성에 미치는 영향. 이화여자대학교 대학원 박사학위논문.

김수연(2004). 장애아동과의 통합여부에 따른 일반아동의 놀이규칙 수정 정도와 형태에 관한 연구. 특수교육학연구, 39(4), 245-273.

김수연, 박승희(2000). 장애학생을 위한 여가교육의 개념화와 지역사회 중심의 여가 교수. 특수교육학연구, 35(3), 163-193.

김수연, 이대식(2012). 제7차 개정교육과정 초등학교 교과용도서의 장애관련 내용 분석. 특수아동교육연구, 14(1), 45-69.

박미혜, 김수연(2008). 학급 차원의 또래 지원망 프로그램이 일반아동의 장애아동과의 친구관계와 장애인식에 미치는 영향. 특수교육, 7(1), 51-71.

박승희(2003). 한국 장애학생 통합교육: 특수교육과 일반교육의 관계 재정립. 서울: 교육과학사.

서울경인특수학급교사연구회(2006). 일반교사를 위한 통합교육 지원 프로그램: 서로 다른 아이
들이 함께 만드는 우정. 서울: 학지사.

오선영(2000). 또래지원망 프로그램이 장애아동과 일반아동의 친구관계에 미치는 영향. 이화
여자대학교 교육대학원 석사학위논문.

이대식, 김수연, 김종호, 김은주, 권택환, 박성우(2011). 정규 교과교육시간을 이용한 장애인
식개선교육이 일반학생의 장애이해에 미치는 영향. 특수교육연구, 18(1), 25-45.

최선실, 박승희(2001). 통합교육 실시를 위한 원적학급 일반교사의 지원 요구. 초등교육연구,
14(2), 319-347.

Amado, A. N. (Ed.). (1993). *Friendships and Community Connections Between People
with and without Developmental Disabilities*. Baltimore, MD: Paul H. Brookes.

Bookbinder, S. R. (1978). *Mainstreaming: What Every Child Should Know about Disabilities*.
Boston, MA: Exceptional Parent.

Bryan, T. (1997). Assessing the personal and social status of students with learning
disabilities. *Learning Disabilities Research & Practice, 12*(1), 63-76.

Campbell, N. J., Dodson, J. E., & Bost, J. M. (1985). Educator perceptions of behavior
problems of mainstreamed students. *Exceptional Children, 51*(4), 298-303.

Cook, B. G. (2001). A comparison of teachers' attitudes toward their included students
with mild and severe disabilities. *Journal of Special Education, 34*(4), 203-213.

Forest, M. (1987). *More Educational/Integration: A Collection of Reading*. Toronto:
National Institute on Mental Retardation.

Gresham, F. M. (1984). Social skills and self-efficacy for exceptional children. *Exceptional
Children, 51*(3), 253-261.

Halvorsen, T. A., & Neary, T. (2001). *Building Inclusive Schools: Tools and Strategies for
Success*. Boston, MA: Allyn & Bacon.

Heflin, L. J., & Bullock, L. M. (1999). Inclusion of students with emotional/behavioral
disorders: A survey of teachers in general and special education. *Preventing School
Failure, 43*(3), 103-111.

Heron, T. E., & Harris, K. C. (2001). *The Educational Consultant: Helping Professionals,
Parents, and Students in Inclusive Classrooms* (4th cd.). Austin, TX: PRO-ED.

Hochman, B. (1979). *Simulation Activities Handout*. Bethlehem, PA: Project STREAM.

Janney, R. E., & Snell, M. E. (1996). How teachers use peer interactions to include students with moderate and severe disabilities in elementary general education classes. *Journal of the Association for Persons with Severe Handicaps, 21*(2), 72-80.

Janney, R., & Snell, M. E. (2000). *Social Relationships and Peer Support*. Baltimore, MD: Paul H. Brookes.

Meisgeier, C. (1981). A social/behavioral program for the adolescent student with serious learning problems. *Focus on Exceptional Children, 13*(9), 1-13.

Moe, L. (1980). *Guidelines for Evaluating Books about Individuals with Handicaps*. Bethlehem, PA: Project STREAM.

O'Brien, J., Forest, M., Snow, J., & Hasbury, D. (1989). *Action for Inclusion: How to Improve Schools by Welcoming Children with Special Needs into Regular Classroom*. Toronto, Ontario: Frontier College.

Pavri, S., & Luftig, R. (2000). The social face of inclusive education: Are students with learning disabilities really included in the classroom? *Preventing School Failure, 45*(1), 8-14.

Proo, C., Contreras, P., Moore, V., Janney, E., & Keefe, L. (2002). Thoughts from the kids next door or did we really need to be told this?: Play is the first place a person with a disability can be included. *TASH Newsletters, 28*(7/8), 25-28.

Rynders, J. E., & Schleien, S. J. (1991). *Together Successfully: Creating Recreational and Educational Programs that Integrate People with and without Disabilities*. Arlington, TX: Association for Retarded Citizens-United States, National 4-H, and the Institute on Community Integration, University of Minnesota.

Sale, P., & Carey, D. (1995). The sociometric status of students with disabilities in a full-inclusion school. *Exceptional Children, 62*(1), 6-19.

Salend, S. J. (1994). *Effective Mainstreaming: Creating Inclusive Classroom* (2nd ed.). Englewood Cliffs, NJ: Prentice-Hall.

Salend, S. J. (2001). *Creating Inclusive Classrooms: Effective and Reflective Practices*. Upper Saddle River, NJ: Merrill Prentice Hall.

Schnorr, R. F. (1990). "Peter? He comes and goes…": First graders' perspectives in a part-time mainstream student. *Journal of the Association for Persons with Severe Handicaps, 15*(4), 231-240.

Schulz, J. B., & Carpenter, C. D. (1995). *Mainstreaming Exceptional Students: A Guide for Classroom Teachers*. Boston, MA: Allyn and Bacon.

Schulz, J. B., & Turnbull, A. P. (1984). *Mainstreaming Handicapped Students: A Guide for the Classroom Teacher*. Newton, MA: Allyn & Bacon, Inc.

Shapiro, A. (2000). *Everybody Belongs: Changing Negative Attitudes toward Classmates with Disabilities*. New York: Routledge.

Slapin, B., Lessing, J., & Belkind, E. (1987). *Books without Bias: A Guide to Evaluating Children's Literature for Handicapism*. Berkeley, CA: KIDS Project.

Slate, J. R., & Saudargas, R. A. (1986). Differences in learning disables and average students' classroom behaviors. *Learning Disability Quarterly, 9*(1), 61-67.

Staub, D., Peck, C. A., Gallucci, C., & Schwartz, I. (2000). Peer relationships. In M. E. Snell & F. Brown (Eds.), *Instruction of Students with Severe Disabilities* (5th ed., pp. 381-408). Upper Saddle River, NJ: Merrill Prentice Hall.

Staub, D., Schwartz, I. S., Gallucci, C., & Peck, C. A. (1994). Four portraits of friendship at an inclusive school. *Journal of Association for Person with Severe Handicaps, 19*(4), 314-325.

Van der Klift, E., & Kunc, N. (1994). Beyond benevolence: Friendship and the politics of help. In J. S. Thousand, R. A. Villa, & A. I. Nevin (Eds.), *Creativity and Collaborative Learning: A Practical Guide to Empowering Students and Teachers* (pp. 391-401). Baltimore, MD: Paul H. Brookes Publishing Co.

Vandercook, T. (1991). Leisure instruction outcomes: Criterion performance, positive interactions, and acceptance by typical high school peers. *Journal of Special Education, 25*(3), 320-339.

Voeltz, L., Wuerch, B., & Bockhaut, C. (1982). Social validation of leisure activities training with severely handicapped youth. *The Journal of the Association for Persons with Severe Handicaps, 7*(4), 3-13.

참고 사이트

국립특수교육원(www.nise.go.kr).

서울경인특수학급교사연구회(www.tesis.or.kr).

특수교사놀이연구회(www.nolgi.org).

제**9**장

행동지원

 학습목표

1. 학생들의 행동문제를 교정적인 관점만이 아닌 의사소통 의도로 이해하고, 행동문제의
   기능을 분석한다.
2. 행동문제의 예방전략을 알고 학급관리에 적용한다.
3. 실제 사례를 중심으로 행동지원 계획을 수립한다.

출처: 서울경인특수학급교사연구회(1998), p. 36.

1. 이 장의 취지

제시된 사례의 삽화는 장애학생이 행동문제를 하는 이유를 상징적으로 나타낸다. 여학생을 때리는 남학생의 말풍선은 두 가지다. 실선으로 된 것에는 '야!'라고 쓰여 있고, 점선으로 된 것에는 '나도 같이 놀자!'라고 쓰여 있다. 이 삽화는 장애학생의 행동문제가 '장애'로 인한 특별하고 무서운 것이 아니며, 사실은 같이 놀자고 친구에게 말하고 싶은데 그 의사소통 의도가 잘못 전달되는 것이라는 것을 보여 주고 있다.

행동문제는 '문제'로만 볼 것이 아니라 그 행동의 의사소통 의도를 이해하는 것이 중요하다. 이에 이 장에서는 '문제행동'이 아니라 되도록 '행동문제'라는 용어를 사용하고자 하였다. 문제행동이라는 용어 자체가 장애학생을 자칫 '문제'로만 바라보게 하는 위험이 있기 때문이다. 또한 장애학생뿐만 아니라 다른 일반학생이나 성인의 행동에도 지원이 필요한 문제가 있을 수 있다는 가정하에 행동문제라고 표현하였다. 그리고 학생이 행동문제를 나타내었을 때 중재하는 것보다 구조화되고 체계적인 학급관리를 통해 행동문제를 예방하는 것이 더욱 효과적이며 적극적인 중재방법이므로 행동문제 예방전략을 제시하였다. 실제 사례에 대한 행동지원 계획을 수립하는 과정을 통해 학생이 교실에서 보이는 행동문제에 대한 두려움을 감소시키도록 하자.

2. 행동문제와 행동지원의 개념

1) 행동문제의 개념

행동문제는 장애학생에게서만 볼 수 있는 것이 아니라 연령이나 학년, 장애의 유무와 관계없이 모든 학생에게서 나타날 수 있다. 교사는 학교 및 교실에서 학생의 행동을 통제하고 행동문제를 교정하기 위해 많은 시간과 노력을 투자한다. 장애학생의 통합교육을 어렵게 하는 가장 큰 요인 중의 하나는 장애학생이 보이는 행동문제다. 일반교사와 일반학생은 장애학생의 장애 정도보다는 행동문제의 유무에 더 많은 영향을 받기도 한다. 장애학생의 행동문제는 수업을 방해하고, 다른 학생과의 사회적 관계 형성에도 부정적인 영향을 미칠 수 있다. 따라서 장애학생의 행동문제를 효과적으로 다룰 수 있는 능력은 특수교사뿐 아니라 일반교사에게도 매우 중요하다.

행동지도를 나타내는 용어 자체도 한 사람이 가진 문제를 어떠한 관점으로 보느냐에 따라 변화되었다. 즉, 행동문제를 바라보는 시각, 행동문제를 갖고 있는 '사람'에 대한 철학적 인식이 반영되어 용어 및 교수방법의 변화가 있었다. 그러한 변화의 방향은 대체로 행동문제는 고정불변의 개인 내적인 특성이 아니라 적절한 조치를 통해 변화시킬 수 있고, 그 조치는 가급적 지원하고 도와주는 방향으로 이루어져야 하는 것이다. 이는 행동수정(behavior modification), 행동관리(behavior management), 긍정적 행동지원(positive behavior support) 등과 같은 행동지도에 대한 용어 변화를 보면 알 수 있다. 행동문제라는 용어 역시 'problem behavior'에서 'challenging behavior'로 변한 영어 표현에 잘 드러나 있다.

행동문제의 유형은 매우 다양한데, 주로 학교 현장에서는 교실 내에서의 품행문제와 학업 기술상의 문제로 나눌 수 있다. 품행문제는 주로 수업시간에 떠들거나 자리 이탈하기, 친구와 싸우기 등의 수업과 사회적 관계 형성을 방해하는 행동이다. 학업 기술상의 문제는 주어진 과제를 완성하지 않거나 주의집중하지 않는 등의 행동이다.

이러한 행동은 다음의 세 가지 형태로 나타난다. ① 행동이 지나치게 과도하게 나타나는 것, ② 행동이 지나치게 나타나지 않는 것, ③ 부적절한 자극조절에 의해 상황에 맞지 않는 행동을 보이는 것이다(Wolery, Bailey, & Sugai, 1988). 행동문제라고 해서 모두 즉각적인 중재를 요하는 심각한 것은 아니다. 행동문제의 심각성 기준을 제시하면 다음과 같다.

- 행동이 학생 자신이나 다른 사람에게 손상을 입히는가?
- 행동이 학생 자신이나 다른 사람의 학습을 방해하는가?
- 행동이 학생 자신이나 다른 사람의 안전에 대한 위험 요소를 제공하는가?
- 행동이 나이에 적절하며 일시적으로 지나가는가?
- 행동이 정상적인 발달을 보이는 또래와 비슷한 빈도로 발생하는가?
- 행동이 다른 영역의 기술 부족의 결과로 발생하는가?
- 행동 때문에 다른 사람이 이 학생과의 상호작용을 피하는가?
- 행동이 다음 단계의 교육 배치 환경에서도 문제를 일으킬 것인가?
- 행동이 다른 상황에서도 문제를 나타낼 것인가?

즉, 자신과 타인의 학습과 사회적 관계 형성을 지속적으로 심각하게 방해하는 행동이라면 중재가 필요한 심각한 행동문제라고 할 수 있다. 행동문제를 다루기 위해서 교사가 알아야 할 기본 원리를 제시하면 다음과 같다(Lewis & Doorlag, 1995).

- 행동은 학습될 수 있다.
- 행동의 적절성/부적절성은 학생의 연령과 발달 수준에 의해서 결정된다.

- 모든 행동문제가 똑같이 심각한 것은 아니다.
- 행동문제가 발생할 경우 행동의 선행사건과 후속결과를 함께 고려해야 한다.
- 주의 깊은 교실환경 구성을 통해서 행동문제를 감소시킬 수 있다.
- 강화를 제공함으로써 행동 발생을 증가시킬 수 있다.
- 행동의 후속결과를 선정할 때에는 학생에게 의미 있는 것으로 선택해야 한다.
- 행동문제를 교정하기 위한 교수전략은 행동문제에 의해서 제공되는 기능을 기초로 해야 한다.
- 학생의 행동문제 감소를 위한 교수전략은 성인의 편의가 아닌 학생의 이익을 위해서 계획되어야 한다.

2) 긍정적 행동지원의 개념

전통적인 행동수정과 긍정적인 행동지원의 주요 특징을 비교하면 다음의 〈표 9-1〉과 같다. 전통적인 행동수정방법은 학생이 어떤 행동문제를 일으켰을 때 왜 그런 행동을 하는지에 대해서는 관심이 없다. 대신 행동문제를 유지시키는 강화 요인을 제거하거나 벌을 제공함으로써 행동문제를 제거하는 것에만 초점을 두었다. 이에 비해 긍정적 행동지원은 학생의 행동문제를 의사소통 의도라고 보기 때문에 부적절한 행동으로 의사소통하지 않고 적합한 행동으로 의사소통할 수 있도록 그 방법을 가르쳐 주려는 것이다. 행동문제 자체를 무조건 없애기보다는 그것의 기능을 파악하여 같은 기능을 가지면서도 사회적으로 용인되는 바람직한 행동으로 대체시키려는 것이 두 접근 간의 가장 큰 차이점이다. 따라서 행동문제에 대해 그 원인과 이유를 파악하는 것이 매우 중요하다. 긍정적 행동지원의 특징을 몇 가지로 설명하면 다음과 같다(Janney & Snell, 2000).

- 긍정적 행동지원은 개인을 존중하는 접근이다. 긍정적 행동지원은 신체적·정서적 고통을 가져오지 않는다. 긍정적 행동지원은 힘으로 한 사람의 행동을 변화시키려 하지 않는다. 대신에 도와주고 가르쳐 주려는 사람과의 배려 있는 신뢰를 바탕으로 한 관계의 발전을 강조한다.
- 긍정적 행동지원은 정상화된 접근이다. 긍정적 행동지원은 공립학교의 일반학

〈표 9-1〉 전통적인 행동수정과 긍정적 행동지원의 비교

구분	전통적인 행동수정	긍정적 행동지원
문제 행동	• 우리 또는 타인에게 문제를 일으키는 행동이므로 그 행동이 제거되기를 원한다.	• 행동은 학습되며, 뭔가 중요한 것을 의사소통하기 위한 것이다.
평가	• 행동문제를 상세화하고 빈도, 강도, 지속기간을 결정한다.	• 행동의 이유를 결정하기 위해 '기능분석'을 실시한다.
목표	• 행동문제를 제거한다.	• 학생이 자신의 욕구를 더 나은 방법으로 의사소통할 수 있도록 돕는다.
중재	• 행동문제 발생 시 행동에 대한 강화를 줄이거나 벌을 제공한다.	• 교사와 학생 간의 안전감과 신뢰감을 발달시킨다. • 긍정적인 참여에 대한 보상이 되도록 수업을 재미와 흥미가 있도록 만든다. • 다른 사람에게서 지원을 받는다. 상황에서 좌절을 감소시킨다. • 의사소통할 수 있는 대안적 방법을 교수한다. • 학교라는 상황과 조건을 인내할 수 있는 방법을 교수한다.
성공	• 행동이 제거되고, 힘을 가진 사람(교사)은 상황이 나아진 것으로 본다.	• 한 사람이 가지고 있는 문제가 그 사람의 관점에서 보았을 때 해결되었다면 성공한 것이다.

출처: Peterson & Hittie(2003), p. 357.

급에서 사용하기에 적합한 방법이다. 장애가 있거나 행동문제를 보이는 학생에게 전형적인 환경에서 또래와 함께 살고 공부하고 놀 수 있는 환경을 제공한다.

• 긍정적 행동지원은 예방적인 접근이다. 긍정적 행동지원은 실패를 야기할 가능성이 있는 상황, 즉 학생이 행동문제를 일으킬 만한 상황을 피한다. 대신 학생이 자신의 느낌과 행동을 성공적으로 관리할 수 있도록 도움을 제공하는 것을 강조한다.

• 긍정적 행동지원은 교육적인 접근이다. 긍정적 행동지원은 행동문제를 통제하는 것이 아니라 다른 사람과의 의사소통과 상호작용 기술을 가르치는 것을 강조한다.

• 긍정적 행동지원은 개별화된 접근이다. 모든 개인은 고유한 특성을 가지고 있다. 따라서 긍정적 행동지원은 단일한 처방전을 제공하지는 않는다. 대신 개별화된 지원계획을 수립하기 위한 문제해결과정을 강조한다.

〈표 9-4〉 행동문제가 갖는 의사소통 의도

통제(control)	관심 끌기(attention)	회피(avoidance)
활동	수용	탈출
힘	소속감	소속감
복수	상호작용	지루함
독립성	만족감	실패에 대한 두려움
자유	칭찬	반사회적
조작	관계	미숙달
감각적 문제	우정	감각적 문제
자율성	애착	방어
	성취	

대일 대응이 되는 것이 아니다. 어떤 행동문제는 다른 사람의 관심도 끌면서 과제에 대한 회피까지 달성할 수 있다. 또한 동일한 행동문제라고 해서 항상 의사소통 의도가 같은 것도 아니다.

3) 기능평가와 기능분석

기능평가(functional assessment)는 환경과 행동문제의 관계에 대한 가설이 설정되는 과정을 통해 행동문제를 이해하려는 과정이다. 즉, 기능평가를 통해 행동문제가 언제, 왜 일어나는지를 알아내려는 것이다. 기능평가는 교사와의 면접, 교실 내의 상황 관찰, 평정척도 사용 등의 방법을 이용하여 행동문제를 일으키는 선행조건과 행동을 유지시키는 후속결과 자극을 알아내고자 한다. 기능평가의 한 방법으로 ABC(Antecedents-Behavior-Consequences) 기록이 있다. 이는 자연적인 환경에서 행동을 직접 관찰하는 방법으로 행동문제가 발생한 직전과 직후의 환경적 사건을 함께 기록하는 것이다. 이는 행동과 환경 변인 간의 기능적 관계를 판별하기 위해 사용되는 체계적인 방법이다(〈표 9-5〉 참조).

모든 행동문제에 대하여 선행사건과 후속결과를 분명하게 파악하는 것은 쉬운 일은 아니나, 대부분의 행동문제는 선행사건과 후속결과를 분석해 보면 특정 행동을 통하여 학생이 어떤 '기능'을 얻는지 해석할 수 있다. 선행사건과 행동, 후속결과의 기능적 관계에 대한 예를 제시하면 다음의 〈표 9-6〉과 같다.

〈표 9-5〉 ABC 기록으로 수집한 정보 유형

행동 전에 일어난 사건	행동 자체	행동의 후속결과
어떤 사람, 장소, 물건 또는 활동이 행동 발생 유무를 예언할 수 있는가?	행동은 얼마나 자주, 오래, 어떤 강도로 발생하는가?	행동 후에 주로 어떤 일이 일어났는가?

출처: Janney & Snell(2000), p. 22.

〈표 9-6〉 선행사건, 행동, 후속결과의 기능적 관계

선행사건	행동	후속결과	해석 가능한 행동문제의 기능
민수는 독립적으로 과제를 수행하라는 지시를 받음	과제를 하지 않고 또래에게 농담을 하고 얘기함	급우들이 웃음, 교사가 민수 가까이 가서 주의를 줌	관심 끌기
영희는 교사 또는 보조원과 함께 일대일 교수를 받음	영희는 과제를 던지고, 교사 또는 보조원을 때림	일대일 수업은 중단되고, 영희는 교실 뒤 타임아웃 의자에 앉게 됨	집중적인 일대일 과제를 회피
상민이가 체육시간, 쉬는시간, 점심시간, 음악시간, 조회시간을 맞이함	상민이는 소리를 지르고, 손으로 귀를 막고, 교실 구석에 가서 앉음	상민이는 잠시 산보를 하거나, 교실로 돌아오게 됨	소음이 있으며, 개방되고 넓은 공간에서의 탈출, 회피

출처: Janney & Snell(2000), p. 34.

〈표 9-7〉 ABC 기록의 예

학생: 김민우		날짜: 　.　.　.
관찰자:		시간: 2:15~2:25
행동: 학급 토의시간에 떠들기, 과제 비관련 행동	활동: 사회	

선행사건	행동	후속결과
교사: "모두 사회 공책과 연필을 꺼내세요."	민우: (옆 친구에게) "선생님이 뭐래?"	교사: "말하지 마세요."
교사: "지영아, 경주는 어느 도에 있는 도시지?"	민우: (큰 소리로) "경상북도!!"	지영: (민우를 노려보며) "민우 너, 입 다물어."
교사: "민우야, 제발 네 차례가 될 때까지 조용히 앉아 있어라."	민우: (소리치며) "내가 뭘요?"	교사: "민우야, 조용히 해."
교사: "우리나라에서 인구가 가장 많은 도시는 어디지? 민우 너 대답할 수 있니?"	민우: "어? 난 아무것도 안 했어요."	(반 학생들 모두 웃음)
교사: "영수야, 탐라국이라 불렸던 섬이 어디지?"	민우: (크게 소리치며) "나 알아요. 그건 제주도예요!"	교사: "김민우, 더 이상 못참겠다. 너 책상 위에 엎드려!"

출처: Kerr & Nelson(2002), p. 55에서 발췌 수정.

기능평가방법의 하나로 기능분석(functional analysis)을 사용할 수도 있다. 기능분석은 체계적인 가설 변인의 조작 속에서 행동문제 변화를 관찰하여 행동문제의 선행 자극과 기능을 밝히는 실험절차를 말하는 것으로 실험분석이라고도 한다.

[학습활동 9-2]

1. 〈표 9-7〉의 ABC분석 결과 민우의 행동문제에서 나타난 의사소통 의도는 무엇인가?
2. 민우의 행동문제는 선행사건의 조정과 후속결과의 조정 중 어떤 방법이 바람직하겠는가? 해결방안을 제시하시오.

---

4. 긍정적 행동지원 계획의 수립

긍정적 행동지원 계획은 크게 예방, 교수, 대처의 세 부분으로 수립된다. 〈표 9-8〉은 행동지원 계획 수립의 예다.

〈표 9-8〉 행동지원 계획 수립의 예

학생명:	날짜:
행동문제: 고함치기, 울기, 비명 지르기	

- **예방**: 문제와 관련된 선행사건(특정 인물, 사건, 시간, 장소, 배경사건 등)을 어떻게 변화시킬 것인가?
- **교수**: 아동이 좀 더 수용적인 방법으로 목적하는 바를 이룰 수 있도록 아동에게 어떤 다른 행동과 기술을 가르칠 것인가?
- **대처(반응)**: 아동의 행동문제에 반응할 때 목적하는 바를 얻지 못하도록 어떻게 반응할 것인가? 필요한 경우 위기 상황을 어떻게 다룰 것인가?

예방	교수	반응/위기관리
• 활동 중에 짧게 끊어서 쉬는시간을 자주 갖는다. • 과제를 구체적이면서도 조작 가능하도록 만든다. 시작과 끝을 시각적·구어적으로 알려 준다. 읽기책에 그림과 색깔 단서를 첨가하여 수정한다. • 쉬는시간에, 두세 가지 그림 또는 사물을 가지고 활동을 선택하도록 기회를 제공한다.	• 사인 또는 구어로 쉬는시간을 요청하는 방법을 교수한다. • 화가 나기 시작할 때 스스로 진정하는 방법을 교수한다. • 쉬는시간에 또래에게 의사소통 개시방법을 교수한다. 또래에게는 대상아동이 개시행동을 할 때 적합하게 반응하고 촉진할 수 있는 방법을 교수한다.	• 행동문제의 전조가 보이면 분명한 시각적 촉진과 구체적인 지시를 통해 재지도한다(모델링이 가장 좋음). 아동의 참여에 대해 격려를 많이 한다. • 재지도가 실패하면 스스로 진정하는 방법을 사용하여 중단시키도록 한다.

• 식당에서 좀 더 조용한 자리에 앉을 수 있도록 옆 반과 자리를 바꾸어 문 반대편 구석에 배치한다. • 시간이 오래 걸리므로 알림장 쓰기를 일찍 시작한 후 그룹에 합류한다.		• 행동이 격앙되고 남은 수업이 중단되면 휴식 요청을 촉진한다. 그리고 물을 먹으러 교실을 떠나고, 운동장을 거닐도록 한다. • 주의사항: 예방을 목적으로 한다. • 교사가 화가 났음을 보이지 말라.

출처: Janney & Snell(2000), p. 53.

1) 예방

예방은 행동문제가 아예 일어나지 않도록 하는 것이 목적이다. 행동문제를 야기시키는 선행사건 또는 배경사건(setting event)을 변화시켜 준다. 긍정적 행동지원에서는 예방 단계를 가장 중요하게 다룬다. 이후에 제시되는 학교(급) 차원의 행동지원에서는 이 예방 단계를 보편적 지원이라고 한다.

① 행동문제는 누가 있을 때 일어나는가?: 사람(who) 관련 변인
  • 직원의 변화(직원 변경, 학생과 일하는 직원 수 감소)
  • 집단화의 변화(다른 또래와의 집단화, 또래 수 감소 또는 증가)
② 행동문제는 무엇을 할 때 일어나는가?: 활동(what) 관련 변인
  • 교수 활동을 좀 더 기능적인 활동으로 변화시킴
  • 난이도 수준 변화(과제가 지나치게 쉽거나 어려운지 확인)
  • 긍정적 행동을 촉진, 학생이 잘못하기 전에 반응 교정
  • 활동을 좀 더 구조화, 구체화(모델 제공 등)
  • 활동의 시작과 끝을 정확하게 정의(예: "5개만 하고 쉬자.")
  • 시각적 촉진과 모델 사용(시각적 조직자 사용, 과학 활동 단계에 대한 목록 제공, 수학문제 한 문제 풀어 보이기)
  • 학생이 최상으로 학습하는 방법 찾기(활동의 속도와 양식을 학생의 학습 양식과 결부시키기)
  • 규칙과 절차, 매일의 일정, 활동의 구조에 대해 명확하게 의사소통하기
  • 더 많은 격려 제공 또는 다른 유형의 격려 제공(아동 가까이에 가거나 멀어짐,

자기평가에 대한 강조)

③ 행동문제는 언제 일어나는가?: 시간(when) 관련 변인

- 난이도가 높은 과제와 쉬운 과제의 균형 맞추기; 선호하는 과제와 비선호 과제의 교대

④ 행동문제는 어디에서 일어나는가?: 장소(where) 관련 변인

- 자리 배치 변화
- 행동문제를 일으키는 환경 피하기(넓은, 개방된 공간 또는 밀집된 공간)

행동문제의 예방을 위해 제공될 수 있는 중재를 살펴보면, 학생을 변화시키는 것이 아니라 학생을 둘러싼 환경을 변화시키는 것을 알 수 있다.

2) 교수

교수(teaching)는 행동문제가 갖는 기능을 똑같이 성취할 수 있으면서도 행동문제에 비해 사회적으로 수용될 만한 다른 행동, 즉 대안적인 행동을 직접 가르치는 것이다.

(1) 대안기술 교수

행동문제와 같은 기능을 행할 수 있는 대안적인 기술의 예는 다음과 같다.

- 민수는 과제 수행이 지루해서 회피하고 싶을 때 교실 안을 뛰어다닌다. ⇒ 민수는 '쉬는시간' 카드를 들고 기다린다.
- 영철이는 관심을 끌고 싶을 때 옆 사람을 움켜잡거나 꼬집는다. ⇒ 영철이는 또래의 이름을 부른다.
- 지영이는 어려운 과제로 인한 좌절로 자신의 팔을 할퀸다. ⇒ 지영이는 자신의 의사소통판에 있는 '도와주세요' 심볼을 가리키고 눈 맞춤을 통해 도움을 요청한다.
- 현수는 팔이 닿지 않는 곳에 있는 어떤 물건을 갖기 위해 다른 사람의 팔을 세게 잡아당기면서 운다. ⇒ 현수는 갖고 싶은 물건을 손가락으로 가리킨다.

대안 기술을 교수하기 위해서는 어떤 기술이 행동문제를 대체할 수 있을지 결정해야 한다. 이에 필요한 대안 기술의 조건은 다음과 같다.

- 학생이 대안 기술을 수행하는 것은 행동문제를 하는 것만큼 쉬워야 한다.
- 대안 기술을 언제, 어떻게 사용해야 할지 교수해야 한다.
- 학생 주위의 교사와 다른 사람들은 아동이 행동문제를 보였을 때보다 대안 기술을 사용했을 때 더 효과적으로 기능을 얻을 수 있도록 대안 기술의 사용에 반응적이어야 한다. 즉, 행동문제보다 대안 기술을 사용하는 것이 학생이 목적하는 바를 효율적·효과적으로 얻을 수 있도록 해야 한다.

교사가 행동문제가 심한 학생을 위해 행동문제 지원 계획을 수립할 때에는 행동문제의 감소와 동시에 적합한 대안행동의 습득도 목표로 삼아야 한다(Berg, 1992). 〈표 9-9〉에서는 공격행동에 대한 대안 기술의 목록과 그것을 수행하기 위해 아동

〈표 9-9〉 공격행동에 대한 대안 기술 교수를 위한 주요 토의 주제

단계	주요 토의 주제
1. 멈춘 후 10까지 수를 센다.	• 이 단계가 학생이 진정하는 데 어떻게 도움이 되는지 토의한다.
2. 문제가 무엇인지 결정한다.	• 싸웠을 경우의 후속결과와 싸움이 문제를 해결할 수 있는지에 대해서 토의한다.
3. 다음의 항목 중 무엇을 선택할지 생각한다. • 지금 나간다. • 상대방에게 우호적으로 말한다. • 문제 해결을 위해 다른 사람에게 도움을 요청한다.	• 다양한 대안 행동의 목록을 만든다. -학생은 필요하면 몇 분 동안 교실에서 나가 있겠다고 요청해야 한다. -다른 사람의 행동을 읽는 방법(예: 상대방이 얘기할 수 있을 정도로 충분히 안정되어 있는가?), 그리고 학생 자신이 어느 정도 안정되어 있는지, 문제에 대해 얘기할 준비가 되어 있는지 평가하는 방법에 대해 토의한다. 비공격적인 방법으로 문제를 진술하는 방법에 대해 토의한다. -누가 가장 도움이 될지 토의한다(예: 교사, 부모, 친구).
4. 최선의 선택을 한다.	선택한 방법이 성공적으로 실행되지 않았다면 다른 방법을 시도한다.

출처: Shapiro & Cole(1994), p. 104.

과 토의할 수 있는 주제를 제시하였다. 학생 스스로 대안행동의 목록을 알고, 그중에서 자신이 할 수 있는 행동을 선택하여 실행하도록 하는 것이 효과적인 방법이다.

(2) 사회성 및 자기관리 기술 교수

행동문제 대신에 특정한 대안 기술을 배우는 것도 중요하지만, 그것만으로는 학생의 전반적인 삶의 질을 변화시키기는 어렵다. 자기관리 기술은 긍정적 행동지원의 궁극적 목표인 아동의 삶의 질을 향상시키는 데 필수적이다. 자기관리 기술은 학습자가 자신의 행동을 자기 주도적으로 수행할 수 있도록 교수하기 위해 고안된 인지행동(cognitive-behavior) 중재방법이다(Kanfer, 1975; Meichenbaum, 1974). 학자들은 자기관리 기술을 자기감독(self-monitoring), 자기교수(self-instruction), 자기강화(self-reinforcement), 자기평가(self-evaluation)로 구분하고 있다. 자기관리 기술 교수는 1970년대 이후 정서·행동장애, 학습장애, 지적장애학생을 대상으로 매우 활발히 연구되고 있으며, 그 긍정적인 효과에 대한 결과 보고 역시 축적되고 있다(Wheeler & Richey, 2005).

학교환경에서 가장 널리 사용되는 자기관리 기술 중의 하나는 자기감독이다. 자

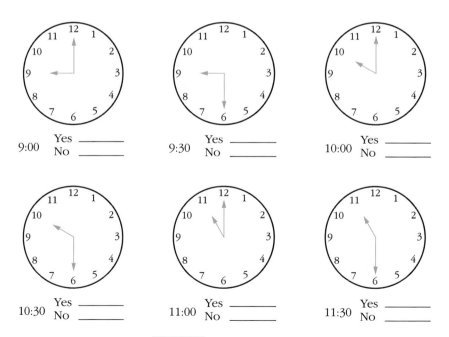

그림 9-1 자기기록 용지의 예

기감독은 학생이 자신의 행동을 감독하고 자기기록을 통해 행동의 발생 유무를 기록하는 것이다. 원활한 자기감독을 돕기 위해 정해 놓은 시간에 음향 신호가 나는 손목시계 등을 이용할 수 있다. [그림 9-1]은 자리를 이탈하지 않고 착석행동을 하는지에 대한 자기기록 용지의 예다. 시계가 그려진 활동지에 해당되는 시간마다 아동 스스로 점검하여 기록하게 한다.

[그림 9-2]는 책상 속 정리정돈을 못하는 아동을 위한 자기감독과 자기기록, 자기평가 용지의 예다(최정숙, 2006). 정리정돈이 잘되었을 때의 사진과 그렇지 않을 때의 사진을 제시해 주어 목표행동을 분명하게 알 수 있도록 하였으며, 스스로 정돈되었는지의 여부를 감독하고 기록한 다음 마지막으로 자신이 기록한 것을 보고 하루 동안 정돈을 잘했는지의 여부를 평가하도록 되어 있다.

(○)

(×)

책상 속 정리정돈하기

표적행동 측정시기						
방과후	×	○	○			
4교시 후	○	○	○			
2교시 후	×	×	○			
수업전	×	×	×	○		
	9/21	9/22	9/23	9/24	9/25	9/26
회기	1	2	3	4	5	6

난 이런 사람이 될 거예요.
4개 : 훌륭해요. 아싸 역시 난 짱이야!
3개 : 정말 아쉽네요. 다음에 더 잘해야지.
2개 : 이러면 안 되죠. 분발하세요.
1개 : 내일부터는 정말 잘할 수 있지?

그림 9-2 책상 속 정리정돈을 위한 자기관리 용지의 예

Dunlap 등(1991)은 자기감독 프로그램을 개발하고 사용할 때 필요한 단계를 다음과 같이 제시하였다.

- 1단계: 목표행동을 행동적으로 정의한다. 교사는 학생이 이해할 수 있도록 목표행동을 관찰 가능하고 측정 가능한 용어로 정의한다. '시간표에 따라 교과서를 꺼낸다.' '수업 중 선생님의 허락을 받기 전까지는 자리에 앉아 있는다.' '선생님의 도움이 필요할 때에는 오른팔을 든다.' 등이다.
- 2단계: 학생과 학급환경에 기능적으로 적합한 강화제를 판별한다. 학생이 선호하는 활동 또는 다른 조작 가능한 물건을 선정하는데, 이는 평소 학생을 관찰하거나 부모에게 질문하거나 학생에게 직접 몇 가지 강화제 중에서 선택하게 하여 판별할 수 있다. 가능한 강화제는 자유시간 갖기, 컴퓨터 하기 등이다.
- 3단계: 자기감독방법 또는 사용할 기구를 고안한다. 되도록 비개입적이며 휴대 가능한 것으로 작은 수첩 또는 체크리스트가 적합하다. 학생의 나이와 능력에 따라 발달적으로 적합하며, 효율적으로 사용될 수 있도록 준비한다.
- 4단계: 학생에게 자기감독방법을 교수한다. 자기감독을 하는 방법과 기구를 어떻게 사용하는지 모델을 보여 주고, 시연과 연습의 기회를 제공한다.
- 5단계: 자기감독 기구의 사용을 철회한다. 이는 독립성을 증진시키는 데 중요하다. 첫째, 강화 계획에 변화를 주어 간헐강화를 제공하되, 점차 강화받을 수 있는 반응 수를 늘려 간다. 둘째, 자기감독 기구를 통해 받는 단서의 사용을 줄여 나간다. 체크리스트를 좀 더 간소하게 만들어 줄 수 있다.

행동문제를 일으키는 학생들은 적합한 사회성 기술이 부족한 경우가 많다. 따라서 행동문제를 없애는 것에 주력하기보다 바람직한 사회성 기술을 습득하고 그것을 통한 또래와의 관계 형성에 초점을 두는 것이 행동문제를 감소시킬 수 있는 더욱 효과적인 방법이다. 대부분의 학생은 적절한 사회성 기술을 사용하는 타인을 관찰함으로써 사회성 기술을 습득할 수 있지만, 행동문제가 있는 학생은 모델링만으로는 사회성 기술을 습득하는 데 어려움이 있다. 따라서 특별히 사회성 기술을 가르칠 필요가 있다. 이때에는 학생의 사회성 기술 수준을 평가하는 것이 선행되어야 한다. 학생과 정기적으로 상호작용하는 사람의 판단을 근거로 하여 여러 가지 척도를 이용하거나 사회측정법(sociometric measures)을 사용할 수 있다. 사회성 기술의 습득을 위해 모델링, 직접 교수, 촉진, 역할놀이, 연습 등의 방법을 사용할 수 있는데, 대상학생에게 가장 효과적인 방법으로 교수해야 한다. 사회성 기술의 영역은 연구자마다 다양하게 분류할 수 있다. 다음은 우리나라에서 출판되어 사용할 수 있는 프로그램을 소개한다.

- 『자폐아동과 함께 하는 사회상황 이야기』(문소영, 이상훈, 2016): 이 책은 특히 시각적 학습자인 자폐성장애학생에게 효과가 검증된 상황이야기(social story)를 제작하고 활용하는 방법이 소개되어 있다. 예를 들어, 적당한 거리에서 인사하기, 친구에게 장난감 빌려 달라고 하기, 친구와 하고 싶은 놀이가 서로 다를 때 어떤 행동을 해야 하는지 등에 대해 구체적인 상황과 말, 행동이 시각적으로 제시되었다.
- 『중학생을 위한 사회정서학습 프로그램』(신현숙 외, 2016): 사회정서학습(Social and Emotional Learning: SEL)이란 자기인식, 자기관리, 사회적 인식, 관계기술, 책임 있는 결정에 필요한 지식, 태도, 기술을 습득하는 것이다. 이 프로그램에는 지도안과 학생용 워크북, 수업 자료, 동영상 자료 목록, 가정 통신문 양식까지 제시되어 있어, 교실에서 교사가 손쉽게 적용할 수 있다.

3) 행동문제 발생 시 대처 반응

행동문제를 예방하지 못했거나 또는 중재 중에 발생하는 행동문제에 대해서는 적합한 방법으로 대처해야 한다. 즉, 행동문제가 일어났을 때 그 행동을 강화하지 않는 방법으로 반응하고, 대안적인 행동에 반응해야 한다. 전통적인 행동수정방법에 비해 긍정적 행동지원은 바람직한 행동에는 강화를 주고, 부적절한 행동에 벌을 주는 것에는 초점을 두지 않는다. 보상-벌 접근은 단기적으로는 효과적일지 모르나 내적 통제보다는 외적 통제방법이며, 자신의 행동을 조절하기 위해 다른 사람에게 종속된다. 또한 전통적인 행동수정방법은 통합학급에서 행동문제를 하는 학생에게만 따로 적용하기에는 어려움이 있다. 그리고 학생 자신과 타인의 안전을 해치는 심각한 공격행동의 경우에는 특히 위기관리 계획을 미리 수립해야 교사가 당황하지 않고 대처할 수 있다. 행동지원 계획을 수립할 때는 예방과 중재 계획뿐만 아니라 행동문제가 발생한 그 순간에 어떻게 대처해야 하는지에 대한 반응 계획도 수립해야 한다. 예를 들어, 심한 공격행동이 발생한 경우 교사는 ① 가장 먼저 공격행동을 제지하고, ② 동시에 다른 학생들을 안심시킨 후, ③ 누구에게 먼저 연락을 할것인지 정해둔 대로 연락을 취한다. 빨리 올 수 있는 옆 반 교사에게 우선적으로 연락을 하면, 옆 반 교사는 교감선생님과 특수교육실무원에게 연락을 한다. 교감선생님과 특수교육실무원은 학생이 안정이 될 때까지 정해진 장소에 데려간다. 정해진 장소는 조용하고 안정을 취할 수 있는 곳이어야 하는데, 위험한 물건이나 공격행동에 대한 강화가 될 수 있는 물건도 없어야 한다. 이 과정에서 교사나 다른 학생들이 큰 소리를 지르거나 야단을 치는 것도 공격행동에 대한 강화가 될 수 있으므로 최대한 신속하게 정해진 매뉴얼대로 이행해야 한다.

5. 행동지원 계획의 실행 및 평가

행동지원 계획이 수립한 대로 실행되었는지, 어떠한 성과가 있었는지, 이후에 수정되어야 할 방법이 있는지를 〈표 9-10〉과 같이 평가한다.

〈표 9-10〉 행동지원 계획의 평가의 예

학생명: 최민영(가명)	날짜 . . .

1. 긍정적인 변화로 기록된 것은 무엇인가?
: 소리 지르고 비명 지르는 횟수가 3주 동안 반으로 줄어들었다. 성인과 또래의 촉진을 통해 민영이는 또래와의 상호작용을 개시하고 있다.

2. 계획대로 이루어졌는가?
2-1. 예방: 새로운 그림 스케줄을 일관되게 사용하였으며, 민영이가 좀 더 독립적으로 자신의 일정을 관리하게 되었다. 오전 중에 두 번의 쉬는시간을 더했다. 시각적인 단서를 좀 더 많이 제공하였다.
2-2. 교수: '쉬는시간' 신호 사용법을 교수하였다. 민영이의 상호작용 시도에 일관되게 반응하기 위해 또래들을 훈련시켰다. 아동 스스로 안정을 취하는 방법을 훈련시키기 시작하였으나, 결석으로 인하여 지장이 생겼다.
2-3. 대처 반응: 민영이의 신호를 좀 더 잘 읽게 되었고, 행동문제가 시작될 때 재지도할 수 있는 방법을 찾게 되었다. 민영이가 재지도에 응하지 않을 때는 쉽게 멈출 수 있는 기회를 주고 휴식을 요청하도록 한다.

3. 민영이의 행동문제가 갖는 기능에 대한 가설은 지금까지 들어맞았는가?

: 예를 들어, 소리 지르고 비명 지르는 것은 분명히 '싫어요, 난 이거 싫어요, 난 이해가 안 돼요!'라는 뜻이다.

4. 수정되거나 재정의될 전략이 있다면?

: 국어시간에 좀 더 교수적 수정이 필요하다. 민영이가 좀 더 즐겁게 하기는 하나 민영이에게 적합한 기능적인 내용으로 수정할 필요가 있다. 체육시간에도 역시 계속 지원이 필요하다.

5. 더 이상 제공되지 않아도 되는 전략이 있는가?

: 아직 없다. 적어도 몇 주 이상은 계획대로 수행될 필요가 있다.

출처: Janney & Snell(2000), p. 58.

6. 행동지원의 예

1) 행동지원 계획의 수립 · 실행 · 평가과정

다음은 주의력결핍과잉행동을 보이는 한 학생인 민우(가명)에 대해 실제로 이루어졌던 행동지원 계획의 수립 · 실행 · 평가과정이다(최민경, 2004).

(1) 1단계: 행동의 정의

민우의 행동문제는 수업시간에 나타나는 주의력결핍과잉행동이다. 구체적인 행동의 정의는 다음의 〈표 9-11〉과 같다.

(2) 2단계: 정보 수집

다음의 〈표 9-11〉은 주의력결핍과잉행동의 정의를 나타낸 것이고, 〈표 9-12〉와 〈표 9-13〉은 민우의 행동에 대한 ABC 기록의 예시다. 주의력결핍과잉행동이 많이 발생하는 경우와 적게 발생하는 경우의 예를 제시하고 기능분석결과를 종합하였다(〈표 9-14〉 참조).

〈표 9-11〉 주의력결핍과잉행동의 정의

유형	수업시간 중 나타나는 주의력결핍과잉행동
몸의 위치와 방향	• 눈이나 머리가 학습 자극이 아닌 다른 곳을 향한 것 • 몸이나 머리를 학습 자극이 아닌 다른 아동에게 돌리거나 다른 아동을 주목하는 것 • 책상에서 다른 방향을 향하여 몸을 90° 이상 회전하는 것 • 의자에서 엉덩이가 떨어져 있거나 두 발이 전부 바닥에서 떨어져 있는 것
수업과 관련 없는 타인 관련 행동	• 다른 아동과 장난하거나 다투는 행동(신체적 접촉 포함) • 수업 내용과 관련 없는 이야기를 큰 소리로 하는 행동 • 교사의 질문이나 지시에 따르지 않는 행동

출처: 최민경(2004), p. 26.

〈표 9-12〉 ABC 기록의 예 1: 주의력결핍과잉행동이 많이 일어나는 상황

날짜: . . .	관찰자: 최○○	관찰대상 민우: 민우 1

〈상황〉
• 운동회를 앞두고 1교시에 운동장에 나가서 운동회 연습을 한 후 돌아와 교실에서 소란한 분위기임. 운동장에서 마이크 소리가 들리고 있음
• 국어 교과서와 컴퓨터를 활용한 자료 제시 외에 별도의 자료 없음

시간	선행사건	행동	후속결과
10:15	교사: 책 펴세요.	민우 1: (친구를 건드리며 뒤의 민우와 이야기함. 손장난을 함)	(옆 친구가 손길을 피함)
10:19	교사: 우리가 요즘 배우고 있는 것이 무엇이죠? 여러 가지 흉내 내는 말에 대해 배우고 있는데.	민우 1: (손장난을 하면서) 아닌데요.	교사: (민우를 쳐다봄)
	교사: 산토끼 노래를 불러 볼까요?	민우 1: (손장난을 계속하면서 몸을 흔들거림)	
10:24	교사: (병아리 교실을 읽으면서 민우에게 따라 읽게 함)	민우 1: (주위를 돌아보고 계속 손장난을 함)	
	교사: 너 뭐하니?	민우 1: (교사 쳐다봄. 교사의 지시에 따라 조금 자세를 바로 하다가 교사가 다른 쪽을 보자 본래의 자세로 돌아옴)	교사: 너 뭐하니?
	교사: 잘 듣고 컴퓨터 화면에서 들어갈 말이 무엇인지 들어 보세요.	민우 1: (몸을 앞뒤로 흔들거리면서 화면을 쳐다봄) (옆 친구가 손길을 피함)	

출처: 최민경(2004), p. 71.

〈표 9–13〉 ABC 기록의 예 2: 주의력결핍과잉행동이 적게 일어나는 상황

날 짜: . . .	관찰자: 최○○	관찰대상 민우: 민우 1

〈상황〉
• 운동회를 마치고 운동회 관련 상품 및 민우의 태도에 대한 칭찬으로 전체적으로 즐거운 분위기였으며, 차분한 분위기 속에서 수업 활동이 시작되었음
• 바른생활 단원에서 바른 자세로 앉고 서고 걷는 것에 대한 내용을 배우고 있음. 교과서 외에 다른 자료는 없으며, 민우가 실제 행동하는 내용으로 구성됨

시간	선행사건	행동	후속결과
10:15	교사: 전에 배운 예쁘게 앉기, 서기를 다 같이 해 볼까요?	민우 1: (다른 민우가 일어서자 자신도 따라 일어섬. 의자를 흔들거림)	
10:19	교사: 자, 지금부터 조별로 어느 조가 잘하는지 게임을 하도록 하겠어요. 교사: 네 자리로 가.	민우 1: (머리를 두리번대고 다른 조로 걸어감) 민우 1: (몸을 흔들거리면서 자기 자리로 감)	교사: 네 자리로 가.
10:24	교사: 모두 자리에 잘 앉아 있고 한 조씩 나와서 바르게 걸어 보겠어요. 옆 짝: 야, 잘 앉아. 교사: 잘 앉아 봐요. 교사: 주황조 나와서 한 바퀴 돌고 들어가요. 교사: 주황조 잘하네.	민우 1: (엉덩이를 의자에 걸친 채 삐딱하게 앉아 있음) 민우 1: 왜 때려. 선생님 얘가. 민우 1: (의자를 당겨서 앉음) 민우 1: (한 바퀴 돌고 들어감) 민우 1: (바른 자세로 자리에 앉음. 다른 조 민우가 하는 것을 보며 이야기함)	옆 짝: 야, 잘 앉아. (몸을 건드림) 교사: ○○가 오늘 예쁘네. 잘 앉아 봐. 교사: 주황조 잘하네.

출처: 최민경(2004), p. 72.

〈표 9–14〉 민우1의 기능분석 내용과 결과

기간	. . .		
기능 분석 내용	주의력결핍 과잉행동과 학습환경 요인의 관계	행동 발생률이 높은 경우	• 몸의 방향이 거의 계속적으로 학습 활동과 관련 없는 방향으로 향하면서 손장난을 하거나 다른 아동을 건드리고, 교사의 지적이 있을 경우에는 잠시 바르게 하나 다른 곳을 보면 원래의 자세로 돌아옴 • 교사의 설명을 듣지 않아서 과제 활동을 시작하고도 무엇을 해야 할지 몰라 멍하니 있다가 교사에게 뭘 하는 거냐는 질문을 자주 함 • 다른 아동과 다툼이 많으며 자리 이탈 등 여러 문제가 발생함

	행동 발생률이 낮은 경우	• 다른 시간에 비하여 수업에 참여하는 태도가 좋은 편이었음 • 오래 지속되지는 못하나 참여도가 높음. 교사의 칭찬에 잠시 동안 자세를 바르게 함

기능
분석
결과
		• 민우 1의 행동에 영향을 줄 수 있는 것으로서 교사의 관심과 학습 활동 내에서 민우 1을
		  움직일 수 있도록 활동 중심으로 하는 것이 필요함
		• 주의력결핍과잉행동을 줄이기 위해서 교사의 관심 제공과 수업 내용을 민우 1이 좋아하
		  는 것으로 구성하는 것이 필요함

출처: 최민경(2004), p. 75.

(3) 3단계: 가설 설정

• 민우의 행동문제는 수업 활동에 민우가 선호하는 활동(신체적 움직임, 활동 중심)을 반영하면 감소할 것이다.
• 민우의 행동문제는 교사의 관심을 제공받으면 감소할 것이다.

(4) 4단계: 가설 검증

민우의 행동문제에 대한 원인은 교사의 관심과 선호 활동인 것으로 가설을 수립하였다. 실제로 이 가설이 맞는지 확인하기 위해서는 가설 검증 단계가 필요하다. 네 가지 상황에서 학생의 행동을 검증한 결과는 [그림 9-3]과 같다.

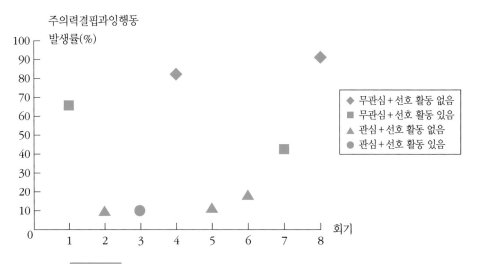

그림 9-3 민우의 행동과 교사 개입(관심과 선호 활동) 간의 기능분석결과

출처: 최민경(2004), p. 75.

이 그래프를 보면 민우의 주의력결핍과잉행동의 기능은 교사의 관심을 얻고자 하는 것으로 볼 수 있으며, 민우의 행동은 활동에 대한 선호성에 의해 통제되고 있는 것으로 볼 수 있다.

(5) 5단계: 행동지원 계획 수립

민우의 행동에 대한 지원 계획은 일반학급의 일상적인 수업에서 민우의 선호 활동을 고려하여 교수적 수정을 하는 것이 주요 내용이다. 일반학급 수업에서 민우에게만 수정된 활동을 할 수 없으므로 학급의 모든 학생에게 수정한 내용을 적용하였다. 〈표 9-15〉에서와 같이 일반교육과정의 내용을 교수방법 측면에서 선호 활동을

〈표 9-15〉 민우의 선호 활동을 고려한 교수적 수정의 예

회기	교과	활동 주제	교과서 활동 구성 내용	선호 활동 제공 내용
6	슬기로운 생활	생활 주변의 교통 시설	• 여러 가지 탈것의 종류 알아보기: 버스, 전철, 배, 비행기 그림 제시 • 그 외에 탈것 종류 발표하기	• 주어진 그림에서 교통시설을 찾아 표시하고, 그 숫자만큼이 자신의 점수가 되게 함 • 탈것의 그림 일부분을 주고 나머지 부분을 완성하고 색칠하기
7	국어	원인과 결과 알아 보기	• 네 가지 상황 중 기뻐할 만한 상황 고르기 • 보기 문장을 주고 원인이 되는 것 쓰기(두 문장) _____ 기뻤다.	• 책 만들기: 주어진 그림에서 원인과 결과에 해당하는 그림을 찾고, 그 내용을 글로 표현한 후에 미니북 만들기
8	국어	읽고 내용 파악 하기	• '아기박의 꿈' 글 읽기 • 내용 파악하고 인물의 의견 발표하기	• 글의 내용 퀴즈로 확인 • 이야기 속에 나오는 그림에 어울리는 대사를 이야기에서 찾거나 새롭게 꾸미기: 학습지의 그림에 적절한 대사를 책에서 찾고 꾸미기
9	바른 생활	상황에 어울리는 인사말	• 두 가지 상황 그림을 주고 이야기 꾸미기 • 두 가지 상황에 대한 문제를 통해 인사말 발표하기	• 주어진 자료를 오려서 그림카드 만들기 • 카드를 색칠하고 뒤집어서 인사말 카드와 관련된 상황의 그림을 동시에 집는 게임 활동하기

출처: 최민경(2004), pp. 29-30.

삽입하여 수정하였다. 교수방법의 수정은 교수가 제시되고 전달되는 방식에서의 수정을 의미하며, 구체적으로 교수 활동, 교수전략 및 교수 자료의 수정·보완을 포함한다(박승희, 1999). 교수 활동, 교수전략, 교수 자료의 수정은 정확하게 세분되기보다는 상호 긴밀하게 연관되어 있는데, 과제를 활동중심으로 바꾸거나 수업 형태를 게임 형태로 변화시키거나 민우의 흥미를 고려하여 교수 자료를 수정하였다.

(6) 6단계: 계획 실행 및 평가

결과적으로 민우의 주의력결핍과잉행동은 행동지원 계획의 실행으로 분명하게 감소되었다. 더욱이 단순히 행동문제만 감소된 것이 아니라 그것이 학습과 또래들과의 관계에도 긍정적인 영향을 미치게 되었다([그림 9-4], 〈표 9-16〉 참조).

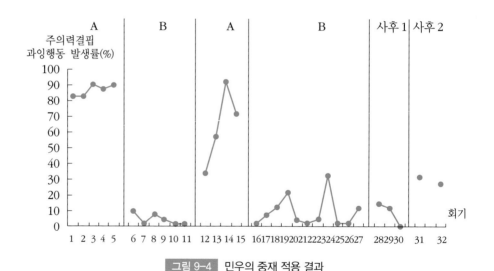

그림 9-4 민우의 중재 적용 결과

출처: 최민경(2004), p. 44.

〈표 9-16〉 주의력결핍과잉행동의 평균 발생률 및 발생 범위

대상	단계	기초선(A)	중재(B)	기초선(A)	중재(B)	사후검사 1	사후검사 2
민우	평균	86.5	5	64.38	9.77	9.7	30
	범위	82.5~90	2.5~10	35~92.5	0~32.5	0~15	27.5~32.5

출처: 최민경(2004), p. 44.

2) 행동지원 계획 수립의 실제

[학습활동 9-3]

　　다음 시나리오를 읽고 학생의 행동이 어떠한 의사소통적 의도를 나타내는지 분석하고, 적합한 행동지원방법에 대해 논의하시오.

1. 시나리오 1

　　민철이는 꽤 성격이 좋은 학생으로 편안한 감정을 느끼는 친구들도 몇 명 있다. 수업 중에 교사의 설명을 듣고 대답할 때는 잘 참여하나, 학습지를 나누어 주면 흥분하기 시작한다. 가끔씩 종이를 구기거나 던지기도 하고, 책상에 머리를 박고 있으려 하기도 한다. 이러한 반응은 학교에서 그리고 집에서 숙제를 할 때도 관찰된다. 이럴 때 민철이는 조용히 우는 것으로 알려져 있다. 그의 부모는 과제를 완성하기 위해 단지 20~30분이 소요될 것이 민철이에게는 몇 시간이 걸린다고 하였다. 부모, 교사, 또래가 당황하여 다가가면 민철이는 무반응이다.

2. 시나리오 2

　　영미는 등교 시 항상 전 과목의 책을 다 가방 속에 넣어 온다(책을 학교에 두고 다니지 않고 전 과목의 책을 항상 가지고 다니는 것이 중요한 배경사건임). 그런데 수업시간에 친구들이 보고 있는 책을 말없이 빼앗아 가고, 친구들이 책에 필기하면 자기 책에 써 달라며 돌아다니는데, 이때 써 주지 않으면 그 친구의 어깨를 때리거나 연필로 손등을 찌른다. 친구가 학습지를 하면 학습지를 구기거나 연필로 줄을 그어 낙서를 한다. 미술이나 음악시간에 준비물이 없으면 줄 때까지 교사에게 요구하고 친구들에게 달라면서 돌아다니는데, 보고 지나가면서 친구들의 작품을 건드려 망치기도 한다. 수업시간에 할 게 없으면 자리에서 일어나 친구들의 지우개나 연필, 필통, 교과서, 공책 같은 물건을 집어간다. 그런데 교사가 영미에게 다른 학습지를 주면 풀지 않고 책상 속에 넣어 둔 채 친구들과 같은 책을 꺼낸다. 그리고 친구들이 발표를 하면 "저요, 저요." 하며 소리를 지르면서 발표하고 싶어 한다.

7. 학교(학급) 차원의 긍정적 행동지원

긍정적 행동지원은 행동문제가 있는 학생만을 낙인찍어 분리시키는 중재가 아니다. 따라서 학생이 교실에서 행동문제가 있다면 그 이유는 교사 또는 또래와의 관계에서 발생하는 문제이거나 부적합한 수업 활동이나 더운 교실 등 전체 학교생활 맥락과 분리되지 않을 것이다. 또한 긍정적 행동지원은 예방적 접근이다. 즉, 행동문제가 발생한 이후에 사후 처리를 하는 것이 아니라 처음부터 행동문제가 일어나지 않도록 예방하는 것이 핵심이다. 따라서 행동문제가 있는 학생에게 행동지원을 하기에 앞서 학교 차원의 긍정적 행동지원, 또는 학급 차원의 긍정적 행동지원을 계획하고 실행하는 것이 보다 효과적인 것으로 제기되고 있다. 미국의 경우 많은 학교에서 긍정적 행동지원이 이루어지고 있다. 우리나라에서도 특수학교 차원에서 긍정적 행동지원이 적용되어 그 효과성이 축적되고 있으며(김정효, 2017), 공립 초등학교에서도 소수의 사례나 시도되고 있다.

학교 차원의 긍정적 행동지원은 일반적으로 [그림 9-5]처럼 3단계로 진행된다. 1단계는 모든 학생을 대상으로 한 보편적 지원을 제공한다. 주로 학급 규칙 제정과

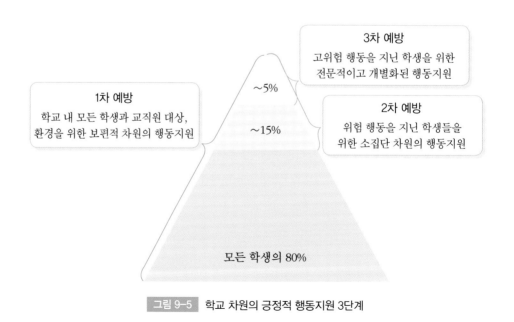

그림 9-5 학교 차원의 긍정적 행동지원 3단계

강화체계 개발 등 환경을 구조화시키고, 활동 중심 수업을 통해 학생의 참여도를 높여서 행동문제 발생을 예방한다. 2단계는 소수의 행동문제를 일으킬 위험성이 있는 학생, 보편적 지원만으로는 효과가 없는 학생을 대상으로 소집단 지원을 제공한다. 이 단계에서는 주로 사회정서학습 프로그램이 효과적인 것으로 알려져 있다. 3단계는 1, 2단계를 통해서도 행동문제 발생이 예방이 되지 않는 학생을 대상으로 개별적 지원을 제공한다. 기능평가를 통해서 정확하게 학생의 행동문제를 대체할 수 있는 대안행동을 교수한다. 학교, 학년, 학급 차원의 긍정적 행동지원이 효과적인 이유는 1단계 보편적 지원만으로도 행동문제를 일으킬 위험성이 있는 학생들의 문제행동을 예방한다는 점이다. 실제로 3단계 지원이 모두 필요하지 않고, 1단계와 2단계 또는 1단계와 3단계만 필요한 경우가 적지 않다. 또한 보편적 지원방법은 효과적인 학급 운영방법과 근본적으로 같다. 따라서 담임교사는 효과성이 입증된 보편적 지원방법으로 학급 운영을 한다면 특수교육대상학생뿐 아니라 모든 학생을 위한 구조화되고 체계적인 학급 운영을 한다고 볼 수 있다.

 적용문제

1. A 학생이 옆 사람을 연필로 찌르는 행동은 자주 나타나는 행동이지만 상황에 따라 그 의도가 다를 수 있다. 의사소통적 의도를 다르게 가정하고, 각기 다른 의도에 따른 중재방법을 고안해 보시오.
2. 일반학급에 통합된 장애학생에게서 자주 나타나는 행동문제를 조사하여 적합한 관찰방법을 선정 · 측정하고, 기능평가를 통한 행동중재 계획을 작성하시오.

참고문헌

김정선(2004). 교육과정 수정이 정신지체 아동의 자리이탈 행동에 미치는 영향. 경인교육대학교 교육대학원 석사학위논문.

김정효(2017). 특수학교 차원의 긍정적 행동지원: 성베드로학교 이야기. 서울: 학지사.

박승희(1999). 일반학급에 통합된 장애학생의 수업의 질 향상을 위한 교수적 수정의 개념과 실행 방안. 특수교육학연구, 34(2), 29-71.

서울경인특수학급교사연구회(1998). 서로 다른 아이들이 함께 만드는 교실: 일반 교사를 위한 장애 학생 이해 및 교수 활동집. 서울: 파라다이스복지재단.

양명희(1999). 학급에서의 행동관찰방법. 제2회 이화특수교육연수회: 특수아행동지도의 이론과 실제. 서울: 이화여자대학교 특수교육과.

최민경(2004). 관심과 선호활동 제공이 주의력결핍 과잉행동에 미치는 효과. 경인교육대학교 교육대학원 석사학위논문.

최정숙(2006). 자기감독 결과에 따른 토큰강화가 틱장애 아동의 정리정돈 행동에 미치는 영향. 경인교육대학교 교육대학원 석사학위논문.

Berg, W. K. (1992). Factors to consider in developing a treatment plan. *Iowa News, 92*, 1-2.

Deluke, S. V., & Knoblock, P. (1987). Teacher behavior as preventive discipline. *Teaching Exceptional Children, 19*(4), 18-24.

Dunlap, L. K., Dunlap, G., Koegal, L. K., & Koegal, R. L. (1991). Using self-monitoring to increase independence. *Teaching Exceptional Children, 23*(3), 17-22.

Hall, R. V., & Hall, M. C. (1980). *How to Select Reinforcers*. Lawrence, MA: H & H Enterprise.

Homme, L., Csany, A. P., Gonzales, M. A., & Rechs, J. R. (1979). *How to Use Contingency Contracting in the Classroom*. Champaign, IL: Research Press.

Janney, R., & Snell, M. E. (2000). *Behavioral Support: Teachers' Guides to Inclusive Practices*. Baltimore, MD: Paul H. Brookes.

Jensen, W. R. (1996). Reprimands and precision requests. In H. K. Reavis, M. T. Sweeten, W. R. Jensen, D. P. Morgan, D. J. Andrews, & S. Fister (Eds.), *Best Practices: Behavioral and Educational Strategies for Teachers* (pp. 107-126). Longmont, CO: Sopris West.

Johnson, D. W., & Johnson, R. T. (1995). *Teaching Students to Be Peacemakers* (3rd ed.).

Edina, MN: Interaction Book Company.

Kanfer, F. H. (1975). Self-management methods. In F. H. Kanfer & A. P. Goldstein (Eds.), *Helping People Change: A Textbook Method* (pp. 309-355). New York: Pergamon.

Kerr, M. M., & Nelson, C. M. (2002). *Strategies for Addressing Behavior Problems in the Classroom* (4th ed.). Upper Saddle River, NJ: Merrill Prentice Hall.

LaVigna, G. W., & Willis, T. J. (1991, February). Nonaversive behavior modification. Workshop presented by the Institute for Applied Behavior Analysis, Minneapolis.

Lewis, R. B., & Doorlag, D. H. (1995). *Teaching Special Students in the Mainstream* (4th ed.). Engelwood Cliffs, NJ: Prentice-Hall.

Litow, L., & Pumroy, D. K. (1975). A brief review of classroom group-oriented contingencies. *Journal of Applied Behavior Analysis*, 8(3), 341-347.

Long, N. J., & Newman, R. G. (1976). Managing surface behavior of children in school. In N. J. Long, W. C. Morse, & R. G. Newman (Eds.), *Conflict in the Classroom: The Education of the Emotionally Disturbed Children* (3rd ed., pp. 308-317). Belmont, CA: Wadsworth.

Matt, T. (2011). *Preventing Challenging Behavior in Your Classroom: Positive Behavior Support and Effective Classroom Management*. IL: Sourcebooks, Inc.

McGinnis, E., & Goldstein, A. P. (1984). *Skill Streaming the Elementary School Child*. Champaign, IL: Research Press.

Meichenbaum, D. H. (1974). *Cognitive Behavior Modification*. Morriston, NJ: General Learning.

Peterson, J. M., & Hittie, M. M. (2003). Responding proactively to social and behavioral challenges: Positive strategies for difficult situations. In J. M. Peterson & M. M. Hittie (Eds.), *Inclusive Teaching: Creating Effective Schools for All Learners* (pp. 350-382). Boston, MA: Allyn & Bacon.

Salend, S. J. (1987). Contingency management systems. *Academic Therapy*, 22(30), 245-253.

Scheuermann, B. K., & Hall, J. A. (2008). *Positive Behavioral Supports for the Classroom*. Upper Saddle River, NJ: Pearson Merrill Prentice Hall.

Sugai, G. M., & Tindal, G. A. (1993). *Effective School Consultation: An Interactive Approach*. Pacific Grove, CA: Brooks/Cole.

Shapiro, E. S., & Cole, C. L. (1994). *Behavior Change in the Classroom: Self-management*

Interventions. New York: The Guilford Press.

Webber, J., & Scheuermann, B. (1991). Managing behavior problems: Accentuate the positive... Eliminate the negative! *Teaching Exceptional Children, 24*(11), 13–19.

Wheeler, J. J., & Richey, D. D. (2005). *Behavior Management: Principles and Practices of Positive Behavior Supports.* Upper Saddle River, NJ: Merrill Prentice Hall.

Wolery, M., Bailey, Jr., D. B., & Sugai, G. M. (1988). *Effective Teaching: Principles and Procedures of Applied Behavior Analysis with Exceptional Students.* Boston, MA: Allyn and Bacon.

Zirpoly, T. J., & Melloy, K. J. (2001). *Behavior Management: Applications for Teachers* (3rd ed.). Upper Saddle River, NJ: Merrill Prentice Hall.

통합학급 내에서의 교수전략

주요 용어
▲

- 맞춤형 교수
- 교수적 수정
- 다수준 포함 교수(multi-level instruction)

우리가 지향하는 통합학급의 모습

일단의 장학사들이 5학년 2반 박 교사의 학급에 들어갔을 때, 학생들은 바닥이나 책상에서 자유롭게 작문을 하고 있었다. 일부 학생은 교실 뒤편에서 서로 의논하면서 글을 수정하고 있었다. 담임교사에 따르면, 이 학급에는 지적장애 3급인 길동(가명)이와 학습장애가 있는 영수(가명)가 입급되어 있다. 그런가 하면 영재반에서 공부를 하는 기수(가명)도 있다. 길동이는 현재 읽기는 2학년 수준이고, 글씨 쓰는 동작도 매우 거칠고 둔하다. 길동이는 읽는 데 매우 서툴지만 지금은 매우 바쁘게 무엇인가를 하고 있다. 박 교사가 "길동아, 무엇을 그렇게 열심히 하고 있니?"라고 물었지만 길동이는 대답 없이 자신이 쓴 글을 읽어 나갔다. 그러다 무슨 생각이 났는지 읽는 것을 멈추고 노트에다 무엇인가를 열심히 써 나갔다. 박 교사는 "길동아, 아주 재미있는 이야기를 읽고 있었구나. 아주 많이 잘 썼는걸!" 하고 피드백을 주고 다른 학생에게로 향했다.

영재아인 기수는 매우 영리하고 똑똑하다. 기수의 작문 솜씨는 매우 뛰어나다. 어휘 구사와 글의 전개가 거의 대학생 수준이다. 종종 기수는 길동이의 공부를 도와주고 격려해 준다. 박 교사에 따르면 둘은 좋은 친구관계를 유지하고 있다.

한편 학습장애가 있는 영수는 읽고 쓰는 데 어려움을 보일 뿐만 아니라 주의가 매우 산만한 편이다. 친구들에게 말을 거느라 아직 두 줄도 채 쓰지 못하고 있다. 박 교사는 미리 준비한 그래픽 조직자를 주면서 "영수야, 이 그림에다가 쓰고 싶은 것을 그리거나 써 볼 수 있겠니? 그런 다음 선생님과 함께 어떻게 문장을 만들 수 있을지 이야기해 보자꾸나." 영수는 박 교사가 준 그래픽 조직자로 무엇인가를 쓰거나 그리기 시작했다.

쉬는시간에 장학사들은 박 교사에게 어떻게 학급 내 수준이 다양한 학생을 고려하여 수업을 진행할 수 있는지 물었다. 박 교사는 "중요한 것은 집단이 아닌 개별 학생을 어떻게 가르칠 것인가를 터득하는 것입니다."라고 대답했다. "저는 학생들의 능력과 그들의 잠재력을 많이 배웠습니다. 저는 수업시간에 학생들이 각기 다양한 자신의 수준에서 유의미한 학습 경험을 하도록 하는 데 주안점을 둡니다. 저는 스스로에게 끊임없이 '5학년 학생이 무엇을 할 수 있는가?'라고 묻는 대신, '이 학생에게 최선의 방법은 그다음에 무엇인가?'라고 묻습니다. 예컨대, 길동이가 짧은 문장이나 단어를 쓸 수 있다는 것, 마침표를 찍고 글자들을 띄어 쓸 수 있다는 것은 그에게는 매우 큰 진전입니다. 영수의 경우도 마찬가지입니다. 영수에게는 자신도 무엇인가를 할 수 있다는 격려와 작은 성공 경험이 중요합니다. 그래픽 조직자는 영수가 무엇을 쓸 것인가를 생각하고 조직하는 데 도움을 줍니다. 조금이라도 그래픽 조직자를 활용하는 모습을 보이면 아주 후하게 강화를 주는 것이 중요합니다."라고 박 교사는 계속 설명했다.

박 교사는 계속해서 자신의 학급에서 어떻게 학생들이 서로의 장점과 요구를 보완하는지 설명했다. "우리 학생들은 서로에게 단어를 써 주고 서로의 이야기를 주의 깊게 들어주며 서로의 글을 고쳐 줍니다. 영수가 어려워하거나 짜증을 내면 친구인 영희가 도와줍니다. 길동이가 무엇을 할지 헤매면 영재아인 기수가 도와줍니다. 기수는 특히 다른 학생을 도와주는 것을 즐거워합니다. 어떤 때는 기수가 길동이에게 글감을 구하는 경우도 있습니다. 이처럼 우리 학생들은 서로의 학습목표나 과정을 이해하고, 각자가 무엇인가 자신에게 유의미한 것을 학습할 수 있도록 노력합니다. 이 학생들이 없다면 나는 수업을 제대로 할 수 없을 것입니다."

학급을 나서면서 장학사들은 박 교사에게 질문했다. "수준이 동일하거나 유사한 학생들만을 가르쳤으면 하는 생각이 들 때가 없나요?" 이에 대해 박 교사는 미소와 함께 손을 저으며 "그러기에는 인생이 너무 지겹지 않나요?"라고 답했다.

출처: Peterson & Hittie(2003), pp. 188-189에서 발췌 및 재구성.

1. 이 장의 취지

성공적인 통합교육은 매 시간 통합학급에서 일어나는 교수-학습과정에 통합된 학생들이 얼마나 만족스럽게 참여하는가에 달려 있고, 다시 그 참여 정도는 학급 구성원 모두가 유의미한 학습을 하도록 하는 수업방법에 달려 있다. 유의미한 학습은 학습자가 안전함을 느끼고, 자신이 수용되고 있다는 느낌, 소속감, 돌봄을 받고 있다는 느낌이 드는 곳에서 가장 잘 성취된다. 모든 학생은 수준, 장애 유형과 정도에 상관없이 유의미한 학습 활동에 참여할 수 있어야 한다. 그러기 위해서는 큰 틀에서 다루는 주제는 시간과 공간적 제한 속에서 같을지라도 수준에 따라 학습목표나 학습방식 등은 다양하게 허용해 주어야 한다. 또한 교사가 학급 내 모든 학생과 매 순간 상호작용하는 데에는 한계가 있기 때문에 협동학습이나 또래지도를 적극 활용해야 한다.

모든 학생이 통합학급에서 유의미한 학습을 할 수 있으려면 수업이 각 학생에게 맞게 수정되어야 한다. 학생들은 여러 가지 측면에서 매우 다양하기 때문에 모든 학생에게 한 가지 교육방법만을 적용할 수 없다. 교육내용, 내용제시방법, 평가방법 등이 수정되지 않으면 장애학생을 비롯한 많은 학생은 수업에 의미 있게 참여하지 못한다. 이 수정 작업은 수준별로 학생을 여러 모둠으로 조직하거나 따로 분리하여 별도 수업을 하는 것이 아니라 학급 전체 대상 수업에 모든 학생이 참여할 수 있도록 지원하는 것으로 파악되어야 한다. 왜냐하면 통합교육의 목적 자체가 분리보다는 통합이며, 항상 수준별로 학생집단을 구성하여 수업을 할 수는 없기 때문이다. 또 내용이나 학습목표에 따라서는 각기 다른 수준의 또래와의 상호작용이 반드시 필요한 경우가 있을 수도 있다.

이 장에서는 통합학급 내에서 다양한 수준의 모든 학습자가 유의미하게 학습에 참여할 수 있도록 하는 교수기법을 개발하고 적용하는 노력의 예로 맞춤형 교수(differentiated instruction, 차별화 교수법으로 번역되기도 함; Heacox, 2002; Tomlinson, 1995; 1999; 2014), 다수준 포함 교수(multi-level instruction; Collicott, 1991), 교수적 수정(instructional adaptation; 박승희, 1999; 신현기, 2004; Peterson & Hittie, 2003), 보편적 설계(universal design) 등을 소개하고자 한다. 이 접근들은 그 용어나 세부적인 내용이 서로 약간씩 다르긴 하지만, 학습자 특성을 고려하여 교육내용, 교육방법, 교육환경 등을 수정·보완할 것을 주장하고 있다는 점에서 대동소이하다. 맞춤형 교수란 한마디로 특정 학습자 개인이나 집단의 요구에 '반응적(responsively)'으로 대처하는 일체의 전략이나 방법을 의미한다(Tomlinson & Allan, 2000). 원래 맞춤형 교수는 1960년대 영재교육 분야에서 일반학급 내에서의 영재교육지원을 위한 방안으로 제안되었던 것이 1980년대 이후 본격적으로 유행하기 시작했다. 교수적 수정이란 통합되어 있는 장애학생이 유의미한 학습을 할 수 있도록 해 주는 일체의 지원과 조정을 말한다. 맞춤형 교수란 교수-학습 내용, 과정, 결과물을 학습자 특성을 고려하여 제공하는 일체의 조정을 말한다. 다수준 포함 교수는 모든 학생이 수준에 상관없이 동일한 공간과 수업시간에 각자에게 유의미한 학습을 할 수 있도록 수업을 운영하는 한 방식이다. 보편적 설계란 학습자가 교수-학습과정에 참여하는 데 방해물이 작동하지 않도록 주로 감각이나 인지기능 측면에서 제한 사항을 감소 내지 없애주는 것을 말한다. 이 네 가지 접근은 통합학급 내 특수교육대상자에게 유의미한 학습 경험을 제공하는 절차와 방법을 모색한다는 점에서 기본적으로 매우 유사하다. 굳이 구분하자면 맞춤형 교수나 다수준 포함 교수는 교수적 수정의 구체적인 한 방법의 성격을 띤다. 따라서 이 네 가지 접근의 용어에 집착하기보다는 각 접근의 본질, 핵심 아이디어 파악에 집중하는 것이 적절하다.

2. 통합학급 내 교수전략의 근거와 방향

통합교육의 궁극적인 목표는 장애아동을 포함하여 다양한 학습자가 통합학급에서 저마다 유의미한 학습을 할 수 있게 하는 것이다. 하지만 통합학급 내 학생들의 선행학습 수준과 학습 특성은 매우 다양하다. 또한 당장의 수업에 참여하는 동기와 수업을 이해하는 인지능력 측면도 매우 다양하다. 그들 모두가 동일한 속도로 혹은 동일한 방식으로 학습을 하는 것이 아니다. 이러한 상황에서 특정 수준의 학생에게 해당하는 수업목표가 다른 학생에게도 동일하게 적용될 수는 없다.

그러나 다양한 수준의 모든 학습자가 유의미하게 학습에 참여할 수 있는 창의적이고 효과적인 교수기법을 개발하고 적용하는 일은 현실적으로 매우 어려운 일이다. 그럼에도 불구하고 통합학급에서 각 학생을 독특한 학습자 개인으로 취급하지 않고 평균 수준을 가정한 단일 접근으로 수업하는 방식을 당장 바꾸어야 하는 이유로는 다음의 세 가지를 들 수 있다.

1) 모든 학습자에게 유의미한 학습 경험 제공

특수교육과 일반교육을 분리된 교육 시스템으로 인식하는 시기는 이미 지났고, 서로 협력하는 시스템으로 인식하는 시대로 접어들었다(Moore, 1996). 장애학생을 물리적으로 일반학생과 섞는다고 해서 통합교육이 성공적으로 이루어지는 것은 아니다. 특수학교나 특수학급이 더 효과적인가, 일반학급이 더 효과적인가 하는 논쟁의 핵심은 장소가 아니라 그 안에서 실제로 어떠한 교수-학습 활동이 발생했는가, 그 결과로 어떠한 교육성과나 학습 경험이 일어났는가 하는 점이다(Hocutt, 1996). 즉, 장소의 문제가 아닌 교수설계, 교육성과의 문제다.

그러므로 장애학생을 포함하여 다양한 학습자가 입급되어 있는 교실에서의 수업, 학습의 개념과 방법에 대한 생각이 근본적으로 바뀌어야 한다. 이전까지는 교사가 교육과정 운영 계획에 따라 특정 내용 범위를 주어진 시간에 다루는 것이 수업의 실질적인 모습이었다면, 이제는 모든 학습자가 비록 학습하는 방법, 수준은 다를지라도 해당 주제와 관련하여 최대한의 교육적 향상, 학습 경험에 도달하도록 하는 것이 수업의 핵심 역할이어야 한다.

이를 위해서는 각 학습자의 특성을 고려하여 수업내용 제시, 연습, 평가 등 여러 가지 측면을 개인맞춤형으로 조정(혹은 적합화)해야 한다. 이러한 조정의 핵심은 비록 수업 주제는 동일하더라도 추구하는 목표 수준, 목표 도달 상태, 학습 활동 방식, 평가에 참여하는 방식 등을 다양화해 주어 학급 내 모든 학생이 그들의 현 수준이 어떤 상태든 당장의 학습 활동에 유의미하게 참여할 수 있게 해 주는 것이어야 한다. 하지만 지금처럼 미리 진도와 수준을 정해 놓고 교육과정을 운영하는 방식으로는 이러한 조정을 적용하기 어렵다. 수업에 대한 새로운 개념과 모종의 특별하면서도 창의적인 교수기법이 필요한 까닭이 여기에 있다.

2) 우수 학교의 특징과 효과적인 수업 조직 전략

(1) 우수 학교의 특징

다음의 〈표 10-1〉은 미국교육과정보고서(National Curriculum Reports; Zemelman, Daniels, & Hyde, 1993)에서 권고한 우수 학교를 만들기 위해 가급적 증가시켜야 할 요소와 줄여야 할 요소를 나열한 것이다. 표에서 알 수 있듯이, 우수 학교는 한마디로 학생의 다양한 수준과 특성을 고려하면서 전통적인 교사 중심의 수업보다는 학생 개개인의 특성과 참여를 바탕으로 한 학습 활동 중심의 다양한 수업방식을 실시하고 있다. 수업을 시작부터 끝까지 하나의 과정 측면에서 보면 우수한 학교들에서

〈표 10-1〉 우수한 학교를 만들기 위해 줄여야 할 요소와 증가시켜야 할 요소

가급적 줄여야 할 요소	가급적 증가시켜야 할 요소
• 학급 전체 단위 수업, 교사 주도형 수업(예: 강의)	• 실험적 · 귀납적 · 직접적 학습
• 학생의 수동성: 앉아 있기, 듣기, 받기, 정보 수용하기	• 활동하고 말하고 협력하느라 학생들의 소란과 움직임이 넘쳐나는 적극적인 학습이 일어나는 교실
• 교사에서 학생으로의 제시형, 일방적 정보 전달	• 도움 주기, 시범 보이기 등 다양한 교사의 역할
• 학급에서 정숙한 것에 대한 칭찬과 보상	• 분야의 핵심 개념과 원리를 이해하는 것과 같은 고등 사고기능의 강조
• 빈칸이 많은 연습지 채우기, 매번 동일한 형식의 연습지, 익힘책, 기타 개별 연습과제에 많은 시간을 할애하는 수업	• 소량의 주제를 깊이 학습하여 학생들이 해당 분야 탐구방법을 내면화함
• 교재나 상업용 교재를 읽는 데 소요되는 학생시간	• 책의 전부, 일차적인 자료, 사실적 자료와 같은 실제적 교재 읽기
• 모든 교과 영역에서 많은 내용을 겉만 다루려는 교사의 시도	• 목표 설정, 기록 유지, 향상도 점검, 정보나 의견 교환하기, 발표하기, 평가하기 등 학생들에게 학습 책임 전이
• 단순 연산과 세부적인 사항의 단순 암기	• 학생들의 선택(예: 자신만의 책 선택하기, 쓰기 제목 선택하기, 팀 구성원 선택하기, 연구 프로젝트 선택하기 등)
• 경쟁과 성적의 강조	
• 능력별 집단으로 학생 구분하기	• 학교에서 민주주의 실천과 시범 보이기
• 분리된 특수 프로그램 사용	• 각 학생의 정의적 요구와 다양한 인지 양식에 주목하기
• 표준화 검사의 사용과 의존	• 협동적 · 협력적 활동을 활성화하여 학급을 하나의 상호 의존적인 공동체로 운영
	• 개별적인 요구가 학생들의 분리가 아닌 개별적 활동을 통해 충족되는, 이질적으로 구성된 학급

출처: Zemelman, Daniels, & Hyde(1993), pp. 4-6.

의 학생은 다양하게 학습 경험을 할 뿐만 아니라, 학습한 것을 표현하고 평가받는 방식과 수단도 매우 다양하다. 교사와 학생, 학생과 학생 간의 관계 측면에서 보면 일방적인 것보다는 상호작용적이고, 수용적이기보다는 참여적이며, 개인적인 학습 활동보다는 협력 활동이 주류를 이루고 있다. 이러한 특징은 바로 앞에서 설명한 '통합학급 내에서의 유의미한 학습 경험 최대화'를 위한 방법론에 해당한다.

[학습활동 10-1]

　　현재 우리 교실에서는 〈표 10-1〉의 '가급적 증가시켜야 할 요소'가 얼마나 구현되는지 점
검해 보자. 또 각 요소에 대한 개인의 생각을 '공감하는 정도'와 '실행 가능 자신감 정도'로 구
분하여 각각 5점 척도(1~5점)로 표현해 보시오.

• 공감하는 정도와 실행 자신감 사이에는 차이가 있는가?

• 왜 그러한 차이가 발생한다고 생각하는가?

• 그러한 차이를 좁히기 위해서는 어떻게 해야 하는가?

(2) 효과적인 수업 조직 전략

　어떤 수업구조가 가장 효과적인가 하는 점에 대한 선행 문헌의 내용도 앞의 우수
학교의 특징 내용과 별반 다르지 않다. 〈표 10-2〉는 일반적으로 수업을 가장 효과
적이게 하는 여섯 가지 수업 조직화 전략(Daniels & Bizar, 1998)을 나타낸 것이다.

〈표 10-2〉 효과적인 수업을 위한 여섯 가지 수업 조직 전략

전략	설명
통합 주제 중심 교육과정 운영	학생의 생활과 주변 지역사회에서 일어나는 실제적인 쟁점이나 문제 그리고 관심사를 중심으로 일정 기간 여러 교과내용을 통합하는 주제 중심으로 수업을 한다.
학생이 스스로 참여하는 수업시간	교실은 학생들이 탐구하고 이해하며 학습성과를 산출하는 실험실, 스튜디오, 작업실의 성격을 갖게 한다. 즉, 학생들은 수업시간에 수동적으로 앉아 있는 것이 아니라 무엇인가 실제로 수행한다.
실제적인 학습 경험	학습이 학생들의 생활, 가족, 지역사회와 같은 실제와 연결되게 한다.
소집단 활동	학습에 몰입하기 위해 소규모집단 활동을 활성화한다.
다양한 방식으로 학습한 것 표현하기	예술, 언어, 드라마, 신체 움직임 등 다양한 매체를 통해 학습한 것을 공고히 하기 위해 표현하고 표상하게 한다.
반성적 평가	수업의 중요한 부분으로 교사와 학생은 학습과 성장을 평가한다. 평가는 학생들이 실제 상황에서 기술을 적용하고 학습한 것을 나타내도록 실제적 방법을 사용한다.

출처: Daniels & Bizar(1998), p. 5.

　이들 전략은 다음에서 소개할 다수준 포함 교수의 토대이기도 하다. 전략별로 좀
더 구체적으로 살펴보면 다음과 같다.

① 통합 주제 중심 교육과정 운영

학생이 흥미로워하는 것, 그러면서도 자신들의 삶과 밀접하게 연관된 핵심 주제나 쟁점 중에서 하나를 선택하도록 한다. 예를 들어, 빈곤, 기술공학의 영향, 환경오염 등이 적절한 주제일 것이다. 단, 교사는 선정된 주제가 교육과정상의 교육목표와 부합하는지의 여부를 고려한다. 교과통합적 주제는 수준이 다양한 학습자들이 자신에게 유의미한 학습 경험을 하도록 하는 데 특히 적합하다. 예컨대, 환경오염에 관한 수업에서 일부 학생은 오염 여부 진단을 위한 수질오염 정도를 측정하고, 다른 학생은 그러한 측정에 필요한 도구 준비 및 관찰을 할 수 있다. 또 어떤 학생은 지역주민을 인터뷰하고 다른 학생은 기록, 사진 촬영 등을 하여 학습 활동에 다양하게 참여할 수 있다. 이 과정을 통해 모든 학생이 자신의 수준에서 학습한 것을 서로 공유하고 토의한다.

② 학습자 스스로 참여하는 수업시간

학습자가 수동적으로 교사의 강의만 듣게 하지 않고, 지식·기술·정보를 이용하여 교실에서 무엇인가를 산출하게 한다. 주요 실천방법은 다음과 같다.

- 읽기 워크숍: 각 학생은 개인, 소집단, 짝 등과 같이 자기 수준에 맞는 책을 선정한다. 학생은 읽은 책에 대해 정리하고 저널을 작성한다. 교사는 각 학생들에게 자신이 읽은 책에 대해서 말하는 시간을 준다. 그 책에 대해서 어떻게 생각하는지, 어떻게 읽을 계획을 수립했는지, 그리고 독해도 평가한다. 필요하면 특정 독해전략을 잠깐 가르친다. 이를 위해 교실 내에 다양한 읽기 자료를 구비해야 한다.
- 쓰기 워크숍: 학생들 스스로 작문 주제를 선정한다. 단, 그 주제는 다른 수업 내용과 관련 있는 것이 좋다. 학생은 다양한 장르의 글을 쓸 수 있다. 학생들은 자신의 작문과정을 저널에 작성한다. 먼저 글을 작성한 다음 세부적인 사항은 따로 지도하거나 서로 간에 피드백을 교환한다. 교사는 개별적으로, 예컨대 각 학생마다 틀린 단어 목록을 작성하여 지도할 수 있다.
- 수학 워크숍: 단순히 수준이 낮은 특정 연산을 지루하게 반복하기보다는 실제 생활문제 해결에 도움을 주는 내용들을 다루고, 나아가 이해를 위한 수학학습

활동에 이르게 하는 데 중점을 둔다.

- 탐구학습: 질문을 제기하고 해답을 추구하며 학습한 것을 보여 주는 산출물을 개발한다. 탐구학습은 예컨대 다음과 같이 수행할 수 있다.

  - 실제 생활 경험과 관련하여 질문을 만들어 낸다. 이를 위해 사람들을 인터뷰하고 그 결과를 발표할 수도 있고, 가족을 인터뷰하고 그 결과를 가족 이야기 형태로 정리할 수도 있으며, 자신을 다른 사람에게 소개하기 위한 스크랩북을 작성할 수도 있다. 이 과정에서 특수아동은 인터뷰 내용을 녹음하고 그림으로 그리고, 다른 학생이 이를 문장으로 정리할 수 있다.

  - 질문을 해결할 전략을 수립한다.

  - 정보를 수집한다.

  - 초안을 작성한다.

  - 해결책이 자신에게 주는 의미를 탐색한다. 이를 위해서는 컨퍼런스, 발표, 의견 교환 등을 통해 자신들의 활동이나 결과물이 자신에게 무슨 의미를 주는지를 탐색할 수 있다.

  - 발표한 내용을 수정하고 편집한다.

  - 출판하고 공유한다.

③ 실제적인 학습 경험

실제적인 학습은 고등 사고기능을 촉진하고, 지식의 깊이를 추구하며, 학급에서 배운 내용을 세상에 적용할 수 있게 한다. 또한 지식의 구성을 촉진한다. 학습이 실제적인가 아닌가는 주제가 실생활과 관련 있는가, 학생들의 학습방법이 얼마나 실제적인 것을 사용하도록 하느냐에 달려 있다. 실생활에 준비시키는 것이 아니라 실생활 자체를 가르치는 것이다. 주요 실제적 학습구현방법에는 다음과 같은 것들이 있다.

- 축소된 사회(microsocieties)연습: 학교, 교사, 학생들이 사회에서처럼 입법기관, 사법기관, 은행, 우체국, 신문, 기업, 국세청 등 각 기관의 역할을 맡아 실제로 그 역할을 수행해 보게 하는 방법이다. 예를 들어, 오전 수업시간 중에는 국어 시간에 책을 저술하고 출판하기, 수학시간에 개인과 사회경제 다루기, 사회시간에 정부 다루기 등을 다루고, 오후에는 각자 맡은 기관에 가서 직장인 역할을

해 본다.

- 특정 사건의 극화(process drama): 역사적 혹은 사회적으로 중요한 사건에 대해 각자 특정 입장을 대변하는 사람이 되어 드라마로 꾸민 다음 연기를 해 보게 하는 방법이다. 특히 읽기와 쓰기에 어려움을 겪는 학생들에게 학습한 것을 표현하게 하는 중요한 기회가 될 수 있다.
- 문제 중심 학습(problem-based learning): 실제 문제를 중심으로 학생들이 그 해결책을 찾는 활동을 하게 하는 방법이다. 중·저준위 방사능 폐기물이 우리 인체에 미치는 영향을 문헌조사, 현지 방문, 인터뷰 등의 방법으로 조사하고 그 영향을 감소하고 차단하기 위한 방안을 마련하도록 하는 것 등이 그 예다.
- 지역사회기반학습(community-based learning): 지역 사회 내 여러 기관이나 장소를 학습 도구나 배경으로 활용하는 방법이다. 예를 들어, 직업정신이나 서비스 자세 등을 학습하기 위해 실제로 지역사회 내의 업체나 작업장을 활용할 수 있다.
- 탐험학습(expeditionary learning): 문제 중심 학습이나 지역사회기반학습과 유사하다. 한강 유역의 생태계 연구, 서울의 교통수단 발달사 등이 탐험학습의 주제 예가 될 수 있다.

④ 소집단 활동

주요 소집단 활동방법으로는 다음과 같은 것들을 활용할 수 있다.

- 짝과 같이 읽기(partner reading): 같은 내용의 글을 짝과 번갈아 가며 읽고, 읽은 글의 내용을 서로 이야기하게 하는 방법이다. 대개 능력 수준이 다른 학생을 같은 팀으로 구성한다.
- 문학 동아리(literature circles): 여러 명의 학생이 동일한 주제나 동일한 제목의 책을 읽어 나가는 방법이다. 구성원 간에 서로 역할을 따로 부여하여 읽은 내용을 심층적으로 분석할 수도 있다.
- 실험(experimenting): 2~4명이 한 팀이 되어 역할을 각자 정하여 특정 주제를 학습해 가는 방법이다. 예컨대, 빛이 식물 성장에 미치는 영향에 관해 기록자, 관찰자, 보고자, 실험 준비자 등으로 역할을 나누어 실험을 한 후 그 결과를 보고할 수 있다.

- 편집자 그룹(editing groups): 여러 명의 학생들이 한 팀을 이루어 자신들이 쓴 글에 대해 정기적으로 모임을 갖고 서로 피드백해 주고 고쳐 주는 활동을 하는 방법이다.

⑤ 다양한 방식으로 학습한 것 표현하기

이러한 소집단 활동을 통해 학습한 것이 자신에게 주는 의미를 적극적으로 탐색하도록 하고, 학습한 결과를 학습자의 양식과 재능 및 특성에 따라 다양하게 표현하도록 한다.

⑥ 반성적 평가

학습한 결과나 학습과정을 반성적으로 평가할 수 있는 기회를 제공한다. 주요 방법으로는 학생 주도 발표회, 학습 수행물 파일, 일화 기록, 수업 중 검사, 수행평가, 평정하기 등을 사용할 수 있다.

(3) 효과적인 통합학급의 요건

우수 학교의 특징과 효과적인 수업구조 내용을 종합했을 때, 효과적인 통합학급의 모습도 이와 크게 다르지 않을 것이다. 효과적인 통합학급 내 교수전략의 핵심을 간추리면 다음과 같이 요약될 수 있을 것이다.

- 자신의 수준이 어떠하든 학습은 즐거워야 한다. 그러기 위해서는 실제적인 것, 흥미 있는 것, 그러면서도 여러 교과와 관련 있는 통합교과적 주제를 수업 소재로 사용해야 한다.
- 수업시간에는 무엇이든 활동 속에서 학습이 이루어져야 한다. 수업이 재미없고 따분한 이유는 학생들이 수동적으로 앉아서 교사의 설명만 듣기 때문이다. 학생 자신이 무엇인가 직접 해 보고, 생각하고, 만지고, 산출하는 활동을 해야 한다.
- 집단 역학을 활용하여 서로 간에 기여하는 수업시간이 되어야 한다. 학급에 혼자 있는 것이 아닌 이상 집단 역학을 활용해야 한다. 또래와 교사는 긍정적 자아개념과 자기효능감, 모방학습 그리고 학습한 것의 시연에 더없이 좋은 상대다.

- 학습하는 수단과 자료 그리고 학습한 것을 표현하는 방식의 다양성이 존중되어야 한다.

이와 같은 특징을 가진 수업은 교사 1인이 다수의 학생에게 제한된 시간에 동일한 교실 공간 안에서 내용을 전달하는 형식으로 이루어지는 전통적인 수업 방식으로는 구현하기 힘들다.

3) 두뇌학습의 메커니즘

Sousa(2006: 5)는 인간의 두뇌학습 메커니즘을 다음과 같이 열거했다.

- 두뇌는 들어오는 정보에 근거해서 지속적으로 스스로 재조직한다.
- 정서가 학습, 기억, 회상에 영향을 미친다.
- 움직임, 활동 등의 신체 활동이 기분을 바꾸고 인지처리과정을 촉진한다.
- 스트레스나 불안은 학습에 부정적인 영향을 미친다.
- 학습에는 인지, 정의, 심리 운동 등 거의 모든 영역이 필요하다.
- 인간의 두뇌는 패턴과 의미를 추구한다.
- 과거 경험은 새로운 학습에 영향을 미친다.

이러한 두뇌학습 성향에 따르면 수업이나 학습은 다음과 같은 방향으로 이루어져야 한다.

- 학습환경은 도전적이지만 위협적이지는 않아야 한다.
- 복잡한 경험에 몰두할 수 있도록 조율한다. 틀을 미리 정하지 말고 잘 조율된 복잡하고 다양한 경험을 통해 스스로 틀을 형성하고 순서를 지으며 조직화할 수 있도록 한다.
- 새로 학습한 정신적 모형을 지속적으로 변화시키고 경험하는 과정에 적극적으로 몰두할 수 있도록 학급 토의, 저널 쓰기, 이메일 교환, 소집단 토의 등을 활성화시킨다.

결국 이와 같은 수업은 학생들이 정숙하게 자리에 앉아서 교사의 설명을 들으면서 노트 필기를 하는 전통적인 교사 중심 수업에서는 이루어지기 어렵다는 것을 쉽게 짐작할 수 있다.

3. 통합학급 내 교수전략 유형

학급의 다양한 수준 차이를 극복하기 위한 기존의 노력을 살펴보면 〈표 10-3〉과 같다. 이 표에서 '수업 및 교육과정 조정 노력'은 접근 유형별로 교사에게 요구되는 수업 및 교육과정 측면의 별도 조정 노력 정도를 나타낸 것이다. '통합교육 구현 정도'는 접근 유형별로 장애아동 통합교육의 구현 정도를 나타낸 것이다. 대체로 접근 유형 중 표 아래로 내려갈수록 통합교육을 구현하는 정도, 즉 학생의 다양성을 반영하는 정도가 더 높아진다고 볼 수 있다.

〈표 10-3〉 통합학급에서 다양한 수준의 학생을 다루는 접근 유형별 의미와 통합교육 구현 정도

접근 유형	의미	수업 및 교육과정 조정 노력	통합교육 구현 정도
단일 접근(one size fit all)-분리	모두에게 동일 접근을 사용하고 부적응 학생은 특수학급이나 특수학교로 분리	없음	없음
고정된 능력별 집단 형성	학급 내 능력별, 교육 요구별 소집단 형성	능력별 교재 개발 및 수업 진행	낮음
별도 교재 이용한 학급 내 따로 지도	보충교재나 별도 교재를 이용하여 학급 내 별도 공간에서 개별 지도	별도 교재 개발 및 수업 진행	낮음
교육과정 조정	일반교육과정이 너무 쉽거나 어려운 학생을 위한 조치	교육과정 조정	동일 공간 및 동일 주제일 경우 높음
탄력적인 수준별 수업	각 교과나 시간마다 수준별로 동질적인 집단을 형성하여 다른 과제 학습	수준별 교재 개발 및 수업 진행	낮음
다수준 포함 교수	각 수준에 적합한 실제적 학습 활동을 하면서 지원을 받지만 여전히 통합학급에서 동일한 수업에 참여	수준별 및 통합교과적 교재 개발 및 수업 진행	높음

[학습활동 10-2]

1. 학급 내 다양한 수준 차이를 극복하기 위한 기존의 노력 중 현재 우리 교실에서 가장 많이 적용하고 있는 것은 무엇인가?
2. 어느 유형이 성공적인 통합교육에 가장 적절할 것으로 보이는가?
3. 각각의 노력은 성공적인 통합교육을 위한 여건 측면에서 어떤 장점과 단점이 있는가?

통합되어 있는 특수교육대상자가 유의미한 학습을 할 수 있도록 해 주는 한 가지 방법은 교육내용, 목적, 방법, 환경 등을 그 학생에 맞게 수정 혹은 조정해 주는 것이다. 어떻게 교육을 각 학생에게 맞게 수정할 것인지를 논하기에 앞서, 먼저 현재의 우리 교실은 그러한 다양성에 얼마나 반응하는지 스스로 점검해 보도록 하자.

[학습활동 10-3]

자신의 경험을 토대로 우리 교실에서는 그동안 다양한 학생을 위해 어떠한 수정 노력을 하고 있었는지 점검해 보시오. 〈표 10-4〉의 항목 중 과거에 시행되었던 것에 체크해 보시오.

• 얼마나 많은 수정 노력이 있었는가?
• 특히 다른 것에 비해 상대적으로 많이 혹은 적게 수정 노력이 있었던 영역은 어떤 것인가?
• 그 이유는 무엇이라고 생각하는가?

〈표 10-4〉 다양성 반영 정도 점검표

평상시 채택하고 있는 교육과정 접근	사용하고 있는 교육과정 재료	
	수업 계획용	학생 사용용
• 다학문적 접근 ( )	• _____	• _____
• 직접 체험(hands-on) ( )	• _____	• _____
• 지역사회 프로젝트 중심 ( )	• _____	• _____
• 프로젝트 중심 ( )	• _____	• _____
• 학생 중심 ( )		
• 교과서 중심 ( )		

수업 사전 계획 시점	수업내용 범위
• 1주일 전 (　) • 1~2일 전 (　) • 교실에 들어갈 때 (　)	• 모두 다룸 (　) • 필수적인 것을 결정하고 개인의 요구에 따라 가감 (　) • 학생 흥미 중심 (　) • 단일 개념 수업 (　) • 주요 프로젝트에 근거 (　)

물리적 환경	학생 참여 정도	
	또래 간	자기관리
• 또래 간 상호작용 촉진을 위해 책상 모으기 (　) • 소집단 공간 마련 (　) • 컴퓨터 작업 공간 마련 (　) • 게시판 마련 (　) • 지정 좌석제 (　)	• 학생에 의한 상호협력 (　) • 협력적 집단 (　) • 또래 파트너 (　) • 또래 교사 (　)	• 수업시간표 확인장 (　) • 과제물 책자 (　) • 공부 지침 (　) • 계약사항과 자기점검 목록 (　) • 조직자 (　) • 빈번한 자기평가 (　)

교사 제시/촉진	검사, 과제, 평가
• 가급적 많이 돌아다님 (　) • 잘 구조화함 (　) • 질문기법 사용 (　) • 모든 학생 참여시키기 (　) • 구체적인 피드백과 지침 제공 (　) • 많은 칭찬 주기 (　) • 낮은 수준의 소음 용인하기 (　) • 강의 많이 하기 (　) • 대규모 집단 토의 많이 주도 (　) • 시범과 모범 보이기 (　) • 비디오, 영화, 오디오 사용 (　)	• 포트폴리오 사용함 (　) • 주요 성적부여 방법: 정상 분포 (　), 숙달기준 (　), IEP (　), 개별 학생의 진전도 (　), 계약 (　), 복수 평가(노력과 수행성적) (　) • 일지/학급 기록 유지 (　) • 과제는 매일 (　), 주 2~3회 (　) 제시 • 과제 수행 필요 시간은 15분 (　), 30분 (　), 60분 (　) • 학습한 것을 보이는 방법은 프로젝트 (　), 지필/구두 검사 (　), 지필/구두 보고 (　)

학급 분위기 및 경영	가정-학교 의사소통
• 발표하기 전 손 들기 (　) • 수업 중 많은 이동 가능 (　) • 각자 할당된 일 수행 (　) • 교사와 정기적으로 회합 (　) • 전시할 과제 스스로 결정 (　) • 보상방법: 칭찬 (　), 특별한 혜택 (　) • 교정전략으로 사용하는 것: 일시 격리 (　), 특권 손실 (　), 무시 (　), 방과후 남기 (　), 또래 중재 (　)	• 학급 통신 (　) • 과제 기록장 (　) • 특별한 규칙 (　) • 정기적인 전화 (　) • 과제 연결망 (　) • 매일 일지 (　)

출처: Peterson & Hittie(2003), pp. 263-264에서 발췌 수정.

현재 통합학급 내에서 장애학생을 포함하여 다양한 학습자를 고려한 수업 운영방식에 관한 이론으로는 맞춤형 교수(differentiated instruction), 교수적 수정(instructional adaptation), 다수준 포함 교수(multi-level instruction)를 들 수 있다. 이 세 가지는 주장하는 학자에 따라 그 명칭과 세부적인 주장 내용은 조금씩 서로 다르지만 핵심은 다인수 학급 내에서 모든 학습자가 자신에게 유의미하게 학습 경험을 하도록 지원하려 한다는 점에서 매우 유사하다.

1) 맞춤형 교수

맞춤형 교수(differentiated instruction)란 학습자의 준비도, 흥미, 학습 경력 등을 고려하여 교육내용, 교육과정, 교육 산출물을 대상으로, 과제의 다양화, 학습집단 구성의 유연화, 지속적인 평가와 조정을 통해 학습자의 다양한 요구에 교사가 반응하는 것 일체를 의미한다(Tomlinson & Allan, 2000). 이대식(2016)에 따르면, 교사가 학습자 요구와 특성을 고려하여 맞추어야 할 대상으로서의 내용(content)이란, 학습자가 배워야 할 개념, 원리, 기술, 교수-학습 자료 등을 말한다. 내용을 맞춘다는 것은 학생들이 배울 자료를 다양화하는 것이다. 과정(process)이란, 학습자가 개념이나 아이디어, 기술 등을 학습하는 과정에서 수행하는 활동 일체를 의미한다. 과정을 맞춘다는 것은 학습자의 능력과 흥미 등에 따라 학습 활동의 난이도와 종류 등을 다양화해 준다는 뜻이다. 예컨대, 조사를 할 때 인터넷, 도서관, 인터뷰 등을 선택적으로 이용하도록 하는 것이다. 산출물(product)이란, 학습자가 자신이 학습한 것을 표현하고 확장하는 일체의 수단과 방법을 말한다. 결과를 맞춘다는 것은 학습자가 선호하는 방식에 따라 자신이 학습한 것을 다양하게 표현할 수 있도록 허용해 준다는 것을 의미한다. 예컨대, 조사결과를 보고서, 동영상, 팟캐스트(podcast), 기타 다양한 방식으로 발표하게 하는 것이 이에 해당한다.

맞춤형 교수에 관한 논쟁과 맞춤형 교수를 실현하기 위해 필요한 일의 성격 분석을 통해서 확인할 수 있었던 점은 맞춤형 교수의 본질은 바로 교육목표 혹은 성취기준의 의미를 횡적 및 종적으로 풍부하고 명료하게 드러내는 일에 있으며, 교육과정의 운영과 수업은 바로 그것을 중심으로 학습자들의 선택과 집중을 지원하는 방향으로 나아가야 한다는 것이다(이대식, 2016).

2) 교수적 수정

(1) 교수적 수정의 의미

특수교육대상자를 통합학급에서 효과적으로 그리고 각자에게 유의미하게 지도하려면 교육내용이나 교육방법 및 교육평가방식을 수정해야 한다. 교육과정 혹은 교수 활동 측면에서의 이러한 노력을 교수적 수정(박승희, 1999) 혹은 교수 적합화(신현기, 2004)라고 한다. 좀 더 구체적으로 정의하면, 교수적 수정(instructional adaptation)이란 "일반학급의 일상적인 수업에서 특수교육적 요구가 있는 학생의 수업 참여의 양과 질을 최대화하기 위해서 교수환경, 교수적 집단화, 교수방법(교수활동, 교수전략 및 교수 자료), 교수내용 혹은 평가방법에서 수정 및 보완하는 것"(박승희, 1999: 340)이다. 한편 신현기(2004)는 교수적 수정을 '교수 적합화'로 칭하면서 "다양한 교육적 요구를 지닌 학생들의 수행 향상과 수업 참여의 범위와 양을 확장하기 위하여 교수환경, 교수집단, 교수내용, 교수방법, 평가방법을 포함하는 교육의 전반적인 환경을 조절(accommodation)하고 수정(modification)하는 과정"(신현기, 2004: 67)으로 정의하였다.

(2) 교수적 수정 영역

선행 문헌에서 제기한 교수적 수정 항목 중 일부가 다음의 〈표 10-5〉에 열거되어 있다. 표에서 보는 바와 같이, 통합학급에서 적합화할 대상 영역으로는 교수환경, 교수방법, 교수내용, 교수적 집단화, 평가방법 등을 들 수 있을 것이다(박승희, 2003). 교수환경 측면으로는 조명이나 소음, 자리 배치, 물리적인 배치 상태, 교수 자료 배치 등이 해당된다. 학습문제가 있는 학생에게 필요한 교수적 수정의 예로는 주의산만 방지 및 교사의 관찰 편의를 위한 자리 배치를 들 수 있다. 교수적 집단화 측면에서는 또래지도나 협력학습을 위한 소집단 및 또래 팀 구성이 있을 수 있다.

좁은 의미의 교수적 수정은 수업 계획을 수립하고, 수업을 진행하고, 그 결과를 평가하는 과정에서 능력과 수준이 다양한 학생에게 최대한으로 유의미한 학습 경험을 제공하는 활동으로 규정되어야 할 것이다. 교수환경이나 교수적 집단화 측면에서 필요한 수정 항목은 비교적 적은 반면, 교육내용, 교수방법, 평가방법에서는 대상 학습장애학생의 능력, 교육목표 등에 따라 광범위한 수정이 필요할 수 있다. 예를 들어, 교육내용 측면에서는 같은 주제를 다루면서 내용의 수준이나 목표를 달리할 수 있을 것이다. 이는 불가피하게 보조 자료 혹은 별도의 자료를 필요로 할 것이다. 교수방법 측면에서는 과제의 양을 줄이거나 수업 형태를 강의형 대신 게임, 역할놀이, 활동 중심 수업 등으로 변형할 수 있을 것이다. 또한 컴퓨터와 각종 매체 같은 교육공학을 활용할 수도 있고, 교수 자료도 크기, 디자인, 구조화, 내용의 양 등에서 또래가 갖는 교수 자료와 다른 형태로 장애를 가진 학생에게 제공할 수 있다.

〈표 10-5〉 교수적 수정 항목

물리적 환경 수정	① 자리 배치 • 교실 앞이나 중앙에 자리 배치 • 소음이나 장애물 혹은 주의산만 유발 물체에서 멀리 배치 • 교사 옆에 배치 • 조명 밝기 조절 ② 자리구조 • 휠체어 출입이 가능한 책상 배치 • 무릎 위에 놓을 수 있는 책상 제공 • 책상 대신 대형 탁자 제공 • 디딤돌 제공 ③ 기타 일반적인 구조화 • 서랍 달린 책상 제공 • 연필꽂이 제공 • 책꽂이 제공 • 필기구를 줄에 달아 몸에 항상 부착하게 하기 • 책상, 책 등에 시간표 부착하기 • 과제 및 완수해야 할 일 목록 기록지를 책상에 부착 • 일찍 등교하여 그날 계획 점검하게 하기
보조 인력 수정	• 모델 역할자, 보조자, 정리 보조자, 대독자, 대필자 등으로서의 또래 배치 • 팀 협력 활동을 위한 또래 • 교사 보조인력 배치 • 조언가 및 순회교사 배치 • 지역사회 지원
수업 내용 제시 방식 수정	• 손 신호나 수화 사용 • 시각·청각정보 사용 • 반복지도 • 명료하게 말하기 • 학생 옆에서 말해 주기

	• 복잡하거나 많은 정보를 나누어서 제시하기 • 시범 보이기 • 그림이나 그래픽 사용하기 • 구체물이나 색분필 사용하기 • 지시사항을 학생에게 반복하게 하기 • 단순화하기 • 실험적 활동 사용하기(역할 연기, 신체 움직임, 컴퓨터 이용 수업, 집단이야기 작성 하기 등) • 내용 구성에 학생 참여시키기(개념지도나 브레인스토밍 이용) • 다중매체 활용하기(정보 복사해 주기, 정보 녹음해 주기 등) • 중요한 요점 강조하기 • 수업 진행 속도 조절하기 • 협동학습이나 소집단 토의 활용하기 • 질문에 대한 답 단서 주기
교재 수정	① 학생 자료의 유형 수정하기 　• 받아쓰게 하기 　• 녹음하기 　• 그림 그리게 하기 　• 잡지에서 그림 오려 붙이게 하기 　• 컴퓨터 활용하기 　• 확대 혹은 축소한 자료 주기 　• 전자계산기 혹은 구체물 활용하기 ② 적합화된 도구 사용하기 　• 분필 끼우개 　• 잡기 편하게 된 가위 　• 손잡이가 보완된 연필 　• 지워지는 연필 　• 맞춤법 교정기 　• 날짜나 숫자 도장 　• 워드기 　• 줄노트 　• 답안 작성용 여백이 많은 문제지
목표 수정	• 학습 분량 감소 • 단순화, 쉬운 문제 • 축약 • 통합 • 실용적 기능 강조 • 지역사회 적응이나 요리 활동 등 차별화된 목표 적용

(3) 교수적 수정 원칙과 절차

① 교수적 수정 원칙

교수적 수정은 개별화교육을 의미하는 것은 아니다. 이 점은 앞서 소개한 맞춤형 교수, 그리고 이어서 소개할 다수준 포함 교수도 마찬가지다. 통합학급에서 각 학생 수만큼의 각기 다른 학습 경험을 제공한다는 것은 현실적으로 쉽지 않다. 그래서 교수적 수정이 구현되는 교실의 전형적인 모습은 2~4가지 서로 다른 유형의 학습 경험이 제공되는 수업 형태를 띤다.

Peterson과 Hittie(2003)에 따르면, 효과적인 교수적 수정을 위해서는 적어도 다음의 세 가지 원칙을 준수해야 한다. 첫째, 대상학생의 교육 요구를 충족시키는 방향으로 이루어져야 한다. 둘째, 대상학생의 통합교육 활동을 제한하지 않으면서도 통합 정도는 최대화하는 방향으로 수정해야 한다. 셋째, 대상학생이 갖고 있는 잠재력을 충분히 발달시킬 수 있는 방향으로 교수적 수정을 해야 한다. 효과적으로 교수적 수정이 이루어지는 학급의 특징을 열거하면 다음과 같다.

- 교사와 학생은 서로 간의 차이점과 유사점을 수용하고 존중한다.
- 평가는 지속적으로 진단목적으로 이루어지며, 학습과제는 평가 자료에 근거하여 계획되고 적합화된다.
- 모든 학생은 자신에게 유의미하고 흥미 있는 학습 활동에 몰두한다.
- 교사는 일차적으로 정보 제공자라기보다는 학습환경이나 활동의 조정자이자 안내자 역할을 한다.
- 교사와 학생은 학급환경 조성 및 개인적인 목표 설정을 위해 서로 협력한다.
- 학생은 때로는 개인적으로, 때로는 집단별로 융통성 있게 학습한다.
- 수업 진행 속도나 진도는 학생의 요구에 따라 신축성 있게 조정된다.
- 학생은 종종 자신이 원하는 학습 주제, 학습 방식, 학습결과 발표 방식을 선택할 수 있다.
- 학생은 다양한 방식으로 평가를 받는다.

② 교수적 수정절차

Peterson과 Hittie(2003)는 교수적 수정 단계로 다음의 네 가지 절차를 제시했다. 각 단계별 구체적 사항을 살펴보면 다음과 같다.

- 1단계: 학생의 교육 요구를 이해하는 것이다. 이 과정에서는 학생의 능력, 흥미, 두려움, 학생 개인 내에서 이용 가능한 자원이나 지원 등을 파악한다. 이때는 문제 확인과 규명보다는 '어떻게 학생이 자신의 수준에서 학습에 참여하고 학습할 수 있도록 도울 것인가' 하는 긍정적이고 처방적인 접근을 취하도록 한다.
- 2단계: 학급과 학교환경을 분석하는 것이다. 이 과정에서는 기대치, 규준, 학교나 학급 차원의 이용 가능한 자원이나 지원, 문화 등을 분석한다.
- 3단계: 학생과 환경 간의 불일치나 부조화를 규명하는 것이다. 이 과정에서는 문제를 진술하고, 그것의 원인 제공자를 규명한다.
- 4단계: 교육 요구를 충족시키거나 문제를 해결할 전략을 개발하는 것이다. 이 과정에는 학생이 유의미하게 참여하고 자신의 수준에 맞게 학습할 수 있도록 하는 관리 가능한 전략을 개발한다.

3) 다수준 포함 교수

다수준 포함 교수(multi-level instruction)는 동일한 학급에 소속되어 있는 수준이 다양한 학생 각자에게 유의미한 학습 경험을 제시하려는 노력의 한 가지다. 앞서 설명한 교수적 수정을 실현하려는 구체적인 방안 중 하나라고 할 수 있다.

(1) 의미 및 효과

Collicott(1991)이 주장하는 다수준 포함 교수의 의미는 다음과 같다.

- 내용 제시 방법을 계획할 때 학습자의 학습 양식을 고려한다.
- 각자의 수준별로 사고를 자극하는 질문을 통한 주제 중심의 통합교과 수업을 진행한다.
- 각자의 수준에 따라 서로 다른 학습목표를 인정한다.

- 학습한 것을 표출해 보일 다양한 방법(말, 그림, 음악, 신체 동작 등)을 선택할 수 있도록 한다.
- 다양한 학습표현방법을 동등하게 인정해 준다.
- 단일 기준보다는 각자의 노력과 개인 내 성장 정도에 근거하여 평가한다.

다수준 포함 교수가 성공적으로 적용되었을 때 나타날 수 있는 효과는 다음과 같다(Collicott, 1991).

- 통합과 화합을 강조한다.
- 서로 다른 학습방식을 인정한다.
- 교사는 동일한 학급에서 일어나는 동일한 단위 수업시간에 모든 학생에게 미칠 수 있다.
- 높은 수준의 학생에게는 심화학습을, 낮은 수준의 학생에게는 수정된 교수를 제공한다.
- 학생 간의 협동을 강조하고 개인 수준별 평가를 실시한다.
- 학습한 바를 다양한 방식으로 표현할 수 있는 기회를 제공한다.
- 모든 학생이 학습과정에 참여하고 모두가 서로를 인정한다.

(2) 다수준 포함 교수의 원칙

다수준 포함 교수가 제대로 적용되기 위해서는 학교 내 모든 체제가 그에 적합하게 변화되어야 한다. 다음의 〈표 10-6〉은 다수준 포함 교수가 성공적으로 적용되기 위해 학습에서 추구해야 할 사항과 지양해야 할 사항을 열거한 것이다. 그 내용을 종합하면 결국 다수준 포함 교수의 핵심은 다음과 같은 사항으로 귀결된다고 볼 수 있다.

- 참학습 경험(authentic learning experience)
- 다수준 포함
- 점진적 지원 감소(scaffolding)
- 고등 사고기능 강조

〈표 10-6〉 다수준 포함 교수가 추구해야 할 것과 지양해야 할 것

추구해야 할 교실 모습	지양해야 할 교실 모습
• 학생들의 경험과 흥미를 학습 활동을 설정하고 확장하는 데 사용. 국가나 교육청 단위의 교육과정과 표준화검사는 학습목표와 학습 활동의 방향타로 활용 • 프로젝트, 협동학습 활동 강조 • 다양한 표현 방식 권장(언어, 미술, 음악 등) • 실제적이고 유의미한 활동 중심. 실존 인물에게 편지 쓰기, 실존 인물들의 이야기, 자신이 읽었던 책에 대한 반성적 사고, 지역사회 내 사회문제학습 • 공동으로 공부하면서도 수준별로 자극을 줌 • 전공이 서로 다른 교사들이 핵심 주제를 중심으로 서로 통합교과접근을 할 수 있도록 팀으로서 협력 • 학생들은 사방에 학습성과물을 나타낼 수 있음(벽, 천장, 복도 등). 상업용 과제물은 별로 찾아볼 수 없음 • 조용한 콧노래 소리와 이따금씩 흥분의 소음이 들리는 교실. 학생들은 자신의 필요에 따라 수업 중 이동이 가능하고 책상, 책상 밑, 바닥, 복도 등에서 자유롭게 학습 활동에 열중 • 방문자에게 교실은 항상 개방되어 있고 언제나 환영받음. 학생들은 방문자에게 자연스럽게 자신들의 학습 활동을 소개함 • 소집단으로 앉거나 서로 마주 보고 앉음 • 학생들은 모두가 한 가지 활동을 하는 것이 아니라 동시에 서로 다른 프로젝트나 활동에 관여함 • 교사는 학생을 돕기 위해 교실 안을 부지런히 돌아다님	• 표준화검사에 대한 많은 압력과 강조. 개별 학생의 흥미를 고려하지 않은 표준교육과정의 절대적 의존 • 교사는 주로 강의, 교과서, 시청각 자료에 의존 • 학생들은 교탁을 보고 일사분란하게 앉음. 각자 자리에 앉아 허락이 있을 때만 말을 하거나 이동할 수 있음 • 대부분의 수업시간과 자습시간에 서로 연관이 없는 지식이나 기술을 연습지에 채워 넣는 활동을 함 • 교실 벽은 학급 규칙이나 상업용 교재 외에 거의 빈 곳으로 남김 • 학생들의 학습 결과물은 항상 같은 형식으로 제시됨. 여러 장의 나무나 집 그림 혹은 연습지 • 통합교과적접근이 거의 부재 • 주로 교사와 학생 간의 상호작용만 존재하고, 학생 상호 간에는 별로 없음 • 학습 활동은 한 가지 수준을 목표로 함. 그 수준에 맞지 않는 학생은 지루하거나 제외되거나 따라갈 수 없음 • 모든 학생은 해당 시간에 동일한 활동에 관여해야 함 • 교사는 대개 교실 앞에서 학생들에게 자리에 앉아서 조용히 하라고 말하는 데 많은 시간을 보냄

• 통합적이고 이질적인 집단 구성

• 통합교과적 접근

• 의미와 기능에 초점

• 다양한 학습 양식 인정

- 학생의 장점에 근거
- 상호 존중과 인정 강조
- 학생의 흥미, 선택, 통제, 의견 중시
- 협력적 학습
- 반성적 사고
- 성장과 노력 중심 평가

(3) 다수준 포함 교수의 절차

Collicott(1991)은 다수준 포함 수업의 절차를 다음의 네 가지로 제시했다. 첫째, 수준에 상관없이 모든 학생이 해당 수업에서 반드시 학습해야 하는 핵심 개념(underlying concepts)을 확인한다. 여기에서 핵심 개념이란 단순한 내용 요소를 열거한 것이 아니고, 해당 내용의 근저에 자리하는 큰 개념이나 원리를 말한다. 둘째, 교사의 내용제시방법을 결정한다. 이때는 학생의 학습 스타일과 가르치려는 내용의 수준(예: Bloom의 교육목표 분류상의 단계)을 고려한다. 셋째, 학생이 수업시간에 공부하는 방법과 학습한 것을 보이는 다양한 방법을 결정한다. 즉, 학생들이 학습한 정도를 다양한 방식으로 표현할 수 있도록 다양한 기회와 도구를 제시한다. 넷째, 학생평가 방법을 결정하는데, 학생들의 다양성을 고려하여 학생별로 다양한 과제를 제시한다. 각 단계를 구체적으로 살펴보면 다음과 같다.

① 1단계: 각 수준의 학생들이 학습해야 할 핵심 개념 확인

해당 수업을 마쳤을 때 각 수준의 학생들이 학습해야 할 핵심 개념을 먼저 확인한다. 절차적인 측면에서 핵심 개념은 상위집단에 해당하는 것을 먼저 확인하고 이어서 중간 및 하위집단에 적절하게 수정하는 것이 실제적으로나 논리적으로 용이하다.

핵심 개념을 학습하는 데 사용되는 자료나 교재는 각 학생의 수준에 따라 다양할 수 있다. 예를 들어, 가격 결정에서 수요와 공급의 원리가 학습해야 할 핵심 개념이라 하자. 보통의 교재는 가격 결정 단원이 수요와 공급의 원리를 설명하는 문장이나 도표로 구성되었을 것이다. 하지만 읽기에 문제가 있는 학생의 경우 가격 결정에 수요와 공급이 어떻게 영향을 미치는가의 아이디어는 이해하지만 읽기능력이 부족하여 해당 수업을 소화하는 데 어려움을 겪을 수 있다. 이 경우 교사는 동일한 원리를 설명하되 요구되는 읽기 수준이 낮은 자료를 제시함으로써 읽기문제를 가진 학생도 수요와 공급의 원리에 따른 가격 결정에 관한 수업에 의미 있게 참가할 수 있도록 해야 한다.

② 2단계: 교사의 내용제시방법 결정

수업 내용을 제시할 때는 다음과 같이 학습자의 학습 양식, 학습자의 수준 그리고 학습자의 참여 정도를 고려한다.

- 학습자의 학습 양식: 시각, 청각, 운동, 촉각 중에서 특히 선호하는 것을 중심으로 자료를 제작해서 제시한다.
- 학습자의 수준: 수업 내용을 어느 수준으로 제시할 것인가를 고려한다. Bloom의 교육목표 분류체계(지식, 이해, 적용, 분석, 종합, 평가)가 좋은 참조 자료가 될 수 있다.
- 학습자의 참여 정도: 전체 학급 대상 수업에 전적으로 참여할 것인지 혹은 부분적으로 참여할 것인지를 결정한다. 부분적 참여 형태는 동일한 수업 내에서 각 학생이 자신의 수준별로 전체 수업의 일부를 개인적으로 수행하도록 한다.

③ 3단계: 학생의 연습과 수행방법 결정

부과할 과제의 형식을 다양하게 제시한다. 예컨대, 지필 형태로만 제시하지 않고, 구두, 그림, 행위 등 다양한 방식으로 과제를 제시할 수 있다. 또한 학습한 정도나 수행을 보일 다양한 방법을 허용한다. 각자의 수준에 상응하는 수행 및 발표방식을 허용한다. 수준이 낮은 학생의 경우 Bloom의 체계 중 주로 지식이나 이해 수준에서 학습한 것을 표현하도록 할 수 있다.

예컨대, 학습과제가 이야기의 구성에 관한 각자의 이해 정도를 보이는 것이라면, 학생들의 읽기 수준이나 학습자의 학습 양식을 고려하여 다음의 [글상자 10-1]과 같은 다양한 방식으로 이야기 구성에 관한 이해 정도를 표현해 보도록 할 수 있다.

▥ [글상자 10-1]

학습한 것을 다양하게 표현해 보도록 하는 방법의 예

학습과제: 이야기의 구성에 관한 각자의 이해 정도를 다양하게 보이기

1. 글보다는 말로 텔레비전 프로그램의 구성에 관해 토론하게 한다.
2. 소집단 내에서 각자 그날 무엇을 했는지 쓰거나 토론하게 하여 사건의 순서 개념을 익히도록 한다. 소집단 활동을 통해 서로에게서 배울 수 있고, 모두가 학습 활동에 참여할 수 있다.
3. 제스처 게임(몸짓으로 판단하여 말을 한 자씩 알아맞히는 놀이)을 이용하여 특정 글의 구성을 나머지 학생들이 알아맞히게 한다. 이를 통해 역할자에게는 글의 구성에 대한 이해도를 보일 수 있게 하고, 나머지 학생들에게는 관찰한 행위를 통해(쓰인 글이 아닌) 글의 구성을 분석할 수 있게 한다.
4. 글 구성의 특정 요소를 묘사하는 소리나 음악을 녹음한다. 이는 상위 수준 학생에게 적절하다.
5. 글 구성에 관해 사건들의 콜라주(collage: 인쇄물을 오린 것, 눌러 말린 꽃, 헝겊 등을 화면에 붙이는 추상미술의 기법)를 완성하게 한다. 이를 통해 쓰기능력이 없는 학생도 글 구성에 관한 이해를 보일 수 있다.
6. 글 구성의 어느 부분이 가장 설득력 있었는지 설명한다. 구두나 작문 형태 모두로 할 수 있다.

출처: Collicott(1991), p. 210에서 발췌 수정.

④ **4단계: 평가방법**

모든 학생은 자신들의 표현수단이나 자료의 성격이 다르다고 하여 불리한 평가를 받아서는 안 된다. 다수준 포함 교수에서 평가의 핵심은 각 학생의 수준과 다양성을 고려해서 평가하는 것이다. 다수준 포함 교수에서의 평가는 학습자의 특성과 선호도에 따라 학습한 것을 그림이나 몸동작 등을 사용하여 다양하게 표현할 수 있게 한다.

(4) 다수준 포함 교수의 예

① 교과별 다수준 포함 교수전략의 예

〈표 10-7〉은 국어, 과학, 수학, 사회 교과를 중심으로, 각 교과에서 다수준 포함 교수전략을 적용할 수 있는 몇 가지 아이디어를 제시한 것이다.

〈표 10-7〉 교과별 다수준 포함 교수전략 활용의 예

국어	과학	수학	사회
• 수준별 읽기 책 선택 • 또래와 함께 책 읽기 • 소리 내어 읽기 • 개별화된 쓰기목표 • 문장 쓰기보다 그림 붙이기 • 개별화된 받아쓰기 목록 • 시 쓰기	• 모둠별 다른 역할 부여한 실험하기 • 그래픽 조직자를 이용한 노트 필기 • 수준별 관련 정보 읽기 • 이질적인 작업집단 내에서 부여된 과제 수행 서로 돕기	• 게임 이용 • 학생의 흥미와 사전 지식 정도에 따른 학습집단 형성 • 다양한 유형의 과제와 수준이 다양한 수학 프로젝트 이용 • 지역사회 프로젝트와 관련된 학급 전체 흥미 기반 • 이질적인 연습집단	• 다양한 역할이 허용되는 프로젝트 • 사회적 · 역사적 상황에 대한 극적인 역할 연기 • 학습을 표현하는 데 필요한 노래, 시, 이야기 등 작성 • 지방 사람을 대상으로 한 면담, 방문, 그리고 프로젝트 수행

〈각 교과의 공통적인 사항〉
◇ 수준별 탐구 프로젝트 선택
◇ 학습 활동에 부분 참여
◇ 전체집단에 수준별로 기여하도록 하는 협동적 학습집단
◇ 개별적으로는 가능하지 않은 활동을 완수하는 데 필요한 지원과 비계화 제공
◇ 학생 중심 수행평가대회 개최
◇ 짝과 공유하는 정보
◇ 수준이 다른 파트너와 프로젝트 수행
◇ 주어진 주제 안에서 각자 소주제 선택

출처: Peterson & Hittie(2003), p. 168.

② 단편소설에 관한 수업 진행과 평가의 다양화 예

다수준 포함 교수를 적용하여 수업을 진행하고 평가하는 예를 국어 교과의 단편소설에 관한 수업으로 제시해 보면 다음과 같다.

ⓐ 수업 주제
단편소설

ⓑ 가르칠 주요 개념
인물, 구성, 절정, 배경, 분위기, 갈등, 주제

ⓒ 내용전달방법
• 영화를 소재로 사용할 수 있다. 이 방법은 읽기능력이 낮은 학생과 시각적 학습 양식을 선호하는 학생에게 특히 적절하다.
• 주요 개념을 다양한 방식으로 제시하고 나서 영화를 소재로 각 개념의 이해를 알아보는 소집단 프로젝트를 부과할 수 있다.

ⓓ 학생수행방법
• 다양한 방법과 수준으로 학생의 주요 개념의 이해 정도를 확인한다.
• 예컨대, '배경' 개념의 이해 정도는 다음과 같은 다양한 방법으로 평가할 수 있다.
  −학생들에게 각자 자신의 생활 배경을 기술하도록 한다.
  −특정 배경을 기술한 다음, 해당 배경을 가장 잘 묘사하는 그림을 그리게 하거나 가장 잘 표현한 그림을 고르게 한다.
  −비디오, 그림, 문장 등의 다양한 상황에 나와 있는 다양한 배경을 말해 보도록 한다.
  −텔레비전 드라마를 하나 선택하여 배경을 토의하거나 그려 보게 한다.
  −자신의 수준에 맞는 이야기책을 읽고 나서 그 배경을 말해 보게 한다.
  −특정한 분위기에 맞는 배경을 설정하게 한다.
• '구성' 개념의 이해 정도 역시 다양한 수준에서 다양한 표출방식으로 표현하도록 할 수 있다.
• 인물 개념의 이해 정도는 다음과 같은 다양한 방법으로 평가할 수 있다.
  −이야기에 나오는 인물이 자기가 알고 있는 사람과 어떻게 유사한지 기술하도록 한다.
  −이야기 인물 중 누구를 좋아하고 싫어하는지 물어본다.

　　－이야기 인물의 특징과 학생들이 좋아하는 인물의 특징을 서로 비교하게 한다.

　　－두세 명의 교사를 선정하여 각각의 성격을 비교·대조하게 한다.

　　－이야기 인물을 현재와 같게 만든 원인이 무엇이었을지 추측하게 한다.

　　－이야기 인물의 말하는 특징을 토론하게 한다.

　　－이야기 인물이 어떻게 생겼을지 그려 보게 한다.

ⓔ 평가방법

　지필검사로 각 개념의 이해 정도를 평가하되, 쓰기능력에 문제가 있을 경우 구두나 기타 방법으로 평가한다. 또한 학생의 특징과 신체적 여건 및 학습능력 등에 따라 역할극이나 그림, 음악 등으로 학습한 것을 표현하게 한다.

4. 통합학급 내 교수전략의 실제

　이상에서 소개한 세 가지 이론에 근거하여 통합학급 내에서 특수교육대상자를 포함하여 일반 학생 및 특수한 교육 요구를 가진 학생들을 고려하기 위해서는 다음의 절차와 방법으로 수업을 운영하는 것이 적절할 것이다.

1) 학습자 요구 파악

　지극히 당연하지만 각 학습자의 요구를 파악하는 것이 첫 출발점이다. 여기에서 요구란 현재의 교육 수준, 인지·정서·행동 측면의 특성과 지원 요구, 교육 목표·방법·내용 측면에서 고려해야 할 요구 등을 모두 포함한다. 특수교육대상자의 경우 대체로 이러한 요구들은 개별화교육 프로그램에 제시되어 있기 때문에 먼저 이를 참조해야 한다.

2) 단원 혹은 차시 내 교육목표의 횡적 및 종적 다양화

　학습자 요구나 특성이 파악되면 학습자별로 추구해야 할 목표 상태를 그 수준과 모드 차원에서 최대한 폭넓게 진술한다. 목표 상태를 수준 차원에서 폭넓게 진술한 다는 것은 특정 도달 상태의 수준의 범위를 가급적 넓게 열거한다는 것을 뜻한다. 이때, 성취기준이나 학습목표는 대개 서술문 형태로 기술하는데, 이 서술문과 함께 의문문 형태로 탐구과제를 제시하여 학습자의 탐구 동기를 더 높일 필요가 있다. 예 를 들어, [글 상자 10-2]의 윗부분은 2015 개정 교육과정(공통) 초등 3~4학년군 과 학교과의 화산과 지진 활동 단원 교육과정상의 성취기준과 탐구 활동을 나타내고, 아랫부분은 성취기준 달성을 위한 탐구 과제를 질문형으로 그 수준을 종적으로 다 양화하여 나타낸 것이다. 실제로 단원을 다룰 때에는 학습자로 하여금 개별적으로 혹은 모둠별로 자신들이 탐구하고자 하는 목표(질문)를 선택하도록 하고, 교사는 학 생들의 학습과정을 모니터링하고 필요시 지원을 해 주는 방식으로 수업을 진행할 수 있다. 이 경우 모든 학생이 '화산과 지진 활동'이라는 동일 주제를 다루지만 각자 가 흥미 있어 하는 목표(질문)를 추구하는 효과를 거둘 수 있을 것이다. 더 세부적인 추적과 분석을 위해서는 각 목표별로 고유 번호를 붙여 각 학습자가 어떠한 목표를 어느 정도 달성했는지를 교과 활동 기록 서식에 표기할 수도 있을 것이다.

[글상자 10-2]

목표의 종적 다양화의 예

(11) 화산과 지진

이 단원에서는 화산 활동과 지진이 인명과 재산에 피해를 주는 등 사람들에게 많은 영 향을 미친다는 것을 이해함으로써 화산과 지진에 대해 관심을 가지고 탐구하려는 태도 를 갖도록 한다. 화산 활동으로 생기는 다양한 물질을 알게 하고, 화산 활동으로 생기는 대표적인 암석인 화강암과 현무암을 관찰하여 화성암의 생성과정 및 특징을 이해하도 록 한다. 또 화산 활동과 지진이 우리 생활에 미치는 영향을 알아보고, 지진 발생 시 안전 한 대처 방법을 인식하도록 한다.

[4과11-01] 화산 활동으로 나오는 여러 가지 물질을 설명할 수 있다.
[4과11-02] 화성암의 생성과정을 이해하고 화강암과 현무암의 특징을 비교할 수 있다.
[4과11-03] 화산 활동이 우리 생활에 미치는 영향을 발표할 수 있다.
[4과11-04] 지진 발생의 원인을 이해하고 지진이 났을 때 안전하게 대처하는 방법을 토 의할 수 있다.

[성취기준의 종적 다양화로서의 질문형 탐구 과제 예]

① 화산의 뜻은?

② 화산 활동 결과로 어떠한 물질들이 나오는가? 왜 그러한 물질들이 나온다고 생각하는가?

③ 화성암은 어떻게 생성되는가? 이것을 이해하는 것은 왜 중요한가?

④ 화강암과 현무암의 특징은 무엇인가? 이 둘은 서로 어떻게 다른가? 왜 다른가? 이 암석과 화산 활동과는 무슨 관계가 있는가?

⑤ 화산 활동은 우리 삶에 어떠한 영향을 미치는가? 역사적으로 화산 활동이 인간에게 미치는 영향을 잘 보여 주는 사건에는 어떠한 것들이 있는가?

⑥ 백두산에서 화산이 폭발하면 어떠한 일들이 벌어질 것으로 예측되는가? 그럴 경우 우리는 어떻게 대비해야 하는가?

⑦ 화산은 모든 산에서 폭발할 수 있는가? 어떤 곳에서 주로 폭발하는가? 왜 그런가?

⑧ 화산의 모양과 특징은 모두 같은가? 다르다면 무엇이 어떻게 다른가?

⑨ 화산은 왜, 어떤 경우에 폭발하는가?

⑩ 화산이 폭발하는 것을 미리 알 수 있는가? 어떻게 하면 화산 폭발 여부를 충분히 미리 알 수 있겠는가?

⑪ 화산이 폭발할 때 무슨 일이 생기는가? (무엇이 분출되며 주변은 어떤 영향을 받는가?)

⑫ 화산이 가까운 곳에서 폭발한다면 어떻게 해야 하는가?

⑬ 과학자들(지질학자)은 화산을 어떻게 연구하는가? 화산 연구는 누가, 언제부터, 왜 하게 되었는가? 지금까지 학자들은 화산에 대해 무엇을 연구해 왔고, 밝혀냈는가? 아직 풀리지 않은 문제는 무엇인가?

⑭ 화산 주변의 암석들은 다른 지역 암석들과 어떻게 다른가? 왜 그런가?

⑮ 지진은 왜 발생하는가?

⑯ 우리나라 지진 활동의 특징은 어떠한가?

⑰ 지진을 예측할 수 있는가? 없다면 왜 그런가? 어떻게 하면 예측 가능하겠는가?

⑱ 기타 여러분이 탐구해 보고 싶은 사항은?

목표 상태를 모드를 다양화해서 진술한다는 것은 목표 도달 상태를 지필검사나 언어로만 표현하게 하지 않고, 행동, 그림, 음악, 드라마 등으로도 표현할 수 있게 해 주는 것을 말한다. 예를 들어, [글상자 10-2]의 학습목표 도달 상태를 각자에게 맞는 방식(모드)으로 표현할 수 있게 해 주면 비록 언어에 약한 학습자라도 교육목표 도달 상태를 충분히 표현할 수 있을 것이다.

3) 교육내용, 학습방법 및 교육평가의 횡적, 종적 다양화

교육목표뿐만 아니라 교육내용, 교수–학습과정에 참여하는 방법에 있어서도 수준은 물론 참여방식과 모드를 다양화해 주어야 각자의 인지 · 행동 · 정서적인 특성이나 요구에 상관없이 교수–학습과정에 유의미하게 참여할 수 있는 가능성이 더 높아질 것이다. 교육평가 역시 알거나 할 수 있는 것을 자신의 상태와 상관없이 제한 없이 표현할 수 있도록, 그리고 자신이 아는 만큼 표현할 수 있도록 평가과정에서의 입력과 출력 수준 및 모드를 다양화해 주어야 한다.

적용문제

1. 유능한 통합교사로 알려진 교사들의 수업을 관찰해 보고 그들의 수업에서 다수준 포함 교수법 요소가 얼마나 반영되었는지 조사해 보시오.

2. 읽기 수준과 학습동기 수준이 다양한 다인수 통합학급에서 특정 내용(예: 과학교과의 날씨의 변화, 사회교과의 시장의 기능)을 소재로 다수준 포함 교수법에 따른 수업지도안을 작성해 보시오.

3. 〈표 10–1〉과 〈표 10–2〉의 항목을 학기말에 다시 한 번 점검하고 두 시점 간에 차이가 있는지 확인해 보시오. 시점 간에 혹은 두 변인 간에 차이가 있다면 그 원인이 무엇인지 말해 보시오.

4. 수준 차이가 극심한 학생 30~40명을 담임하고 있다고 가정하자. 하나의 교과 주제를 선정하여 이 학생들 모두가 유의미한 학습을 성취할 수 있게 하는 수업지도안을 작성해 보시오. 그 수업지도안을 실제 적용하면서 일어나는 일을 자세히 기록하고, 그 결과를 동료 교사와 공유해 보시오. 성공에 가장 중요한 요소 세 가지와 가장 극복하기 힘든 요소 세 가지를 들라면 어떤 것이 있을지 생각해 보시오.

5. 주변에 교수적 수정을 아주 잘 실행한다고 생각되거나 알려진 교사를 찾아가 수업을 관찰하고 그 교사들의 특징을 찾아보시오. 어떤 점이 그렇게 보였는지 말해 보시오.

참고문헌

박승희(1999). 일반학급에 통합된 장애학생의 수업의 질 향상을 위한 교수적 수정의 개념과 실행방안. 특수교육학연구, 34(2), 29-71.

박승희(2002). 일반학교 통합교육의 질 향상을 위한 교수적 수정. 국립특수교육원 2002 직무연수 제6기 통합학급 교사(중등)과정 원고.

박승희(2003). 한국 장애학생 통합교육: 특수교육과 일반교육의 관계 재정립. 서울: 교육과학사.

신현기(2004). (교육과정의 수정과 조절을 통한) 통합교육 교수적합화. 서울: 학지사.

이대식(2016). 맞춤형 교수(differentiated instruction)에서의 '맞추는 것'의 본질과 성격. 통합교육연구, 11(2), 187-216.

Collicott, J. (1991). Implementing multi-level instruction: Strategies for classroom teachers. In G. L. Proter & D. Richler (Eds.), *Changing Canadian Schools* (pp. 191-218). Ontario, Canada: The Roeher Institute.

Daniels, H., & Bizar, M. (1998). *Methods That Matter: Six Structures for Best Practice Classrooms*. New York, ME: Stenhouse.

Gonzales, J., & Peterson, M. (2001). Multi-level lesson plan guide: Earth, moon, and beyond. Unpublished Internet Material.

Heacox, D. (2002). *Differentiating Instruction in the Regular Classroom: How to Reach and Teach All Learners, Grades 3-12*. Minneaplois, MN: Free Spirit Publishing, Inc.

Hocutt, A. M. (1996). Effectiveness of special education: Is placement the critical factor? *Special Education for Students with Disabilities*, 6(1), 77-102.

Moore, C. (1996). Excellence and equity in education: A multiple site case study and visit guide evaluation. Unpublished dissertation. University of Oregon, Eugene, OR.

Peterson, J. M., & Hittie, M. M. (2003). *Inclusive Teaching: Creating Effective Schools for All Learners*. Boston, MA: Allyn and Bacon.

Sousa, D. A. (2006). *How the Brain Learns*. Thousand Oaks, CA: Corwin Press.

Tomlinson, C. (1995). Deciding to differentiate instruction in middle school: One school's journey. *Gifted Child Quarterly, 39*(2), 77-87.

Tomlinson, C. (1999). *The Differentiated Classroom: Responding to the Needs of All Learners*. Alexandria, VA: Association for Supervision and Curriculum Development.

Tomlinson, C. (2014). *The Differentiated Classroom: Responding to the Needs of All Learners* (2nd ed.). Alexandria, VA: ASCD.

Tomlinson, C. A., & Allan, S. D. (2000). *Leadership for Differentiating Schools & Classrooms*. Alexandria, VA: Association for Supervision and Curriculum Development.

Tomlinson, C. A., & Eidson, C. C. (2003). *Differentiation in Practice: A Resource Guide for Differentiating Curriculum, Grades k-5*. Alexandria, VA: Association for Supervision and Curriculum Development.

Zemelman, S., Daniels, H., & Hyde, A. (1993). *Best Practice: New Standards for Teaching and Learning in America's Schools*. Portsmouth, NH: Heinemann.

제**11**장

또래지도 및 협동학습 활용

🎓 **학습목표**

1. 또래지도나 협동학습의 효과를 알고, 그것을 설명한다.

2. 또래지도를 적용하기에 적절한 상황을 알고, 절차에 따라 그것을 적용한다.

3. 협동학습을 적용하기에 적절한 상황을 알고, 절차에 따라 그것을 적용한다.

주요 용어

- 또래지도
  - 학급 전체 또래지도(classwide peer tutoring)
  - 또래지원 학습전략
- 협동학습
  - 팀별 성취 향상도 인정방식(Student Teams-Achievement Divisions: STAD)
  - 팀 보조 개별화(Team Assisted Individualization: TAI)
  - 조각 맞추기(Jigsaw)
  - 집단탐구(group investigation)

사례 1

또래지원 학습전략 활용

○○초등학교 4학년 3반 국어시간. 또래지원 학습전략(peer assisted learning strategies)을 활용한 수업이 진행되고 있다. 각 학생은 10분 동안 자료를 큰 소리로 읽는다. 또래지도팀 구성원 중에서 먼저 또래 교수자 역할을 맡은 학생이 읽기 자료를 읽는 시범을 보인다. 이어서 또래 학습자가 같은 자료를 큰 소리로 읽는다. 또래 학습자가 잘못 읽을 때마다 또래 교수자는 그 오류를 교정해 준다. 예를 들어, "잠깐! 그 단어 잘못 읽었어. 제대로 다시 읽어 볼래?" 또래 학습자가 4초 이상 동안 제대로 못 읽으면 또래 교수자가 제대로 읽어 주고 또래 학습자에게 따라 읽어 보게 한다. 제대로 따라 읽으면 또래 교수자는 "맞았어. 아주 잘 읽었어. 그 문장 전체를 다시 읽어 봐."라고 피드백과 지시를 준다. 교사는 또래 학습자가 제대로 문장을 읽을 경우 그 팀에게 1점을 준다. 두 학생이 모두 다 읽으면 또래 학습자는 2분 동안 자료에 나타난 사건의 전개나 개요를 말한다.

사례 2

학급 전체 또래지도 활용

김 교사는 국어시간의 받아쓰기 학습 활동에 학급 전체 또래지도(classwide peer tutoring)를 적용하기로 했다. 우선 학급 전체를 두 집단으로 나눈 다음, 각 팀 내에서 다시 또래 학습자와 또래 교수자를 지정했다. 또래 교수자에게는 받아쓰기 단어 목록을 나누어 주었다. 또래 교수자는 또래 학습자에게 단어를 불러 주고 받아 적게 했다. 또래 교수자는 또래 학습자가 맞게 받아쓰면 단어당 2점을 부여한다. 김 교사는 이러한 방식으로 10분 정도 받아쓰기를 지속했다. 또래 교수자는 또래 학습자의 받아쓰기가 틀렸을 경우 다음과 같은 절차를 따라 오류를 교정하도록 했다. 첫째, 틀린 글자를 말로 교정해 주거나 제대로 써 준다. 둘째, 또래 학습자에게 틀린 단어를 세 번 반복하여 제대로 써 보게 한다. 셋째, 또래 학습자가 세 번을 반복하여 글자를 제대로 쓰면 1점을 준다. 그리고 이번에도 제대로 쓰지 못하면 또래 교수자가 제대로 쓰는 시범을 보여 준다. 이

렇게 해서 10분이 지나자, 김 교사는 서로의 역할을 바꾸어 동일한 과정과 절차
를 밟도록 했다. 김 교사는 새로운 받아쓰기 목록을 또래 교수자가 된 학생들에
게 제공했다. 20분 후 모든 또래지도과정이 종료되자, 김 교사는 각 또래지도
팀별로 얻은 점수를 자신에게 보고하도록 했다. 김 교사는 각 집단 내 개개의
팀 점수를 합산하여 더 높은 점수를 받은 집단에게는 이긴 것에 대해, 그리고
진 집단에게는 노력한 것에 대해 칭찬과 강화를 제공했다.

1. 이 장의 취지

King-Sears와 Cummings(1996)는 통합학급 상황에서 교사가 사용할 수 있는 효
과적인 교육방법으로 교육과정중심평가, 자기관리, 학습전략, 직접 교수, 목표 설
정 등과 함께 또래지도와 협동학습을 들었다. 특히 협동학습은 교사들이 사용하는
데 상대적으로 가장 편안함을 느낀다고 보고한 교수전략이었다. Daniels와 Bizar
(1998)는 학교학습에서 가장 효과적인 교육방법 여섯 가지로 통합교과적 접근, 소집
단 활동, 학습한 것 다양하게 표현하기, 학급 내 실험 및 실습 활동, 실제 경험, 반성
적 평가를 제시하였는데, 그중 협동학습은 소집단 활동의 핵심 요소라고 했다.

그만큼 통합교육에서 협동학습이나 또래지도는 유력한 교육방법 중의 하나로 실
제 현장에서 사용되고 또 많이 연구되는 교육방법이다. 통합학급 담당교사 혼자서
특수교육대상학생을 포함한 30~40명의 학생을 상대로 각 수준에 맞게 학업을 지
도한다는 것은 사실상 매우 어려운 일이다. 이러한 상황에서 학급 내 동일 연령의
또래나 상급 학년 학생들은 교사의 좋은 협력자가 될 수 있다.

교사가 특정 학생의 학업지도 시 또래를 활용한다는 것은 비단 모자라는 교사의
지원 부분을 보충하기 위함만은 아니다. 그것은 그 이상의 효과를 거둘 수 있다. 즉,
성적이 낮은 학생이나 장애학생은 또래에게서 특정 학습과제를 해결하는 데 직접
적으로 도움을 받을 수 있을 뿐만 아니라 또래 간 긍정적 상호작용이 있을 경우 사
회적 관계 향상, 사회적 기술 향상, 자아개념 향상을 가져올 수 있다. 이러한 효과
는 성적이 높은 학생에게서도 나타날 수 있다. 예컨대, 학업 측면에서도 교사 역할
을 하는 학생의 내용에 대한 이해도를 높이고 심화시키는 것으로 나타났다(Slavin,

Madden, & Leavey, 1984). 문제는 또래지도나 협동학습을 통해 이러한 긍정적 효과를 얻기 위해서는 치밀한 사전 계획이 필요하다는 점이다. 이 장에서는 통합학급에서 또래를 활용해 장애학생은 물론 비장애 또래의 학업적·사회적 능력을 향상시킬 수 있는 방안을 살펴보고자 한다.

2. 또래지도

1) 또래지도의 의미와 효과

또래지도(peer tutoring)는 [그림 11-1]처럼 동일한 연령이나 학년의 또래가 교사역할을 맡아 일대일 지도를 하는 방식이다. 일반적으로 또래지도의 효과는 또래 학습자(tutee)에게는 비교적 일관적으로 나타나지만, 또래교사(tutor)에게는 상대적으로 엇갈리게 나타난다는 것이 기존 연구의 결과다. 또래 학습자에게는 특히 기본 학습기능, 예컨대 받아쓰기, 수학 연산, 읽기, 과학이나 사회교과에서의 기본 사실이나 어휘학습 등에 효과적이다. 또한 또래의 학습태도나 학습방식 및 학습문제 해결기법 등을 가까이에서 보고 배울 수 있다. 또래교사의 사회적 기술, 정서적인 반응이나 태도 등에서도 모방학습 효과를 거둘 수 있다. 그렇지만 더 복잡한 사고기능을 요하는 학습과제에서는 또래지도의 효과가 어떨지 미지수다.

또래교사에게도 긍정적인 효과가 많이 있다. 즉, 자신의 역할에 자부심을 갖고 자

그림 11-1   ○○초등학교 일반학급의 또래지도 장면

존감을 높일 수 있으며, 학교학습 전반과 교과학습에 긍정적인 태도를 가질 수 있다. 대개 자신이 알고 있는 내용을 또래에게 지도하더라도 교수과정에서 내용을 조직화하고 재진술해야 하기 때문에 심층적 이해를 꾀할 수 있고 내용의 반복학습 효과를 거둘 수 있다. 더불어 또래지도에 대한 자부심과 함께 또래의 향상을 경험할 때 높은 성취감을 느낄 수 있다. 그렇지만 어떤 학생이 장기간 장애학생을 지도하는 역할만 담당해야 한다면, 특히 교과학습 측면에서 또래 학습자에 비해서는 상대적으로 낮은 효과를 거둘 수도 있다.

또래지도는 교사가 모든 학생에게 개별적인 지도를 하기가 어려운 다인수 학급에서 특히 각 학생의 실제 학습에 몰입하는 시간을 증가시키는 역할을 할 수 있다. 교사 1인과 30~40명의 학생이 동시에 상호작용을 하기는 어렵고, 그럴 경우 특정 순간에 학습에 몰입해 있는 학생 비율은 매우 적을 수 있다. 그러나 학급 전체 또래지도를 실시할 경우, 적어도 학급 내 학생들의 절반은 특정 순간에 학습 활동을 하게 만들 수 있다. Cooke, Heron과 Heward(1983)가 제시한 또래지도의 효과는 [글상자 11-1]과 같다.

[글상자 11-1]

또래지도의 효과

1. 교사가 비록 학생이더라도 내용의 반복, 숙달 그리고 체계적인 복습을 강조하면서 가르치다 보면 다른 학생을 효과적으로 가르칠 수 있다.
2. 또래 학습자 역시 또래교사로부터 효과적으로 학습을 받을 수 있다.
3. 또래교사는 학습자에 맞게 내용을 개별화할 수 있다.
4. 전체 학급 대상 수업 때보다 학생들은 일대일로 서로 마주 보면서 학습 활동에 훨씬 더 많이, 더 깊이 몰두할 수 있다.
5. 일대일 학습 상황에서 학습자는 훨씬 더 정확한 반응을 할 가능성이 높다.
6. 또래교사나 학습자 모두 자기존중감을 갖게 되고, 서로 간에 건설적이고 적절한 상호작용을 할 수 있는 요령을 터득할 수 있다.

김유정과 강옥려(2016)는 모방하기전략을 통한 상급학생 또래교수가 쓰기부진아동과 또래교수자 각각의 쓰기능력에 미치는 효과를 알아보았다. 이를 위해 초등학교 2학년 쓰기부진아동 세 명을 5학년 또래교수자 한 명이 일대다의 형태로 지도하였다. 주 3회, 총 6회기의 또래교수자 사전교육을 받은 또래교수자를 투입하여 중재를 실시한 결과, 모방하기전략을 통한 상급학생 또래교수 중재가 쓰기부진아동의 양적 쓰기능력과 질적 쓰기능력 향상에 도움을 주었다.

또래교수는 인지학습뿐만 아니라 장애학생의 기능적 기술 향상, 그리고 또래교수자의 정서에도 효과적인 것으로 나타났다. 배수진과 박승희(2015)는 특수학교에서 발달장애 학생 간 상급학생 교수(cross-age peer tutoring)를 실시하여 발달장애 고등학생 교수자(튜터)와 발달장애 초등학생 학습자(튜티)에게 미친 교육적 효과를 분석하였다. 이를 위해 상급학생교수를 통해 특수학교에 재학 중인 초등학생 학습자 아홉 명에게 기능적 기술(청소기와 세탁기 사용 기술)의 향상 여부와 고등학생 교수자로 참여한 실험집단의 학교생활만족도와 자아존중감의 유의한 변화를 알아보았다. 중재 기간 동안 아홉 명의 고등학생 교수자가 아홉 명의 초등학생 학습자에게 9회기부터 23회기까지 15회기 동안 '청소기'와 '세탁기' 사용 기술을 가르친 결과, 초등학생 학습자는 청소기와 세탁기 사용 기술에서 유의한 향상을 보였으며, 고등학생 교수자인 실험집단은 학교생활만족도와 자아존중감에서 통제집단에 비해 유의하게 큰 폭의 향상을 보였다.

〈표 11-1〉은 우리나라에서 최근에 수행된 또래지도 관련 연구물 중 장애아동이 연구 대상자로 참여한 것을 종합적으로 나타낸 것이다. 이들 기존 연구가 보고한 바에 따르면, 또래지도는 읽기, 쓰기와 같은 교과기능뿐만 아니라 학습 태도나 동기, 그리고 행동문제 감소나 사회적 기술 향상 측면에서도 긍정적인 효과가 있었다(이은주, 2003).

〈표 11-1〉 또래지도 효과를 보고한 국내 논문 자료

저자	또래지도방법 및 내용	인원 구성 및 특징		기간 및 시간 배분	교육 효과
		학습자	또래교사		
박옥선 (1996)	또래 개인지도, 쓰기학습지도, 일대일 개별지도, 같은 과제 학습, 자료 찾기, 도와주기, 쓰기 순서 지도	3학년 쓰기 부진 정신지체아 네 명	3학년 국어과 학력 우수아 네 명	9주, 주 3회 정규 수업 시작 전 8:20~9:00	필순, 받아쓰기능력이 현저히 향상됨, 행동문제가 줄어듦

박임순 (1997)	또래 개인지도, 읽기부진 아동에게 그림－글자 카드를 통하여 단어학습, 의미 중심의 단어 읽기지도	4학년 독해력 저조 정신지체아 세 명	4학년 교우관계 원만한 학생	21주, 주 5회 정규 수업 전 (8:00~8:30), 특활시간 30분	문자 해독력, 학습 습관, 상호 이해심, 인내심, 책임감, 동료애, 문제해결력, 지도력 향상
이성현 (1999)	또래협력학습, 정교화 훈련을 통한 독해능력 향상과 긍정적 자아개념 증진	4, 6학년 독해 부진아 각 스무 명	4, 6학년 독해 부진아, 우수아 각 열 명	5주, 주 4회 방과후 30분	또래지도자가 상위 학습 능력일 때 독해력, 긍정적 자아존중감의 향상에 효과적임
권요한, 정소남 (2001)	또래 개인지도, 장문 반복 읽기지도, 오류 수정 등을 통하여 읽기학습 및 학습태도 개선 활동	정신지체아 네 명	학습 우수아 네 명	7주, 주 4회 방과후 30분	기초학력검사와 어휘력 검사에서 현저한 향상, 학습 태도 향상
신진숙 (2001)	또래 개인지도, 교사 직접 교수 철자 받아쓰기, 틀린 것 수정하기, 점수 주기	정신지체아 세 명	짝이 되는 전 학급 학생	8주, 주 2회 수업시간	쓰기능력, 학습 참여, 사회적 기술 향상에 또래지도가 직접 교수보다 효과적
*배은정, 여광응 (2006)	또래 개인지도	초등학교 3학년 수학학습부진학생 세 명	수학 우수학생 동학년 세 명	7주, 30회기	수학학습부진학생의 사칙 연산능력 점진적 향상. 중재 후 유지 효과. 학습태도 개선. 과제수행 태도 능동적으로 변화
*김지영, 강옥려 (2008)	일반아동 열여섯 명이 각 두 명씩 조를 이루어 개인적 욕구, 건강 보호 및 안전 지원, 의사소통지원, 교수적 지원(학습준비 보조 등)	초등 1학년 정신지체 2급, 초등 2학년 정신지체 1급 각 한 명	일반아동 열여섯 명이 각 두 명씩 조 구성	5회기	일반아동의 장애아동에 대한 태도가 개선되었으며, 장애아동의 사회성이 유의하게 향상

* 논문은 저자 추가.
출처: 이은주(2003), p. 66에서 발췌 수정.

2) 또래지도 적용절차

(1) 또래지도목표 및 대상내용 설정

첫 번째 고려할 사항은 또래지도의 목표를 명확히 설정하는 것이다. 모든 과목, 모든 수업시간에 또래지도를 적용할 수는 없다. 분명 또래지도가 가장 효과적인 경우가 있고, 가장 적절한 상황에 이를 적용하는 것이 바람직하다. 적절한 대상 교과로는 수학, 사회, 과학, 읽기 등 다양하다.

일단 또래지도 대상 교과가 선정되면 각 수업 차시에서 또래지도를 통해 학생들이 정확히 무엇을 성취하기를 기대하는지 분명히 해야 할 것이다. 읽기지도의 경우에는 능숙하게 개별 단어나 글자를 읽는 것이 목표가 될 수 있고, 수학 연산의 경우에는 오류 없이 두 자릿수 혹은 세 자릿수 덧셈과 뺄셈 문제를 해결하는 것이 목표가 될 수 있을 것이다.

(2) 구체적인 수업지도안 작성

또래지도의 목표와 대상내용을 결정하면 다음에는 구체적인 또래지도 수업지도안을 작성해야 한다. 대개 1주일에 3회, 하루에 30분 정도로 한 학기 정도는 지속적으로 실행해야 어느 정도 성과를 볼 수 있다(Mathes, Fuchs, Fuchs, Henley, & Sanders, 1994). 그렇다고 너무 오래 하는 것도 바람직하지 않다. 특히 교사와 학습자 역할을 바꾸기 힘든 경우에는 또래지도 기간을 너무 길게 잡지 않도록 한다. 흔히 또래지도란 교사가 별 역할 없이 학생들에게 자기들 스스로 지도하도록 놔두는 것이라고 생각하기 쉽다. 하지만 성공적인 또래지도는 구체적으로 학생들이 각자 어떠한 역할을 어떻게 수행하고, 교사는 어느 단계에서 어떤 개입을 할 것인가 등이 세밀하고 구체적으로 계획되었을 때 가능하다.

(3) 또래지도팀 조직 관련 사항 결정

또래지도를 위한 팀 결성에는 몇 가지 고려해야 할 요소가 있다. 가장 흔한 형태로는 상위 수준의 학생이 또래교사가 되고 특수아동이 학습자가 되는 방식이다. 그러나 학급 상황이나 교수목적에 따라서는 교대로 역할을 변경할 수도 있고, 또래교사를 학습자와 친한 사람, 성이 다른 사람, 상위 학년 학생 등으로 다양하게 지정할 수 있다. 어떤 학생과 짝지을 것인지는 또래지도의 목표, 해당 교과 활동의 성격 등에 따라 달라진다.

일반적으로 또래교사 역할에 적당한 학생은 수업 대상내용을 어느 정도 잘 알고 있고, 또래를 도와줄 마음과 의욕이 넘치며, 필요한 방법과 기법에 관한 훈련을 기꺼이 받으려는 학생이 이상적이다.

(4) 또래지도 관련 목표와 절차 및 규칙 사전교육

또래지도가 성공하려면 사전 준비가 철저해야 한다. 우선 각 학생은 자신의 역할에 대한 충분한 사전훈련을 받아야 한다. 특히 교사 역할을 할 학생은 내용을 효과적으로 제시하고, 또래의 학습을 관찰하고, 피드백과 질문을 적절히 제시하는 방법 등에 대한 사전 지식을 갖추어야 한다. 또한 라포(rapport: 둘 사이의 친밀감) 형성방법, 교수 자료와 과제 제시방법, 또래학생 반응 기록법, 단서활용방법 등에 대한 사전교육도 필요하다. Fulk와 King(2001)은 교사가 또래지도를 실시하기 전에 학생들에게 가르치거나 인식시켜야 할 주요 사항을 [글상자 11-2]와 같이 제시했다.

사전교육은 최소한 45분 정도가 필요하며, 다양한 활동을 할 경우에는 활동별로 적어도 한 회기 이상 교사의 시범이 있어야 한다. 이러한 사전훈련은 또래지도가 교사의 손이 미치지 못하는 경우 또래를 활용하는 성격을 띠고 있고, 또 보통의 경우 학생이 교사보다 효과적으로 또래를 가르치기 어렵다는 점을 감안하면 당연한 절차다.

훈련은 교사의 시범과 이의 반복 숙달 그리고 교사의 피드백과정을 거치도록 한다. 학습자 역시 어떤 태도를 가져야 할지 등에 대한 사전교육을 받아야 한다.

[글상자 11-2]

또래지도 사전교육 사항

1. 왜, 무엇 때문에 또래지도방법을 사용하려는지 설명한다. 예를 들면, 또래지도는 각자가 학습한 것을 실제로 연습하고 표현하며 학습에 몰두할 수 있는 시간을 증가시키는 역할을 할 수 있음을 사례나 수업 장면을 들어 이야기해 준다.
2. 경쟁보다는 협력과 협동을 강조한다.
3. 또래교사와 학습자 역할에 대한 훈련을 실시한다. 이를테면 피드백을 주는 요령, 오류수정절차, 점수기록방법 등이 훈련 대상 항목에 속한다.
4. 실제로 또래교사와 학습자의 적절한 역할과 언행을 시범 보인다.
5. 본격적으로 시작하기 전에 짧은 수업내용으로써 실제적인 역할 연습을 실시한다. 이 과정에서 교사는 학급 안을 돌아다니면서 필요시 적절하게 피드백을 제공한다.
6. 학급 전체적으로 적절하고도 효과적인 또래지도방법의 적용과 관련된 다양한 문제나 쟁점을 토의하는 시간을 갖는다.

이 외에도 몇 가지 사전교육 사항을 제시해 보면 다음과 같다.

- 상대방에게 서로 친절하게 대한다.
- 역할을 수시로 변경할 경우 누가 먼저 또래교사가 되고 학습자가 될 것인지 결정하도록 한다. 상대방이 정답 반응을 보였을 때에는 학습지에 ○를, 오답을 보였을 때는 ×를 표시한다.
- 질문이나 대답을 할 때는 상냥한 말투로 한다.
- 가급적 자주 서로를 칭찬하고 격려한다.
- 상대방에게만 질문하고 대답한다.
- 상대방과 협력하고 서로 최선을 다한다.

교사가 가장 신경 써야 할 부분은 또래교사 역할을 할 학생을 훈련시키는 일이다. Polloway, Patton과 Serna(2001)가 제시한 또래교사에 대한 구체적인 훈련 내용과 절차를 제시하면 [글상자 11-3]과 같다.

[글상자 11-3]

또래교사 사전교육 내용

① 학생들에게 또래지도에 대해서 학습할 준비를 시킨다.
  - 학생들에게 또래교사의 개념에 대해 알고 있는지 물어본다.
  - 학생들에게 또래교사가 되는 것이 왜 중요한지 물어본다.
  - 학생들에게 어떤 교과에서 자신이 또래교사가 될 수 있는지 물어본다.

② 학생들이 또래교사가 되는 단계를 이해하도록 돕는다.
  - 또래교사가 지정된 교과를 또래에게 가르치기 위해 드러내야 하는 단계를 나열한다.
  - 각 단계를 또래교사에게 설명하고, 그들에게 왜 각 단계를 시범 보이는 것이 특정 과목을 지도하는 데 중요한지 물어본다.
  - 또래교사에게 수업을 가르치는 데 필요한 단계를 학습하도록 요구한다.

③ 모델을 보면서 지도 기술을 시연한 다음, 다른 사람을 대상으로 수업을 연습한다.
  - 특정 교과를 다른 학생에게 가르칠 때 구체적으로 또래교사가 어떻게 해야 하는지 몸소 시범 보인다.

> - 학생에게 교사와 역할을 바꾸어 또래교사 역할을 연습해 보게 한다.
> - 각 역할 연습이 끝날 때마다 피드백을 제공하여, 해당 학생이 만족할 만한 수준으로 또래교사 역할을 수행할 수 있게 한다.
>
> ④ 수업이 제대로 이루어졌는지 자기 점검을 실시한다.
> - 학생이 만족스러울 정도로 또래교사 역할을 연습했으면 정말 수업을 가르치는 데 필요한 만큼 자신의 역할을 수행했는지의 여부를 스스로 점검하게 한다.
>
> ⑤ 목표를 달성하기 위해 또래교사의 역할 수행상 문제를 해결한다.
> - 만약 또래교사가 수업을 제공하는 데 필요한 모든 단계를 제대로 시범 보이지 않으면 적절하고 만족스럽게 그 단계들을 수행할 때까지 연습을 지속한다.
>
> ⑥ 또래 기술이 수행될 수 있는 여타 상황을 선정하거나 인식한다.
> - 또래교사와 다른 학생을 짝지어 또래교사가 그 학생을 대상으로 동일한 수업을 수행하도록 한다.
>
> ⑦ 수업 중 또래교사와 학습자 역할 수행을 평가한다.
> - 또래교사가 수업을 제대로 실시했는지, 그리고 학습자가 또래교사 덕택에 기술 습득 정도가 향상되었는지 평가한다.

(5) 또래지도과정 점검

일단 학생들이 또래지도를 수행하면 교사는 교실을 돌아다니면서 각 팀이 제대로 또래지도를 수행하는지 점검해야 한다. 문제가 있는 부분은 전체 학급을 대상으로 수시로 교정하도록 한다.

(6) 또래지도 효과 평가

또래지도가 끝난 다음에는 실제로 또래지도가 각자에게 어떤 도움을 주었는지에 대해서 평가할 시간을 갖는다. 특히 학습적인 측면뿐만 아니라 정서적·사회적 관계 측면에서도 어떠한 장점과 단점이 있었는지 평가하도록 한다. 비록 또래지도가 앞에서 기술한 것과 같은 긍정적인 측면이 있지만, 이는 교과의 성격과 수업목표에 따라 적절하게 선별적으로 사용해야 한다. 1주일에 3회 이하 차시당 30분 이내로 수업을 구성하는 것이 바람직하다.

3) 또래지도 유형

(1) 상급 학년 또래지도

상급 학년 학생이 또래교사 역할을 맡고, 하급 학년 학생이 학습자 역할을 한다. 이 경우 서로 간의 역할은 고정적이다. 복식학급 상황에서 복수 학년 학생들이 동일한 주제로 수업을 할 때나 방과후 혹은 아침 자습시간에 적용이 가능한 형태다.

(2) 동학년 또래지도

대개는 좀 더 상위 수준의 학생이 또래교사 역할을 맡는다. 일반학생을 대상으로 할 경우에는 역할을 서로 바꿀 수 있다.

(3) 학급 전체 또래지도

이는 다양한 학습자로 구성된 비교적 큰 규모의 통합학급에 적절하다. 학급 내 모든 학생이 둘씩 짝을 지어 또래지도를 실시하는 방법이다. 대개 학생들은 서로의 역할을 교대로 바꾸면서 또래지도를 한다. 가장 큰 장점은 각 학생의 실제 학습 몰두 시간을 늘릴 수 있다는 점이다. 수업시간에 각 학생이 실제로 학습에 얼마나 몰입했는지는 그들의 학습성과와 관련이 높다. 학급 전체가 2인 1조의 또래지도팀을 구성하여 학습 활동을 할 경우, 특정 시간대에 적어도 학급 내 절반은 어떤 형태로든 가르치거나 배우는 활동을 할 것이다. 선행 연구에 따르면, 학급 전체 또래지도는 교과내용 학습, 다양성 촉진과 통합 촉진, 그리고 교사의 수업 준비시간 확보 측면 등에서 효과적이었다(Simmons, Fuchs, Hodge, & Mathes, 1994).

여러 가지 적용 유형이 있겠지만, 그중에서 대표적인 학급 전체 또래지도의 적용 방안을 제시하면 다음과 같다.

- 학급 전체를 두 팀으로 나눈다. 가급적 경쟁체제를 도입해서 1~2주 동안 서로 경쟁을 벌이도록 하는 것이 더 효과적이다.
- 팀별로 2인 1조가 되어 서로 또래교사와 학습자 역할을 하면서 모든 팀에게 동

일하게 주어진 과제를 수행한다.

- 일반아동으로 구성된 팀에서는 약 15분마다 역할을 서로 바꾸며 또래지도를 한다. 장애아동이 포함된 조에서는 역할을 서로 바꾸는 대신, 장애아동이 학습한 바를 다양한 방식으로 표현할 기회를 제시하거나 비장애아동이 계속 또래교사 역할을 하도록 할 수 있다.
- 또래지도에 적합한 학습과제로는 단순 반복 연습과제, 서로 간에 시범을 보이고 따라 하는 활동이 포함된 과제 등이 적합하다. 수학, 받아쓰기, 낱말공부, 과학, 사회 등의 교과가 특히 적합하다.
- 점수는 질문에 대한 정답이나 과제 해결 시(예: 2점), 그리고 수정 후 정답을 제시했을 때(예: 1점)에 모두 부여된다. 팀별로 소속된 조가 획득한 점수를 모두 합산하여 그 결과를 비교하여 더 높은 점수를 획득한 팀에게 상을 준다.
- 앞서 언급한 점수 이외에 다음에서 설명하는 팀별 성취경합방식처럼 각 조에서 각 개인별로 미리 도달할 목표를 설정한 다음, 그 목표에 도달할 경우에는 가산점을 주도록 하여 팀별 동기와 개인별 동기를 동시에 부여할 수 있다.

(4) 팀별 성취경합

2인 1조가 되어 서로 도와주면서 각자의 수준을 고려하여 부여된 내용을 학습하거나 과제를 해결한다. 완성한 과제의 수나 정답을 맞춘 문제의 비율, 혹은 사전에 제시된 기준 초과 달성 여부에 따라 각 팀에게 보상한다.

(5) 또래지원 학습전략

주로 읽기 분야에서 많이 적용되는 또래지도전략 중 하나다. 2인 1조를 구성하는데, 한 학생은 읽기 수준이 높은 학생, 다른 한 학생은 읽기에 문제가 있는 학생으로 조를 구성한다. 읽기 수준이 낮은 학생이 글을 읽으면 읽기 수준이 높은 학생이 듣고, 발음·내용·어휘 등에 대해 질문을 하고, 필요하면 설명과 시범을 보인다. 또한 또래교사는 적절하게 강화를 제공한다. 이 방법을 적용했던 Mathes와 Torgesen(1998)은 또래지원 학습전략을 효과적으로 적용하려면 한 번에 35분 정도 1주일에 3회, 최소한 16주간은 투입해야 한다고 주장했다. 그러나 주로 장애아동이 학습자 역할을 할 수밖에 없는 상황에서는 또래지도가 1회 30분, 주 3회 이상을 넘

[학습활동 11-1]

　　덧셈과 뺄셈의 받아내림과 받아올림에 어려움을 겪는 장애학생을 위해 또래지도 수업 계획을 세우려 한다. 조별로 혹은 개인별로 다음 항목을 채워 보시오.

① 또래지도목표 및 대상 수업 내용
　　• 또래지도목표:
　　• 대상 수업 내용:
② 또래교사 역할자의 수업지도안
　　• 받아올림 및 받아내림 내용에 대해 또래교사가 학습자에게 지도할 내용 요소 및 절차:
③ 또래지도팀 조직방법(학업성적, 사회적 관계, 성별, 연령 등 고려):
④ 또래지도 사전훈련 내용:
⑤ 또래지도과정 점검 목록:
⑥ 또래지도결과 평가 요소 및 방법:

지 않도록 하는 것이 바람직하다(Salend, 2001).

3. 협동학습

1) 협동학습의 의미와 효과

　　협동학습(cooperative learning)이론의 대표적인 연구자인 Johnson과 Johnson(1987)에 따르면, 일반적으로 한 교실에서 이루어지는 학습 활동의 유형에는 개인적 학습, 경쟁적 학습, 협동적 학습의 세 가지가 있다. 개인적 학습에서는 학습목표를 달성하는 데 또래에 의지하는 경우가 별로 없다. 경쟁적 학습은 우리의 내신성적 제도로 대표되듯, 절대적 기준에의 도달보다는 또래보다 상대적으로 높은 학습성취를 올려야 인정을 받는 학습 활동 유형이다.

　　협동학습은 대개 대여섯 명의 학생을 한 팀으로 구성하여 집단 역학을 이용하여 학습 활동을 공동으로 수행하는 방법이다. 협동학습 상황에서는 대체로 교사가 학습 촉진자나 보조자의 역할을 담당하고 대신 학생들이 주도적으로 학습 활동을 해 나가게 된다. 협동학습 수행 시 각 학생은 공동의 목표 혹은 팀 내에서의 개별적 목 표를 협력적으로 달성하기 위해서 사회적 기술, 의사소통 기술, 상호협력 기술 등을 구사해야 한다. 그만큼 협동학습은 이러한 부분의 능력을 향상시킬 수 있는 교육방 법 중 하나다. 또한 제시된 과제에 대해 개인적으로도 학습목표에 도달해야 하지만, 한편으로는 자신의 팀 내 모든 구성원이 정해진 학습목표(모두에게 동일하지 않을 수 도 있음)에 도달할 수 있도록 서로 도와야 한다. Johnson과 Johnson(1987)에 따르면 협동학습에는 다음과 같은 다섯 가지 특징이 있다.

- 서로 가까이에 앉아서 얼굴을 마주 대하며 같이 학습하다 보면 긍정적이고 서 로를 북돋우는 상호작용이 많이 일어날 수 있다.
- 자신은 물론 팀 내 다른 또래도 공동의 목표를 달성하도록 해야 하기 때문에 긍 정적인 상호의존 분위기가 형성된다.
- 협동학습은 어떻게 조직하느냐에 따라서 팀 단위 책임뿐만 아니라 팀 내 구성 원 단위의 책임의식을 향상시키는 데도 효과적이다. 각 팀원은 개별적으로 자 신의 학습에 책임을 져야 할 뿐 아니라 또래의 학습에도 공유된 책임을 다해야 한다. 이를 위해 팀별로 학습성과나 학습 활동 측면에서 평가받을 뿐만 아니라 개별적으로도 학습성과에 대해 평가를 받는다. 이러한 시스템은 협동학습 내 에서 개별 학생의 책임감 강화에 기여한다.
- 상호 간에 사회적 기술이 향상된다. 팀 내 원활한 학습 활동과 학습목표 성취 를 위해서는 팀 내 구성원 간의 원활한 사회적 관계 형성이 필수적이고, 이는 다시 각 구성원의 만족스러운 사회적 기술에 의존한다.
- 혼자 학습할 때와 달리 학생들은 자신들이 무엇을 어떻게 학습했고, 공동의 목 표를 달성하는 데 어떤 기술과 능력이 필요한지 서로 협의하고 피드백을 받으 며 반성할 기회를 가질 수 있다.

그동안의 연구에 따르면, 협동학습은 각 구성 학생의 학업성취와 상호 협력, 사회 적 인정, 자아개념, 사회성 향상 등에 긍정적인 것으로 나타났다. 특히 특수교육대 상자의 경우는 자신의 수준으로 가능한 범위 내에서 다양한 학습 활동에 참여하면서 또래와 사회적 상호작용 및 모방학습 기회를 가질 수 있다. 그 과정에서 긍정적인 상호작용이 일어난다면 그것이 다시 특수아동의 자아개념과 사회성 발달에 기여할 수 있을 것이다.

한편, 정문성(2002)은 협동학습의 효과로 다음의 열한 가지를 제시했다.

- 협동학습은 교사에게 다양한 수업전략을 제공한다.
- 협동학습은 아동이 수업 중에도 신체를 많이 움직일 수 있게 한다.
- 협동학습은 아동에게 타인을 배려하는 태도를 길러 준다.
- 협동학습은 문제해결이나 의사결정능력을 길러 준다.
- 협동학습은 아동에게 많은 사회적 상호작용을 경험하게 한다.
- 협동학습은 아동에게 지적 모험을 할 수 있는 기회를 제공한다.
- 협동학습은 아동이 구체적 사고에서 추상적 사고로 이행할 수 있는 기회를 제공한다.
- 협동학습은 아동에게 긍정적 자아개념을 가지게 한다.
- 협동학습은 아동에게 소속감을 심어 준다.
- 협동학습은 동료들의 숨은 재능을 밝혀낸다.
- 협동학습은 학생들이 교사의 통제나 보호에서 벗어나 독립적으로 학습함으로써 다양한 정보원을 접하고 독립심을 기르게 한다.

[학습활동 11-2]

협동학습 관련 논문 중 하나를 찾아 협동학습을 구체적으로 어떻게 실시했는지 살펴보시오.

2) 협동학습 실시절차

(1) 협동학습목표 및 대상내용 설정

협동학습을 통해 달성하려는 목표를 구체화하는 작업이 먼저 이루어져야 한다. 여기에서 목표는 학업적 목표뿐만 아니라 사회적·정서적 및 개인 간 상호협력 기술 등을 포함한다. 중요한 점은 학업적 내용뿐만 아니라 상호협력 기술 혹은 사회적·정서적 측면의 기능이나 내용도 필요하면 집중적이고 체계적으로 지도해야 한다는 점이다. 또한 적절한 대상내용을 선정해야 한다. 주로 사회나 과학 교과를 중심으로 협동학습을 활발하게 활용하고 있다.

(2) 협동학습팀 조직 관련 사항 결정

① 팀 인원수를 얼마로 정할 것인가

보통 협동학습에 필요한 한 팀의 인원은 평균 다섯 명 내외로 구성된다. 인원수는 협동학습 활동의 성격, 구비된 자료의 준비 정도, 학생들의 학년 수준 및 사전훈련 정도 등에 따라 달라진다. 일반적으로 학생들이 어리고 협동학습에 대한 훈련이 덜 되어 있을수록 협동학습팀 구성원 수를 적게 한다. 또한 학생들이 협동학습 활동을 하면서 사용할 자료나 도구가 넉넉하지 못할 때는 가급적 한 팀의 구성원 수를 많게 하여 집중도는 떨어지더라도 자료나 도구의 효율성을 높여야 한다.

② 팀 구성은 이질적으로 할 것인가 혹은 동질적으로 할 것인가

팀 구성은 통상 장애학생 한 명, 하위 수준 한 명, 중위 수준 두세 명, 상위 수준 한두 명으로 구성한다. 하지만 협동학습목표에 따라 이질적인 집단 구성, 동질적인 집단 구성, 무작위 집단 구성 등 다양한 형태를 시도할 수 있다. 협동학습의 장점은 다양한 수준의 학생들도 각자의 수준에서 유의미하게 학습 활동에 참여할 기회를 얻을 수 있다는 것이다. 과학 수업의 경우, 학생들은 과학 실험에서 수준별로 실험에 필요한 자료 준비, 실험장치 설치, 관련 내용이나 정보의 읽기 및 설명하기, 결과 기록하기, 팀 내 실험 활동 지휘 및 관리하기, 실험내용 발표하기, 실험 활동을 그림이나 음악으로 표현하기 등의 학습 활동에 참여할 수 있다.

③ 협동학습을 위한 자리 배치

대체로 반원형이나 식탁형 책상을 사용하는 것이 좋다. 크기는 서로 간에 의사소통을 근거리에서 충분히 할 수 있으면서도 각자의 학습 활동에 방해가 되지 않는 정도가 적당하다.

④ 팀 내 역할 규정

역할을 지정하지 않고 그냥 협동학습을 하라는 것보다는 각자의 역할을 지정해 주는 것이 훨씬 효과적이다. 예를 들면, 협동학습 활동 책임자, 기록자, 발표자, 자료 준비자 등으로 각자에게 역할을 부여한다. 팀 내 역할 규정 시 특히 고려할 점은 팀 구성원 간에 상호 의존해야 하는 방향으로 팀 활동을 구조화하는 것이다. 이를 위해서는 너무 쉽거나 어려운 과제보다는 적절한 난이도를 가진 과제가 적합하고, 또 하나의 정답보다는 여러 가지 해결책이 나올 수 있는 과제가 적절하다.

(3) 협동학습 관련 목표와 절차 및 규칙 사전교육

학생들에게는 협동학습을 통해서 무엇을 성취해야 하는지 사전에 구체적이고 명시적으로 알려 주어야 한다. 또한 각자의 역할과 기본 규칙 및 절차에 대해서도 세밀한 사전교육을 받아야 한다. 예를 들어, 협동학습체제에서 자신의 역할과 책임의 한계는 어느 정도인지, 집단 내에서의 바람직한 학습 활동 태도는 무엇인지, 평가는

[글상자 11-4]

협동학습 규칙의 예

1. 각자는 자기 소집단의 구성원들이 주어진 과제를 해결하는 데 책임을 져야 한다.
2. 모든 구성원이 과제를 다 해결할 때까지 소집단 활동을 끝내서는 안 된다.
3. 과제가 어려워서 해결되지 않을 경우, 소집단 내에서 최대한 해결을 위해 노력하고, 도저히 해결되지 않을 때만 교사에게 질문한다. 이때는 소집단 구성원 모두가 함께 손을 들어 표시한다.
4. 소집단 활동은 다른 소집단을 방해하지 말아야 한다. 낮은 목소리로 토론할 것을 요구한다.

출처: 정문성, 김동일(1998).

어떤 기준에 따라서 받게 될 것인지 등에 대한 사전 인식과 훈련이 필요하다. 특히 특수아동의 경우 더 세밀한 준비 작업이 필요하다. 앞의 [글상자 11-4]는 협동학습 규칙의 예다.

(4) 협동학습과정 점검

일단 사전 준비가 끝나면 협동학습에 들어가게 된다. 이때 교사는 각 협동학습 장면을 자세히 관찰하고 점검하여 필요하면 피드백을 제공해야 한다. 대개 학생들은 처음에 예기치 않은 실수나 부적절한 행동을 할 수 있는데, 이런 경우에는 바람직한 것을 즉시 시범 보이고, 필요하다면 연습을 거친 후 다시 협동학습에 임하게 한다. 각 구성원의 고유한 역할수행방법, 협력방법 등에 대한 사전지도를 받고 연습하며, 그 과정에서 피드백을 받고, 실제 협동학습과정에서도 교사로부터 지속적인 관찰과 피드백을 받도록 한다.

(5) 협동학습성과평가

협동학습이 종료되면 협동학습의 성과를 학업성취 측면, 사회적 · 정서적 효과 측면, 기타 학생의 만족도 측면 등 다양한 측면에서 평가하는 것이 필요하다. 협동학습에서는 이질적인 수준의 학생들이 한 팀을 구성하는 만큼 어떻게 공정하고 타당하게 모든 학생을 평가할 것인가 하는 문제는 간단하지 않다. 일단 협동학습을 하는 만큼 집단기반평가가 이루어져야 한다. 예를 들면, 집단별로 목표를 설정하고 그 목표에 도달한 정도에 따라 집단 내 구성원 모두에게 동일한 평가를 부여할 수 있다. 문제는 집단에 기반한 평가만 할 경우 특히 상위 수준의 학생들이 피해를 볼 수 있다는 것이다. 또한 소위 '무임승차' 현상이 생길 수도 있다. 따라서 가장 적절한 방법은 집단기반평가와 함께 개인적인 향상과 노력 정도를 반영하는 평가체계를 적용하는 것이다(Kagan, 1994; Slavin, Madden, & Leavey, 1984). 이는 팀별 점수를 산정할 때 팀 내 구성원 각자가 출발점이나 기준 점수 대비 얼마나 향상되었는지를 산출하고, 이를 총합하여 팀 내 구성원 수로 나누어 팀별 평균 향상 정도에 따라 보상을 주는 방식이다. 이 경우 각 팀 내에서는 팀원 개개인의 향상을 최대화하는 것이 팀 전체의 향상을 최대화하는 것이기 때문에 자연스럽게 팀원 간의 상호 협력을 유도할 수 있다(Stevens & Slavin, 1995).

3) 협동학습 유형

(1) 팀별 성취 향상도 인정방식

팀별 성취 향상도 인정방식(Student Teams-Achievement Division: STAD)에서는 교사의 수업내용 제시 후 수준이 다양한 일군의 학생들이 한 팀을 이루어 교사가 제시한 학습과제를 수행한다. 학생들은 이 과정에서 서로 퀴즈를 내거나, 구체물을 사용하거나, 연습문제를 푸는 등 다양한 활동을 통해 학습과제를 수행할 수 있다. 또한 필요하다면 팀 내에서 개별적인 학습 활동을 어느 정도 수행하도록 할 수 있다. 평가는 팀 내 구성원 각자 학습 전후의 향상도를 따로 계산한 다음, 이를 다시 팀별로 비교하여 가장 잘한 팀을 보상하는 방식으로 이루어진다. 2인 1조로 구성하면 또래지도의 팀별 성취 경합으로 활용할 수 있다. 대체적인 STAD 적용단계를 기술하면 다음과 같다.

- 1단계: 수업할 내용에 대해 교사가 전체적으로 소개한다. 이를 통해 학생들이 학습목표를 인식하고 이후 하게 될 협동학습 활동의 기본 방향을 설정할 수 있도록 한다. 이 부분이 기존의 전통적 수업과 다른 점은 학생들이 자신들이 해야 할 소집단 활동의 방향과 소집단 활동이 끝난 후 치를 퀴즈 시험의 중요한 힌트를 얻기 위해 주의를 집중하게 된다는 점에 있다(정문성, 김동일, 1998). 이 단계에서 주로 소개할 내용은 수업에서 학습해야 할 내용과 그 중요성, 해당 수업에 필요한 사전 정보나 기능 등이다.
- 2단계: 보통 4~6명 단위로 팀을 구성한다. 앞서 기술했듯이, 각 팀원에게는 기록 담당이나 자료 담당 등과 같은 고유의 역할을 부여하는 것이 효과적이다.
- 3단계: 협동학습이 끝나면 주어진 학습과제 수행 정도를 평가한다. 평가는 일단 개인별로 실시하고, 점수는 미리 정해진 기본 수준 혹은 출발점 수준에 비해 얼마나 향상되었는지를 기준으로 계산한다. 기본 수준은 이전까지의 여러 차례 퀴즈나 시험 점수의 평균으로 정한다. 그러한 자료가 없으면 과거 성적 등을 기준으로 한다. 팀별로 팀 내 구성원의 향상 점수 총점을 구성원의 수로 나눈 것이 특정 팀의 점수가 된다. 향상 점수의 기준은 무엇이고, 향상 점수나 팀별 점수는 어떻게 계산될 것인지를 학생들에게 미리 자세하게 알려 주는 것이

학습 동기 면에서 바람직하다.
- 4단계: 팀별 점수를 발표하고 잘한 팀에게는 보상을 제공한다.

(2) 팀 보조 개별화

팀 보조 개별화(Team Assisted Individualization: TAI)에서는 각 학생이 먼저 사전 검사 결과에 따라 각 수준에 적합한 내용과 교재 혹은 학습과제를 부여받는다. 그런 다음 수준이 다양한 학생이 한 팀을 구성하여 서로 구성원의 개별학습을 돕는다. 즉, TAI는 각자 개별학습을 하되 서로 간에 학습을 도와주는 것이다. 평가는 팀 내 구성원이 완수한 학습활동 수나 향상된 점수 등을 팀별로 서로 비교하는 방식으로 이루어진다.

(3) 직소방법

직소(jigsaw)방법은 각 학생이 전체 학습 활동의 특정 부분을 각자 분담하여 완수한 다음 팀 전체 학습 활동에 기여하게 하는 방식이다. 예를 들어, 시장의 기능에 관해 협동학습을 하고 그 결과를 발표하기로 했다면, 학생 A는 시장의 모습을 사진이나 동영상 형태로 준비하고, 학생 B는 시장 상인과의 인터뷰 내용을 준비하며, 학생 C는 시장의 유형을, 학생 D는 시장 모습의 역사적 변천 등을 준비하여 팀의 학습 활동에 기여할 수 있다.

(4) 집단탐구

집단탐구(group investigation 혹은 group projects)는 가장 독립적이면서도 수준이 높은 학습 활동을 대상으로 하는 협동학습 형태다. 팀 구성원은 주어진 주제에 대해 자신들의 탐구 주제와 내용 및 방법, 팀 내 구성원의 역할과 책임 등을 스스로 설정한다. 예를 들어, 각 지방의 특징에 관해 학습하는 사회과 수업에서 집단탐구방법을 도입할 경우, 학생들은 팀별로 각 시·도를 한 군데씩 선정하여 과제를 수행할 수 있다. 이때 팀원은 각각 그 지역의 인구, 면적, 주요 산업과 특산물, 그 지역의 주요 역사, 지리적 특징 등으로 영역을 분담하여 과제를 수행할 수 있다.

[학습활동 11-3]

다음 주제 중 하나를 골라 협동학습 형식으로 수업을 진행하기 위한 수업 계획을 세워 보시오. 조별로 혹은 개인별로 다음 항목을 채워 보시오.

－시장의 기능

－날씨의 변화

－환경과 사람

① 협동학습목표 및 대상 수업 내용

• 협동학습목표:

• 대상 수업 내용:

② 협동학습팀 조직방법: (학업성적, 사회적 관계, 인원수, 구성원의 특징, 자리 배치, 팀 내 역할 규정, 성별, 연령 등)

③ 협동학습 사전훈련 내용:

④ 협동학습과정 점검 목록:

⑤ 협동학습결과 평가 요소 및 방법:

[학습활동 11-4]

효과적이고 성공적인 또래지도 및 협동학습에 필요한 준비사항을 대상 내용 교과 선정, 모둠 조직, 수업 계획, 역할 및 학습 활동 설계와 할당, 평가 등의 측면에서 나열해 보시오.

〈성공적인 또래지도 및 협동학습에 필요한 항목과 그 내용〉

항목	또래지도	협동학습
대상 내용 교과 선정		
모둠 조직		
수업계획 및 사전훈련		
역할 및 학습 활동 설계와 할당		
평가		
기타		

적용문제

1. 또래지도에 적절한 교육내용에는 어떠한 것이 있는가? 적절하다고 생각되는 내용을 하나 골라 또래지도 형식으로 진행하기 위한 수업 계획이나 수업지도안을 작성해 보시오.

2. 협동학습에 적절한 교육 내용에는 어떠한 것이 있는가? 적절하다고 생각되는 내용을 하나 골라 협동학습 형식으로 진행하기 위한 수업 계획이나 수업지도안을 작성해 보시오.

3. 협동학습 혹은 또래지도 형식의 수업에서 학생 개별적인 평가와 함께 팀별 보상을 동시에 이루어지게 할 수 있는 효과적인 방법을 제시해 보시오.

4. 주변에서 또래지도나 협동학습을 성공적으로 하고 있다고 알려진 교사를 찾아 가능하면 그 수업을 관찰하고, 그 교사와의 면담을 통해 어떤 점이 성공적인 수업과 관련이 있는지 확인해 보시오.

참고문헌

권요한, 정소남(2001). 또래지도를 통한 일반학급 경도장애아동의 읽기 지도 효과. 특수교육학연구, 35(4), 25-48.

김유정, 강옥려(2016). 모방하기 전략을 통한 상급학생 또래교수가 쓰기부진아동과 또래교수자의 쓰기능력에 미치는 효과. 학습장애연구, 13(3), 91-115.

김지영, 강옥려(2008). 통합교육환경에서 특수교육보조원과 또래 도우미 지원 효과에 관한 비교 연구. 통합교육연구, 3(2), 1-23.

박옥선(1996). 또래지도 학습이 정신지체아의 쓰기능력에 미치는 효과. 대구대학교 교육대학원 석사학위논문.

박임순(1997). 동료 개인지도를 통한 단어 읽기 지도방법이 정신지체아의 문자해독에 미치는 효과. 대구대학교 특수교육대학원 석사학위논문.

배수진, 박승희(2015). 발달장애 학생 간 상급학생 교수가 초등학생 학습자의 기능적 기술과 고등학생 교수자의 학교생활만족도와 자아존중감에 미친 효과. 정서·행동장애연구, 31(4), 149-176.

배은정, 여광응(2006). 또래지도 활동이 수학 학습부진아의 사칙연산 능력과 학습 태도에 미치는 효과. 발달장애학회지, 10(2), 143-161.

신진숙(2001). 전학급 또래지도가 경도정신지체 학생의 쓰기 능력에 미치는 효과. 특수교육학연구, 36(3), 123-142.

이성현(1999). 또래지도 전략 독해학습장애아의 독해력 및 자아개념에 미치는 효과. 발달장애학회지, 3(3), 147-165.

이은주(2003). 또래교수 관련 논문 분석을 통한 통합교육 현장에서의 또래교수의 효과적 활용방안 탐색. 특수아동교육연구, 5(2), 63-80.

정문성(1999). 중학교 교실에서 협동학습구조가 사회과 학업성취에 미치는 효과 연구-협동적 논쟁 수업 모형을 중심으로. 시민교육연구, 28, 121-150.

정문성(2002). 협동학습의 이해와 실천. 서울: 교육과학사.

정문성, 김동일(1998). 열린교육을 위한 협동학습의 이론과 실제. 서울: 형설출판사.

Cooke, N. L., Heron, T. E., & Heward, W. L. (1983). *Peer Tutoring: Implementing Classwide Programs in the Primary Grades*. Columbus, OH: Special Press.

Daniels, H., & Bizar, M. (1998). *Methods That Matter: Six Structures for Best Practice Classrooms*. Portland, ME: Stenhouse Publishers.

Fulk, B. M., & King, K. (2001). Classwide peer tutoring at work. *Teaching Exceptional Children, 34*(2), 49-54.

Johnson, D. W., & Johnson, R. T. (1986). Mainstreaming and cooperative learning strategies. *Exceptional Children, 52*(6), 553-561.

Johnson, D. W., & Johnson, R. T. (1987). *Learning Together and Alone* (2nd ed.). Englewood Cliffs, NJ: Prentice Hall.

Kagan, S. (1994). The structural approach to cooperative learning. *Educational Leadership, 47*(4), 12-15.

King-Sears, M. E., & Cummings, C. S. (1996). Inclusive practices of classroom teachers. *Remedial and Special Education, 17*(4), 217-225.

Mathes, P. G., Fuchs, D., Fuchs, L. S., Henley, A. M., & Sanders, A. (1994). Increasing strategic reading practice with Peabody Classwide Peer Tutoring. *Learning Disabilities Research & Practice, 9*(1), 44-48.

Mathes, P. G., & Torgesen, J. (1998). *Early Reading Basics: Strategies for Teaching Reading to Primary-grade Students Who Are at Risk for Reading and Learning Disabilities*. Paper presented at the Annual Council for Learning Disabilities Conference, Albuquerque, NM.

Polloway, E. A., Patton, J. R., & Serna, L. (2001). *Strategies for Teaching Learners with Special Needs*. Upper Saddle River, NJ: Merrill Prentice Hall.

Salend, S. J. (2001). *Creating Inclusive Classrooms: Effective and Reflective Practices.* Upper Saddle River, NJ: Prentice-Hall.

Simmons, D., Fuchs, D., Hodge, J., & Mathes, P. G. (1994). Importance of instructional complexity and role reciprocity to classwide peer tutoring. *Learning Disabilities Research and Practice*, *9*(4), 203-212.

Slavin, R. E., Madden, N. A., & Leavey, M. (1984). Effects of cooperative learning and individualized instruction on mainstreamed students. *Exceptional Children*, *50*(5), 434-443.

Stevens, R. J., & Slavin, R. E. (1995). Effects of a cooperative learning approach in reading and writing on academic. *The Elementary School Journal*, *95*(3), 241-262.

🖊 참고 사이트

베스트의 협동학습(http://best.new21.org/).

사회과 협동학습 연구회(http://www.dgedu.net/edu/2004/054/).

에듀넷협동학습방(http://cls.edunet4u.net/www/cl/info_first.jsp).

정문성 교수(경인교대) 협동학습 연구실(http://plaza.ginue.ac.kr/~msjeong/).

천리안 협동학습(http://user.chollian.net/~bada0004/main.htm).

협동학습연구회(http://educoop.njoyschool.net/club/service/cl_main.asp?gid=10003536).

기초학력부진학생 진단과 지도

 학습목표

1. 읽기, 쓰기, 수학 영역별 기초학력부진 현상의 원인과 특징을 알고, 대상자를 정확하게
   선별, 진단, 판별할 수 있다.
2. 증거기반 읽기, 쓰기, 수학 영역별 기초학력 지도방법을 찾아 실제로 적용할 계획을
   수립한다.

주요 용어

- 음운인식(phonological awareness)
- 난독증(dyslexia)
- 총체적 접근법
- 다감각 중심 읽기 교수법
- 쓰기의 과정적 접근
- 쓰기의 결과 중심 접근

기초학력부진 사례

다음은 국어 쓰기, 수학 연산에서 학업성적이 부진한 학생의 시험지 혹은 수행 결과물이다. 전체 학생 중 이처럼 심각한 학습부진 혹은 학습장애를 보이는 학생이 얼마나 되는지는 정확한 자료가 없어 알 수 없다. 또 과목에 따라 혹은 학습의 어려움 정도에 따라 대상자가 달라진다. 하지만 적게는 4% 내외에서 많게는 20% 정도의 학생들이 학습에 어려움을 겪고 있는 것으로 추정된다. 어느 한 과목에서라도 보통학력 수준에 이르지 못하는 학생까지 포함하면 더 많은 학생들이 학습에 어려움을 겪고 있다고 봐야 한다. 이러한 학생은 어떻게 진단하고 무엇을 어디에서부터 지도해야 할 것인가? 이 질문에 대한 답은 오래 전부터 많은 사람들이 제시해 왔지만 워낙 관련 변인이 많아 어느 경우나 효과를 볼 수 있는 지침이나 방법을 찾기란 쉽지 않다. 각 학습자의 학습 요구를 세밀히 분석하여 그에 맞게 증거–기반 방법들을 적용하는 것이 최선이다.

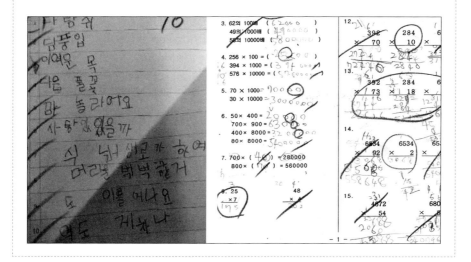

1. 이 장의 취지

학습에 문제가 있는 학생들이 가장 많은 어려움을 겪으면서 전체적으로 다른 교과학습에 큰 영향을 미치는 과목은 국어의 읽기와 쓰기 그리고 수학이다. 이들 과목의 내용은 대개 위계적으로 구성되어 있어 그 과목의 기본적인 학습능력이나 선수학습을 갖추지 못하면 이후 학습을 원활히 수행할 수 없는 특징이 있다. 이러한 측면 때문에 이들 과목을 가르칠 때에는 여러 수준의 학생들이 한두 명의 교사에게 수업을 받아야 하는 통합학급환경이 적절하지 않을 수 있다. 오히려 방과후나 보충학습시간에 소수를 대상으로 한 집중적인 지도가 가장 적절한 수업 형태일 것이다.

이 장에서 제시되는 각종 학습지도방법은 이처럼 반드시 통합교육환경만을 염두에 두지 않았다. 오히려 소집단 집중지도 형태를 염두에 두었거나 혹은 그러한 수업 형태가 가장 적절할 경우가 더 많았다. 또한 이 장에서 제시되는 교육방법은 통합학급 내에서 학습문제를 보이는 학생 중 주로 학습장애나 학습부진학생을 대상으로 한 것이다. 하지만 이 장에서 제시한 많은 교육방법은 여타 학생의 학습문제에도 해당된다.

학습에 문제가 있는 학생을 효과적으로 지도하는 방법을 찾을 때에는 두 가지를 고려해야 한다. 첫째는, 모든 지도방법은 가급적 경험적이고 체계적인 연구결과로 효과가 있다고 밝혀진 것에 근거를 두어야 한다는 점이다. 둘째는, 효과적인 수업은 학생의 특성 못지않게 교사의 교수행위, 그리고 교과서나 교재가 어떻게 설계되었고 전개되느냐에 크게 영향을 받는다는 점이다. 사실 논리적인 순서로 따지자면 후자가 먼저 완비되어야 할 것이다.

특수아를 포함한 다양한 수준의 학생들에게 효과적인 수업과 교재를 제공하기 위한 원리에 대한 좀 더 구체적이고 자세한 논의는 이대식과 이창남(2005)이 공역한 『(모든 수준의 학습자를 위한) 효과적인 수업 설계 및 교재 개발 원리: 각 교과별 적용 예』를 참고하기 바란다.

2. 읽기학습문제의 이해와 지도

초등학교 3학년 때까지 유창하게 한글을 읽지 못하는 학생은 이후 학습에서도 어려움을 겪을 가능성이 매우 크다. 반면, 초등학교 초기나 유치원 때부터 단어나 문장을 유창하게 읽을 수 있는 학생은 이후 학습에서도 그렇지 않은 학생에 비해 매우 유리한 입장에 서게 된다. 선행 연구(이원령, 이상복, 2003; 이차숙, 1999; Stanovich, 1999)에 따르면 읽기학습장애의 어려움은 개별 단어를 빠르고 능숙하게 읽지 못하는 데에서 기인한다. 이러한 유창성은 주로 음운인식(phonological awareness)능력의 부족이나 결함에서 기인한다(Kameenui, Carnine, Dixon, Simmons, & Coyne, 2005). 음운인식능력이란 각 알파벳에 대응하는 개별 소리를 알고, 이를 글자나 단어 구성원리에 어긋나지 않게 자유자재로 혼합하고 분리하며 대치 및 생략할 수 있는 능력을 말한다. 이러한 단어 읽기 유창성 및 음운인식능력은 조기에 발달하는 것이 이후 읽기능력 향상과 여타 교과학습에 유리하다.

1) 읽기학습에 대한 이해

읽기학습장애 지도 영역은 요구되는 읽기과제의 성격에 따라 해부호화(decoding)와 독해(comprehension)로 구분하여 살펴볼 수 있다. 먼저 해부호화의 핵심은 단어인식능력이다. 전통적으로는 글자를 익히는 데 시각, 청각, 촉각, 운동 등 다감각 중심 읽기 교수법이 유행했다. 그러나 이들 접근의 효과가 별로 인상적이지 않다는 연구결과가 있었다(Kavale, Hirshoren, & Forness, 1998). 최근에는 읽기와 좀 더 관련이 있는 언어 관련 기본기능을 강화하거나 보완하려는 쪽으로 읽기지도 방향이 선회하고 있다. 이러한 언어 관련 기본기능으로는 대표적으로 음운인식능력이 거론되고 있다.

(1) 읽기의 구성 요소

읽기는 요구되는 능력과 인지 작용에 따라 크게 개별 글자의 해부호화(decoding), 개별 단어의 인식(word recognition) 그리고 문장이나 문단 혹은 전체 글의 이해

(reading comprehension) 등으로 구분할 수 있다.

(2) 읽기능력 발달의 특징

읽기와 쓰기는 말하기와 듣기 같은 경로나 과정을 거쳐 발달하지 않는다. 즉, 말하기와 듣기는 정규적이고 인위적인 교육을 받지 않아도 자연스럽게 발달한다. 이는 학교에 다니지 않은 사람도 자연스럽게 우리말을 듣고 말할 수 있는 것에서 쉽게 알 수 있다. 그러나 읽기와 쓰기는 어떤 형태로든 인위적인 교육을 받지 않으면 저절로 알게 되는 경우는 없다고 봐야 한다. 혹자는 가르치거나 배우지도 않았는데 읽고 쓸 수 있게 되는 경우가 있지만, 특별히 천재가 아닌 이상 가르치고 배우는 과정이 있었을 것이다.

또한 읽기능력은 조기 발달이 매우 중요하다. 읽기는 단순히 글자를 읽고 해부호화하는 역할뿐 아니라 모든 지식과 정보를 획득하는 중요한 수단이다. 또래에 비해 처음부터 읽기가 심각하게 뒤처질 때, 처음에는 그로 인한 영향이 적어 보이지만 시간이 지날수록 그 부정적인 영향은 더 커진다(Stanovich, 1986).

(3) 읽기 대상 언어(한글)의 특징 이해

한글은 읽기학습 측면에서 매우 유리한 여러 가지 특징이 있다. 읽기의 교수-학습 측면에서 가장 두드러진 한글의 특징은 각 자·모음에 대응하는 음소(소릿값)가 매우 규칙적이라는 점이다. 예를 들어, 모음 'ㅏ'에 해당하는 소리는 언제나 '아-(a:)'이고, 초성 'ㄱ'에 해당하는 소리는 언제나 '그-(g)'다. 따라서 가르치고 배우는 입장에서는 한글의 글자 구성 원리에 따라 이 두 소리를 합하고 분리하는 연습만 해 두면 이 자음과 모음이 들어간 글자는 언제나 제대로 소리를 낼 가능성이 크다. 하지만 영어의 경우, 'a' 소리만 하더라도 teach, arm, am, auto, take, about, dear 등의 단어에서 각기 다르게 소리를 내야 한다. 이러한 원리를 인위적으로 학습하지 않으면 제대로 글자를 읽기 어려울 것이고 또 학습하기도 쉽지 않을 것이다. 미국의 학습장애 학생의 80% 이상이 읽기학습장애를 갖고 있다는 점은 부분적으로 바로 영어의 이러한 특성에서 기인한 것일 수도 있다.

한글은 자음과 모음이 모두 발음기관의 위치와 모양을 본떠서 만들어졌기 때문에 지도할 때에도 이러한 특성을 잘 활용해야 한다. 예를 들어, 한글 모음은 발음할

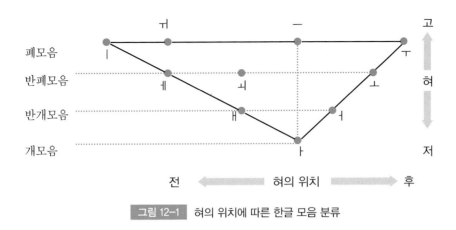

그림 12-1 혀의 위치에 따른 한글 모음 분류

때 혀의 위치에 따라 [그림 12-1]과 같이 구분된다. 또한 자음은 발음기관에서의 공기의 양과 강도에 따라 비슷한 것끼리 묶을 수 있고, 또 다르게 소리 내야 한다. 예컨대, ㄱ, ㅋ, ㄲ는 동일한 위치에서 발음이 나지만 공기의 양과 강도에 따라 그 소리가 달라질 뿐이다.

영어와 비교했을 때, 한글은 또한 시각적으로 음소가 구분된다. 한글의 낱글자는 '초성+종성' 글자이거나 '초성+중성+종성' 글자다. 글자만 보면 시각적으로 초성, 중성, 종성을 곧바로 구별할 수 있다. 따라서 각각에 해당하는 소리만 익히고 그들 소리를 각 위치에 따라 조합하는 연습만 하면 어느 글자나 읽을 수 있다. 반면에 영어의 경우에는 단어에 따라 음절의 길이와 수가 다양하다. 즉, 시각적으로 음절을 곧바로 구분할 수 없다. 이는 단어마다 음소 구성 원리를 기억하여 발음해야 한다는 점을 시사한다.

2) 조기 읽기 발달의 중요성

여타 학습 영역처럼, 읽기 영역 역시 조기 발달이 매우 중요하다. 그 이유 중 하나는 정상적인 읽기능력 발달이 기여하는 다음과 같은 광범위한 역할과 기능 때문이다.

- 정보의 획득과 의사표현 및 사고의 매개체
- 각종 인지능력 향상에 기여
- 대인관계, 정서, 학교 적응, 사회 적응, 기타 직장생활 등 정서적 발달에 기여

- 다양한 난이도와 내용의 읽기 자료를 접할 때 읽기전략을 유연하게 적용
- 지속적인 읽기 태도 및 습관 형성
- 지식과 교양, 삶의 다양한 측면에 관한 정보 습득으로 인한 인격적 성장에 기여
- 다양한 목적과 형태의 학습을 위한 기본 도구로 활용
- 문어 및 구어생활에 필요한 어휘능력 향상

또 하나는 초기 읽기능력 발달 정도의 차이는 이후 읽기능력과 그 영향을 받는 영역의 발달에 확대되어 반영되기 때문이다. 읽기 수행 수준의 저하는 가급적 조기에 방지해야 한다. 초등학교 저학년 혹은 유치원 때의 읽기능력이 초등학교 고학년은 물론 상위 학년 때의 읽기능력에 미치는 영향은 지대하다. 초기에 벌어진 읽기능력의 격차는 시간이 갈수록 더 벌어져 나중에는 따라잡기가 거의 불가능해진다. Juel(1988)의 장기적인 연구결과에 따르면, 전략적인 중재가 없을 경우 1학년 때 읽기를 잘하는 학생은 4학년 때도 잘할 확률이 88%였다. 반면 1학년 때 잘 읽지 못하는 학생의 87%는 4학년 때도 여전히 잘 읽지 못할 가능성이 있는 것으로 나타났다. 이러한 읽기능력의 발달적 특징을 Stanovich(1986)는 성경의 내용 중 "무릇 있는 자는 받아 넉넉하게 되되, 없는 자는 그 있는 것도 빼앗기리라."(마태복음 13장 12절)는 구절을 인용하여 '마태 효과(Matthew effect)'라 불렀다.

초등학교 중급 학년 이후에도 읽기학습문제가 심각한 학생을 효과적으로 지도한다는 것은 매우 어려운 과제다. 그 이유는 또래와 보조를 맞추려면 그들이 가진 인지적 · 정의적인 불리한 특성에도 불구하고 또래보다 훨씬 더 많은 내용을 좀 더 짧은 시간에 가르쳐야 하기 때문이다. 즉, 정해진 시간과 한정된 자원으로 가급적 조기에 또래와 비슷한 수준에 놓이도록 해야 한다. 이는 그들이 대체적으로 인지적 능력이 낮고, 정의적으로도 학습 동기나 학업 자아개념이 높지 않다는 점을 고려할 때 매우 어려운 과제다.

다음의 〈표 12-1〉과 〈표 12-2〉는 조기 읽기 경험의 양과 질이 어휘 발달에 어떤 영향을 미치는지를 잘 보여 준다. 〈표 12-1〉은 수준 높은 읽기 자료를 어려서부터 접하는 것이 이후 학습되는 어휘의 수나 어휘의 수준에 지대한 영향을 미침을 보여 준다. 〈표 12-2〉는 아동의 자율적인 독서량에 따라 연간 접하는 단어의 수가 극적으로 달라짐을 보여 주고 있다. 예를 들어, 하루 한 시간 정도 자율적인 독서를 하는

〈표 12-1〉 구어와 문어를 통한 어휘력 향상 정도

항목	접하게 되는 평균 수준 단어의 수	1,000단어당 희귀 단어 수
• 인쇄된 책		
－과학 학술지의 초록	4,389	128.0
－신문	1,690	68.3
－대중잡지	1,399	65.7
－어른용 도서	1,058	52.7
－만화	867	53.5
－아동용 도서	627	30.9
－취학전 아동용 도서	578	16.3
• 텔레비전 화면		
－인기 있는 황금시간대 성인용 프로그램	490	22.7
－인기 있는 황금시간대 아동용 프로그램	543	20.2
－만화	598	30.8
－유치원생 프로그램	413	2.0
• 성인의 대화		
－전문가 진술	1008	28.4
－친구나 애인에게 하는 대학생의 말	496	17.3

출처: Cunningham & Stanovich(1998), p. 10.

〈표 12-2〉 자율적인 독서량에 따른 어휘 획득 정도

백분위 등위	하루 중 자율적 독서시간(분)	연간 읽게 되는 단어 수
98	65.0	4,358,000
90	21.1	1,823,000
80	14.2	1,146,000
70	9.6	622,000
60	6.5	432,000
50	4.6	282,000
40	3.2	200,000
30	1.3	106,000
20	0.7	21,000
10	0.1	8,000
2	0.0	0

출처: Cunningham & Stanovich(1998), p. 11.

아동은 하루 10분 정도 독서를 하는 아동의 연간 약 7배에 달하는 단어를 접하지만, 1분 정도 독서를 하는 아동에 비해서는 연간 약 43배 이상의 많은 단어를 접하게 됨을 알 수 있다.

3) 읽기학습장애 및 읽기학습부진 정의

일반적으로 읽기학습장애란 감각적 결손이나 지능의 문제가 없는데도 또래에 비해 심각하게 읽기 수행 수준이 떨어지는 경우를 말한다. 읽기학습장애에 관한 각 정의를 열거하면 다음과 같다.

- 국제읽기학회(International Reading Association)의 읽기학습장애 정의
  - 읽기장애란 개인의 잠재적인 읽기 발달이나 학령, 시간적 발달 등에 비하여 읽기 성취 정도가 기대 수준보다 현저하게 낮은 경우, 혹은 또래집단의 평균적인 읽기 발달에 비해 지연을 보이는 경우
- 미국정신의학회의 정신장애의 진단 및 통계 편람(DSM-V; APA, 2013)의 읽기학습장애 정의
  - 다음과 같은 읽기 어려움을 목표로 한 중재의 제공에도 불구하고 다음의 증상들이 최소 6개월 동안 지속적으로 나타난다.
    ① 부정확한 또는 느리고 부자연스러운 단어 읽기(예: 한 단어들을 부정확하게 또는 느리게 주저하면서 소리 내어 읽는다, 종종 단어를 추측해서 읽는다, 단어를 발음하는 데 어려움이 있다)
    ② 읽은 내용에 대한 의미 이해의 어려움(예: 글을 정확하게 읽지만 읽은 내용의 순서, 관계, 추론 또는 깊은 의미를 이해하지 못할 수도 있다)
- 김승국 등(1997)의 읽기학습장애 정의
  - 읽기 습관: 긴장, 불안, 이전에 읽은 위치 자주 상실
  - 단어 재인: 단어 생략, 삽입, 대치, 반전, 오발음, 느리고 부정확
  - 이해: 단기기억 혹은 작동기억 부족, 내용 줄거리 파악 미흡
  - 어법: 떠듬떠듬(사고 단위와 무관), 부적절한 띄어 읽기

난독증은 읽기학습장애의 하위 영역 중 하나다. 원래 난독증의 'dyslexia'는 dys(poor or inadequate)라는 말과 lexis(words or language)가 합성된 단어다. 난독증은 보통의 지적능력, 정상적인 감각기능, 운동능력, 정상적인 학습 기회를 가지고, 심리적인 정서장애가 없는데도 읽기, 철자, 쓰기, 독해 등에서 장애를 보이는 현상을 말한다. 난독증은 신경생리학적인 구조나 기능의 차이에서 기인한 것으로 치유될 수 있는 성격의 질병이 아니다. 따라서 단기간에 완전 치유는 거의 불가능하다. 난독증은 ① 주변성 난독증으로 무시 난독증, 주의성 난독증, 낱자단위읽기 난독증, ② 중심성 난독증으로 표층성 난독증, 음운성 난독증, 심층성 난독증, 의미 없이 읽기 난독증으로 분류한다(이홍재, 김미라, 남기춘, 1998). 난독증이 있는 사람 중 일부는 종종 공간지각능력이나 지도력 혹은 기타 예능 분야에서 탁월한 능력을 발휘하는 사람도 있다. 미국의 Nelson Rockefeller는 미국 부통령 및 뉴욕 주지사를 역임했지만 난독증이 있어 주요 연설을 암기해야 할 정도였다고 한다.

4) 읽기학습장애의 특징

읽기학습장애학생이 보이는 특징을 종합적으로 정리하면 다음과 같다.

- 읽기장애는 흔히 여타 장애(예: 쓰기장애, 산수장애, 지적장애 등)와 공존한다.
- 읽기문제는 읽기장애 정도와 읽기 부진 원인에 따라 여러 유형으로 분류할 수 있다. 음운인식이나 자·모음−소리 대응을 파악하지 못하는 경우, 읽기 유창성이 부족한 경우, 어휘가 부족한 경우, 사고력이나 추론능력이 부족하여 독해를 잘 못하는 경우 등이 해당된다.
- 읽기학습문제는 읽기 자체에만 한정되는 것이 아니라 해당 학생의 삶 전반에 걸쳐 광범하게 크고 작은 영향을 미칠 수 있다. 예컨대, 읽기문제로 인한 교과 성적의 부진은 낮은 자존감, 사기 저하 등으로 이어질 수 있고, 이는 다시 사회적 기술의 부족 현상으로 이어질 수 있다. 더 나아가 나중에 취업이나 사회적 적응에도 어려움을 수반할 수 있다.
- 읽기학습장애를 가진 학생은 시지각이나 글자지각능력, 감각기억, 주의력, 비언어적 음성정보의 탐지나 지각능력에서는 일반학생과 별 차이가 없다.

- 대체로 읽기학습장애 학생은 음운 단기기억 용량이 상대적으로 제한되어 있고, 맥락정보나 사전 지식을 독해보다는 글자의 해부호화 목적으로 더 많이 활용하는 경향을 보인다.
- 비슷한 모양이나 비슷한 발음을 혼동하는 경우가 많다(ㄱ/ㅋ, ㄷ/ㅌ, ㅈ/ㅊ, ㅋ/ㅌ). 또한 이중모음(ㅝ/ㅔ)에 어려움을 느낀다.

5) 읽기학습장애 원인에 대한 이해

읽기학습장애 현상에 대한 정확한 이해는 곧 효과적인 지도방안 구축의 기반이 된다. 반대로 읽기장애 현상에 대한 그릇된 이해는 시간과 노력의 낭비를 초래할 수 있다. 읽기장애 현상에 대한 초기 이해는 주로 시지각 정보처리과정상의 결함이나 학습 양식과 학습과제와의 불일치에 초점이 맞추어져 있었다. 그러나 이러한 이해와 그에 기초한 지도방법은 별로 효과적이지 않은 것으로 알려져 있다(Kavale & Forness, 1987). 최근에는 읽기문제의 주요 원인으로 음운인식능력과 같은 언어 관련 인지능력의 결함, 어휘나 구문론 등과 같은 언어 지식의 부족, 읽기 자료와 관련된 선행학습 및 사전 경험의 부족을 주로 들고 있다(김동일, 이대식, 신종호, 2009). 읽기장애의 원인을 파악할 때 주의할 점은 의학적 모델에 근거한 설명은 경험적 근거가 부족하고 교수 활동에 시사하는 바도 직접적으로 얻을 수 없다는 점이다. 설사 의학적인 모델로 읽기학습장애를 설명할 수 있더라도 여기에서 곧바로 읽기학습문제해결을 위한 지도방안을 도출할 수는 없다. 현장을 대상으로 한 반복적인 확인 작업이 필요하다.

(1) 과거의 이해

① 시지각 정보처리과정의 결함

가장 대표적인 것으로 반전(reversal) 현상을 들 수 있는데, 이는 주어진 시각 자극을 반대 방향으로 지각하는 시지각 오류를 말한다. 예를 들어, 'ㄱ'을 'ㄴ'으로, 'ㅂ'을 'ㅍ'으로, 'ㅏ'를 'ㅓ'로, 'ㅗ'를 'ㅜ'로 인식하는 것이 해당된다. 시지각 정보처리의 오류는 시지각훈련을 통해 주어지는 시각 자극을 제대로 인식하는 것이 읽기지도에서 중요하다는 시사를 줄 수 있다. 사실 읽기학습장애학생이 일반학생보다 시지각 과제에서 많은 오류를 보이는 것은 사실이다. 하지만 다른 읽기 오류(예: 첨가, 생략, 반복 등) 정도를 고려하건대 시지각 문제가 두드러진 읽기문제라고 보기에는 어려운 측면이 있다(Hallahan, Kauffman, & Lloyd, 1999).

② 읽기학습방법과 선호하는 정보지각 양식의 불일치

이는 개인이 선호하는 정보지각 양식에 따라 청각, 시각, 운동감각 중심 자료제시 방법 등을 사용하지 않는 경우 학습의 효과성과 효율성을 떨어뜨리게 되어 읽기장애를 유발한다는 주장이다. 교수방법 측면에서는 읽기학습장애 문제를 해결하기 위해서는 개인이 선호하는 정보지각 양식을 확인하고, 그에 따라 교수 자료나 전략을 계획, 개발, 실행할 필요가 있다는 결론을 도출할 수 있을 것이다. 그러나 이 방법 역시 앞서 말한 대로 효과는 그리 인상적이지 못한 것으로 알려져 있다.

(2) 읽기학습장애에 대한 최근의 이해

① 언어 관련 인지능력의 결함

언어 관련 인지능력이란 알파벳체계 관련 지식, 글자-소리 대응관계 관련 지식, 음운인식능력, 언어정보에 대한 단기기억력 등을 들 수 있다. Kameenui 등 (2005)은 읽기학습 분야의 세 가지 기본적인 능력으로 음운론적 인식(phonological awareness)능력, 자·모음 이해(alphabetic understanding) 그리고 자·모음의 완전 숙달(automaticity with the code)을 들었다. 첫째, 음운론적 인식능력이란 각기 다른 소리의 조합, 분해, 대체, 제거 등을 자유자재로 능숙하게 할 수 있는 능력을 말한다. 둘째, 자·모음 이해란 알파벳의 각 글자가 구어의 특정 소리와 대응된다는 것을 아는 것이다. 예를 들어, 한글의 경우 초성, 중성, 종성을 합쳐 약 33개의 음소(소리의 가장 작은 단위)가 있는데, 각 음소에 해당하는 자음과 모음의 기호를 아는 능력이 이에 해당한다. 셋째, 자·모음의 완전 숙달은 각 자·모음 기호와 그에 해당하는 소리를 빠르고 정확하게(그래서 거의 의식하지 않고 자동적으로) 혼합하고 분리할 수 있는 능력을 말한다.

또 하나 빼놓을 수 없는 언어기능으로는 단기기억력을 들 수 있다. 단기기억력의 결함은 읽기학습장애 학생이 가진 읽기 이해력 문제와 관련이 있다. 성공적인 읽기 이해를 위해 아동은 자신이 이미 읽은 내용과 현재 읽고 있는 내용의 관련성을 파악하려는 인지 활동을 수행해야 한다.

② 언어 지식에 대한 이해 부족

언어 지식이란 어휘력, 의미론, 구문론과 관련된 지식을 말한다. 개인이 경험하는 사물, 사건, 현상에 대한 이해와 관련해 중요한 영향을 미치는 것이 사물, 사건, 현상을 대표하는 개념 또는 어휘에 관한 개인의 지식이다. 이들 지식은 일상적인 생활에서의 인지적 이해뿐만 아니라 학교학습에서 성공적인 내용학습을 위해 요구되는 기본적인 학습 단위로서 중요한 의미를 갖는다.

내용교과뿐만 아니라 읽기 활동에서도 어휘 지식과 이해는 중요한 의미를 갖는다. 읽기 자료에 포함된 핵심 어휘뿐만 아니라 관련 어휘에 대한 지식이 없는 경우 읽기 유창성과 읽기 이해력에서 부정적인 결과를 초래할 수 있다. 특히 어휘력 부족으로 인해 읽기 이해에 어려움을 갖는 경우, 학습장애아동은 일반아동보다 글의 내용을 자신의 주관적 입장에서 왜곡하여 이해하는 오류행동을 더 많이 나타내 보인다. 의미론적 언어능력과 관련해서도 학습장애아동은 주어진 문맥을 적절하게 활용하는 데 어려움이 있다.

구문론과 관련된 지식 역시 아동의 읽기 이해에 영향을 미치는데, 학습장애아동은 일반아동보다 문장구조에 대한 이해력이 상대적으로 낮다. 하지만 문장구조에 대한 교육을 통해 학습장애아동의 읽기 이해력을 향상시킬 수 있다(Deshler, Ellis, & Lenz, 1995).

③ 읽기 자료와 관련된 선행학습 및 사전 경험의 부족

성공적인 읽기에 중요한 영향을 미칠 수 있는 요인 중의 하나는 읽기 자료 내용에 대한 아동의 친숙성이다. 즉, 읽어야 할 내용과 관련해 적절한 지식이나 경험이 있는 경우 자료에 포함된 내용을 이해하는 것이 훨씬 용이할 수 있다. 학습장애아동은 일반아동보다 관련 지식이나 경험이 부족하므로 읽기 수행에 심각한 어려움을 겪는다. 그들이 갖고 있는 누적된 학습 실패 경험은 상대적으로 지식 기반의 결함을 가져오고, 이것이 새로운 내용을 읽고 이해하는 데 어려움을 야기한다.

읽어야 할 자료 내용에 대한 사전 지식이나 경험이 있는 경우에도 학습장애아동은 전체 주제와 관련하여 자신의 사전 지식이나 경험을 연결시키려는 경향을 보인다(Hallahan, Kauffman, Lloyd, 1999). 그러므로 그들의 성공적인 읽기 활동을 도와주기 위해서는 읽어야 할 자료 내용과 관련된 배경 지식이나 경험을 체계적으로 활성화시키는 것이 필요하다.

6) 읽기학습문제의 진단과 평가

읽기학습 진단 시에는 두 가지를 먼저 고려해야 한다. 첫째, 진단 목적을 명료하게 설정하고 그에 맞는 도구, 방법, 절차 등을 결정해야 한다. 둘째, 읽기학습 진단 요소를 빠짐없이 찾아내야 한다. 읽기학습의 어려움 정도와 특징을 정확하게 진단해야 효과적인 지도방안을 마련할 수 있다는 점은 상식이다. 그런데 읽기학습의 어려움 정도와 특징을 정확하게 알고 이를 실제 진단도구로 개발할 수 있으려면 한글은 어떠한 글자인지, 한글 읽기에 필요한 능력과 기술에는 어떤 것들이 있는지를 알아야 한다. 널리 알려진 바와 같이 한글은 표음문자이고, 발음기관의 모양을 본떠 만든 글자다. 즉, 한글은 발성기관의 발성 원리를 최대한 그 모양에 가깝게 글자로 표현한 문자다. 따라서 한글 읽기학습장애 진단을 위해서는 먼저 이러한 특성을 가진 한글을 제대로 읽는 데 관련된 기능을 먼저 파악해야 한다. 대체로 한글 읽기 진단 항목에는 다음과 같은 요소들이 포함되어야 한다.

- 한글 소리에 대한 인식
- 한글 자·모음과 이에 대응하는 소리, 이름 알기
- 한글 낱글자 읽기 난이도별(받침 유무, 글자 수, 낱말의 사용 빈도 등) 읽기 유창성
- 무의미 낱말 읽기
- 어휘
- 이야기 글을 읽고 난 후 혹은 듣고 난 후 이해하기

7) 효과적인 읽기지도방법

(1) 발음 중심 접근

글자와 대응 소리의 관계 파악이 제일 중요하다고 보고, 이 부분의 능력 형성에 중점을 둔 접근법이다. 한글의 경우, 먼저 최소한 초등학교 1학년 때 간편 진단을 통해 앞서 언급한 진단 요소를 대상으로 한글 읽기 정도를 파악한 후, 드러난 문제점을 중심으로 조기에 지도하는 것이 중요하다. 예컨대, 자음이나 모음 읽기에 약간이라도 문제가 있는 경우, 한글 제자 원리에 따라 모음과 자음을 정확하게 소리 내고 해당 글자 기호와 소리를 연합시키는 훈련을 완전 숙달시켜야 한다. 현재 우리나라의 한글지도는 총체적 접근법과 발음 중심 접근법을 혼용하고 있는데, 이는 한글을 처음 익혀야 하거나 읽기 부진 혹은 장애가 있는 학습자에게는 잘 맞지 않는 방식이다. 예컨대, 흔히 자음을 'ㄱ, ㄴ, ㄷ…' 순서로 먼저 가르치고 그 후에 모음을 지도하는데, 자음보다는 모음을 먼저 지도해야 한다. 자음과 모음은 입 모양을 강조

〈표 12-3〉 한글지도 내용과 순서

지도 항목	지도 순서(예시)와 내용 요소
단모음	① ㅏ, ㅓ ② ㅗ, ㅜ ③ ㅡ, ㅣ
복(이중)모음	① ㅑ, ㅕ ② ㅛ, ㅠ ③ 기타 복모음
자음	① ㄱ, ㅋ, ㄲ ② ㄴ, ㄷ, ㅌ, ㄸ ③ ㅁ, ㅂ, ㅍ, ㅃ ④ ㅅ, ㅈ, ㅊ, ㅉ ⑤ ㄹ, ㅇ, ㅎ
무받침 단어 읽기	① 한 글자 단어, 두 글자 단어, 세 글자 단어 ② 무의미 단어 읽기
받침 단어 읽기	① 한 글자 단어, 두 글자 단어, 세 글자 단어 ② 무의미 단어 읽기
음운 변동 단어 읽기	불규칙 단어(경음화, 구개음화, 자음접변, 연음법칙 등)

하면서 제자 원리와 소리가 나는 위치에 따라 비슷한 것끼리 묶어서 지도해야 한다. 대략적인 한글 자 · 모음 지도 순서는 〈표 12-3〉과 같다.

한글 읽기 초기단계지도의 핵심은 한글 낱글자를 구성하고 있는 자 · 모음의 소리를 합쳐서 한글 단어를 소리 내는 연습을 하는 것이어야 한다. 어느 정도 한글 낱글자 읽기가 이루어지면 음운인식 훈련을 해야 한다. 음운인식 훈련에도 일련의 단계가 있는데, 먼저 처음 단계에서는 직접 글자를 다루지 않고 소리의 조합과 분리 및 음소 변별 훈련을 거친다. 주요 음운인식 훈련으로는 소리 더하기, 빼기, 위치별 소리 규명하기, 음운 맞추기, 구별되는 소리 말하기, 소리 대체하여 말하기, 다양한 자 · 모음 듣고 알아맞히기 등을 들 수 있다. 이때 소재로는 소수의 기본적인 빈출 단어부터, 그리고 규칙변환 단어부터 시작한다. 음운인식 훈련과 더불어 각 자 · 모음에 해당하는 음소를 대응시키는 연습을 한다.

(2) 어휘력 증진을 위한 전략

어휘력 증진을 위해서는 가급적 해당 언어를 다양한 맥락에서 활용하는 연습을 하도록 하는 것이 최선이다. 이를 위해서 문맥을 활용하여 어휘를 정의하고, 어휘 의미를 발견하는 연습을 하도록 한다. 또한 해당 어휘를 활용하여 문장을 작성하게 할 수 있다.

(3) 독해력 증진을 위한 전략

독해력은 추리력, 요약능력, 주제 찾기 능력, 사건 순서 파악능력 등 여러 가지를 종합적으로 요구하는 고등 사고능력이다. 흔히 고등 사고기능은 명시적으로 가르치지 않고 학생 스스로 형성해 나가도록 하는 경우가 적지 않다. 그러나 그러한 고등 사고기능일수록 독해에 어려움을 겪는 학생에게는 명시적이고 구체적으로 지도해야 한다. 예를 들어, 추론 또는 요약능력 같은 것은 교사가 먼저 효과적인 전략을 활용하는 방법을 명료하게 시범 보인 다음, 학생에게 그것을 숙달할 때까지 연습하게 한다.

다음의 〈표 12-4〉는 관련성 추론능력을 향상시키기 위한 수업 자료와 지도방법의 예다.

〈표 12-4〉 추론능력 직접 교수의 예

수업지도안	
교사	학생
1. "이제 우리는 갑과 거지들에 관한 이야기를 읽게 될 것입니다. 우리는 왜 갑이 거지들을 그와 같이 대했는지 알아내려고 합니다. 먼저 이야기를 읽으세요."	
2. "어떤 때는 갑은 '예'라고 했다가 다른 때는 '싫어요'라고 대답하고 있습니다. 갑이 '예'라고 하기 전에 무슨 일이 있었지요?" "갑이 '싫어요'라고 하기 전에는 무슨 일이 있었지요?" "왜 갑이 음식에 대해서는 '싫어요'라고 하고, 쉬는 것에 대해서는 '예'라고 했을까요? 음식을 주는 것과 쉬는 것을 허락하는 것은 어떻게 다르죠?" (만약 학생들이 음식을 제공하는 것은 돈이 들지만 쉬도록 하는 것은 돈이 들지 않는다는 것을 지적하지 못하면 이를 지적해 주어야 한다.) "자, 갑이 거지가 돈이 드는 것을 요구했을 때 거절했는지 여부를 확인해 봅시다."	"현관 앞이나 난로 옆에 앉고자 했어요." "음식이나 기름을 달라고 했어요."
3. "난로 옆에서 거지가 불을 쬐는 데 돈이 들까요?" "그렇다면 갑은 이 경우에 뭐라고 했을까요?" "문단을 읽고 무슨 일이 일어났는지 확인해 보세요."	"아니요!" "좋아요."
4. "거지에게 기름을 주는 것은 돈이 들까요?" "그렇다면 갑은 뭐라고 했을까요?" "책을 읽어 확인해 봅시다."	"예!" "싫어요."
5. "여러분이 맞았습니다. 거지에게 기름을 주는 것은 돈이 드는 일입니다. 그래서 갑은 '싫어요'라고 했습니다. 이제 여러분 스스로 문제를 풀어 보세요."	

출처: Carnine, Silbert, & Kameenui(1997), p. 256에서 발췌 및 수정.

이 밖에 독해전략으로 많이 알려진 방법들을 열거해 보면 다음과 같다.

- 관련 사전 지식 자극하기: 글을 읽기 전 글에 나오는 내용과 관련된 사전 지식을 자극하기 위한 토론이나 질문 등을 제시하거나 관련된 개인적인 경험을 이야기하게 하는 방법
- 자료의 조직화(chunking): 제시된 글의 내용을 표나 간단한 그래프를 이용하여 전체와 부분, 원인과 결과, 주요 범주 등에 따라 정리하도록 하는 방법

- 심상화 혹은 형상화하기: 글의 내용을 가장 잘 나타낼 수 있는 방향으로 그림, 삽화, 도표, 그래프 등을 그리는 방법. 마인드맵, 의미망, 개념망 등이 효과적인 심상화 전략의 예
- K-W-L 기법: 자신이 읽을 글에 대해 내가 이미 무엇을 알고 있고(what I know), 무엇을 알기 원하며(what I want to know), 읽은 글에 대해서 내가 무엇을 배웠는가(what I learned)를 정리하도록 함으로써 내용 파악을 돕는 방법
- 예측하기: 글의 제목을 보고 글의 내용을 미리 예측해 보게 하는 방법
- 이야기 문법 혹은 문단구조 활용하기: 글의 주요 요소별로 정리해 보는 활동. 예컨대, 소설의 경우, 주인공, 주요 인물, 배경, 사건의 원인, 경과, 결과 등으로 내용을 정리해 보게 하는 방법. 자료의 조직화 방법과 유사
- 질문하기 혹은 자기이해점검전략: 글의 주요 내용 요소에 관해 스스로 혹은 또래나 교사가 질문을 제기하고 그 답을 찾아가는 활동을 통해 내용 이해를 추구하는 방법
- 반복 읽기: 읽은 글이 잘 이해되지 않을 때 소리 내거나 묵독으로 반복하여 읽는 방법. 단순하지만 상당히 강력한 독해지원전략
- 바꿔 말하기 혹은 읽은 내용 요약 정리하기: 읽은 글을 다른 사람에게 요약하여 자기 말로 재진술하는 방법

3. 쓰기학습문제의 이해와 지도

1) 쓰기의 정의와 개념

쓰기는 그 과제의 성격과 복잡성에 따라 크게 글씨 쓰기, 철자 쓰기(받아쓰기) 그리고 작문으로 나누어 볼 수 있다. 첫째, 글씨 쓰기는 말 그대로 특정한 글자나 단어 혹은 문장을 원거리 혹은 근거리에서 보면서 모방하여 쓰는 것을 말한다. 글씨 쓰기에서는 글씨 모양(shape), 띄어쓰기(spacing), 크기(size), 연결성(connectedness), 기울기(slant), 위치(position) 등에 초점을 둔다.

둘째, 철자 쓰기는 흔히 받아쓰기라고 불리는데, 다른 사람이 불러 주는 글자나 단

어 혹은 문장을 듣고 받아 적는 것을 말한다. 앞의 글씨 쓰기와 달리, 정확한 받아쓰기를 위해서는 정확한 음분별 능력이 필요하다. 또한 해당 언어의 정확한 표기 규칙을 알아야 한다. 예컨대, 한글의 경우 일부 단어는 소리 나는 대로 적으면 안 되고 두음 법칙, 경음화 법칙, 자음접변 등과 같은 규칙에 맞게 표기해야 한다는 것을 알아야 한다.

셋째, 작문은 아마도 학습과제 중 가장 복잡한 사고를 요하는 영역일 것이다. 주어진 주제에 맞게 단어를 조합하여 구나 절, 문장, 그리고 논리적 · 의미적으로 연결된 여러 개의 문단을 작성하는 것이 작문이다. 작문을 제대로 작성하기 위해서는 글씨 쓰기뿐만 아니라, 사고력, 논리력, 추리력, 표현력 등 여러 가지 고차원적인 사고 능력이 필요하다. 또한 맞춤법, 구두점, 띄어쓰기 등 세부적인 글쓰기 규칙에 관한 이해와 기술도 필요하다.

2) 쓰기학습장애의 특징

Levine(2003)에 따르면, 글자를 제대로 쓰기 위해서는 특정한 순서로 손가락 신속히 움직이기, 동작 패턴 기억하기, 글자 모양을 만드는 데 필요한 근육 운동의 순서를 신속하고 정확하게 기억하기, 연필을 적절한 힘의 세기로 잡기, 연필이 글자의 어느 부분을 그리고 있는지 인식하기, 글자 시각화하기(머릿속에 글자 모양 떠올리기) 등의 기술이 필요하다. 하지만 쓰기 학습장애학생들은 글자를 잘 형성하지 못한다. 글자가 너무 크거나 너무 작거나 혹은 글자 간 크기가 고르지 않고 글자 모양이 뒤틀려 있는 경우가 많다. 또한 글자 사이의 간격이 일정하지 않고, 글자 쓰는 속도와 정확성이 또래에 비해 심각하게 낮다. 특히 원거리에서 글자를 보고 쓰는 능력이 약한데, 이는 시기억력과 시각적 민감성이 낮기 때문인 것으로 추정된다. 좌우를 바꾸어 쓰는 경우(예: p를 q로, b를 d로, '어'를 '아'로)도 흔하다.

작문 영역에서 쓰기학습장애학생은 글 쓰는 것 자체를 가급적 회피하려 할 뿐 아니라 글 소재를 생성해 내는 데 어려움을 겪는다. 작가처럼 글을 전문적으로 쓰거나 잘 쓰는 사람은 글을 쓰기 전에 상당한 시간을 들여 계획을 세운다. 하지만 쓰기학습장애학생은 그러한 계획을 거의 하지 않거나 형식적으로만 한다. 그런가 하면 맞춤법이나 구두법 등에 너무 얽매여 정작 글 자체를 써 나가지 못하는 경우도 있다.

그러면서도 어법상 많은 오류를 범하고 틀린 부분을 찾아내어 고치는 것도 어려워한다. 어휘나 단어 사용, 글 조직 등이 전반적으로 미흡하다.

김승국 등(1997)은 학습장애아동의 쓰기 특징을 다음과 같이 제시하였다.

첫째, 학습장애아동은 철자, 문장 형성, 대문자, 필기 등과 같은 기본 쓰기 기술에 많은 어려움을 갖고 있다. 일반적인 철자 쓰기의 발달에 비해 학습장애아동은 불필요한 글자를 삽입하거나, 글자를 생략하거나, 다른 문자로 대체시키거나, 소리 나는 대로 적는 등의 오류는 물론 단어 재표상화에서 어려움을 겪는다.

둘째, 학습장애아동은 쓰기 규칙, 문장의 자연스러운 흐름 등에서 어려움을 겪을 뿐만 아니라 내용 산출하기, 쓴 글 조직하기, 의사소통을 위한 목표 설정하기, 원문을 교정하고 평가하기 등의 복잡한 인지적과정을 다루는 데 한정된 전략을 가지고 있다.

셋째, 학습장애아동은 쓰기의 목적에 대한 인식이 부족하며, 글의 구조에 대한 민감성이 부족하다. 그리하여 관련이 없는 내용으로 글을 구성하거나 부적절한 결론을 내리는 경우가 많다.

넷째, 학습장애아동은 비장애아동보다 대화체 작문을 덜 사용하는 경향이 있고, 생각을 잘 발달시키지 못하며, 또래에 비해 글이 짧고, 일관성이 부족하다. 즉, 학습장애아동은 생각 간의 관련성을 인식하고 조작하기, 자신의 작문을 관찰하기, 일관성 있는 작문을 산출하기 위해 쓰기전략 사용하기 등에 어려움을 지닌다.

다섯째, 학습장애아동은 이야기를 쓸 때 무계획적이기 때문에 어떤 문제와 계획을 포함시키며 이야기를 전개해야 한다는 사실을 잊거나, 끝맺음 없이 이야기를 갑자기 끝내는 경우가 많다. 전략 사용 면에서도 단순히 생각나는 대로 쓰는 초보적인 전략을 많이 사용한다.

3) 쓰기학습장애지도

(1) 글자 쓰기지도

글자 쓰기지도 영역과 순서 및 쓰기 활동 요소를 정리하면 다음의 〈표 12-5〉와 같다.

글자 쓰기 측면에서 전형적으로 쓰기학습장애아동이 보이는 문제로는 글자 간 간격의 부조화, 글자 쓰는 강도와 자세 부적절, 글자 간 크기 불균형 등을 꼽을 수

〈표 12-5〉 글자 쓰기지도 영역과 활동 요소

글자 쓰기 단계	글자 쓰기 활동 요소
연필 잡기 및 쓰기 자세	• 연필 바르게 잡는 방법 • 올바른 쓰기 자세
모양 따라 그리기	• 수평선, 수직선, 곡선, 복잡한 모양 따라 그리기 • 인쇄된 모양 따라 그리기
모양 보고 그리기	• 근거리 → 원거리 순서로 모양 보고 그리기
자 · 모음 따라 쓰기	• 모형 틀에 따라 단자음, 단모음 → 복자음, 복모음 따라 쓰기 • 인쇄된 부분에 단자음, 단모음 → 복자음, 복모음 따라 쓰기
자 · 모음 보고 쓰기	• 근거리 → 원거리 순서로 자 · 모음 보고 쓰기
인쇄된 글자 따라 쓰기	• 근거리 → 원거리 받침 없는 글자 따라 쓰기 • 근거리 → 원거리 받침 있는 글자 따라 쓰기 • 근거리 → 원거리 겹받침, 쌍받침, 이중자음 따라 쓰기
글자 보고 쓰기	• 근거리 → 원거리 받침 없는 글자 보고 쓰기 • 근거리 → 원거리 받침 있는 글자 보고 쓰기 • 근거리 → 원거리 겹받침, 쌍받침, 이중자음 보고 쓰기
단어 받아쓰기	• 규칙 단어 받아쓰기 • 불규칙 단어 받아쓰기
문장 받아쓰기	• 단문 받아쓰기 • 복문 받아쓰기

있다. 일단 정확한 자세를 시범 보이고 직접 교정해 주며, 필기구 쥐는 것을 직접 손으로 느껴 보고 적절한 강도로 필기구를 잡는 연습을 시켜야 한다.

(2) 작문지도

작문의 경우에는 특히 쓰기학습장애아가 어렵게 느끼는 부분이다. 예전에는 학생들이 써 놓은 글로 지도하는 소위 결과 중심 접근법이 많이 사용되었지만, 최근에는 글이 나오기까지의 과정에 초점을 기울이는 '과정적 접근'이 강조되고 있다(김동일, 이대식, 신종호, 2009). 작문의 과정을 몇 단계로 볼 것인가에 대해서는 여러 가지 주장이 있겠지만, 대체로 글쓰기 계획하기(planning), 초고 작성하기(drafting), 수정(revising) 및 편집(editing)하기, 그리고 결과물 산출하기(publishing)의 4단계로 구분할 수 있다. 단계별 개요와 지도방법을 열거하면 다음과 같다.

① 계획하기

작문할 주제를 선택하거나 그 주제에 대해 어떤 내용을 쓸 것인가를 결정하는 단계다. 학습장애학생이 보이는 가장 두드러진 어려움은 작문할 내용 요소를 생각하는 일이다. 작문 아이디어 생성을 돕고 대체적인 개요를 작성하기 위해서는 사전 토론하기, 브레인스토밍, 의미망이나 개념지도 등을 활용한 아이디어 나열하기 등의 방법을 사용할 수 있다.

② 초고 작성하기

초고 작성 단계에서는 문법, 맞춤법, 구두점 사용, 정확한 어휘 선정 등에 비교적 신경을 쓰지 않으면서 일단 양적으로 충분한 내용을 적도록 하는 것이 중요하다. 이 단계에서도 포함할 내용 요소와 그 요소들의 순서를 결정하는 데는 역시 [그림 12-2]와 같은 그래픽 조직자나 개념지도 등을 활용할 수 있다. 특히 저학년의 경우 이 그림에서 나비의 몸통과 날개를 사용하여 그래픽 지도 형태로 나타낼 수 있다.

그림 12-2　그래픽 조직자를 이용한 아이디어 생성 및 조직화 활용 예

③ 수정 및 편집하기

이 단계에서는 문법적으로 오류를 범했거나 부적절한 어휘, 맞춤법 오류, 부적절한 구두점 등을 찾아서 수정하고 보완한다. 이 단계에서는 학생들에게 중요한 편집 및 수정 사항을 나열한 다음, 이를 일종의 체크리스트처럼 점검해 가며 수정과 편집을 진행하는 것이 효과적이다. 그 과정에서 또래 혹은 자기 자신이 작문한 글을 소리 내어 읽도록 하는 것이 중요하다. 또한 교사가 중요한 수정 및 편집과정과 절차를 분명하게 시범 보이고 그것을 학생 스스로 할 수 있을 때까지 안내하며 직접 지도하는 것이 필요하다.

④ 결과물 산출하기

힘들게 작성한 글이므로 작문한 것으로 끝내지 말고 결과물을 개인 문집이나 집단 혹은 학급 문집 형태로 인쇄나 출판하는 것이 동기 유발 및 쓰기 습관의 형성에 큰 도움이 된다.

4. 수학학습문제의 이해와 지도

일반적으로 수학학습에 어려움을 겪는 학생은 대개 다음과 같은 문제를 보인다 (Badian, 1983; Geary, 1993).

- 발달적으로 미숙한 연산절차를 사용하거나 연산절차상의 오류(덧셈문제 해결전략이나 받아내림상의 어려움)를 자주 범한다.
- 수리적 정보를 공간적으로 표상(예: 여러 자릿수 사칙에서 자리 못 맞추기, 숫자 생략, 숫자 회전, 연산기호 오독, 자릿값과 소수점 파악 등)하는 데 어려움을 겪는다. 이는 주로 우반구 뇌신경 세포의 미세한 결함에서 기인한다.
- 비교적 여러 과정이나 절차 및 단계를 따라서 문제를 해결하는 데 필요한 주의집중에 어려움을 보인다.
- 단순 연산을 빠르고 정확하게 처리하는 데 어려움을 겪는다. 이는 장기기억에서의 단순 연산식의 표상과 재생에 문제가 있음을 보여 준다. 주로 좌반구 후

두엽 손상에서 기인했을 가능성이 크고, 읽기장애를 동반한다. 이 부분의 어려움은 상대적으로 유전 가능성이 높다. 단순 연산의 신속한 처리에 어려움을 겪는 것은 나중에 따라잡을 수 있는 발달적 지체 현상보다는 선천적인 발달적 차이 성향이 강하다.
- 읽기문제로 연산이나 수학적 추리능력 자체보다는 수학문제 이해 자체에 어려움을 겪는 경우다. 예컨대, 수학 문장제문제의 이해에 어려움을 보이는 경우가 이에 해당한다.

이 중에서 첫 번째 결함은 발달과정에서 어느 정도 보완이 되지만, 장기기억에서의 단순 연산의 빠르고 정확한 인출과 수리정보의 공간적 표상 및 공간지각능력은 쉽게 향상되지 않는 영역으로 알려져 있다.

일반적인 지도전략으로는 일단 자동화된 기본 연산의 인출은 더 복잡한 수학 기술의 발달에 필수적이기 때문에 단순 연산의 유창성에 초점을 둔다. 수학 학습장애아 지도는 크게 연산지도와 문장제문제해결지도로 구분하여 살펴보기로 한다.

1) 연산지도

10 이하의 수를 사용한 덧셈, 뺄셈, 곱셈 등의 기본 연산에 효과적인 방법으로 현재까지 알려진 것으로는 다음과 같은 것이 있다.

- 구체물 혹은 반구체물 이용하기
- 선행학습능력으로서 수 세기(뛰어 세기, 거꾸로 세기, 중간부터 세기 등) 숙달시키기
- 동일 수끼리의 덧셈 활용 [6+6, 7+7, 3+3]
- 큰 수로부터 이어 세기 [7+2, 7−2]
- 수 조합이나 덧셈과 뺄셈의 관계 이용 [3+5=8, 5+3=8, 8−3=5, 8−5=3]
- 수 계열 이용 [5+5, 5+6, 5+7]
- 10을 이용 [9+6=10(9+1)+5=15]
- 9가 있는 덧셈의 경우 언제나 일의 자리는 하나 적다는 전략 사용

수 계열을 이용하는 방법은 '4+3=7, 5+3=8, 6+3=9, 7+3=10' 등과 같이 1씩을 더해 가며 덧셈을 가르치는 방식이다. 수 조합이나 덧셈과 뺄셈의 상보적 특징을 활용하는 방식은 '4+3=7, 3+4=7, 7-4=3, 7-3=4' 등을 동시에 가르치는 방식이다. 학습자는 이를 통해서 3, 4, 7 등의 세 개의 숫자로 네 가지 셈을 익히게 된다. 곱하기도 마찬가지 방식으로 가르칠 수 있고, 나눗셈의 경우에는 몫이 연속성을 갖도록 가르칠 수 있다. 이 밖에도 단순 연산능력 향상을 위해 사용될 수 있는 교수방법으로는 또래지도법, 지속적인 시간지연법, 협동학습법 등이 있다.

그런데 기본적인 사칙연산을 어느 정도로 숙달시켜야 하는지의 문제가 있을 수 있다. 특별히 정해진 기준은 없지만 적어도 90% 이상의 숙달이 목표가 되어야 할 것이다. 일부 학자(Silbert, Carnine, & Stein, 1990: 131)는 80%라고 주장하기도 하나, 이후 연산에서 기본 연산이 차지하는 중요성에 비추었을 때 적어도 90% 정도는 정확하게 연산을 해야 할 것이다.

사칙연산능력을 향상시키는 방법으로 효과적인 것 중의 하나는 〈표 12-6〉과 같이 학습자가 보인 오류 유형에 따라 지도를 하는 것이다. 〈표 12-6〉은 곱셈에서 학

〈표 12-6〉 곱셈 오류 유형별 진단과 수정절차의 예

오류 유형	오류 진단 결과	수정절차
34 156 × 7 1090	연산 오류: 6×7을 잘못 계산한 경우	6×7을 집중적으로 연습
46 156 × 3 × 7 128 752	하위 기술 오류: 받아올림을 하지 않은 경우	받아올림 연습의 체계적 실시
1 24 406 106 × 3 × 7 1238 982	하위 기술 오류: 받아올린 숫자를 곱해 버린 경우	0을 곱하는 경우를 알고 있는지 검사하고 지도
1 4 46 56 × 23 × 17 138 392 92 56 230 448	하위 기술 오류: 덧셈 오류. 자릿수를 잘 맞추지 않은 경우	자릿수 맞추기 연습의 체계적 실시

출처: Silbert, Carnine, & Stein(1990), p. 165에서 발췌 및 수정.

생들이 범할 수 있는 오류 유형과 그 유형별 수정절차를 나타낸 것이다. 다양한 오류 유형을 고려하지 않은 교육은 효과를 거둘 가능성이 적다. 문제는 그러한 오류 유형은 저절로 드러나지 않는다는 점이다. 가능한 오류 유형을 파악하기 위해서는 먼저 다양한 유형의 문제를 제시해야 한다. 즉, 나타날 수 있는 오류 유형을 미리 파악하여 해당 오류를 파악할 수 있는 문제를 학습자에게 제시해야 한다. 단순 연산의 경우 나타날 수 있는 오류는 전략 사용상의 오류, 단순 연산 오류, 절차 잘못 적용의 오류 등이 있다. 오류분석에서 중요한 것은 오류를 보였을 때는 즉시 교정하고, 비슷한 유형의 문제를 통해 숙달할 수 있도록 기회를 제공하는 것이다.

2) 문장제문제해결지도

문장제 응용문제를 해결하기 위해서는 적어도 다음의 몇 가지 능력이 필요하다. 첫째, 문제를 읽고 그것을 이해할 수 있어야 한다. 둘째, 문제해결에 적합하게 수학적으로 식을 세울 수 있어야 한다. 셋째, 일단 문제해결에 적합한 식을 세운 다음에는 그 식을 오류 없이 연산할 수 있어야 한다. 즉, 문장제 응용문제를 해결하기 위해서는 단순히 수학적인 기술뿐만 아니라 단순 읽기능력 및 내용을 수학적 계산식이나 의미로 재해석할 수 있어야 한다(Hutchinson, 1993; Light & DeFries, 1995; Montague, 1992; Montague & Applegate, 1993).

현재까지 연구를 통해 효과가 있다고 발표되어 온 문장제 응용문제 교육방법은 문제 재해석 기법, 전략 사용 훈련기법, 문제 자체의 조절방법 그리고 컴퓨터 보조수업 등이다.

첫째, 문장제 응용문제를 해결하는 데 가장 핵심적인 능력은 주어진 문장을 읽고 그 내용을 문제를 해결하는 데 필요한 수학적 계산식이나 그림으로 나타낼 수 있는 능력이다(Montague, 1992). 이것이 주어진 문장제 응용문제를 수학적으로 재해석하는 능력이다. 이 단계에서 가장 중요한 것은 문제의 주요 내용을 해결하는 데 적합한 방식으로 서로 관련짓는 능력이다. 학생들이 문장제문제 주요 요소 간의 관계를 파악하는 데 도움을 줄 수 있는 효과적인 지도방법으로는 우선 도표나 도형 혹은 적절한 형태의 그림을 문제의 내용에 맞게 그리도록 하는 것이다. 둘째, 문장제문제의 주요 단어에 주목하도록 하는 것이다. 단, 기계적으로 특정 단어에는 특정 계산식을

적용하지 않도록 주의해야 한다. 셋째, 스키마를 활용한 문장제응용문제의 수학적
해석방법이다(Jitendra & Hoff, 1996). 이는 문장제문제의 문법적 구조와 내용의 의미
요소를 분석하여 의미망 형태로 나타낸 다음, 각 의미망 사이의 관계를 원래 문제의
내용에 따라 수학적으로 표현하는 방법이다.

　어느 방법을 사용하든지 중요한 것은 교사가 먼저 명백히 시범을 보여야 한다는
것이다. 단순히 학생들에게 "문장제응용문제를 수학적으로 재해석해야 한다."고 주
문하는 것만으로는 특히 학습부진아동이나 학습장애아동에게는 불충분하다. 일단
시범을 보인 후에는 학생들과 같이 연습을 하면서 점차 그들 스스로 과제를 이행할
수 있도록 도움의 정도를 감소시켜야 한다. 그리고 어느 정도 숙달되면 다양한 예를
제시하여 학습한 기술의 일반화를 꾀해야 한다.

　효과적인 문장제 응용문제지도를 위해 인지전략을 활용할 경우에는 적어도 다음
의 일곱 가지 요소가 어떠한 방식으로든 포함되어야 한다.

- 문장제 응용문제해결을 위한 인지전략(보통 7~8가지 전략)
- 문제해결 인지전략의 자율적인 활용능력 배양을 위한 초인지전략
- 교사에 의한 인지전략 및 초인지전략 활용의 명시적 시범
- 인지전략 및 초인지전략 활용을 위한 충분한 기회 제공
- 인지전략 및 초인지전략 활용을 위한 충분하고 다양한 예(주로 실제 생활문제를
  담은 것)
- 지속적인 점검과 즉각적이고 교정적인 피드백
- 단계적인 전략의 자율적 사용 이양

　예를 들어, 문장제문제를 학생들이 쉽게 해결하기 위해서는 어떤 전략을 사용할
수 있을까? 제시된 문제들은 얼핏 보면 서로 다른 문제 같지만 자세히 보면 모두 제
시된 수를 더하거나 빼는 연산이 필요하다. 이제 이들 문제를 해결하기 위해 어떤
전략을 사용할 수 있을지 생각해 보자. 학생이 사용할 전략은 너무 일반적이지도 않
고 너무 구체적이지도 않으면서 쉽게 따라 할 수 있는 간편한 것일수록 더 효과적
이다. 한 가지 효과적인 전략은 다음의 [그림 12-3]에서처럼 전체 합을 나타내는 큰
네모와 부분 값을 나타내는 작은 네모를 사용하여 그림으로 나타내 보는 것이다.

문제

1. 시장에서 철수는 1,000원을 주고 토마토 3개를 샀다. 영희는 2,500원을 주고 토마토 8개를 샀다. 철수와 영희가 산 토마토는 모두 몇 개이며, 모두 얼마를 지불했는가?

2. 꽃밭의 2/5에는 채송화를 심고, 1/4에는 봉선화를 심었다. 아무것도 심지 않은 부분은 전체의 얼마인가?

3. 영희는 4,500원을 들고 문방구에 가서 공책 2권을 2,300원에, 볼펜 4자루를 1,250원에 각각 구입했다. 영희가 받게 될 거스름돈은 얼마인가?

4. 4학년 1반 학생과 선생님이 이어달리기를 했다. 모두 3명이서 총 2km를 뛰었다. 그중 기철이가 890m, 영철이가 570m를 각각 뛰었다면 나머지 한 사람은 몇 m를 뛴 것인가?

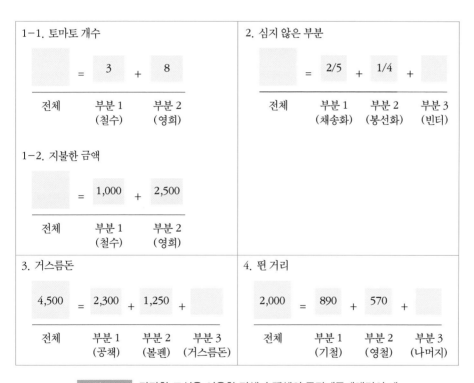

그림 12-3 간단한 도식을 이용한 덧셈과 뺄셈의 문장제문제해결의 예

적용문제

1. 한글 읽기학습장애 유형과 유형별 원인을 제시해 보시오.

2. 읽기학습장애 조기 진단 및 선별방법과 절차 및 도구를 제시해 보시오.

3. 읽기학습장애 지도를 위한 효과적인 프로그램의 요소를 열거해 보시오.

4. 쓰기학습장애 중 특히 작문에 어려움을 겪는 학생들을 돕기 위한 지도방안을 열거해 보시오.

5. 문장제문제해결에 어려움을 보이는 학생들을 돕기 위한 효과적인 지도방안을 정리해 보시오.

 ## 참고문헌

교육과학기술부(2010). 2010년 국가수준 학업성취도 평가 결과 발표.

김동일(2000). 기초학습기능 수행평가제체 읽기검사: 초등학교 1학년–3학년. 서울: 학지사.

김동일, 이대식, 신종호(2009). 학습장애아동의 이해와 실제(2판). 서울: 학지사.

김승국, 정대영, 강영심, 정정진, 신현기, 김동일, 전병운, 이성봉, 구광조, 김호연, 김삼섭, 한
    성희, 남정걸, 박원희, 이효자(1997). 학습장애아동 교육의 이론과 실제. 서울: 교육과학사.

이원령, 이상복(2003). 음운인식훈련을 통한 읽기장애아동의 음운인식 변화와 읽기능력에 관
    한 연구. 정서·행동장애연구, 19(4), 404–424.

이차숙(1999). 유아의 음운인식과 읽기능력과의 관계에 관한 연구. 교육학연구, 37(1), 389–
    406.

이홍재, 김미라, 남기춘(1998). 난독증의 이해: 난독증의 분류와 평가. 한국심리학회지: 일반,
    17(1), 1–24.

Badian, N. A. (1983). Dyscalculia and nonverbal disorders of learning. In H. R. Myklebust
    (Ed.), *Progress in Learning Disabilities* (Vol. 5, pp. 235–264). New York: Stratton.

Carnine, D. W., Silbert, J., & Kameenui, E. J. (1997). *Direct Instruction Reading*. Upper
    Saddle River, NJ: Prentice Hall.

Cunningham, A. E., & Stanovich, K. E. (1998). What reading does for the mind. *American
    Educator, 22*(1&2). 1–8.

Deshler, D. D., Ellis, E. S., & Lenz, B. K. (1995). *Teaching Adolescents with Learning
    Disabilities: Strategies and Methods* (2nd ed.). Denver, CO: Love.

Geary, D. C. (1993). Mathematical disabilities: Cognitive, neuropsychological, and genetic components. *Psychological Bulletin, 114*(2), 345-362.

Hallahan, D. P., Kauffman, J. M., & Lloyd, J. W. (1999). *Introduction to Learning Disabilities*. Needham Heights, MA: Allyn & Bacon.

Hutchinson, N. L. (1993). Effects of cognitive strategy instruction on algebra problem solving of adolescents with learning disabilities. *Learning Disability Quarterly, 16*(1), 34-63.

Jitendra, A. K., & Hoff, K. (1996). The effects of schema-based instruction on the mathematical word-problem-solving performance of students with learning disabilities. *Journal of Learning Disabilities, 29*(4), 422-431.

Juel, C. (1988). Learning to read and write: A longitudinal study of fifty-four children from first through fourth grade. *Journal of Educational Psychology, 80*(4), 437-447.

Kameenui, E. J., Carnine, D. W., Dixon, R. C., Simmons, D. C., & Coyne, M. D. (2005). (모든 수준의 학습자를 위한) 효과적인 수업 설계 및 교재 개발의 원리: 각 교과별 적용 예 (*Effective Teaching Strategies That Accommodate Diverse Learners*) (2nd ed.). (이대식, 이창남 공역). 서울: 시그마프레스. (원저는 2002년에 출간)

Kavale, K. A., & Forness, S. R. (1987). Substance over style: A quantitative synthesis assessing the efficacy of modaloty testing and teaching. *Exceptional Children, 54*(3), 228-239.

Kavale, K. A., Hirshoren, A., & Forness, S. R. (1998). Meta-analytic validation of the Dunn and Dunn model of learning style preferences: A critique of what was Dunn. *Learning Disabilities Research and Practice, 13*(2), 75-80.

Levine, M. (2003). *A Mind at a Time*. NY: Simon & Schuster.

Light, J. G., & DeFries, J. C. (1995). Comorbidity of reading and mathematics disabilities: Genetic and environmental etiologies. *Journal of Learning Disabilities, 28*(2), 96-106.

Montague, M. (1992). The effects of cognitive and metacognitive strategy instruction on the mathematical problem solving of middle school students with learning disabilities. *Journal of Learning Disabilities, 25*(4), 230-248.

Montague, M., & Applegate, B. (1993). Middle school students mathematical problem solving: An analysis of think-aloud protocols. *Learning Disability Quarterly, 16*(1), 19-32.

Silbert, J., Carnine, D., & Stein, M. (1990). *Direct Instruction Mathematics*. Englewood Cliffs, NJ: Prentice Hall.

Stanovich, K. E. (1986). Matthew effects in reading: Some consequences of individual differences in the acquisition of literacy. *Reading Research Quarterly*, *21*(4), 360-407.

Stanovich, K. E. (1999). The sociopsychometrics of learning disabilities. *Journal of Learning Disabilities*, *32*(4), 350-361.

참고 사이트

Teaching LD-학습장애학생지도를 위한 정보와 자료 제공 사이트(http://www.teachingld.org/).

한국학습장애학회(http://www.korealda.or.kr).

한국정서 · 행동장애교육학회(http://www.ksebd.org).

Council for Learning Disabilities(http://www.cldinternational.org/).

International Dyslexia Association(IDA)(http://www.interdys.org/).

Learning Disabilities Association of America(http://www.ldanatl.org/).

National Center for Learning Disabilities(NCLD)(http://www.ld.org/).

제13장

통합교육을 위한 공동협력

🎓 **학습목표**

1. 성공적인 통합교육을 위해 일반교사, 특수교사, 부모나 보호자, 행정가, 관련 서비스 전문가 등의 공동협력이 필요한 이유를 안다.
2. 공동협력의 실행을 위한 절차를 이해한다.

주요 용어

- 공동협력
- 협력적 모델링
- 협력적 감독
- 협력적 교환
- 협력적 코칭
- 협력적 조언

사례

진주를 위한 공동협력과정

진주는 초등학교 2학년 여아다. 진주는 만 2세 때 자폐증이라는 진단을 받은 적이 있고, 그 이후 몇 번 다시 진단·판별과정을 거쳐 반응성 애착장애, 유사 자폐 등의 진단을 받았다.

진주는 언어 사용에 어려움을 느끼며 특이한 행동(깨물기, 꼬집기, 이상한 소리 지르기 등)을 많이 한다. 학급에서 다른 아동과 같이 수업을 따라가는 데 도 어려움이 있고, 다른 아동과 관계를 맺는 것도 어려워하고 있다.

진주는 일반학급에서 거의 모든 시간을 보내고, 1주일에 한 번 정도 특수학 급에서 언어 관련 훈련을 받는다. 진주는 집 주변의 복지관에서 1주일에 한 번 씩 음악치료, 작업치료, 지역사회 적응 훈련에 각각 참여하고 있다. 복지관에 서는 1년에 두 번 6월과 12월에 각 치료교사, 복지관 교육실장, 영·유아 교육 과정 개발 담당교사, 복지관담당 의사가 모여서 전체 회의를 한다. 진주의 담임 교사는 진주의 특수교사의 권유로 최근 6월에 복지관에서 개최한 회의에 같이 참가한 적이 있다. 이 회의에서 진주의 꼬집고 깨무는 특이한 행동문제와 진주 의 언어교육이 집중적으로 논의되었다. 진주의 담임교사는 이 회의에 참석함 으로써 학급 이외에서의 진주의 생활, 교육 등 다방면에 걸쳐서 더 잘 이해하게 되었다고 말한다. 진주의 담임교사는 회의가 끝난 직후 학교에서 특수교사와 진주의 교육에 대한 회의를 해야겠다는 생각이 들어서 특수교사와 만남을 가 졌다.

이미 한 학기가 지났지만, 담임교사는 진주의 개별화교육 프로그램(IEP)에 대하여 특수교사에게 설명을 듣고 일반학급에서의 교육 활동과 특수학급에서 의 교육 활동을 분석하여 진주의 교육목표와 교육과정을 수정하였다. 그리고 특수교사와의 회의를 통해서 학급에서의 지도 방향을 보다 구체적으로 잡을 수 있게 되었다.

1. 이 장의 취지

통합교육은 일반교사, 특수교사, 치료교사, 의사, 교육행정가, 부모, 특수교육대상자, 학급 또래 등의 다양한 사람의 참여가 필요하며, 이들 간의 체계적이고 긴밀한 공동협력은 통합교육을 성공적으로 이끄는 데 관건이 된다(조광순, 2000; Vaughn, Bos, & Schumm, 2000). 공동협력은 상황에 따라서 전체적으로 혹은 개별적으로 이루어지며, 특수교육대상자의 교육적 요구에 적절하게 부응하는 데 필수적인 요소다. 일반교사는 공동협력을 통해서 아동의 교육적 요구를 정확히 이해하고 적절한 교육을 제공해야 할 책임이 있다. 또한 특수교육대상자가 학급을 이동하거나 학년이 올라갈 때 또는 학급을 졸업할 때 아동에 관한 정보가 원활하게 제공되어야 한다. 그러나 대체로 교사는 공동협력의 필요성을 잘 인식하지 못하고 있으며, 또 필요성을 인식하더라도 공동협력을 어떻게 해야 하는지를 잘 모르는 경우가 많다.

이 장에서는 공동협력의 범위와 구체적인 실행방법을 제시하고자 한다. 성공적인 공동협력의 전제조건은 무엇보다 특수교육대상자에게 최상의 교육의 질을 보장하기 위해 공동의 주인의식을 갖고 다른 전문가와 함께 일하려는 의지일 것이다.

2. 공동협력의 중요성

특수교육대상자의 통합교육은 아동의 특성이나 학교환경의 특성에 따라 매우 다양한 형태(전일제, 시간제, 학교 행사만 참여 등)로 나타나지만, 통합교육대상의 대부분은 일반학급과 특수학급에 동시에 소속되어 있다. 이때 교육의 효과를 높이고 교육과정에서 발생할 수 있는 여러 문제를 해결하기 위해서는 두 교사 간의 정보 교류와 공동협력이 필수적이다. 그러나 일반교사는 스스로 특수교육대상자 통합교육에 대한 전문적인 자질이 부족하다고 생각하고 있으며, 그 부족한 부분을 특수교사가 지원해 주기를 바라고 있었다(최선실, 2000). 반면에 특수교사는 특수교육대상자의 통합학급 적응과 교육에 대해 적극적으로 지원하지 못하고 있는 상황이다(장보원, 2000).

일반교사와 특수교사의 공동협력을 통해서 특수교사는 학생의 발달, 행동 특성, 교과 수행 수준 등과 같은 좀 더 세밀한 정보를 제공할 수 있으며, 교육과정의 수정, 개별화교육 프로그램과 같은 교수−학습 측면에서의 지원 및 평가방법 등을 지원할 수 있다. 일반교사는 통합학급의 운영 형태, 학급 문화, 학생 상호작용에 관한 정보, 일반교육과정에 대한 지식, 평가방법 등에 관한 정보를 제공할 수 있다.

3. 공동협력의 범위

통합교육이 성공하려면 다양한 전문가의 공동협력이 필수적이다. 통합교육 현장에서 가장 핵심적인 공동협력의 주체는 일반교사와 특수교사이지만, 교사와 부모, 교사와 관련 서비스 제공자, 교사와 행정가의 공동협력도 매우 중요하다. 공동협력의 범위를 도식화하면 [그림 13−1]과 같다.

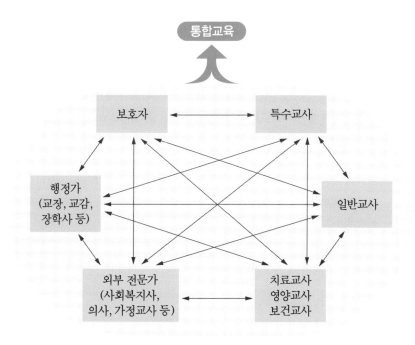

그림 13-1 공동협력 관계망

1) 일반교사와 특수교사의 공동협력

일반교사와 특수교사의 공동협력의 범위는 개별 학생의 요구, 학교환경, 학급환경, 교사 요구 등에 따라 다를 것이다. 일반적으로 공동협력은 통합교육을 계획하고 준비하고 실행하는 과정과 학년이 전환되는 시기 등 필요에 따라 이루어지는 것이 바람직하다.

공동협력의 형태로는 협력적 교환, 협력적 모델링, 협력적 코칭, 협력적 감독, 협력적 조언 등이 있다. 각 형태별 구체적 수행 방법은 〈표 13-1〉에 정리되어 있다.

〈표 13-1〉 교사 간 공동협력의 형태

협력 형태	설명	예
협력적 교환	교사 경력에 상관없이 새로운 정보나 지식을 자유롭게 교환한다.	특수교사와 일반학급 교사가 통합된 특수아동의 학습 특성에 관해 정보를 교환한다.
협력적 모델링	경험이 많은 교사가 특정 교수 실제에 대해 동료 교사에게 시범 교수를 보인다.	특수교사가 일반학급 교사에게 통합된 특수아동의 행동문제 중재방법을 시범 보인다.
협력적 코칭	경험이 많은 교사가 동료 교사에게 새로운 교수전략이나 실제를 습득하고 적용할 수 있도록 피드백을 제공한다.	경험이 많은 특수교사가 신임 특수교사에게 개별화교육 프로그램을 능숙하게 작성할 수 있도록 피드백을 제공하며 돕는다.
협력적 감독	경험이 많은 교사가 동료 교사의 교수 실제에 대해 평가적 피드백(evaluative feedback)을 주어 교수가 향상되도록 돕는다.	주임교사가 컴퓨터를 이용한 읽기 프로그램을 실시한 교사의 교수방법이 효과적이었는지에 대해 평가한다.
협력적 조언	경험이 적은 교사가 문제에 부딪힐 때마다 경험이 많은 교사가 조언을 하여 문제해결을 돕는다.	신임 교사가 비협조적인 부모와의 관계, 교사의 탈진 상태(burnout) 및 동료 교사와의 갈등에 이르기까지 모든 문제에 대해 경험이 풍부한 교사에게서 조언을 받는다.

출처: 방명애(2003).

(1) 협력 교수

성공적인 통합교육을 위해 때로 일반교사와 특수교사는 협력 교수(cooperative teaching)를 할 필요가 있다. 협력 교수는 두 명 또는 그 이상의 교사가 동일한 물리적 공간에서 다양한 능력의 학생들을 가르치는 교수전략이다(Friend & Cook, 2003). 이

정의에는 네 가지 특성이 포함되어 있다. 첫째, 일반교사와 특수교사 각자의 장점을 살릴 수 있다. 둘째, 특수교육대상자를 포함한 다양한 능력의 학생을 대상으로 한다. 셋째, 동일한 물리적 공간과 환경에서 가르친다. 넷째, 두 교사가 같이 가르친다.

협력 교수의 모형은 크게 다음의 다섯 가지로 분류할 수 있다(박은혜, 2000; 최승숙, 2006; Friend & Cook, 2003). 첫째, 한 교사가 전체 수업에 우선적으로 책임을 지고 다른 교사는 학생들 사이를 순회하면서 지원이 필요한 학생을 개별 지도하는 교수-지원(one-teach, one-assist) 모형이 있다. 둘째, 교사가 각 스테이션에서 다른 활동을 가르치고, 학생들이 모둠을 지어 스테이션을 이동하면서 수업을 받는 스테이션 교수(station teaching) 모형이 있다. 셋째, 학생을 두 집단으로 구성하고 교사가 각 집단을 독립적으로 가르치는 평행 교수(parallel teaching) 모형이 있다. 넷째, 학생을 대집단과 소집단으로 구성하고 교사가 각 집단을 가르치는 대안 교수(alternative teaching) 모형이 있다. 대안 교수는 집단 구성방법에 있어 평행 교수와 다르다. 평행 교수는 서로 동등한 집단으로 구성하는 반면, 대안 교수는 심화교육이나 보충교육이 필요한 학생들을 소집단으로 구성한다. 다섯째, 학급 전체를 대상으로 두 교사가 동등하게 가르치는 팀 교수(team teaching) 모형이 있다. [그림 13-2]의 계획표는 협력 교수를 계획할 때 사용할 수 있다.

협력 교수를 위한 계획표

- 교과 영역 _____
- 일반아동 교육목표 _____
- 특수아동의 개별화 목표 _____

- 교수 적합화 항목 _____
  _____

- 교사의 역할
  일반교사 _____
  특수교사 _____

- 평가 항목 _____

- 후속 활동 _____

그림 13-2   협력 교수를 위한 계획표

(2) 개별화교육계획의 수립

모든 특수교육대상자는 개별화교육 프로그램(Individualized Education Program: IEP)에 의해 교육을 받아야 한다. IEP는 장애를 가진 학생의 독특한 학업, 사회성, 행동, 의사소통, 신체 등의 강점과 약점이 반영된 특수교육과 관련 서비스를 명시한 개별화된 문서다.

IEP는 법으로 명시된 문서이다. 「장애인 등에 대한 특수교육법」과 동법 시행령 및 시행규칙에 제시되어 있다. 「장애인 등에 대한 특수교육법」에 따르면, 개별화교육은 "특수교육대상자 개인의 능력을 계발하기 위하여 장애 유형 및 장애 특성에 적합한 교육목표, 교육방법, 교육 내용, 특수교육 관련서비스 등이 포함된 계획을 수립하여 실시하는 교육"(제2조)이며, "매 학기마다 특수교육대상자에 대한 개별화교육계획을 작성하여야 한다."(제22조 제2항)라고 명시하고 있다. IEP는 "매 학년의 시작일로부터 2주 이내에 각각의 특수교육대상자별로 구성하여야 하고"(시행규칙 제4조 제1항), "매 학기 시작일로부터 30일 이내에 작성하여야 한다."(시행규칙 제4조 제2항). 또한 IEP에는 "특수교육대상자의 인적사항, 특별한 교육지원이 필요한 영역의 현재 학습수행 수준, 교육목표, 교육 내용, 교육방법, 평가 계획, 특수교육 관련서비스의 내용과 방법 등이 포함되어야 한다."(시행규칙 제4조 제3항).

(3) 특수교사와 일반교사의 협력 교수 관련 문제

협력 교수를 실행할 때 특수교사나 일반교사 모두 협력 교수의 효과에 대한 의구심이 들 수 있다. 그 이유는 교사들은 대체로 개인적으로 가르치는 데 익숙해져 있기 때문이다. 이러한 의구심을 극복하고 협력 교수를 효과적으로 수행하기 위해서는 교사들의 사전 준비가 매우 중요하다. 협력 교수를 효과적으로 수행하기 위해 교사가 제기해야 할 질문은 다음과 같다(박은혜, 2000).

- 자신이 잘 가르치는 영역이나 활동 등을 동료 교사가 대신 하도록 허용할 수 있는가?
- 자신이 잘 가르치지 못하는 영역이나 활동 등을 동료 교사가 관찰하도록 허용할 수 있는가?
- 어떤 영역이나 활동을 효과적으로 가르치는 전략은 매우 다양할 수 있다고 어

느 정도 믿고 있는가?

• 어떤 문제나 타인의 의견에 동의하지 않을 때 얼마나 자신의 의사를 잘 표현할 수 있는가?

특수교사와 일반교사는 특수교육대상자의 교육적 요구를 고려했을 때 협력 교수가 적절한지를 결정하기 위해서는 다음의 질문을 고려해야 한다(Cook & Friend, 1995).

• 일반교육과정의 내용이 특수교육대상자에게 적절한가?
• 특수교육대상자가 통합학급에서 유의미한 성취를 보이기 위해서는 어떤 교수적 수정을 어느 정도 제공해야 하는가?
• 특수교육대상자에게 또래학생과 전혀 다른 직접 교수나 중재가 필요한가?
• 학급의 인적 구성, 교사 특성 등이 다양한 능력의 학습자를 가르치기에 적합한가?
• 또래학생들에게도 교육 내용이나 교육방법의 수정이 필요한가?

2) 교사와 보호자의 공동협력

특수교육대상자의 교육에서 학생 가정과의 연계와 협력은 필수적이다. 보호자는 특수교육대상자 선정과 배치과정에 필히 참여해야 하고, 개별화교육지원팀의 구성원으로서 자녀의 교육에 적극적으로 참여할 수 있는 권리가 주어진다. 교사와 보호자의 공동협력이 활발하게 이루어지기 위해서는 무엇보다도 자녀의 교육 관련 활동에 대한 보호자의 적극적인 참여가 요구된다. 보호자의 참여 형태는 의사소통과 교육활동으로 나누어 볼 수 있는데, 의사소통방식에는 전화, 메시지, 이메일 등이 있고, 교육 활동에는 부모교육 프로그램, 학교 행사 등이 있다(양소현, 이미숙, 2016).

교육 현장에서 교사와 보호자의 의사소통은 비교적 활발하게 이루어지고 있지만, 보호자의 학교교육 활동 참여는 상대적으로 소극적인 실태다. 이에 대한 원인은 다양하다. 연구에 따르면, 교사의 입장에서는 보호자와의 협력에 대한 인식 부족, 보호자의 과다한 요구와 간섭 또는 소극적 태도에 대한 부담감, 조언에 대한 보호자의 거부, 업무 과다와 시간 부족 등이 공동협력의 걸림돌로 작용되고 있었다(이미숙, 김경민, 양소현, 노진아, 2014; 이미숙, 양소현, 2015). 보호자의 입장에서는 맞벌이로 인한 시간 부족, 학교 방문의 불편함, 참여의 일회성과 교사 주도, 교사와의 거리감과 유대관계 부족 등이 참여를 어렵게 하고 있었다(김경숙, 최민숙, 진현자, 2001; 오세철, 김혜경, 2004; 이미숙, 양소현, 2015).

한편 보호자와의 공동협력을 위해서 교사가 유의해야 할 사항은 특수교육대상자 가족은 다른 가족과는 다른 심리적 어려움을 겪을 수도 있다는 것이다. 이런 이유로 교사는 보호자와의 대화과정에서 좌절을 겪기도 한다(Michael, Arnold, Magliocca, & Miller, 1998). 교사는 부모나 가족이 지나치게 날카롭고 비판적이며 방어적이라고 느낄 수 있는데, 이는 그들이 장기간 겪어 온 수많은 차별, 소외, 낙인 등의 경험에 기인한다는 것을 이해해야 한다. 교사가 부모와의 공동협력을 위한 만남을 가질 때는 〈표 13-2〉와 같은 사항을 참조할 필요가 있다.

〈표 13-2〉 효과적인 교사-부모 공동협력을 위한 조언

공동협력을 위한 모임준비과정	• 공식적인 모임 전에 비공식적인 만남으로 친분을 쌓아라. • 가능하면 양부모 다 초대하고, 부모가 보호자가 아닌 경우에는 보호자 모두를 초대하라. • 충분한 시간을 확보하라. • 교실보다는 상담실 등 다른 공간을 확보하라. • 부모나 보호자가 동의하면 가정 방문도 고려해 보라.
가족과 가족의 역할	• 부모나 보호자는 장애아동의 부모나 보호자보다는 그냥 부모나 보호자로 받아들여라. • 부모나 보호자는 장애아동의 교육을 일차적으로 지원해 주는 자원이라는 것을 명심하라.
가정환경, 문화의 이해	• 이 가족이 처한 특별한 환경을 충분히 알도록 노력하라.
모임의 마무리 및 후속 조치	• 모임에서 나눈 이야기를 간략하게 정리하라. • 아동의 교육을 위한 실질적인 계획을 세웠다면 다시 한 번 역할 점검을 하고 어떻게 해야 하는지 확인하라.

출처: Jordan, Reyes-Blans, Peel, & Lane(1998), pp. 141-147.

교사는 학기 초에 처음 보호자와 모임을 갖기 전에 편지를 이용하여 친밀감을 형성하면 이후 보호자와의 모임을 원활하게 진행할 수 있다. 다음의 [그림 13-3]은 학기 초 학부모에게 보내는 편지의 예시다.

이은주 부모님께

우선 제가 은주를 1년 동안 가르칠 수 있게 되어서 매우 기쁩니다. 저는 2001년 처음 청주시에 있는 초등학교에 부임하여 이제 9년 차 되는 교사입니다. 작년과 재작년 2년 동안 통합학급을 담당하여 학생과 부모님 모두 나름대로 만족하였고, 저도 힘든 일도 있었지만 보람도 많이 느꼈습니다. 올해도 부모님과 잘 협조하여 은주가 행복한 학교생활을 할 수 있도록 최선을 다해 노력하겠습니다.

은주의 원만한 학교생활과 보다 효과적인 교육을 위하여 부모님의 말씀을 언제든지 귀 기울여 듣겠습니다. 방문하시기 전에 미리 연락을 주시면 준비하고 기다리겠습니다. 학교에 방문하시거나 전화하시는 것에 대하여 편안하게 생각하시길 바라며, 가까운 시일 내에 만나 뵐 수 있기를 바랍니다.

3학년 2반 담임 김수연 올림

그림 13-3 학기 초 학부모에게 보내는 편지 예시

3) 교사와 관련 서비스 전문가의 공동협력

특수교육대상자는 장애와 관련된 다양한 서비스를 학교 혹은 학교 밖에서 받는 경우가 많다. 특수교사, 일반교사, 보호자 외에도 특수교육대상자의 교육에는 다양한 사람이 참여하고 있다. 「장애인 등에 대한 특수교육법」 제22조에 의거하여 특수교육대상자는 개별적 요구에 따라 특수교육 관련서비스를 제공받고 있다. 현재 상당수의 특수교육대상자가 치료지원을 받고 있다. 또한 유급 특수교육실무사, 공공근로 및 공익요원, 무급 특수교육실무사 등 보조 인력이 배치되어 있는 학교도 많다. 특수교사와 일반교사는 이들 치료사 및 보조 인력과 긴밀히 협조할 필요가 있다. 또한 영양교사와 보건교사도 특수교육대상자교육과 밀접하게 관련되기 때문에, 특수교사 및 일반교사는 이들과도 긴밀하게 협력할 필요가 있다.

또한 많은 특수교육대상자가 장애인복지관을 통한 치료교육이나 방과후 교육, 사설 교육기관을 통한 치료교육, 의사와의 정기검진, 사회복지사의 지원, 가정교사 등의 지원을 받고 있다. 때로는 취학 전부터 꾸준히 교육을 담당해 온 기관이나 전문가도 있을 수 있으며, 이들은 교사에게 학생의 교육과 관련된 유용한 정보를 훨씬 더 풍부하게 제공할 수 있다. 관련 서비스 전문가와의 공동협력은 단순히 정보를 서로 나누는 차원에서부터 아동의 교육목표를 공유하고 역할 분담을 통해 함께 교육에 참여하는 실제적인 공동협력까지 다양한 차원이 있다(Pugach & Johnson, 1995). 이러한 경우 일회적인 공동협력이 아니라 지속적으로 학생의 교육과정을 점검하고 지원하는 정기적 공동협력이 되어야 한다.

관련 서비스 전문가는 대체로 교사가 교실에서 제공할 수 없는 서비스(예: 물리치료, 언어치료 등)를 제공하는 경우가 대부분이다. 이 같은 경우 관련 서비스 전문가가 교사에게 적극적으로 공동협력을 요구할 수도 있다. 예를 들면, 뇌성마비 아동에게 물리치료를 제공하는 치료교사는 교사에게 아동의 자세를 지속적으로 모니터하고 올바로 유지하도록 지시해 줄 것을 요청할 수 있다. 즉, 교사가 언제나 공동협력의 중심적인 위치가 아니라 적극적인 조력자가 될 수도 있음을 명심하고, 공동협력에서 자신의 역할에 대하여 유연한 태도를 가지는 것이 중요하다(Vaughn, Bos, Schumm, 2000).

4) 교사와 행정가의 공동협력

통합교육을 성공적으로 수행하는 데 행정가(교장, 교감, 장학사 등)의 지원은 핵심적인 요소다. 이동이 불편한 학생의 교실 배정, 수학여행에의 학생 참여, 경사로 설치와 화장실 공사 등은 행정가가 쉽게 해결할 수 있는 문제다. 또한 공동협력을 위한 기간제 교사 지원, 특수교육 실무사 지원, 특수학급의 설치와 폐지 등과 같은 일은 행정가의 특수교육에 대한 생각에 좌우되는 경우가 많다. 이와 같이 행정가의 적극적인 지원을 받는 것은 원활한 통합교육 실행에 있어 무엇보다 중요하다.

행정가의 지원을 얻기 위해서는 통합교육의 모든 과정에 행정가를 직·간접적으로 참여시키는 것이 중요하다. 물론 행정가를 모든 과정에 참여시키는 것은 쉽지 않지만, 계획과 평가과정에는 필수적으로 참여할 수 있도록 일정을 조정할 필요가 있다. 특히 개별화교육 프로그램을 계획하는 모임에는 반드시 행정가가 참여하여 특수교육대상자교육이 어떻게 이루어지고 있는지, 그 과정에서 행정가는 어떤 지원을 해야 하는지를 알 수 있도록 해야 한다.

4. 공동협력의 실행

앞에서 언급했듯이 공동협력은 특수교사와 일반교사 간, 교사와 부모 간, 교사와 전문가 간, 교사와 행정가 간 등 매우 다양한 구성원들 간에 이루어지고 있다. 이 절에서는 모든 유형의 공동협력에 일반적으로 적용할 수 있는 실행절차를 살펴볼 것이다. 물론 각 유형에 따라 조금씩 변형하여 적용할 수 있다.

1) 공동협력에 임하는 태도

통합교육에 대한 교사의 태도에 관한 연구(김택순, 2001; 류덕희, 2001)에서 보고되듯이, 교사는 통합교육의 철학에는 동의하지만 통합교육의 실행에는 소극적인 태도를 보인다. 이와 같은 현상은 여러 가지 변인으로 설명할 수 있지만, 그중 중요한 한 가지는 통합교육을 실행함에 있어 교사가 자신의 역할과 책임을 명확히 인식하지 못한다는 것이다. 일반교사는 특수교육대상자의 교육은 특수교사가 담당해야 할 부분이라고 생각할 수도 있다. 반대로 특수교사는 특수교육대상자가 많은 시간 일반학급에서 수업을 받고 있고, 특수교사 자신이 일반교사의 수업에 지속적으로 간섭을 할 수 없기 때문에 장애아동교육 일체를 일반교사의 재량에 맡겨야 한다고 생각할 수도 있다(박승희, 최선실, 2001). 이런 경우 특수교육대상자는 두 학급에서 이중의 교육지원을 받는 것처럼 보이지만 실제로는 일반교사와 특수교사 누구로부터도 적절한 지원을 받지 못할 수 있다.

일반교사든 특수교사든 그 역할과 책임은 각자가 처한 다양한 상황과 맥락에 따라서 다르게 규정될 수 있다. 따라서 공동협력에 참여하는 구성원 간의 협의를 통해 교육환경과 교사 변인 등을 고려하여 각자의 역할과 책임을 정하는 것이 바람직하다(Monda-Amaya, 1999). 공동협력의 필요성과 원칙에 동의했더라도 협력과정에서 갈등이 발생한다면 결과는 매우 부정적일 수 있다. 일단 공동협력에 부정적인 태도가 형성되면 추후 공동협력에도 매우 부정적으로 영향을 미칠 수 있다. 더 나아가 다른 영역, 예컨대 특수교사는 일반교육 영역, 일반교사는 특수교육 영역 전체에 대해 매우 부정적인 이미지를 형성할 수가 있다.

공동협력과 관련된 연구를 보면 공동협력을 성공적으로 수행하는 팀은 다음과 같은 특성을 보인다(Friend & Cook, 1996).

- 공동협력을 자발적으로 진행한다.
- 참여자 간에 매우 평등한 관계가 형성된다.
- 공동의 목표와 이상을 추구한다.
- 책임과 자원을 공유한다.
- 결정사항에 대해 집단으로 책임진다.
- 각자가 목표 달성에 기여한다.
- 회의절차가 체계적이고, 정기적으로 모인다.

선행연구들에 따르면, 공동협력과정에서 같이 일하기 싫어하는 사람들은 다음과 같은 태도를 공통적으로 보인다.

- 나는 너무 바쁘다. 혹은 나는 도움이 필요 없다.
- 이 일은 내가 하는 일에 아무런 도움이 되지 않는다.
- 말과 실제는 다르다. 말은 그럴싸하다. 이것은 절대 효과적이지 않다.
- 내가 하는 방법이 맞다. 다른 사람은 말해도 잘 모른다.
- 장애아동교육의 책임은 특수교사가 져야 하는 것 아닌가?
- 계속 같은 말만 반복한다.
- 도대체 우리가 뭘 하고 있는가? 다 소용없다.

2) 공동협력의 계획

공동협력은 공식적으로 또는 비공식적으로 이루어질 수 있다. 비공식적 공동협력은 필요에 따라 수시로 할 수 있다는 장점이 있다. 하지만 원활한 의사소통이 필요한 공동협력을 해야 한다면, 가능하면 공식적인 공동협력의 장을 만드는 것이 좋다(O'Shea & O'Shea, 1997). 만약 공동협력에 관한 절차나 방법 등이 체계적으로 수립되어 있고 일상적으로 공동협력이 이루어지는 학교라면 공동협력의 과정 안에

〈표 13-3〉 첫 번째 모임에서의 논의사항

핵심 과제	세부 과제
공동협력 역할 분담	협력 모임 시간 조정, 기록, 모니터, 자료 수집자 등
참석자의 범위 조정	어느 시기에 누가 참석할 것인지 조정
회의 진행방식	누가 의장을 맡을지, 발표 문서, 질문 중심 등
시간계획	연간 계획 수립
과제 파악	공동협력을 통하여 해결해야 할 핵심 과제 선정
전년도 IEP 검토	특수교사가 미리 준비할 필요 있음

교사 자신이 적극적으로 참여하면 된다. 그러나 공동협력이 잘 이루어지지 않고 있고 그에 대한 절차나 방법 등이 수립되어 있지 않은 학교라면 먼저 특수교사에게 공동협력에 관하여 문의해야 하고, 때로는 자신이 적극적으로 공동협력의 주체가 되어야 한다. 공동협력을 계획하기 위한 첫 번째 모임에서 결정해야 할 몇 가지 사항이 있다(〈표 13-3〉, 〈표 13-4〉 참조). 첫 번째 모임은 되도록이면 학급담임 결정이 난 직후에 하는 것이 바람직하다. 첫 번째 모임에서 가장 중요하게 다루어야 할 사항은 공동협력을 통하여 해결해야 할 과제를 구체적으로 파악하고 목표를 구체적으로 수립하는 일이다.

〈표 13-4〉 공동협력 모임에 가기 전에 각자 생각해 볼 수 있는 질문

질문	답변
학생의 학습상의 강점은 무엇인가?	
학생의 학습상의 약점은 무엇인가?	
학생에게 효과적인 방법과 자료는 무엇인가?	
학생에게 효과가 적은 방법과 자료는 무엇인가?	
학생에게 요구되는 교육과정 수정안은 무엇인가?	
학생에게 적용하기에 적절한 치료 활동은 무엇인가?	
학생이 가지고 있는 사회적 기술과 행동 기술은 무엇인가?	
학생에게 결여된 사회적 기술과 행동 기술은 무엇인가?	
학생의 취미나 좋아하는 것은 무엇인가?	
학생이 참가할 수 있는 학교의 특별 활동은 무엇인가?	

학생과 다른 동료 간의 관계는 어떤가?	
학생은 자신의 장애에 대해 어떻게 생각하는가?	
학생에게 도움을 줄 학교 관계자나 지역사회기관으로는 무엇이 있는가? 그리고 그들은 어떤 도움을 주게 되는가?	
학생의 학부모는 학생의 통합교육과정에 어느 정도 참여하게 되는가?	
전문가나 학부모와 의사소통하기 위한 방안에는 어떤 것이 있는가?	
학생에게 필요한 보조장치나 의료 서비스는 무엇인가?	
학생이 통합에 필요한 준비가 되어 있는가?	

3) 공동협력을 위한 시간 확보

공동협력의 중요성과 필요성은 모두 인식하고 있지만 실제로는 시간 계획을 효율적으로 수립하기가 어려워서 공동협력에 실패하는 경우가 많다. 공동협력을 위한 시간 계획은 융통성 있게 세울 수 있다. 반드시 일주일 혹은 한 달에 얼마의 시간씩 규칙적으로 투자하지 않아도 얼마든지 효율적인 공동협력이 이루어질 수 있다. 공동협력은 안건에 따라서 3분 정도의 짧은 시간 안에 이루어질 수도 있고 한두 시간이 소요될 수도 있다. 안건에 따라서 필요한 시간이 달라지겠지만, 다음은 공동협력을 위해서 시간을 확보하는 방법을 정리한 것이다.

- 특수학급/일반학급 혹은 다른 학급과 공동으로 '특별상영' '초대강의' '특별 활동 시연' 등을 통한 시간 확보
- 학생이 등교하기 이전 0교시를 만들기(한 달에 한 번 혹은 두 달에 한 번 정도)
- 이메일을 사용하여 공동협력에서 의논할 사항을 미리 전달하여 협력시간을 단축시키거나 이메일로 바로 회신하여 공동협력 마무리
- 체육, 미술, 음악, 실과 등 교과전담 교사 담당시간
- 전체 조회시간
- 점심식사시간, 청소시간, 방과후시간

4) 공동협력의 주요 과제

학생의 특성 및 요구 또는 제반 환경에 따라서 공동협력을 통하여 해결해야 할 문제가 매우 다양할 것이다. 공동협력의 주제는 두 가지 형태로 결정할 수 있다.

첫째, 팀을 구성하고 팀 구성원 중심으로 요구사항을 조사하여 순간순간 필요한 일을 해결하는 것이다. 이때 중요한 것은 공동협력의 주제를 정하기 전에 공동협력 구성원 및 아동에 관한 요구조사를 체계적으로 해 보는 것이다. 질문은 필요에 따라 더 많은 것도 포함할 수 있다. 이런 질문에 답하는 과정에서 현재 아동의 문제가 무엇인지, 필요한 지원이 무엇인지가 자연스럽게 드러날 수 있다. 어떤 문제는 교사 1인이 해결할 수 있지만, 어떤 문제는 다른 동료 교사, 특수교사 혹은 부모와의 공동협력을 통해서 해결할 수 있다. 〈표 13-5〉는 요구조사에 사용할 수 있는 질문을, 다음의 〈표 13-6〉은 공동협력 항목별 각 당사자의 역할을 나타낸 것이다.

둘째, 공동협력을 통하여 연간 계획을 세워 체계적이고 계획적으로 공동협력 시기를 정해 놓고, 매 단계를 진행할 때마다 전 단계를 평가하고 다음 단계를 점검하는 방법이다.

〈표 13-5〉 공동협력 주제 선정 요구조사를 위한 질문

질문	답변
• 학생이 학급에서 특별한 어려움을 느끼고 있는가?	
• 있다면 어떤 부분에서?	
• 학생이 교사가 수업시간에 내 주는 과제를 잘 하고 있는가?	
• 학생이 숙제는 잘 해 오는가?	
• 아동의 학습 습관이나 학습 기술은 어떠한가?	
• 아동이 특별한 행동을 해서 교사를 어렵게 하고 있는가?	
• 아동의 자존감은 어떠한 것 같은가?	
• 아동과 원활히 의사소통을 하고 있는가?	
• 아동을 통합하는 데 필요한 지원은 무엇인가?	
• 아동은 학습, 정서, 사회성 등에서 진전을 보이고 있는가?	
• 프로그램을 수정할 필요성을 느끼는가?	

〈표 13-6〉 공동협력 항목별 각 당사자 역할

항목	특수교사	일반교사	부모	보건교사/ 영양교사	기타 관련 서비스 제공자/행정가
개별화교육계획의 개발(전년도의 IEP 숙지, 조기교육에 관한 기록, 전년도 교육 활동 및 목표 달성 여부, 새로운 교육목표, 교육 과정 등의 계획)	장애와 관련된 정보 제공, 교수 적합화, 평가 항목의 수정 등	통합학급의 교육과정 제공, 개별화교육계획 개발에 참여	가정환경, 아동의 강점·약점, 교육과정에서 필수적으로 제공해야 하는 항목의 우선순위 등	치료 활동, 약물의 투입과 관련된 정보 등 제공	보조교사 지원 여부, 현재 학교 외에서 받고 있는 서비스 항목
협력 교수	교수 활동, 개별지원	교수 활동, 특기 분야 등	개별화교육계획에 참여	정보 숙지, 약물 제공	NA
일상생활과 관련된 요구(약물 관련 내용 등)	정보 숙지	정보 숙지	물품지원 수업시간 조정	정보 숙지	NA
수업 자료, 교수전략	개발, 적용	개발, 적용	교육 관련 정보 숙지	NA	NA
학급적응(행동문제, 정서·사회적 기술)	행동지원방법	학급 운영정보, 교수적합화	NA	NA	NA

* NA: 해당 사항 없음.

5) 공동협력의 연간 계획

공동협력을 원활하고 효과적으로 수행하기 위해서는 연간 계획을 세워 체계적이고 계획적으로 공동협력 시기를 정해 놓고, 매 단계를 진행할 때마다 전 단계를 평가하고 다음 단계를 점검하는 것이 좋다. 특히 학기 초에 개별화교육계획의 개발과 특수교사와 일반교사의 공동협력을 통한 장애이해교육은 가장 핵심적으로 수행해야 할 과제다. 또한 학기 초에 일반학급에서 사용되는 수행평가를 특수교육대상자에게 적합하게 수정하는 것도 매우 중요한 과제다. 다음의 〈표 13-7〉과 〈표 13-8〉은 1학년 특수교육대상자의 일반학급 수행평가 항목과 학생에게 적합하게 수정된 수행평가 항목을 보여 주고 있다. 수행평가 항목을 수정함으로써 일반교사는 쉽게 학생의 학습목표를 이해하고 학급에서 학생을 효과적으로 지원할 수 있다.

〈표 13-7〉 일반학급의 국어과 수행평가의 예

교과	영역	평가 관점	성취도(수행평가)		
			잘함	보통	노력 요함
국어	말하기·듣기	자신 있게 말하고, 바른 자세로 들을 수 있는가?			○
	읽기	받침이 있는 글자의 짜임을 알고, 글을 읽을 수 있는가?			○
	쓰기	바른 자세로 낱자 쓰는 차례에 맞게 낱말을 쓸 수 있는가?			○
	지식·문학	자신이 전달하고자 하는 목적이 드러나게 초대하는 글을 쓸 수 있는가?			○

〈표 13-8〉 특수아동을 위해 수정된 국어과 수행평가의 예

교과	영역	평가 관점	성취도(수행평가)		
			잘함	보통	노력 요함
국어	말하기·듣기	말하는 사람을 바라보며, 바른 자세로 들을 수 있는가?			○
	읽기	읽어 주는 낱말을 듣고 그림·낱말카드를 바르게 가리킬 수 있는가?		○	
	쓰기	간단한 모양을 선 위에 덧대어 쓰고 그릴 수 있는가?	○		
	지식·문학	쉬운 책을 읽어 주면 관심을 갖고 10분 이상 함께 볼 수 있는가?	○		

수행평가는 특수교사와 협력하여 학생에게 적합하게 수정하는 것이 중요하다. 다음의 〈표 13-9〉는 연간 공동협력의 과정을 미리 계획한 예다.

〈표 13-9〉 공동협력을 위한 연간 계획의 예

월	공동협력 계획
1	통합교육의 목적 및 아동의 교육 방향 토론
2	학생에 관한 정보 정리(전 학년 정보 포함): 학기 시작 전 완성
3	교사의 아동지도 계획 및 실행 시작(개별화교육계획 작성 및 실행 계획), 수행평가의 수정
4	교육과정 정립(과목별로 장기 · 단기 목표 설정 및 교수전략, 학습 자료, 평가 계획), 장애이해교육
5~11	교육과정 운영(교육과정 운영에서 나타나는 문제 해결)
9	개별화교육계획 개발
12	프로그램 평가

5. 공동협력의 진행 및 모니터

공동협력을 계획하고 모임을 갖는 것은 공동협력의 한 부분일 뿐이다. 공동협력은 같은 교육목표를 가지고 각각의 위치에서 교육목표를 달성하기 위해 공동으로 노력하는 것이다. 계획보다 더 중요한 것은 각자의 역할과 책임을 명확히 인식하여 각자의 입장에서 그 역할과 책임을 다하는 것이다. 그 과정에서 역할과 책임을 계속 수정 · 보완해야 할 경우도 있으며, 목표와 방법도 수정 · 보완이 필요할 때가 있다. 이런 과정이 원활하게 이루어지기 위해서는 공동협력을 위한 모임을 효율적으로 활용해야 한다. 매번 모임을 통하여 의논된 사항은 정리가 필요하고, 정리된 것을 모임에서 다시 확인해 보는 작업이 필요하다. 다음의 [그림 13-4]는 원활한 공동협력을 위해 사용해 볼 수 있는 공동협력 모임일지 형식이다.

공동협력 모임일지

학생 이름 _____   날짜 _____

참여자

_____   _____

_____   _____

공동협력이 필요한 과제 및 목표

(1) _____

(2) _____

공동협력 실행계획

_____

_____

역할 및 책임   담당자

(1) _____   _____

(2) _____   _____

그림 13-4   공동협력 모임일지 형식

적용문제

1. 일반학교에서 특수교육대상자의 장애학생의 통합교육을 위해 일반교사와 특수교사의 공동협력이 활발하게 이루어지고 있는 사례를 찾아 공동협력의 성패에 영향을 미치는 요인을 분석하시오.

2. 개별화교육계획 수립 시 일반교사와 특수교사의 역할을 정리해 보시오.

3. 개별화교육계획 수립 시 특수교사와 일반교사, 교사와 보호자, 교사와 관련 서비스 담당자 사이에서 발생할 수 있는 갈등을 정리해 보고 대처방안을 논의하시오.

참고문헌

교육인적자원부(2004). 특수교육연차보고서.

김경숙, 최민숙, 진현자(2001). 유아특수교육 기관의 부모참여 프로그램 운영에 대한 부모와 교사의 요구조사. 특수교육학연구, 36(3), 77-94.

김택순(2001). 통합교육 및 완전통합교육에 대한 교사의 태도. 진주교육대학교 교육대학원 석사학위논문.

류덕희(2001). 통합교육에 대한 초등학교 일반교사와 특수교사의 태도 연구. 공주대학교 대학원 석사학위논문.

박승희, 최선실(2001). 통합교육 실시를 위한 원적학급 일반교사의 지원 요구. 초등교육연구, 14(2), 319-348.

박은혜(2000). 통합교육의 한 방법론으로서의 협력 교수: 개념과 실행에 관한 논의. 특수교육연구, 7, 47-66.

방명애(2003). 일반교사와 특수교사의 협력체제 개발. 2003년도 국립특수교육원 연수자료.

양소현, 이미숙(2016). 장애학생 부모의 부모참여에 대한 국내·외 문헌 분석. 열린부모교육연구, 8(2), 71-90.

오세철, 김혜경(2004). 부모 참여프로그램 운영을 위한 장애유아 부모의 정보 요구 조사. 지체·중복·건강장애연구, 43(43), 123-141.

이미숙, 김경민, 양소현, 노진아(2014). 특수학교 교사의 장애학생 부모참여에 대한 인식 및 개선방안. 발달장애연구, 18(2), 1-25.

이미숙, 양소현(2015). 초등학교 통합학급 일반교사의 장애아동 부모 참여에 대한 인식. 특수아동교육연구, 17(1), 169-191.

이유훈, 김형일(2002). 개별화 교육계획의 구안과 실행. 서울: 교육과학사.

장보원(2000). 특수학급 아동의 통합교육에 대한 초등학교 일반교사와 특수교사의 인식수준. 대구대학교 대학원 석사학위논문.

조광순(2000). 발달장애유아 통합 유아교육기관의 교사간 공동협력에 대한 현장중심 교사연수 및 지원활동에 대한 사례연구. 특수교육학연구, 36(1), 251-274.

최선실(2000). 통합교육 실행을 위한 원적학급 교사의 지원요구조사. 이화여자대학교 대학원 석사학위논문.

최승숙(2006). 통합학급 내 장애학생의 교수-학습을 위한 특수교사와 일반교사의 협력모형과 실제. 학습장애연구, 3(1), 117-137.

Cook, L., & Friend, M. (1995). Co-teaching: Guidelines for creating effective practices. *Focus on Exceptional Children*, *28*(3), 1-16.

Friend, M., & Cook, L. (1996). *Interations: Collaboration Skills for School Professionals*. White Plains, NY: Longman.

Friend, M. & Cook, L. (2003). *Interations: Collaboration Skills for School Professionals* (4th ed.). New York: Longman.

Jordan, L., Reyes-Blans, M. E., Peel, B. B., & Lane, H. (1998). Developing teacher-parent partnership across cultures: Effective parent conference. *Intervention in School and Clinic*, *33*(3), 141-147.

McIntosh, R., Vaughn, S., Schumm, J. S., Haager, D., & Lee, O. (1993). Observations of students with learning disabilities in general education classrooms. *Exceptional Children*, *60*(3), 249-261.

Michael, M. G., Arnold, K. D., Magliocca, L. A., & Miller, S. (1998). Influences on teachers' attitudes of parents' role as collaborator. *Remedial and Special Education*, *13*(2), 24-30, 39.

Monda-Amaya, L. (1999). Collaboration with other professionals for inclusive education. *Teacher Education & Special Education*, *33*, 28-41.

O'Shea, D. J., & O'Shea, L. J. (1997). Collaboration and school reform: A twenty-first-century perspective. *Journal of Learning Disabilities*, *30*(4), 449-462.

Pugach, M. C., & Johnson, L. J. (1995). *Collaborative Practitioners, Collaborative Schools*. Denver, CO: Love.

Salend, S. J. (1994). *Effective Mainstreaming: Creating Inclusive Classroom* (2nd ed.). New York: Macmillan Publishing Company.

Salend, S. J., Johansen, M., Mumper, J., Case, A. S., Pike, K. M., & Dorney, J. A. (1997). Cooperative teaching: The voice of two teachers. *Remedial and Special Education*, *18*(1), 3-11.

Schumm, J. S., Vaughn, S., Haager, D., McDowell, D., Rothlein, L., & Saumell, L. (1995). Responsible inclusion for students with learning disabilities. *Journal of Learning Disabilities*, *28*(5), 264-270, 290.

Vaughn, S., Bos, C. S., & Schumm, J. S. (2000). *Teaching Exceptional Diverse, and at-Risk Students in the General Education Classroom* (2nd ed.). Longwood, FL: Allyn & Bacon.

찾아보기

내용

저자 소개

이대식(leeds@ginue.ac.kr)
서울대학교 교육학과(학사)
서울대학교 대학원 교육학과(교육방법 석사)
University of Oregon(특수교육 전공, 철학박사)
Eugene Research Institute(연구원)
현   경인교육대학교 교수

학회활동
한국학습장애학회 회장(2018~2020)
한국통합교육학회 회장(2013~2014)
한국특수교육학회 이사

주요 저 · 역서
『직접교수법에 따른 효과적인 수학 수업』(공역, 학지사, 2017)
『DSM-5에 기반한 학습장애아동의 이해와 교육』(3판, 공저, 학지사, 2016)
『학습부진학생의 이해와 지도』(2판, 교육과학사, 2014)

김수연(sooyoun@ginue.ac.kr)
이화여자대학교 특수교육학과(학사)
이화여자대학교 교육대학원(특수교육 전공, 교육학석사)
이화여자대학교 대학원 특수교육학과(지적장애 전공, 특수교육학박사)
현   경인교육대학교 교수

학회활동
특수교육학회 이사
학습장애학회 이사
통합교육학회 이사

주요 저 · 역서
『자폐성장애인을 위한 시각적 지원: 부모와 전문가를 위한 안내서』(공역, 시그마프레스, 2012)
『지적장애: 정의, 분류 및 지원체계』(AAIDD 정의 매뉴얼 11판, 공역, 교육과학사, 2011)

이은주(sped117@unitel.co.kr)
숙명여대 교육심리학과(학사)
Ball State University(특수교육 전공 석사)
University of Illinois at Urbana-Champaign(특수교육 전공, 철학박사)
현　청주교육대학교 부교수

학회활동
특수아동학회 이사

허승준(sjhur@gnue.ac.kr)
전남대학교 교육학과(학사)
전남대학교 대학원 교육학과(교육심리 석사)
University of Texas at Austin(특수교육 전공, 철학박사)
University of Texas at Austin(박사후과정, 연구원)
현　광주교육대학교 교수

학회활동
특수아동학회 이사
학습장애학회 이사
열린교육학회 편집위원

주요 저 · 역서
『학습장애총론』(공저, 학지사, 2014)
『최신특수교육학』(공저, 학지사, 2013)
『109가지 진단검사』(공역, 학지사, 2006)
『인지심리와 학교학습』(공역, 교육과학사, 2005)

통합교육의 이해와 실제(3판)
-통합학급에서의 효과적인 교육방법-

2006년 1월 31일 1판 1쇄 발행
2010년 9월 27일 1판 7쇄 발행
2011년 3월 8일 2판 1쇄 발행
2018년 4월 25일 2판 6쇄 발행
2018년 8월 30일 3판 1쇄 발행
2024년 9월 25일 3판 5쇄 발행

지은이 • 이대식 · 김수연 · 이은주 · 허승준
펴낸이 • 김진환
펴낸곳 • (주) **학지사**

04031 서울특별시 마포구 양화로 15길 20 마인드월드빌딩 5층

대표전화 • 02) 330-5114   팩스 • 02) 324-2345

등록번호 • 제313-2006-000265호

홈페이지 • http://www.hakjisa.co.kr
인스타그램 • https://www.instagram.com/hakjisabook

ISBN 978-89-997-1643-0   93370

정가 20,000원

출판미디어기업 **학지사**

간호보건의학출판 **학지사메디컬** www.hakjisamd.co.kr
심리검사연구소 **인싸이트** www.inpsyt.co.kr
학술논문서비스 **뉴논문** www.newnonmun.com
원격교육연수원 **카운피아** www.counpia.com
대학교재전자책플랫폼 **캠퍼스북** www.campusbook.co.kr